TEORIA MARXISTA DA DEPENDÊNCIA
*Problemas e categorias –
uma visão histórica*

Mathias Seibel Luce

TEORIA MARXISTA DA DEPENDÊNCIA
Problemas e categorias – uma visão histórica

1ª edição
Expressão Popular
São Paulo – 2018

Copyright © 2018 by Editora Expressão Popular Ltda.

Revisão: Dulcineia Pavan
Projeto gráfico e diagramação: Zap Design
Capa: Bettina Rupp
Foto da capa: Amauri Fausto
Impressão e acabamento: Paym

Dados Internacionais de Catalogação-na-Publicação (CIP)

L935t   Luce, Mathias Seibel
         Teoria marxista da dependência: problemas e categorias
         – uma visão histórica. / Mathias Seibel Luce.--1.ed.--São
         Paulo : Expressão Popular, 2018.
         271 p.

         Indexado em GeoDados - http://www.geodados.uem.br.
         ISBN 978-85-7743-320-9

         1. Marxismo. 2. Teoria marxista. 3. Economia marxista.
         I. Título.
                                                    CDD 930.1
                                                       330.85

Catalogação na Publicação: Eliane M. S. Jovanovich CRB 9/1250

1ª edição: fevereiro de 2018
3ª reimpressão: novembro de 2021

Todos os direitos reservados. Nenhuma parte deste livro
pode ser utilizada ou reproduzida sem a autorização da editora.

Editora Expressão Popular Ltda.
Rua Abolição, 201 – Bela Vista
CEP 01319-010 – São Paulo – SP
Tel: (11) 3112-0941 / 3105-9500
livraria@expressaopopular.com.br
www.expressaopopular.com.br
 ed.expressaopopular
 editoraexpressaopopular

SUMÁRIO

APRESENTAÇÃO 7

INTRODUÇÃO 9

CAPÍTULO 1 – TRANSFERÊNCIA DE VALOR
COMO INTERCÂMBIO DESIGUAL 25
    A categoria *transferência de valor* 26
    Formas da transferência de valor como intercâmbio desigual 48
    Transferência de valor *tout court* e transferência de valor
    como intercâmbio desigual 74

CAPÍTULO 2 – A CISÃO NAS FASES DO CICLO DO
CAPITAL (OU O DIVÓRCIO ENTRE A ESTRUTURA
PRODUTIVA E AS NECESSIDADES DAS MASSAS) 85
    A dialética entre circulação e produção na divisão
    internacional do trabalho no período de formação
    do mercado mundial 86
    A dialética entre produção e circulação na fase da
    integração dos sistemas de produção 114

CAPÍTULO 3 – A SUPEREXPLORAÇÃO
DA FORÇA DE TRABALHO 135
    Nota prévia: o que a superexploração *não é* 135
    Essência e conexões internas 155
    Formas da superexploração 177

CAPÍTULO 4 – DEPENDÊNCIA, REVOLUÇÃO
E TRANSIÇÃO 197
    A dependência como síntese de múltiplas determinações 197
    Dependência, revolução e transição 232

APRESENTAÇÃO

Como acontece com toda teoria clássica, que transcende os fracassos ou êxitos contingentes, a riqueza presente nas formulações da teoria marxista da dependência (TMD) ganha em matizes e em força explicativa com o passar dos anos, permitindo-nos uma melhor compreensão dos processos atuais que atravessam nossa região, assim como sua história prévia.

Apesar de sua curta história, há pouco mais de quatro décadas desde que tomou forma assumindo seus contornos próprios, e a contrapelo de propostas que se ufanaram em rebatê-la ou que ganharam presença na região como resultado da crise do marxismo e do socialismo, a TMD não só ganhou um lugar relevante entre os corpos teóricos que debatem sobre o caráter do capitalismo latino-americano, mas também ampliou seu entramado conceitual tanto no campo epistêmico – desenvolvendo, por exemplo, o peso da negatividade e da totalidade em sua reflexão –, quanto em relação a novos problemas, debilmente abordados ou inteiramente não tocados, sobre o Estado, o papel da renda da terra, a reprodução do capital e a economia mundial.

Pensar o capitalismo dependente como uma *forma de capitalismo* particular, no seio do sistema mundial capitalista, obrigou a definir os processos que o determinam em sua reprodução, sendo dois fundamentais a superexploração da força de trabalho e o divórcio no ciclo do capital, os quais integrados com o intercâmbio desigual, enquanto denominador comum das diversas formas de inserção da região no sistema mundial, reproduzem não somente os processos antes assinalados, mas o capitalismo dependente enquanto tal.

O capitalismo dependente ocupa um lugar contraditório no sistema mundial capitalista. Por um lado, se apresenta como um reservatório fundamental de valor e mais-valia, amortecendo a queda da taxa de lucro e as crises capitalistas. Por outro lado, o capitalismo dependente latino-americano constitui um elo fraco da corrente imperialista, o que torna possível que a atualidade da revolução se faça presente de maneira regular na região. Esta dupla e contraditória condição constitui também nossa barbárie contemporânea.

Não só no Brasil, mas particularmente aí, se multiplicaram na última década os jovens investigadores que fizeram da TMD o corpo teórico a partir do qual interrogam o que acontece na economia mundial, na América Latina e no Brasil, não somente utilizando conceitos e categorias no estudo de problemas diversos, mas também em um salto qualitativo que alcança força crescente, discutindo os fundamentos que conferem sentido à própria TMD, como também a algumas de suas principais categorias.

Esta é uma das principais virtudes do livro de Mathias Seibel Luce que apresentamos. Apoiado em uma sólida formação de historiador, Luce leva a cabo uma releitura de algumas das principais categorias da TMD, imprimindo-lhes sua particular interpretação, enriquecendo-as com sua expressão histórica e resgatando as formulações de diversos autores diretamente envolvidos na gestação e desenvolvimento da TMD, a fim de precisar limites ou virtudes. Desta forma, destravam-se falsas discussões e iluminam-se novos problemas e perspectivas que complexificam a reflexão.

Apesar de abordar temas e problemas nada simples, Luce logra uma exposição clara, ao alcance de jovens leitores, de modo que não é difícil prever que este livro se converterá em material de apoio indispensável de estudantes e professores nas salas de aula. Mas, também, de pesquisadores que encontrarão aqui a elucidação de categorias e sua expressão histórica que serão de grande ajuda para a formulação e aprofundamento de projetos.

Em tempos de grandes confusões teóricas e políticas, a TMD oferece uma cartografia teórica de enorme relevância. O trabalho de Mathias Seibel Luce, escrito com imensa sobriedade, nos revela algumas coordenadas imprescindíveis. A *velha toupeira* encontrará neste livro um aliado de primeiro nível em sua incessante irrupção histórica.

Jaime Osorio
Cidade do México, agosto de 2017

INTRODUÇÃO

A teoria marxista da dependência (TMD), uma das vertentes mais férteis do pensamento crítico, tem se afirmado cada vez mais diante dos problemas de nosso tempo. E, mais do que isso, tem se revelado cada vez mais vigente e necessária, oferecendo caminhos de investigação para a crítica rigorosa e a luta pela superação das estruturas de poder que se exercem sobre a classe trabalhadora e nossos povos, em nossa realidade social subordinada às relações imperialistas, em que a exploração do modo de produção capitalista enquanto economia mundial se impõe sob formas que se agudizam.

Conforme esperamos demonstrar ao longo deste livro, a TMD oferece algumas das explicações mais consistentes para questões como: o fato de a maioria das pessoas vivendo em favelas concentrarem-se em lugares do mundo como a América Latina; ou o fato de um país como o Brasil constar no rol das dez maiores economias em termos de PIB, mas apresentar indicadores sociais entre a septuagésima e octogésima posições no índice de desenvolvimento humano das Nações Unidas; ou, ainda, a tendência histórica de países como os latino-americanos registrarem, de maneira estrutural, jornadas de trabalho mais extensas e níveis salariais mais baixos em comparação com as economias dominantes, configurando um regime de superexploração brutal.

Forjada no calor da luta de classes na América Latina dos anos 1960 e 1970 pelos brasileiros Ruy Mauro Marini, Vania Bambirra e Theotonio dos Santos, a TMD é a síntese do encontro profícuo entre a teoria do valor de Marx e a teoria marxista do imperialismo, esta última formulada, entre outros, por Lenin. Deste encontro nasceu o veio teórico em que se descobriram categorias originais, para dar conta de explicar processos e tendências específicos no âmbito da totalidade integrada e diferenciada que é o capitalismo mundial.[1] Categorias como superexploração da força de trabalho,

---

[1] Os três fundadores da TMD foram dirigentes da Organização Revolucionária Marxista Política Operária (ORM-Polop, depois mais conhecida como Polop) no começo dos anos 1960, organização da esquerda brasileira que questionava as posições etapistas e dogmáticas que orientavam os partidos comunistas na região, como era, naquele então, o caso do PCB. Influenciada pelo exemplo da Revolução Cubana, que colocou na ordem do dia a possibilidade histórica da revolução, a Polop procurava ser um polo aglutinador para apoiar as

transferência de valor, cisão no ciclo do capital, subimperialismo padrão de reprodução do capital e a própria categoria dependência são fruto dessa vigorosa tradição crítica, que além de seus fundadores brasileiros tem entre seus expoentes nomes como Jaime Osorio, Orlando Caputo, Adrián Sotelo Valencia e toda uma nova geração de pesquisadores que procuram dar continuidade ao programa de investigação da TMD no presente.[2]

A partir das formulações da TMD logrou-se decisivamente, com maior rigor, a compreensão crítica de que: desenvolvimento e subdesenvolvimento não eram processos desvinculados, nem um *continuum* separado pelo tempo ou superável meramente por políticas econômicas; que a industrialização em si, sem a ruptura com as estruturas socioeconômicas dominantes, não seria capaz de levar à superação das enormes mazelas

---

condições para o surgimento de um partido revolucionário no Brasil. Criticando as teses de que o subdesenvolvimento se devia à "insuficiência" de capitalismo, a Polop sustentava que a burguesia interna não podia ter nenhuma veleidade anti-imperialista e que o caráter da revolução brasileira não seria democrático-burguesa, mas socialista. Com o golpe de 1964, vários de seus integrantes tiveram que partir para o exílio. Theotonio e Vania foram para o Chile e Marini, para o México. Os três voltariam a se reunir no Chile, durante os anos do governo de Salvador Allende. Naquele país, funcionava desde 1965 o Centro de Estudios Socioeconómicos da Universidad de Chile (Ceso), onde nasceriam alguns dos primeiros trabalhos da TMD. Ver por exemplo: Dos Santos,Theotonio. "El nuevo caráter de la dependencia". *Cuadernos de Ceso*, Santiago de Chile, 1967 e "Dependencia y cambio social". *Cuadernos de Estudios Socioecononómicos*, Ceso, n. 11, noviembre 1970; Marini, Ruy Mauro. "Dialéctica de la dependencia. La economía exportadora". *Sociedad y Desarrollo*, Ceso, n. 1, enero-marzo 1972; Bambirra Vania. *Capitalismo dependiente latinoamericano*. Santiago de Chile: Ceso, 1973; Caputo, Orlando e Pizarro, Roberto. "Imperialismo, dependencia y relaciones económicas internacionales". *Cuadernos de Estudios Socioeconómicos*, Ceso, n. 12-13, 1971. Um antecedente importante foi, também, o ensaio de Frank, Andre Gunder. "El desarrollo del subdesarrollo". *Pensamiento Crítico*, La Habana, n. 7, agosto de 1967 e o livro de Marini, *Subdesarrollo y revolución*. Cidade do México: Siglo XXI, 1969, 5ª edição ampliada de 1974.

[2] Se fosse para sublinhar a contribuição singular de cada um dos autores que deram fôlego inicial à TMD, poderíamos dizer que: Theotonio dos Santos descobriu a categoria dependência e cumpriu um papel de organizador do grupo e de elaboração do programa de investigação sobre a dependência, no período do Ceso; Ruy Mauro Marini fez a apreensão original das leis tendenciais que regem o capitalismo dependente – a superexploração da força de trabalho, a transferência de valor e a cisão no ciclo do capital; Vania Bambirra aprofundou o estudo da diferenciação das formações econômico-sociais, com sua tipologia da industrialização dependente; Orlando Caputo conferiu precisão ao conceito de economia mundial, além de ter desenvolvido metodologia para o estudo das transferências de valor; Jaime Osorio aprofundou a compreensão da categoria padrão de reprodução do capital, identificou seus padrões históricos na América Latina e trouxe novas formulações para a teoria do Estado, em torno às especificidades do Estado dependente; Osorio e, também, Adrián Sotelo, sob distintos ângulos de análise, realizaram estudos concretos da superexploração; e, mencionemos ainda, Vania e Marini trouxeram contribuições à teoria política do socialismo, com seu pensamento leninista a partir dos postulados da TMD.

em nossas formações sociais, mas produziria formas renovadas da dependência; que a condição econômico-social da América Latina não se devia à falta de capitalismo, sendo na verdade uma maneira particular em que o capitalismo se reproduz; que não havia burguesias internas com vocação anti-imperialista, mas o desenvolvimento associado e integrado ao imperialismo, em que as classes dominantes locais procuram compensar sua desvantagem na competição intercapitalista superexplorando os trabalhadores; que o imperialismo não era um fenômeno externo, mas apresenta também uma face interna, fincando raízes em nossas sociedades; que o sujeito revolucionário não era a frente pelo desenvolvimento do "capitalismo nacional", mas a frente de classe a ser integrada pelo proletariado, o campesinato e setores da pequena burguesia; que a crítica da política econômica deveria avançar para o terreno da crítica da Economia Política; em suma, que nem o funcionamento da lei do valor, nem a configuração histórica das formações econômico-sociais se dão uniformemente, mas sob o desenvolvimento desigual,[3] não sendo um dualismo estrutural, nem tampouco um todo indiferenciado, mas um complexo de complexos[4] que é preciso conhecer com o devido rigor, para atuar sobre sua realidade e poder transformá-la.

Exatamente por esse sentido transformador a TMD foi perseguida pelo terror de Estado, combatida pelo dogmatismo teórico e também marginalizada pelo neoliberalismo acadêmico. E o exílio político de seus fundadores brasileiros foi secundado pelo exílio teórico em seu país de origem.[5] Mas, se nos anos oitenta e noventa do século passado a ofensiva do

---

[3] Por vezes, a TMD é interpretada como expressão da abordagem do desenvolvimento desigual e combinado, de León Trotsky. Na verdade, as fontes principais da TMD são a teoria do valor de Marx e a teoria do imperialismo e o debate sobre a diferenciação das formações econômico-sociais e o desenvolvimento desigual em Lenin. Podem ser encontrados pontos de aproximação e discussão com a tese do desenvolvimento desigual e combinado. Porém, entendemos que esta última está em um nível de abstração mais geral, pensando a desigualdade do ritmo no processo histórico para uma gama variada de acontecimentos. Diferentemente, o desenvolvimento desigual examinado pela TMD estriba especialmente no desdobramento histórico da lei do valor e na diferenciação das formações econômico-sociais, no contexto de formação do mercado mundial e da integração dos sistemas de produção, dando passo a fenômenos históricos específicos. Daí advêm leis tendenciais específicas à economia dependente, descobertas originalmente pela TMD e que são expressão agudizada das leis gerais do capital, sob tendências negativamente determinadas enquanto *momento predominante*.

[4] Utilizamos a expressão no sentido conferido por György Lukács. Ver, do autor, "Historicidade e universalidade teórica". Em: *Para uma ontologia do ser social I*. São Paulo: Boitempo, 2012. Trad. Carlos Nelson Coutinho, Mário Duayer e Nélio Schneider.

[5] Um episódio notório desse intento de colocar a TMD no isolamento entre a intelectualidade brasileira foram os ataques desferidos por Fernando Henrique Cardoso e José Serra, que não por coincidência, em pleno início da reabertura democrática, quando numerosos

neoliberalismo na cena política e acadêmica tentou impor cadeados contra a crítica radical e o sentido transformador de que a TMD é portadora, hoje já não se pode dizer que ela siga sendo uma teoria exilada. Esse exílio teórico e político foi rompido. Tanto pelas exigências que a realidade objetiva seguiu colocando na presente conjuntura histórica, frente às disjuntivas do capitalismo mundial e latino-americano neste começo de século XXI, quanto pelo esforço paciencioso, coletivo e tenaz de dezenas de pesquisadores-militantes, de mais de uma geração, que vêm resistindo em defesa do legado da TMD, pelo devido lugar de seus fundadores no panteão dos intérpretes do Brasil, da América Latina e entre as melhores tradições do marxismo mundial.

O reimpulso à TMD e a continuação do seu programa de pesquisa na atualidade repõem a afirmação de Marx, segundo a qual não basta a teoria compelir à realidade, a realidade tem que compelir à teoria.[6] Como parte desse esforço que mobiliza um amplo grupo de pesquisadores, no Brasil e em outras partes da América Latina, este livro é fruto de dez anos de pesquisas, tempo ao longo do qual tenho me dedicado ao estudo da obra de Ruy Mauro Marini, estudo que nos últimos cinco anos tem sido acompanhado pelo esforço continuado por melhor conhecer, também, a obra de Vania Bambirra, fundadora da TMD assim como Marini.

O resultado que o leitor e a leitora têm em mãos consiste, a uma só vez, em um trabalho de crítica da Economia Política e de História Econômica, que submetemos ao debate oferecendo este texto à classe trabalhadora brasileira e latino-americana, como contribuição à explicação de nossa realidade social e para apoiar as lutas pelas transformações estruturais que precisam ser encaradas, tendo como horizonte nossa definitiva emancipação.

A ideia deste livro teve origem quando ainda era docente do Instituto de Economia da Universidade Federal de Uberlândia, no ano de 2011.

---

intelectuais retornavam do exílio, publicaram um libelo virulento atacando a TMD e a obra de Marini, distorcendo uma série de argumentos e procurando criar falsas teses para melhor combatê-las (Ver, dos autores, *As Desventuras da dialética da dependência*. Estudos Cebrap, n. 22, outubro-dezembro 1977, p. 5-39). O texto recebeu uma réplica contundente de Marini (*Las razones del neodesarrollismo: o porqué me ufano de mí burguesía*), publicada junto ao texto de seus detratores em número especial da Revista Mexicana de Sociologia, em 1978. Entretanto, esse debate foi por vários anos interditado no Brasil, desde a censura dos membros do Cebrap em circular a resposta de Marini (a réplica de Marini pode ser acessada no portal de sua obra em: <http://www.marini-escritos.unam.mx>).

[6] Marx, Karl. *Crítica da filosofia do direito de Hegel*. São Paulo: Boitempo, 2015, p. 152. Trad. Rubens Enderle e Leonardo de Deus. Somos gratos a José Paulo Netto por haver chamado atenção para esta passagem em sua conferência "Marx, ontem e hoje". (Colóquio Marx e o Marxismo. Niterói, NIEP-Marx/Universidade Federal Fluminense, 30 de setembro de 2013).

Naquele momento, esboçamos o objetivo de estudar a fundo as categorias apresentadas originalmente por Marini, em *Dialética da Dependência*, e investigar seu conteúdo e conexões internas, transitando para níveis de maior concreticidade histórica. Foi nessa direção que prosseguimos ao elaborar o projeto de pesquisa "Por uma história econômica da dependência latino-americana: de 1850 a nossos dias", submetido no concurso de provas e títulos para o provimento do cargo de docente de História da América, no Departamento de História da UFRGS, ao fim de 2011, no qual fomos aprovados em primeiro lugar. Dali em diante, já como docente da UFRGS, nos lançamos na consecução deste projeto, cuja culminação vem a ser o presente livro.

Seu texto está escrito tanto para iniciados, quanto para iniciantes na TMD. Procuramos assumir o desafio, não isento de riscos, de realizar uma síntese teórica de algumas das principais categorias da TMD e expor seus fundamentos histórico-concretos, não como uma história do pensamento (agenda de pesquisa que também cumpre seu papel), mas como uma história das relações expressas pelas categorias de análise em questão, uma história do capitalismo dependente no contexto da economia mundial.

Este livro não é, nem pretende ser um "manual". Em todos os capítulos, nos empenhamos fazendo um esforço didático, sempre que isto foi possível e até onde não implicasse cometer simplificações vulgares. Ao longo do texto, além de séries com dados estatísticos, constam figuras explanando aspectos das relações sociais cuja apreensão é feita pelas categorias em questão. Cada capítulo traz uma categoria diferente da TMD, expondo-as em seu encadeamento até chegar ao capítulo final em que a categoria dependência se explicita como síntese de múltiplas determinações e cuja superação é problematizada como tarefa profundamente imbricada com a luta pelo socialismo.

A leitura do livro pode ser realizada tanto em sua ordem de paginação, quanto se iniciando por capítulos à escolha. Os leitores não familiarizados com *O capital* de Marx e a teoria do valor poderão encontrar complicações em alguns momentos do livro, especialmente na primeira metade do capítulo 1. Para eles, recomendamos como apoio a excelente introdução às categorias marxianas e da crítica da Economia Política escrita por José Paulo Netto e Marcelo Braz.[7] Também, pode resultar interessante começar nosso livro pelo capítulo 2, que abre narrando a gênese histórica da dependência, no decurso da vinculação da América Latina ao mercado

---

[7] Netto, José Paulo e Braz, Marcelo. *Economia Política: uma introdução crítica*. São Paulo: Cortez, 2007.

mundial capitalista – para depois enfrentar a discussão teórica mais árdua das relações sociais analisadas pelas categorias da TMD.

O capítulo 1, *Transferência de valor como intercâmbio desigual*, expõe a categoria transferência de valor cunhada pela TMD. Esta categoria, além de expressar as transferências de valor em geral, explanadas na teoria da acumulação de Marx, adquire conteúdo especial no desdobramento histórico do mercado mundial, sendo a chave para explicar o desenvolvimento desigual que caracteriza a lei do valor e o modo de produção capitalista enquanto economia mundial. Os fundamentos que vertebram o capítulo 1 foram apresentados por nós, inicialmente, em 2013, no Seminário Internacional "A 40 años de Dialéctica de la Dependencia", realizado em maio daquele ano no Instituto de Investigaciones Económicas da Universidad Nacional Autónoma de México (Unam), sob a coordenação de Patricia Olave. Participaram do seminário: Jaime Osorio, Adrián Sotelo Valencia, Arnulfo Arteaga, Márgara Millán, Andrés Barreda Marín, Josefina Morales e, entre os brasileiros, Carla Ferreira, Carlos Eduardo Martins e eu próprio. Minha apresentação recebeu, ali, boa acolhida. Sustentávamos que o segredo da dependência reside na *não-identidade* entre o *quantum* de valor produzido e de valor apropriado entre as diferentes economias; que *transferência de valor* e *intercâmbio desigual*, na compreensão de Marini, consistiam em aspectos de uma mesma tendência particular nas economias dependentes, requerendo pensá-los como uma nova categoria no corpo teórico do marxismo, para dar conta de explicar o desdobramento contraditório da lei do valor como simultânea *assunção* e *violação* do intercâmbio de equivalentes. E concluíamos expondo alguns indicadores históricos para esta natureza específica das transferências de valor. Foi a partir dessa base que, nos anos seguintes, viemos a coligir as séries históricas que constam do capítulo 1 e a compor a exposição teórica da categoria em questão.

Como poderá perceber todo leitor com alguma proximidade à bibliografia marxista sobre as questões do desenvolvimento desigual, dependência, subdesenvolvimento etc., o que a partir da TMD denominamos *transferência de valor como intercâmbio desigual* consiste em explicação diversa do que a polissêmica noção de intercâmbio desigual que ocupou as páginas do debate entre Samir Amin, Arghiri Emmanuel e outros mais nos anos 1970;[8] ou do que a noção geral de drenagem de excedentes, de Paul Baran,[9] utilizada também pela análise do sistema-mundo de Immanuel

---

[8] Ver, a respeito, Vários. Em: "Imperialismo y comercio internacional". *Cuadernos de Pasado y Presente*, Córdoba, n. 24, 1977.

[9] Baran, Paul. *A Economia Política do desenvolvimento*. São Paulo: Nova Cultural, 1986.

Wallerstein.[10] A categoria que expomos no capítulo 1 consiste, também, como colocado desde o início pelos fundadores da TMD, em uma explicação vigorosa que situa na produção e apropriação de valor as causas para as desigualdades estruturais que marcam as relações de exploração nas economias dependentes, para além da questão da defasagem entre os preços dos produtos manufaturados e dos produtos primários, que preocupava a Comissão Econômica para a América Latina (Cepal), sendo a deterioração dos termos de intercâmbio uma das formas de manifestação, mas não a própria essência das transferências de valor.

Para esse resultado concorreu, entre outros aspectos, um esforço de precisão teórica que foi assentado sobre o conceito marxiano de *intensidade nacional do trabalho*, que não deve ser confundido com o conceito de intensidade do trabalho como uma das medidas do trabalho em geral. A intensidade nacional do trabalho considera a produtividade média do trabalho em cada formação econômico-social e as diferentes proporções em que se dão as apropriações do valor produzido no mercado mundial, como elemento fundamental para incorporar na análise a dimensão da transferência de valor no nível de abstração do mercado mundial, sem com isso abstrair a luta de classes. A articulação entre o nacional e o internacional demonstrou-se uma via segura para evitar dois problemas teóricos comuns: o estudo da economia mundial como emanação abstrata do modo de produção capitalista ou, de outra parte, a economia mundial diluída em um sistema desprovido de uma clara hierarquia de poder.

O capítulo 2, *A cisão no ciclo do capital* (ou *o divórcio entre a estrutura produtiva e as necessidades das massas*), é fruto da pesquisa que realizamos nos marcos do projeto "Por uma história econômica da dependência latino-americana". Partindo das formulações de *Dialética da Dependência*, nos debruçamos sobre a tese a respeito da mudança do eixo da acumulação baseado na mais-valia absoluta para a mais-valia relativa nas economias dominantes, após a Revolução Industrial e a formação do mercado mundial, bem como sobre o papel que a América Latina cumpriu para aquele trânsito, coadjuvando-o mediante a oferta abundante de matérias-primas e alimentos baratos que veio a suprir, ao passo que este mesmo trânsito não tinha lugar nas formações econômico-sociais da região.[11] Desse modo, o foco do capítulo é a configuração de uma modalidade específica de circu-

---

[10] Ver Wallerstein, Immanuel. *World-systems analysis. An introduction*. Durham/Londres: Duke University Press, 2004.

[11] Neste sentido, os dados históricos levantados e expostos neste capítulo são uma contestação cabal às críticas de autores como Fernando Henrique Cardoso e José Serra, de um lado; e Agustín Cueva, de outro, que na mesma direção tentaram afirmar que as teses de Marini não teriam correspondência concreta na realidade objetiva.

lação no capitalismo dependente. Antes que circulacionismo, essa análise é um mergulho profundo na dialética entre produção e circulação, no processo histórico de formação – e diferenciação interna – da economia mundial. O capítulo oferece evidências concretas de como a categoria *cisão no ciclo do capital* ilumina não somente um período inicial do mercado mundial, no século XIX. Nesse sentido, a análise avança para o exame do século XX, valendo-se de um indicador criado por nós que é o tempo de existência suntuária dos bens de consumo. A partir da dialética *valor de uso* e *processo de valorização* e do exame da antítese *mais-valia relativa* e *mais-valia extraordinária* na distribuição intersetorial do valor, são oferecidos elementos teóricos e históricos para explicar contradições dos dias atuais. Um exemplo nesse sentido é o fato de economias latino-americanas como o Brasil serem grandes produtoras e mercados consumidores de automóveis, enquanto a grande massa da população é despojada em necessidades sociais básicas, como transporte coletivo em condições condizentes com o atual grau de desenvolvimento das forças produtivas, desnudando um verdadeiro divórcio com as necessidades das massas.

O capítulo 3, por sua vez, reúne de um lado as aproximações que fizemos entre a categoria da superexploração e o estudo de conjunturas concretas em escritos anteriores;[12] e formulações inteiramente novas em nosso esforço por apreender as determinações históricas e a essência e conexões internas da superexploração. Chegamos, assim, ao texto que apresenta uma Nota Prévia, afastando interpretações errôneas sobre o sentido de superexploração, seguida pela exposição da categoria superexploração da força de trabalho e de suas formas de manifestação. O capítulo procura abordar tanto a gênese e desenvolvimento histórico das relações de superexploração, quanto discutir como ela se apresenta enquanto tendência estrutural e sistemática das economias dependentes. A superexploração é apresentada como determinação negativa do valor contida na lei do valor, em que a corporeidade viva da força de trabalho é submetida a um desgaste prematuro, e/ou a reposição de seu desgaste acontece de tal maneira em que a substância viva do valor não é restaurada em condições normais (isto é, nas condições sociais dadas). A superexploração é explicada, pois, como tendência negativamente determinada da lei do valor, sendo esta última simultaneamente o intercâmbio de equivalentes e a negação do intercâmbio de equivalentes. Mediante a exposição das formas da superexplora-

---

[12] Ver Luce, Mathias Seibel. "A superexploração da força de trabalho no Brasil". *Revista da Sociedade Brasileira de Economia Política*, São Paulo, n. 32, junho de 2012, p. 119-141; e "Brasil: nova classe média ou novas formas de superexploração da classe trabalhadora?" *Trabalho, Educação e Saúde*, Rio de Janeiro: Escola Politécnica de Saúde Joaquim Venâncio-Fiocruz, v. 11, n. 1, 2013, p. 169-190.

ção, também são oferecidas pistas para realizar análise concreta de situação concreta a partir da categoria em exame.

Finalmente, o capítulo 4, sobre o qual já tecemos algumas considerações, inicia-se igualmente por uma Nota Prévia sobre o que a dependência *não* é; e prossegue na discussão da categoria dependência, situando-a como uma realidade que existe na articulação dos níveis de abstração da economia mundial e das formações econômico-sociais, em que são agudizadas as tendências imanentes do capitalismo, engendrando tendências específicas que podem ser entendidas como leis tendenciais particulares à economia dependente, o que lhe confere o caráter *sui generis* referido por Marini. Nesse proceso, ocorre uma diferenciação das formações econômico-sociais, tanto no contexto mais geral da economia mundial, quanto no próprio interior da economia dependente, com estruturas socioeconômicas particulares. Estas podem ser estudadas em conjunturas concretas, aproximando a discussão sobre as leis tendenciais específicas, a diferenciação das formações econômico-sociais e os diferentes padrões de reprodução do capital. O capítulo também aborda a dimensão da práxis política que perpassa a TMD e expõe, particularmente, a contribuição do pensamento leninista de Ruy Mauro Marini e Vania Bambirra, discutindo à luz de suas formulações a disjuntiva dependência, revolução e transição.

No momento em que este livro é publicado, a TMD já não é mais uma desconhecida do público brasileiro, ou uma teoria restrita a pequenos círculos, mas uma alternativa para a compreensão de nossa realidade que reluz na intelectualidade crítica e desperta renovado interesse entre as forças políticas de esquerda e os movimentos populares que enfrentam a égide do capital, recobrando parte do fôlego que obtive nos anos de sua enunciação original. Reocupar o terreno do debate, com o programa de investigação proporcionado pela TMD, é uma tarefa que tem se realizado graças a um esforço que conta com muitas mãos.

Sucintamente – e cientes de que o esforço em tela abrange numerosos trabalhos além daqueles que lembramos aqui –, caberia referir: a publicação de antologias do pensamento de Marini, como as que foram organizadas por João Pedro Stedile e Roberta Traspadini;[13] por Carlos Eduardo Martins;[14] ou por Emir Sader;[15] a tradução e publicação no Brasil, pela primeira vez, de obras de Marini e Vania que contavam juntas dezenas de edições em espanhol – tendo sido publicadas inclusive em italiano, japonês

---

13   *Ruy Mauro Marini: vida e obra*. São Paulo: Expressão Popular, 2005.
14   *América Latina: dependencia y globalización* (antología de Ruy Mauro Marini). Buenos Aires/Bogotá: Clacso: Siglo del Hombre Editores, 2008.
15   *Dialética da dependência* (antologia de Ruy Mauro Marini). Petrópolis: Vozes, 2000.

e alemão – mas que até então não tinham edições brasileiras, até a iniciativa do Iela-UFSC sob a coordenação de Nildo Ouriques;[16] o relançamento do portal com os escritos de Ruy Mauro Marini, albergado na Unam, com a incorporação de cerca de uma centena de novos textos do autor, incluindo dezenas de inéditos e outros de difícil acesso;[17] a organização do arquivo de Vania Bambirra e a criação de um portal com a difusão de sua obra digitalizada, sob a iniciativa de Carla Cecilia Campos Ferreira e nossa;[18] a difusão no Brasil dos trabalhos de autores como Jaime Osorio, um dos principais discípulos de Marini;[19] a publicação da coletânea sobre o padrão de reprodução do capital, organizada por Carla Ferreira, Jaime Osorio e Mathias S. Luce;[20] teses de doutorado voltadas à história da TMD e ao estudo de algumas de suas categorias e debates;[21] livros autorais[22] e coletâneas[23] abordando questões que concernem à TMD e deba-

---

[16] Ver, de Marini, *Subdesenvolvimento e revolução*. Florianópolis, Iela-UFSC/Insular, 2012. Trad. Fernando Prado e Marina Gouvêa; e, de Bambirra, Vania. *Capitalismo dependente latino-americano*. Florianópolis: Iela/Insular, 2013. Trad. Fernando Prado e Marina Gouvêa.

[17] Disponível em: <http://www.marini-escritos.unam.mx>.

[18] Disponível em: <http://www.ufrgs.br/vaniabambirra>.

[19] Ver, por exemplo, *Crítica de la economía vulgar. Reproducción del capital y dependencia*. Cidade do México: Miguel Ángel Porrúa, 2004; *Explotación redoblada y actualidad de la revolución*. Cidade do México: Itaca, 2007; *O Estado no centro da mundialização. A sociedade civil e o tema do poder*. São Paulo: Outras Expressões, 2014. Trad. Fernando Prado.

[20] *Padrão de reprodução do capital: contribuições da Teoria Marxista da Dependência*. São Paulo: Boitempo, 2012 (o volume inclui a tradução do ensaio *O ciclo do capital na economia dependente*, de Marini; dois capítulos de Osorio sobre o padrão de reprodução do capital; um capítulo de Marisa Amaral e Marcelo Carcanholo sobre superexploração e transferência de valor, além da introdução assinada por Carla Ferreira e Mathias Luce, com considerações sobre a gênese da TMD e a relevância da abordagem do padrão de reprodução).

[21] A título de exemplo, mencionamos: Ouriques, Nildo. "Teoría marxista de la dependencia. Una historia crítica". Cidade do México: Facultad de Economía, 1995; Luce, Mathias Seibel. "A teoria do subimperialismo em Ruy Mauro Marini: contradições do capitalismo dependente e a questão do padrão de reprodução do capital". Porto Alegre: PPGH-UFRGS, 2011; Amaral, Marisa Silva. "Teorias do imperialismo e da dependência: a atualização necessária ante a financeirização do capital". São Paulo: FEA-USP, 2012; Ferreira, Carla Cecilia Campos. "A classe trabalhadora no processo bolivariano da Venezuela. Contradições e conflitos do capitalismo dependente petroleiro-rentista (1958-2010)". Porto Alegre: PPGH-UFRGS, 2012; Prado, Fernando Corrêa. "A ideologia do desenvolvimento e a controvérsia da dependência no Brasil contemporâneo". Rio de Janeiro: Pepi-UFRJ, 2015.

[22] Ver, por exemplo, Martins, Carlos Eduardo. *Globalização, dependência e neoliberalismo na América Latina*. São Paulo: Boitempo, 2011; Carcanholo, Marcelo Dias. *Dependencia, superexplotación del trabajo y crisis. Una interpretación desde Marx*. Madri: Maia Ediciones, 2017; Traspadini, Roberta. *A teoria da (inter)dependência de Fernando Henrique Cardoso*. São Paulo: Outras Expressões, 2014.

[23] Ver Martins, Carlos Eduardo e Valencia, Adrián Sotelo (orgs.). *América Latina e os desafios da globalização. Ensaios dedicados a Ruy Mauro Marini*. São Paulo: Boitempo, 2009; Castelo,

tes e polêmicas afins; dossiês de revistas acadêmicas;[24] grupos de trabalho de sociedades científicas como o GT Teoria Marxista da Dependência da Sociedade Brasileira de Economia Política (SEP) e os grupos de trabalho do Conselho Latino-Americano de Ciências Sociais (Clacso), enfim.

Com efeito, com o reimpulso à TMD reabre-se todo um caminho, com um programa de investigação vigoroso para melhor entendermos o que é o Brasil, o que é a América Latina, o que é o capitalismo dependente, que tarefas se apresentam para a esquerda no continente. Naturalmente, nem todas as questões que nos preocupam encontrarão resposta definitiva na TMD. Afinal, a TMD não é uma teoria à parte e que se basta por si mesma, mas um veio de análise dentro do corpo teórico do marxismo. Assim como existe teoria marxista do imperialismo, da estética, da ideologia etc. existe a TMD. Dela deve se esperar respostas para os problemas que ela se propõe a responder: o estudo do capitalismo enquanto economia mundial e das tendências particulares que se impõem nas formações econômico-sociais subordinadas ao imperialismo, sob a égide da divisão internacional do trabalho e do desenvolvimento desigual da lei do valor. E, junto com isso, os desafios que essa realidade, como parte contraditória da totalidade mundial, coloca para a superação das relações capitalistas de produção e a construção do socialismo.

Cumpre assinalar, desde logo, que toda compreensão que preside este livro e do que nele se entende por *dependência*, *capitalismo dependente* e *leis de movimento que lhe são específicas* partem da perspectiva metodológica que chamamos de determinação negativa ou dialética negativa.[25] Se à primeira vista poderia parecer redundante falar em negatividade ao considerar toda e qualquer dialética emanada do capital, a verdade é que a adequada compreensão do marxismo como ciência revolucionária requer fazer a apreensão das tendências alienantes, negativas e disruptivas do capitalismo que se manifestam, sob certas circunstâncias, de maneira agudizada, como momento predominante. Como ensina Mario Dal Pra:

    Rodrigo (org.). *Encruzilhadas da América Latina no século XXI*. Rio de Janeiro: Pão e Rosas, 2010; Niemeyer Almeida Filho (org.). *Desenvolvimento e dependência*. Brasília: Ipea, 2014; Seabra, Raphael (org.). *Dependência e marxismo*. Florianópolis: Insular, 2017; Neves, Lafaiete (org.). *Desenvolvimento e dependência: atualidade do pensamento de Ruy Mauro Marini*. Curitiba: Editora CRV, 2012.

24   Ver, por exemplo, *Cadernos Cemarx*, Unicamp, n. 9, 2016. Dossiê "A atualidade do pensamento de Ruy Mauro Marini". Organização: Maíra Bichir, Marina Machado Gouvêa e Mirella Rocha.

25   Não confundir com a acepção que o termo assume em autores como Adorno, que é diferente do significado que entendemos aqui.

> [...] a dialética da negatividade é entendida como expressão do movimento real da história do homem, e não como resultado de reduzir o movimento real da história do homem a simples fenômeno da estrutura dialética por si mesma.[26]

Segundo o autor, esta é uma questão cujo conhecimento passa por considerar os variados sentidos da dialética em Marx:

> não cabe dúvida de que onde intervém o momento da negação da negação nunca fica comprometida de forma radical uma continuidade e uma unidade superior, dado que o caráter da dialética é o de garantir um desenvolvimento contínuo e unitário, para além de toda oposição e contradição.[27]

Essa primeira colocação significa que, à diferença de uma compreensão vulgar acerca do movimento dialético, pressupondo que toda tendência contraditória inexoravelmente leva à superação da contradição percorrendo uma sequência tese (afirmação) – antítese (negação) – síntese (negação da negação)[28] a realidade, na verdade, pode se apresentar em determinadas circunstâncias de tal modo que o movimento dialético seja portador mais diretamente do elemento da continuidade, o qual não opera uniformemente. Nesse sentido, prossegue Dal Pra:

> De todos os modos, permanece sempre vigente que a própria continuidade pode se estabelecer e organizar seja através da operação incisiva da negação da negação, com as consequentes e drásticas rupturas internas e da unidade e continuidade; seja através de uma trama mais compacta de 'momentos' nos quais a negação opera de forma menos radical e profunda. Em ambos os casos está presente a categoria da totalidade orgânica, mas assim como no caso da dialética coincidente com a síntese dos opostos trata-se de uma totalidade mais complexa [...]. Por conseguinte, a insistência no estudo dos variados sentidos da dialética em Marx pode contribuir tanto a uma determinação mais cabal do sentido unitário da dialética, quanto a precisar as formas complexas e distintas em que esta vem explicitando-se como estrutura dinâmica e compreensão da realidade.[29]

Quer dizer, o movimento dialético do real apresenta diferentes momentos e determinações como a *unidade e continuidade*, a *negação da negação* e o que Dal Pra, a partir de seu estudo da dialética em Marx, caracteriza

---

[26] *La dialéctica en Marx*. Barcelona: Ediciones Martínez Roca, 1971, p. 192. Trad. nossa (M. S. L.). De agora em diante, salvo quando houver indicação diferente, todas passagens citadas de títulos em outro idioma são tradução direta nossa.
[27] *Ibid.*, p. 15.
[28] A rigor, o termo *Aufheben*, do alemão, significa a uma só vez: negação, conservação e superação/elevação para um plano superior. Em edições mais recentes das obras de Marx no Brasil, tem se optado por traduzi-lo pelos vocábulos *suprassunção* e *suprassumir*.
[29] Dal Pra, *op. cit.*, p. 15-16.

como *"trama mais compacta de momentos nos quais a negação opera de forma menos radical e profunda"*. Sob a dialética negativa (ou determinação negativa da dialética), uma série de contratendências que operam no modo de produção capitalista se veem modificadas, fazendo com que o momento da negação da negação compareça de forma menos radical e profunda no decurso do pôr dialético. Em nossa compreensão, essa dialética negativa se observa de forma eloquente sob as relações imperialistas e da dependência.

Nesse sentido, no capítulo 1 sustentamos que à diferença das transferências de valor em geral, estudadas por Marx no Livro III de *O capital*, as *transferências de valor como intercâmbio desigual* não são contra-arrestadas no mesmo grau pela contratendência que é a lei do nivelamento da taxa de lucro. Com isso, essa contratendência ao intercâmbio de *não equivalentes* opera de modo diferenciado. Isso não significa que ela deixe de atuar – não se trata da anulação das leis gerais de funcionamento do capitalismo –, mas seu funcionamento é diferenciado, engendrando tendências específicas.

Da mesma maneira, no capítulo 2 colocamos que a generalização da mais-valia relativa para o conjunto dos setores da produção exerce efeito contra-arrestante à fixação da mais-valia extraordinária em certos ramos. Nas economias dependentes, porém, esse efeito contra-arrestante é exercido de modo negativamente determinado. Isto significa que a contratendência em questão atua sob condições da "trama mais compacta de momentos" referida anteriormente, em cujo pôr dialético compareçam possibilidades ou alternativas mais restritas no movimento da unidade e continuidade. Assim, a cisão no ciclo do capital expressa essa determinação negativa da dialética. O mesmo se observa na superexploração – tema do capítulo 3 –, em que a contratendência ao esgotamento prematuro do valor da força de trabalho ou ao seu desgaste acelerado sem a reposição correspondente é a configuração de um *limite normal* ou *valor normal* da força de trabalho, para dadas condições sociais e históricas. Esta configuração, entretanto, não se verifica historicamente no mesmo sentido sob o capitalismo dependente, em que a sede vampiresca do capital é agudizada.

Ao mesmo tempo, sob as relações de dependência entram em cena contratendências de outra natureza. Com isso, o momento da antítese – e seu desdobramento mediante a negação da negação – é portador, no âmbito da unidade e continuidade, de potencialidades mais restritas, trazendo como consequência que o elemento de positividade se veja também implicado, com suas potencialidades criadoras minoradas, como é o caso da difusão desigual do efetivo controle dos conhecimentos e dos recursos materiais que determinam o avanço da fronteira tecnológica. É sobre a base de elementos como esses que se constituem contratendências de outra natureza, como a superexploração da força de trabalho cumprindo a vez de mecanismo de compensação frente às transferências de valor próprias à economia dependente etc., provocando a reprodução ampliada da dependência.

Aqui reside, principalmente, o caráter relacional das categorias da TMD. E é isto, também, que nos permite falar em leis tendenciais específicas à economia dependente, que não são uma ruptura metodológica com a teoria de Marx e as leis gerais de funcionamento do capitalismo, mas sua continuação, desvelando seu funcionamento contraditório e negativamente determinado sob a realidade do capitalismo dependente, no contexto da economia mundial. Mas isto o leitor e a leitora poderão conferir ao longo das páginas deste livro.

Antes de encerrar esta introdução, não podemos deixar de mencionar aqueles e aquelas que acompanharam, em diferentes momentos, o trabalho materializado neste livro.

Carla Cecilia Campos Ferreira, Jaime Osorio, Marcelo Dias Carcanholo e Miguel Enrique Stedile leram os originais e fizeram sugestões e críticas de grande valia, ajudando a precisar explanações teóricas e a apontar complementos necessários na exposição. A maioria de suas considerações foi incorporada. Sou imensamente grato a todos eles. As lacunas e imprecisões que tenham restado são de minha exclusiva responsabilidade. Meus orientandos e orientandas-pesquisadores do Núcleo de História Econômica da Dependência Latino-Americana (Hedla) leram também os originais, aportando sugestões ao texto. A todos eles deixo meu agradecimento.

Meu reconhecimento também ao GT Teoria Marxista da Dependência da Sociedade Brasileira de Economia Política (GT TMD-SEP). Em ordem alfabética, nas pessoas de: Carlos Eduardo Martins, Fernando Corrêa Prado, Luísa Moura, Marina Machado Gouvêa, Marisa Silva Amaral, Mirella Rocha, Nildo Ouriques, Nilson Araújo de Souza, Raphael Seabra e Roberta Traspadini agradeço a todos os demais integrantes deste espaço de debate e reimpulso à TMD no Brasil. Fica igualmente meu registro aos presidentes da SEP, Marcelo Dias Carcanholo e Niemeyer Almeida Filho.

Agradeço a meus colegas do Departamento de História da UFRGS pela convivência nestes anos; ao NPH e ao Instituto Latino-Americano de Estudos Avançados (Ilea-UFRGS); a Mark Pendergrast e ao Archivo Nacional de Chile, que cederam gentilmente o uso de imagens reproduzidas neste livro; a meus alunos da graduação e pós-graduação em História da UFRGS e da turma de Economia Política do Iterra – Escola Josué de Castro, graduação em História da UFFS; ao Laboratório de Estudos sobre Marx e a TMD da Escola de Serviço Social da UFRJ (Lemarx-TMD); a todos os que lutam no Brasil por uma *universidade crítica*.

Sou grato também a Vania Bambirra (*in memoriam*), Theotonio dos Santos, Nadia Bambirra, Orlando Caputo, João Pedro Stedile, Lucio Oliver, Virgínia Fontes, Edur Velasco Arregui, Henrique Maffei, Julio Manduley e Ricardo Dobrovolski que, de distintas maneiras, incentivaram a realização deste livro ou acompanharam momentos de seu processo de investigação, assim como Jaime Osorio, que nos brindou escrevendo a Apresentação; e especialmente Carla Cecilia Campos Ferreira, pelo estímulo intelectual e parceria de sempre.

Agradeço, ainda, a toda a equipe da Editora Expressão Popular por seu empenho em apoiar a difusão da TMD; e ao Programa de Pós-Graduação em História da UFRGS e à Capes, cujos recursos concedidos financiaram parcialmente esta tiragem.

Este livro é dedicado a Vania Bambirra.

Ao centenário da Revolução Russa e da primeira greve geral no Brasil; ao cinquentenário do martírio do *Che* e aos vinte anos do falecimento de Ruy Mauro Marini, esperamos que este trabalho seja consequente com o legado daqueles que atuaram por uma sociedade livre de toda exploração e alienação e contribua para avançarmos no caminho que romperá as correntes que nos oprimem, para a conquista de nossa definitiva independência, que será a emancipação humana do domínio do capital.

Porto Alegre/Rio de Janeiro
Agosto de 2017

CAPÍTULO 1 – TRANSFERÊNCIA DE VALOR COMO INTERCÂMBIO DESIGUAL

No romance do escritor escocês Robert Louis Stevenson, *O médico e o monstro*, o respeitado dr. Jekyll encarna, sob a personalidade cordata e a imagem asséptica de seu jaleco branco, outra face e caráter que são o seu antípoda – mr. Hyde, seu lado monstruoso, em que se metamorfoseia quando menos se espera, para a aflição daqueles que o encontram. No mundo do capital, a existência de duas caras tal como dr. Jekyll e mr. Hyde é uma realidade que se conhece com maior rigor crítico desde Marx. Ao nos legar o conhecimento da lógica do capital, Marx demonstrou que este, junto com sua autoproclamada missão civilizatória, impôs por toda parte elementos de barbárie, com suas tendências alienantes, destrutivas e disruptivas. Por outro lado, com o desenvolvimento da teoria marxista foi se descobrindo, em seus influxos mais criadores, que os antagonismos do capitalismo exacerbam-se em certas partes do mundo, acirrando as características já antevistas por Marx. Ao se universalizar, a relação-capital o faz particularizando-se, processo no qual algumas de suas tendências e contradições são agudizadas em determinadas realidades, engendrando novas tendências e processos que assumem a marca de ser, mais ainda, *negativamente determinados*, com particularidades que é preciso conhecer.

Neste capítulo, fazemos a exposição da categoria de análise *transferência de valor como intercâmbio desigual*.[1] Na primeira parte, apresentamos a categoria em questão, a partir da investigação da obra de Ruy Mauro Marini e destacando sua dialética negativamente determinada. Na segunda parte, examinamos as formas das *transferências de valor*, através de séries estatísticas e de outros indicadores. Na parte final, criticamos algumas teses contrárias à categoria em discussão e apontamos suas conexões internas com as demais determinações que vertebram o programa de pesquisa da TMD, sublinhando a arma da crítica que a categoria carrega.

---

[1] Conforme veremos, esta não é uma categoria presente em Marx, embora possua uma conexão direta com a categoria *transferência de valor* que Marx nos legou em *O capital*. Por categorias, entendemos a expressão teórica do concreto. Portanto, parte constitutiva da realidade.

A CATEGORIA *TRANSFERÊNCIA DE VALOR*

Os problemas que consubstanciam a dependência e todas suas relações, incluindo a categoria *transferência de valor como intercâmbio desigual*, somente terão sua correta apreensão levando em conta a determinação negativa do valor ou a negatividade da dialética que rege o capitalismo enquanto totalidade integrada e diferenciada.[2] A seguir, expomos como chegamos à apreensão dessa categoria a partir da TMD, ao observar o funcionamento da economia mundial como duas esferas distintas que se inter-relacionam; sob relações históricas regidas pela lei do valor, cujo desdobramento é portador da simultânea assunção e violação do intercâmbio de equivalentes; engendrando relações nas quais se verifica a *não identidade* entre a magnitude do valor produzido e a do valor apropriado; por sua vez provocada pela existência de distintos níveis de *intensidade nacional do trabalho* através das diferentes formações econômico-sociais; como desdobramento da existência de níveis desiguais de produtividade – porém na totalidade maior que é a dialética entre produção e apropriação de valor/de riqueza na economia mundial.[3]

Esferas da divisão internacional do trabalho e a lei do valor

A publicação de *Dialética da Dependência,* em 1973,[4] significou um divisor de águas para o estudo das formações econômico-sociais[5] submetidas

---

[2] Tratamos da questão da dialética negativa na introdução deste livro.

[3] Concordamos com Orlando Caputo, para quem "a existência objetiva da economia mundial, como uma totalidade superior à existência objetiva das economias nacionais, não somente se manifesta na estrutura produtiva e sua circulação mundial das mercadorias sobre a base das economias nacionais, mas se manifesta também no nível da reprodução econômica do capitalismo mundial e das categorias fundamentais do capitalismo: produção, investimentos, massa de lucro e taxa de lucro". Caputo, Orlando. "La importancia de Marx para el estudio de la economía mundial actual". Em: Drago, Claudia; Moulián, Tomás; Vidal, Paula (orgs.). *Marx en el siglo XXI*. Santiago de Chile: LOM Ediciones, 2011.

[4] Cidade do México: Ediciones Era, 1977, 3ª ed. [edição brasileira: *Dialética da Dependência*. Trad. Marcelo Dias Carcanholo. Em: Stedile, João Pedro e Traspadini, Roberta (orgs.). *Ruy Mauro Marini: vida e obra*. São Paulo: Expressão Popular, 2005]. Para fins de remissão, de agora em diante referiremos como *Dialética...* As citações utilizadas, salvo indicação diferente, são tradução direta do texto da edição em espanhol de Ediciones Era.

[5] O conceito de formação econômico-social, cunhado por Marx (ver, por exemplo: *A ideologia alemã*. São Paulo: Expressão Popular, 2007. Trad. Álvaro Pina; *Grundrisse*. São Paulo: Boitempo, 2011. Trad. Mario Duayer e Nélio Schneider) e retomado, entre outros, por Lenin (*"¿Quienes son los 'amigos del pueblo' y como luchan contra los socialdemócratas"*. Em: V. I. Lenin. *Obras Completas*. Tomo I. Moscou: Editorial Progreso, 1981), foi aprofundado por Cesare Luporini e Emilio Sereni. Ver, deste último, "La categoría de formación económico-social". *Cuadernos de Pasado y Presente*, Buenos Aires, n. 39, mayo 1973, p. 55-95; e, no mesmo volume, Luporini, Cesare. "Marx según Marx", p. 97-166. Ver, tam-

ao imperialismo. Trazendo à luz novas contribuições teóricas, o ensaio de Marini assentou as bases para aprofundar o conhecimento de complexos mecanismos que operam desde que se formou o mercado mundial e teve advento a fase superior do capitalismo, consolidando a divisão internacional do trabalho que vinculou sob novos fundamentos (a condição dependente) as nações latino-americanas emancipadas do colonialismo europeu.

A questão fundamental cuja resolução Marini assumiu como tarefa teórica em *Dialética...* foi: se o traço definidor do modo de produção capitalista é a extração de mais-valia e a acumulação de capital mediante o incremento da produtividade do trabalho e o papel crescente desempenhado pela mais-valia relativa; e se os dois correspondem a métodos para acicatar a concorrência capitalista, barateando os preços de mercado, por que justamente nos países de menor produtividade os preços apresentam uma tendência maior à queda? E por que essa realidade não levou a um desestímulo à incorporação dos países da América Latina na exportação dos produtos nos quais lhes coube especializarem-se na divisão internacional do trabalho?

A primeira parte da pergunta corresponde ao tema da transferência de valor. A segunda, à superexploração da força de trabalho, que é também sua outra face.[6] Escreveu Marini em *Dialética...*:

> a expansão do mercado mundial é a base sobre a qual opera a divisão internacional do trabalho entre nações industriais e não industriais, mas a contrapartida dessa divisão é a ampliação do mercado mundial. O desenvolvimento das relações mercantis assenta as bases para que uma melhor aplicação da lei do valor tenha lugar, porém simultaneamente cria todas as condições para que entrem em cena os distintos expedientes mediante os quais o capital trata de burlá-la.
>
> Teoricamente, o intercâmbio de mercadorias expressa a troca de equivalentes, cujo valor se determina pela quantidade de trabalho socialmente necessário incorporado pelas mercadorias. Na prática, observam-se diferentes mecanismos que permitem realizar transferências de valor, passando por cima das leis de intercâmbio, e que se expressam na maneira como se fixam os preços de mercado e os preços de produção das mercadorias. Convém distinguir os mecanismos que operam no âmbito interno da mesma esfera de produção (seja de produtos manufaturados ou de matérias-primas) e os que atuam no marco de distintas esferas que se inter-relacionam. No primeiro caso, as transferências correspondem a aplicações

---

bém, Chiaramonte, José Carlos. "Formación social, formación económica de la sociedad y modo de producción en el texto del Prólogo de 1859". Em: *Formas de sociedad y economía en Hispanoamérica*. Cidade do México: Grijalbo, 1984.

6   O tema da superexploração é tratado no capítulo 3 deste livro.

específicas das leis do intercâmbio, no segundo adotam mais abertamente o caráter de transgressão delas.[7]

O parágrafo que acabamos de reproduzir contém o ponto nodal do ensaio de Marini. Vejamos suas proposições em maior detalhe. A primeira ideia que afirma é que o mercado torna-se mundial ao se expandir a produção e circulação de mercadorias, ou seja, a lógica da valorização do capital para todos os rincões do planeta. Mas esse mesmo processo de expansão – que é um processo de integração – se dá através da *divisão* deste mercado, que se forma ampliadamente, sob esferas distintas de produção que se inter-relacionam (a divisão internacional do trabalho).

Em outras palavras, ao se tornar mundial o mercado capitalista configura-se como *totalidade integrada*. Entretanto, ao segmentar-se entre economias industriais e não industriais (mais tarde, economias industriais imperialistas e economias industriais dependentes), tal totalidade revela-se uma mesma *totalidade integrada*, porém *diferenciada*.[8]

Logo após apresentar essa ideia mais evidente, Marini introduz a formulação: *"o desenvolvimento das relações mercantis assenta as bases para que uma melhor aplicação da lei do valor tenha lugar"*.[9] Todo bom leitor de Marx saberá identificar que são as relações mercantis – ao compasso das quais o produtor independente é convertido em trabalhador assalariado despojado dos meios de produção; e os meios de produção e de consumo, convertidos em capital – que fazem com que as relações sociais passem a ser regidas pela lógica de valorização do capital. Para que a lei do valor encontre lugar efetivamente se requer a concretização da tendência a que todos, cada vez mais, compareçam como possuidores de mercadorias intercambiáveis – uns possuidores de capital, muitos outros tão somente possuidores da mercadoria força de trabalho, sua corporeidade viva.

E prossegue Marini, recordemos outra vez:

> teoricamente, o intercâmbio de mercadorias expressa a troca de equivalentes, cujo valor se determina pela quantidade de trabalho socialmente necessário incorporado pelas mercadorias. Na prática, observam-se diferentes mecanismos que permitem realizar transferências de valor, passando por cima das leis de intercâmbio, e que se expressam na maneira como se fixam os preços de mercado e os preços de produção das mercadorias.[10]

---

[7] *Dialética...*, op. cit., p. 33-34.
[8] Tomamos essa expressão de Jaime Osorio. Ver, do autor, *Explotación redoblada y actualidad de la revolución*. Cidade do México: Itaca/Unam, 2008.
[9] *Dialética...*, op. cit., p. 32-33.
[10] Ibid., p. 33.

Uma leitura isolada desta citação poderia sugerir que Marini estaria assumindo a premissa de que a lei do valor pressupõe uma relação de igualdade entre valor e preço. Ou que, na sua visão, Marx não teria considerado que as mercadorias possam ser compradas e vendidas abaixo do seu valor, como muitas vezes tende a acontecer, como de fato demonstrou o autor de *O capital*. Na verdade, a ideia expressa em *"passar por cima das leis de intercâmbio"* e em outras passagens de *Dialética...* e demais escritos de Marini, quando ele refere-se ao mesmo fato com termos alternativos como os de *"burlar"*, *"transgredir"*, *"eludir"* ou *"violar"* a lei do valor corresponde a um símile.[11] Desde logo, deve-se advertir que para Marini *burlar, transgredir* ou *violar* a lei do valor não significa, absolutamente, uma anulação ou não vigência da lei do valor, nem tampouco a confusão a respeito de seu conteúdo, mas sim a negação como momento constitutivo que conforma uma totalidade contraditoriamente integrada. Ou seja, a dialética inscrita em uma realidade contraditória como é o capitalismo mundial, que historicamente foi incorporando todos os confins do planeta à sua lógica de valorização do capital. Uma lógica, entretanto, que assume características e tendências contraditórias e específicas. É precisamente porque a lei do valor se materializa que se viola o valor. Nisto reside, como veremos, a dialética da dependência.[12]

Nesse momento, podemos passar à análise da próxima formulação teórica compreendida pela citação anterior. Diz Marini que tal elusão ou transgressão contida na lei do valor é observada quando ocorrem transferências de valor de um certo tipo, cuja raiz encontra-se *"na maneira como se*

---

[11] *Dialética...* e *Plusvalía extraordinaria y acumulación de capital* (*Cuadernos Políticos*, Cidade do México: Ediciones Era, n. 20, 1979, p. 18-39) são os dois principais trabalhos em que Marini coloca a questão introduzindo esses termos. No capítulo 3, voltaremos a tratar da questão do uso destes símiles.

[12] Em seu artigo "(Im)precisões sobre a categoria superexploração da força de trabalho" (em: Almeida Filho, Niemeyer (org.). *Desenvolvimento e dependência*. Brasília: Ipea, 2013), Marcelo Carcanholo chamou atenção acerca de algumas passagens de *Dialética da Dependência* as quais, em seu entendimento, pedem precisões categoriais para ajudar a afastar leituras enviesadas sobre o pensamento de Marini. Entre essas passagens, são referidas as que trazem os termos considerados a respeito da lei do valor. De nossa parte, esperamos contribuir a dirimir toda dúvida ao colocar a questão como violação *do* valor contida *na* lei do valor. Esta colocação também é válida para comentário de Virgínia Fontes, que argumentou que Marini teria sustentado que nas economias dependentes existe um "truncamento da lei do valor" (ver, da autora, "Ruy Mauro Marini. Tributo e polêmica", em: *O Brasil e o capital-imperialismo*. Rio de Janeiro: Editora UFRJ, 2010). Como colocamos acima no texto, a lei do valor é a simultânea assunção e violação do valor, sendo esta última, mais diretamente, a sua determinação negativa inscrita em seu movimento imanente e histórico. A este respeito, ver também Jaime Osorio. "Lógica, negação e níveis de abstração". Em: Almeida Filho, Niemeyer, *op. cit.*

fixam os preços de mercado e os preços de produção das mercadorias".[13] Para deixar em evidência a determinação causal do fenômeno que ocupa sua atenção, Marini argumenta que "convém distinguir os mecanismos que operam no âmbito interno da mesma esfera de produção (seja de produtos manufaturados, seja de matérias-primas) e os que atuam no marco de distintas esferas que se inter-relacionam".[14]

Já vimos anteriormente que por *esferas distintas da produção* Marini quer dizer os espaços produtivos que se especializam com distintos papéis na divisão internacional do trabalho e que se inter-relacionam no marco de uma mesma totalidade diferenciada hierarquicamente; enquanto a mesma esfera da produção corresponde ao seio de uma *mesma economia* – sejam as economias centrais, sejam as economias dependentes, estas últimas submetidas às relações imperialistas. Para tomar um exemplo, nem a produção do agronegócio que se dá nos países centrais assume o mesmo significado que nos países dependentes, nem a presença de atividades industriais nos últimos, uma vez iniciado o processo de industrialização, alcançará o mesmo sentido que adquire nas economias centrais/nos centros imperialistas.[15]

O que se está sublinhando é a existência de duas realidades distintas no âmbito do capitalismo, embora muito vinculadas (não são dois modos de produção, mas o modo de produção capitalista articulado enquanto economia mundial),[16] que também expressam por sua vez duas realidades contraditoriamente integradas de formações econômico-sociais, as quais

---

[13] *Dialética...*, op. cit., p. 33. "O preço de produção é regulado em cada uma das esferas e de acordo com as circunstâncias particulares. E constitui, por sua vez, o centro em torno do qual giram os preços de mercado diários, servindo de base para sua equalização em determinados períodos" (Marx, Karl. *O capital*. Livro III. São Paulo: Boitempo, 2017, p. 213. Trad. Rubens Enderle). "O que a concorrência realiza, começando por uma esfera individual da produção, é a criação de um valor de mercado e um preço de mercado iguais a partir dos diversos valores individuais das mercadorias. E é a concorrência dos capitais nas diversas esferas que primeiro fixa o preço de produção, equalizando as taxas de lucro nas distintas esferas. Este último processo requer um grau mais elevado de desenvolvimento do modo de produção capitalista do que o anterior" (*Ibid.*, p. 214).

[14] *Dialética...*, op. cit., p. 33, loc. cit.

[15] Um exemplo ajuda a ilustrar essa questão. Em 2015, os EUA eram o maior produtor de soja do mundo e o Brasil, o segundo maior produtor (Brasil, Funag-Itamaraty. Estatísticas para o estudo das relações internacionais. Brasília: Funag, 2016, p. 141). Mas o que define o caráter da economia dos EUA não é ser produtora de soja, ao passo que a produção de soja diz muito sobre o caráter da economia brasileira.

[16] Agustín Cueva, em polêmica com a TMD (ver do autor "Problemas y perspectivas de la teoría de la dependencia". Em: *Teoría social y procesos políticos en América Latina*. Cidade do México: Edicol, 1979), sugeriu erroneamente que se estaria pensando o capitalismo dependente como outro modo de produção. Ver as antecipações e respostas de Vania Bambirra a estas e outras críticas em *Teoría de la dependencia: una anticrítica*. Cidade do México: Ediciones Era, 1978.

influem e se veem afetadas de modo diferenciado na totalidade que é a economia mundial.

De maneira que conhecer com rigor como se comportam a lei do valor à escala internacional e as tendências colocadas em movimento pelo imperialismo exige-nos seguir um procedimento básico que é "distinguir os mecanismos que operam no âmbito interno da mesma esfera de produção (seja produtos manufaturados, seja matérias-primas) e os que atuam no marco de distintas esferas que se inter-relacionam", considerando aqui – recordemos mais uma vez – esferas de produção como os diferentes espaços existentes na divisão internacional do trabalho e que encarnam em formações econômico-sociais que expressam duas realidades contraditórias, porém integradas, do capitalismo.

O que procuramos colocar em evidência é que a lei do valor é simultaneamente o intercâmbio de equivalentes e a negação do intercâmbio de equivalentes, assim como o trabalho assalariado é trabalho livre (não servo, não escravo) e, ao mesmo tempo, não livre (trabalho alienado, trabalho assalariado com a venda da mercadoria força de trabalho). Nesse sentido, quando prestamos atenção no momento da determinação negativa do valor (negação do intercâmbio de equivalentes), vemos que ele ocorre com maior frequência e assume caráter estrutural e sistemático em certo conjunto de economias, que são as do capitalismo dependente. Nestas, a lei do valor expressa mais diretamente a violação do valor, enquanto nas economias centrais seu momento predominante[17] – ou o que se expressa mais diretamente – é o intercâmbio de equivalentes, em que os preços ou orbitam próximos de seu valor, ou estão mais suscetíveis à atuação da lei do nivelamento da taxa de lucro. Essa diferença, quando pensada com relação ao tema da transferência de valor, revelará fenômenos que são qualitativamente novos.

A não-identidade entre a magnitude do valor produzido e a do valor apropriado

Isto posto, fica claro que Marini torna evidente que existem diferentes níveis de determinação[18] que resultam em dois tipos ou naturezas de transferência de valor, as quais respondem *por* e implicam *em* diferentes

---

[17] Na *Introdução de 1857*, um dos textos em que expõe o seu método, Marx lança mão da categoria metodológica de momento predominante (*übergreifende Moment*), que exprime a hierarquia de determinações na lógica interna de uma dada relação social. Ver Marx, Karl. *Introdução*. Em: *Grundrisse, op. cit.*

[18] "O conhecimento concreto do objeto é o conhecimento das suas múltiplas determinações – tanto mais se reproduzem as determinações de um objeto, tanto mais o pensamento reproduz a sua riqueza (concreção) real". Netto, José Paulo. *Introdução ao estudo do método de Marx*. São Paulo: Expressão Popular, 2011, p. 45.

fenômenos, apesar de muito vinculados, e que se modificam conforme se esteja considerando a mesma esfera de produção em si ou a inter-relação que há entre as duas esferas distintas que acabamos de ver. Sempre segundo Marini, "no primeiro caso, as transferências [de valor] correspondem a aplicações específicas das leis do intercâmbio, no segundo adotam mais abertamente o caráter de transgressão delas".[19]

Para prosseguir com nossa análise, é necessário ter presente primeiro o significado que Marx conferiu à categoria transferência de valor em *O capital*. De acordo com Reinaldo Carcanholo,

> a distinção qualitativa entre produção e apropriação [...] de riqueza capitalista (ou valor), permite pensar a distinção quantitativa entre elas; em outras palavras, podemos pensar neste momento a não-identidade entre a magnitude do valor produzido e a do valor apropriado. É essa diferença que determina o surgimento da categoria transferência de valor.[20]

Nas seções iniciais do Livro III e na seção terceira do Livro II de *O capital*, Marx demonstra que com frequência acontecem transferências de valor entre diferentes capitais individuais, entre diferentes ramos econômicos e entre diferentes setores da produção. Não obstante, não é a mesma coisa o conteúdo da transferência de valor que opera entre economias que produzem valores de uso distintos, sob a égide de uma especialização marcada pelo desenvolvimento desigual. No caso das economias dominantes, as transferências de valor – que resultam da obtenção de uma mais-valia extraordinária e, consequentemente, de lucros extraordinários apropriados à custa de outros capitais – se veem mais ou menos limitadas pelos mecanismos de compensação da lei do nivelamento da taxa de lucro.[21] No

---

[19] *Dialética...*, op. cit., p. 33-34.
[20] *La transferencia de valor y el desarrollo del capitalismo en Costa Rica*. Tese de Doutorado. Cidade do México: Universidad Nacional Autónoma de México – Facultad de Economía, 1981, p. 24. Orientador: Ruy Mauro Marini.
[21] Sob esta lei tendencial, "[...] o capital é retirado de uma esfera com taxa de lucro menor e lançado em outra, que gera lucros maiores. Mediante essa constante emigração e imigração, numa palavra, mediante sua distribuição entre as diversas esferas, conforme em uma delas sua taxa de lucro diminua e, em outra, aumente, o capital engendra uma relação entre a oferta e a demanda de tal natureza que o lucro médio nas diversas esferas da produção torna-se o mesmo e, por conseguinte, os valores se transformam em preços de produção. O capital logra realizar essa equalização em maior ou menor grau quanto maior for o desenvolvimento capitalista num Estado-nação dado, isto é, quanto mais adequadas ao modo capitalista de produção se encontrem as condições do país em questão. Com o progresso da produção capitalista, desenvolvem-se também suas condições, e o conjunto dos pressupostos sociais no interior dos quais transcorre o processo de produção vai sendo progressivamente submetido a seu caráter específico e a suas leis imanentes" (Marx, Karl. *O capital*, Livro III, op. cit., p. 231). Embora diferentes traduções optem pelo termo *equalização da taxa de lucro*, utilizaremos em nossa exposição *nivelamento da taxa de lucro* como opção de tradução.

caso das economias subordinadas ao imperialismo, observa-se em contraste uma transferência de mais-valia/de riqueza das primeiras em direção às economias centrais "via preços, que vai além daquela que corresponderia estritamente aos mecanismos de nivelamento da taxa de lucro e que, em vez disso, os violam". Sua implicação é que "se configura assim uma situação similar à aludida pela noção de intercâmbio desigual na economia internacional".[22] O que Marini pretende afirmar com isso?

Em primeiro lugar, que as transferências de valor via preços que operam entre economias que se especializam hierarquicamente na produção de diferentes tipos de valores de uso não atravessam do mesmo modo o funcionamento das leis de intercâmbio, entre elas a lei do nivelamento da taxa de lucro. Isso confere um elemento de particularidade comparativamente às transferências de valor *lato sensu*, uma vez que essa *não-identidade* entre a magnitude do valor produzido e a do valor apropriado que se observa entre esferas distintas da produção não se vê afetada da mesma maneira pelos mecanismos de formação da taxa de lucro, requerendo, portanto, uma categoria própria para expressá-la.

Para Marini, não bastava seguir apenas com a categoria transferência de valor desenvolvida por Marx. Se a lei do valor tivesse unicamente o momento da determinação positiva de sua dialética,[23] mediante o mecanismo de compensação que acicateia a concorrência capitalista em uma espiral permanente, teria se difundido no mundo um nível médio de produtividade através da tendência ao nivelamento da taxa de lucro, que não deixaria espaço para que houvesse uma divisão internacional desigual do trabalho entre centros imperialistas e países ou economias dependentes. Isto é, não haveria lugar para um fenômeno como o intercâmbio desigual. E a lei do valor não passaria de uma lei de intercâmbio de equivalentes. Entretanto, ocorrem em grande volume e com grande frequência, em determinadas relações e espaços da economia mundial, *transferências de valor* que expressam um intercâmbio desigual, que é ao mesmo tempo a outra face da lei do valor à escala mundial.

É nesse sentido que Marini aduziu que essa tendência expressa "uma situação *similar* à aludida pela noção de intercâmbio desigual".[24] O itálico

---

[22] Marini, Ruy Mauro, *Plusvalía extraordinaria y acumulación de capital*, op. cit., p. 29.
[23] "A Marx interessa[va] situar todo o processo histórico que se desenvolve[ia] em sua época numa determinação de positividade, explicando que a positividade não pode se realizar sem a negatividade e que, portanto, a negatividade não é pura negatividade, mas, sim, subjazem nela negação e afirmação. Isto era necessário para combater aqueles que teorizavam a situação de alienação como resultado permanente e natural [...] [e] combatia também aqueles que apresentavam, como puramente negativo e destrutivo, o movimento do proletariado na luta pela conquista do socialismo". Dal Pra, Mario, *La dialéctica en Marx*, op. cit., p. 198.
[24] *Plusvalía...*, op. cit., p. 29.

é nosso e deve salientar a preocupação teórica de Marini em torno do assunto das raízes históricas da dependência e das determinações causais de sua reprodução enquanto característica estrutural do capitalismo à escala mundial, a qual ainda carece de uma categoria capaz de fazer a apreensão de sua legalidade específica.

Agora, por que Marini argumenta que essa situação é similar à aludida pela *noção* de intercâmbio desigual – e não conceito ou categoria de análise de *intercâmbio desigual*?[25]

O que se está sustentando é a necessidade de uma nova categoria específica dentro do corpo teórico do marxismo, para dar conta de explicar os fenômenos diante de nós. Essa categoria deve ser capaz de descrever a tendência sistemática às transferências de valor via preços (e outras modalidades) no mercado internacional.

Em *Dialética...*, depois de analisar a integração da América Latina ao mercado mundial como provedora de alimentos e matérias-primas, Marini sustenta que no caso de transações entre economias que trocam diferentes tipos de mercadorias

> o mero fato de que umas produzam bens que as demais não produzem ou não possam produzir com a mesma facilidade [isto é, com mesma produtividade] permite que as primeiras eludam[26] a lei do valor, isto é, vendam seus produtos a preços superiores a seu valor, configurando assim um intercâmbio desigual. Isto implica que as nações desfavorecidas devam ceder gratuitamente parte do valor que produzem, e que esta cessão ou transferência se acentue a favor daquele país que lhes vende mercadorias a um preço de produção mais baixo, em virtude de sua maior produtividade.[27]

Para desvelar o segredo do intercâmbio desigual, Marini parte da discussão presente no capítulo XX do Livro I de *O capital*, quando Marx afir-

---

[25] Como é de conhecimento, a diferença epistemológica entre noções, de um lado, e conceitos ou categorias de análise, de outro, é que as primeiras apresentam um estatuto teórico mais laxo. Uma noção define o sentido geral de um fenômeno sem dar conta, no entanto, de explicar suas múltiplas determinações, enquanto conceitos ou categorias possuem um poder explicativo superior ao de uma noção (a esse respeito, ver Abbagnano, Nicola. *Dicionário de Filosofia*. São Paulo: Martins Fontes, 2012). Conforme colocamos na Introdução, a categoria *transferência de valor como intercâmbio desigual* possui significado mais rigoroso e difere daquele presente na noção de intercâmbio desigual presente em autores como Arghiri Emmanuel ou Samir Amin.

[26] Por vezes, o verbo do espanhol *eludir*, usado no texto de Marini, é traduzido para o português como *iludir*. Na verdade, eludir significa "esquivar uma dificuldade, um problema"; "evitar algo com astúcia ou artimanha" (Real Academia Española. *Dicionario de la Lengua Española*. Madri: Editorial Espasa Calpe, 1992, 21ª ed.). O mesmo vocábulo eludir existe também no idioma português, embora neste último seja pouco usual.

[27] *Dialética..., op. cit.*, p. 34-35.

ma que "em todos os países rege uma certa intensidade média do trabalho, abaixo de cujo limite este consome, para produzir uma mercadoria, mais tempo que o socialmente necessário". E prossegue Marx:

> estas medidas nacionais formam, pois, uma escala, cuja unidade de medida é a unidade média do trabalho universal. Portanto, comparado com outro menos intensivo, o trabalho nacional mais intensivo produz durante o mesmo tempo mais valor, o qual se expressa em mais dinheiro [...]. Porém, há um fato que contribui ainda mais para modificar a lei do valor em sua aplicação internacional, e é que no mercado mundial o trabalho nacional mais produtivo é considerado ao mesmo tempo como mais intensivo, sempre e quando a nação mais produtiva não se veja obrigada pela concorrência a rebaixar o preço de venda de suas mercadorias até o limite de seu valor.[28]

O recém-exposto significa que o trabalho nacional mais produtivo (com níveis superiores de produtividade) apresentará a tendência a se converter em trabalho nacional mais intensivo – entendendo-se aqui por intensidade um sentido particular que difere daquele relativo à intensidade em cada ato concreto de trabalho. Por *intensidade nacional do trabalho*, Marx refere-se ao *quantum* de valor que é produzido e apropriado em cada formação econômico-social. Deparamos-nos aqui, por conseguinte, com dois conceitos diferentes para intensidade do trabalho. Um está no nível de abstração das relações de produção; o outro, na articulação entre relações de produção e de distribuição, considerando o capital total, no espaço global que é a economia mundial. Em outras palavras: a *intensidade nacional do trabalho* é a unidade de medida do *quantum* de valor gerado e apropriado por uma formação econômico-social.[29] Conforme asseverou Marx, sua unidade de medida "é a unidade média do trabalho universal".

Quando pensamos no *quantum* de valor produzido e apropriado por uma economia comparativamente à média do trabalho universal, comparece em cena o conceito de preço de produção. As economias mais produtivas, pelas próprias leis da concorrência, não se veem obrigadas a reduzir o preço de venda de suas mercadorias até o limite de seu valor, porque produzem abaixo do preço de produção e contam, portanto, com a capa-

---

[28] Marx, Karl. *El capital. Crítica de la Economía Política*, I. Cidade do México: Fondo de Cultura Económica, 1999, p. 469-470.

[29] Entender essa distinção é fundamental para a apreensão de toda a teorização de Marini a respeito da dependência. Não foram poucos os autores que, ao lerem o texto de Marini, pensaram que ele estaria confundindo os conceitos de intensidade e de produtividade. Na verdade, é preciso primeiro fazer a correta apreensão da conceituação de Marx presente no capítulo XX do Livro I de *O capital* para extrair rigorosamente o sentido que a colocação de Marini contém, ao situar a questão da *intensidade nacional do trabalho* como fundamento para a existência do intercâmbio de *não equivalentes* enquanto tendência negativamente determinada, na dialética do desenvolvimento desigual – ou desenvolvimento do subdesenvolvimento.

cidade de se apropriar de somas de valor superiores àquelas que geraram efetivamente elas mesmas. E na esfera da distribuição, logram apropriar-se de maior *quantum* de riqueza. Estamos diante da *não-identidade* entre a magnitude do valor produzido e do valor apropriado *ou transferência de valor como intercâmbio desigual*.[30]

Com isso, os capitais e economias que atingem uma *intensidade nacional* superior na divisão internacional do trabalho logram realizar suas mercadorias como se fossem portadoras de mais trabalho incorporado do que efetivamente contêm – ou capturam riqueza que flui para si além daquela que foi gerada por eles. E ao fazê-lo, fazem-no porque outros capitais e economias estão perdendo ou transferindo valor. Aqui reside o segredo do intercâmbio desigual ou – sendo mais precisos – o segredo da *transferência de valor como intercâmbio desigual*.

Mercado mundial e formação da taxa de lucro: a preeminência de valores mundiais e a primazia do preço de produção

Antes da formação do mercado mundial e da vigência da lei do valor em sentido pleno, a história do capitalismo apresentara períodos de acentuada transferência-apropriação de riqueza. O mais importante foi a época de transição sob o processo de acumulação primitiva. Cálculos coligidos por Ernest Mandel apontam que a riqueza reunida apropriada durante esse período pela Europa Ocidental superava o montante de todo o seu estoque de investimento na indústria quando a mesma região, a partir da Inglaterra, punha em marcha a Revolução Industrial:

> a) E. J. Hamilton calcula o valor da transferência de ouro e de prata que os espanhóis fizeram da América do Norte e do Sul para a Europa, entre 1503 e 1660, em 500 milhões de pesos-ouro;
> b) H. T. Colenbrander calcula o botim extraído da Indonésia pela Companhia Holandesa das Índias Orientais, durante o período 1650-1780, em 600 milhões de florins-ouro;
> c) o padre Rinchon calcula os lucros que o capital francês obteve somente do *comércio* de escravos, no século XVIII, em 500 milhões de libras fran-

---

[30] As relações de apropriação encontram-se intimamente vinculadas com as de distribuição. O que diferencia uma da outra são suas funções específicas na totalidade. "Para Marx o âmbito da distribuição tem três aspectos: a) distribuição dos meios de produção entre os distintos ramos produtivos; b) distribuição dos membros da sociedade entre os mesmos; c) distribuição dos produtos entre os membros da sociedade [...]. Dois dos três aspectos, o primeiro e o segundo, fazem da distribuição um aspecto da produção. O terceiro aspecto é o que faz dela algo diferente, oposto a esta [à distribuição], embora determinado por ela". Este é o significado de apropriação. Carcanholo, Reinaldo, *La transferencia de valor...*, *op. cit.*, p. 19-20.

cesas-ouro, sem calcular os lucros obtidos pelo *trabalho* destes mesmos escravos nas plantações das Antilhas;

d) H. V. Wisemann e a *Cambridge History of the British Empire* calculam os lucros obtidos do trabalho escravo das Índias Ocidentais Britânicas entre 200 e 300 milhões de libras inglesas-ouro;

e) a mera pilhagem da Índia durante o período compreendido de 1750 a 1800 aportou à classe dominante britânica entre 100 e 150 milhões de libras-ouro.

A soma total de todas estas quantidades ultrapassa um bilhão de libras inglesas-ouro, ou seja, mais que o valor total do capital investido em todas as empresas industriais europeias por volta de 1800![31]

Essa foi uma primeira fase de transferência e apropriação de riqueza no alvorecer do capitalismo. Estes indicadores apontam a importância da periferia para a Revolução Industrial, em uma transferência espantosa de recursos na história mundial. Contudo, embora valores de uso e valores já fossem apropriados, a *transferência de valor como intercâmbio desigual* é um fenômeno com raízes em outras determinações adicionais. Apesar de ter na acumulação primitiva ou originária um pressuposto e um antecedente histórico, o fenômeno em questão possui conteúdo próprio, cujos fundamentos entrariam plenamente em cena somente depois de consolidado o modo de produção capitalista, processo que já estava em rápida marcha por volta de 1800.

É em torno da segunda metade do século XIX que podemos situar o cruzamento desse divisor de águas. A pilhagem, a escravização, as guerras – que caracterizaram o período da acumulação primitiva – não deixariam de ser praticadas. Entretanto, o mercado agora apresentaria seus próprios mecanismos no desdobramento da lógica do capital, impondo seu poder sem necessariamente utilizar a coerção direta a todo o momento – embora recorrendo a ela sempre que necessário para assegurar seu domínio.

Em tal desdobramento, forma-se o mercado mundial, repousando em uma divisão internacional do trabalho cujo funcionamento, além do intercâmbio e apropriação de valores de uso com base na especialização hierárquica na produção de valores de uso distintos (duas esferas distintas que se inter-relacionam), apresenta um fluxo de valor, sobre o fundamento da

---

[31] Mandel, Ernest. *La acumulación originaria y la industrialización del Tercer Mundo*. Em: Ensayos sobre el neocapitalismo. Cidade do México: Ediciones Era, 1971, p. 158. A mesma passagem citada encontra-se também no volume 2 de seu *Tratado de Economía Marxista* (Cidade do México: Ediciones Era, 1980, 5ª ed., p. 60). No *Tratado*, há uma pequena modificação na frase que fecha a citação que reproduzimos, apresentando a seguinte redação: "a soma total [de toda riqueza transferida-apropriada no rol considerado] se eleva a mais de um bilhão de libras esterlinas ouro, ou seja, mais que o capital de todas as empresas industriais movidas a vapor que existiam por volta de 1800 em toda Europa".

taxa de lucro média e o imperativo de romper sua barreira para alcançar o lucro extraordinário.[32] A produção e a circulação capitalistas passam a ser regidas pelo preço de produção, o nivelador da lei do valor em escala internacional. "Somente então se pode afirmar que [...] a economia internacional alcança plena maturidade e faz entrar em jogo, em escala crescente, os mecanismos próprios da acumulação de capital".[33]

Tem razão por isso Reinaldo Carcanholo quando sustenta que "partindo da identidade e oposição [...] entre produção e apropriação de riqueza na sociedade capitalista, as categorias centrais da teoria do valor são: valor e preço de produção".[34] Quando entra em cena o preço de produção, a teoria do valor revela outros níveis de sua complexidade,[35] comparecendo também as determinações da distribuição do capital, que afetam todos os demais elementos e são desdobramentos do funcionamento do preço de produção e da formação da taxa de lucro média. Entender a lei do valor não somente a partir das relações de produção, mas englobando o processo reprodutivo global do capital é, em nosso ponto de vista, o sentido correto para pensá-la, assim como é o sentido correto para pensar o problema do desenvolvimento desigual. E, com ele, a questão da *transferência de valor*. Não obstante, a tese da existência de valores mundiais, com a formação da taxa de lucro média e o papel determinante do preço de produção, é um tema de polêmicas no interior da teoria marxista.

Para alguns, esse tema é espinhoso, pois Marx não teria terminado seu plano de obra original que incluía um livro dedicado ao mercado mundial e às crises. E quando considerou a questão, o teria feito *in abstrato*.

---

[32] O lucro extraordinário acontece quando alguns capitais, ao produzirem suas mercadorias abaixo do preço de produção (que é o custo de produção mais o lucro médio), logram vendê-las apropriando-se de valores produzidos por outros capitais no momento da realização (segunda fase da circulação), após a transformação dos valores em preços. Ver Marx, Karl, *O capital*, Livro III, *op. cit.*, caps. 9 e 10.

[33] *Dialética...*, *op. cit.*, p. 90. "[...] O intercâmbio de mercadorias por seus valores, ou aproximadamente por seus valores, requer um estágio muito inferior ao do intercâmbio a preços de produção, para o qual se faz necessário um nível determinado do desenvolvimento capitalista" (Marx, Karl, *O capital*, Livro III, *op. cit.*, p. 211). Passagem citada também em Marini, Ruy Mauro, *Dialética...*, *op. cit.*, p. 90, *loc. cit.*

[34] *La transferencia de valor...*, *op. cit.*, p. 26-27.

[35] Quando não poucos autores pensam a teoria do valor apenas do ponto de vista do trabalho incorporado e do tempo de trabalho socialmente necessário, secundarizando ou deixando de lado o preço de produção, esta formulação salienta precisamente o fundamento que determina o processo global de reprodução do capital enquanto totalidade. Isto é, a teoria do valor abarca o valor e o preço de produção. Caberia agregar, ainda, os preços de mercado, de maneira que a teoria do valor constitui uma unidade contraditória formada por *valor, preço de produção* e *preço de mercado*. Contudo, compartilhamos da compreensão de Reinaldo Carcanholo quando ressalta os dois primeiros elementos pensando na hierarquia de determinações desta unidade contraditória.

Para outros, o que existiria na economia mundial seriam valores nacionais, que se intercambiam sob um conjunto de tendências que não passariam pela existência de valores mundiais e a atuação do preço de produção como nivelador internacional. Ora, o primeiro ponto de vista é uma questão já superada no debate, mediante um exame mais detido da teoria de Marx.[36] O segundo, por sua vez, consiste de equívoco sob o qual não se consegue acessar a totalidade inscrita nas determinações descobertas por Marx.[37] O fato de a taxa média de lucro não ser uma grandeza aparente na superfície dos fenômenos não significa que ela não atue na economia mundial. Do contrário, teria que ser refutada também a categoria valor, que se reveste de caráter aparentemente irracional e intangível na imediaticidade, mas cuja existência já foi comprovada pela crítica da Economia Política.[38]

Com efeito, a lógica da valorização, uma vez em movimento em distintas partes do planeta, coloca em curso os seus cânones e fundamentos. E junto com eles, está a formação da taxa de lucro média e sua categoria mediadora que é o preço de produção. É a primazia do preço de produção que possibilita ao poder do capital seguir expandindo-se sem necessitar a todo o momento recorrer à coerção direta. Eis o surgimento de uma forma histórica de poder que faz outras sucumbirem. Aqui reside todo o significado da expressão de Marini em *Dialética...*: "não é porque cometeram abusos que somos débeis, é porque somos débeis que cometeram abusos".[39] Débeis em relação ao quê? Ao novo fundamento do poder mundial, que entrou em movimento. Frente a ele, somos débeis não apenas pelo fardo da herança colonial que nos acompanha.[40] Mas, principalmente, pela circunstância em que nos encontramos quando ocorre um salto na essência de onde esse poder

---

[36] Sem menoscabo de sua contribuição teórica e política como um dos grandes nomes na história do marxismo, Rosa Luxemburgo, em um aspecto em especial, incorreu em um erro ao buscar sustentar que Marx teria escrito *O capital* – e especialmente os esquemas de reprodução – concebendo a lógica da acumulação considerando tendências exclusivamente circunscritas a economias nacionais. Dentre uma série de trabalhos que se voltaram a esse debate, remetemos o leitor para a crítica de Marini sobre essa compreensão, na seção inicial de *Plusvalía extraordinaria y acumulación de capital*, op. cit.; ver, também, Pradella, Lucia. *Globalisation and the critique of political economy: new insights from Marx's writings*. Abingdon/New York: Routledge, 2015.

[37] Voltaremos a tratar desse aspecto mais adiante neste capítulo.

[38] Ver o capítulo "A mercadoria", em *O capital*, Livro I (São Paulo: Boitempo, 2013. Trad. Rubens Enderle); e Echeverría, Bolívar *El discurso crítico de Marx*. Cidade do México: Ediciones Era, 1986.

[39] *Dialética...*, op. cit., p. 31.

[40] Um exemplo desse tipo de raciocínio atribuindo a gênese da dependência ao período colonial é encontrado em Stein, Stanley e Stein, Barbara, *A herança colonial*. Rio de Janeiro: Paz e Terra, 1976.

emana, projeta-se e se impõe hierarquicamente:[41] a Revolução Industrial e a indústria como forma histórica da produção. A América Latina e a periferia como um todo deram sua contribuição, contraditoriamente, para que esse salto fosse dado, mas nos encontramos em posição débil quando ele inaugurou uma nova era, engendrando determinações que se impuseram e seguem impondo-se estruturalmente sob a égide do desenvolvimento desigual.[42]

Isto exposto, cabe reter para discussão a formulação a seguir: o mercado mundial, uma vez em funcionamento sob a dinâmica própria ao modo de produção capitalista, atuará como nivelador, impondo tendências. A taxa de lucro média e a primazia do preço de produção empurram nossas economias para um tipo de desdobramento, que assume configuração específica sob a atuação de tendências negativamente determinadas, sob a dialética da dependência. Vejamos melhor como isso acontece.

Produtividade e níveis de intensidade nacional do trabalho

O incremento da produtividade, fundamento para o desenvolvimento das forças produtivas, é também o *leitmotiv* de superar a barreira da taxa de lucro média, de modo a se alcançar o lucro extraordinário – finalidade onipresente da pulsão que move o mundo do capital. A divisão hierárquica do mercado mundial em duas esferas distintas que se inter-relacionam levou à estruturação da economia mundial em níveis desiguais de produtividade, que são também níveis de intensidade nacional do trabalho. Como visto anteriormente na passagem citada de Marx, o trabalho nacional mais produtivo é também mais intensivo quando logra apropriar-se de mais valor do que efetivamente produziu. A intensidade, no nível de abstração considerado, envolve, portanto, a esfera da distribuição/apropriação, em sua imbricação dialética com a produção. Vejamos, a partir de alguns exemplos, como isso acontece.

Consideremos inicialmente um caso da indústria de automóveis. Um veículo, de modelo com praticamente as mesmas configurações, era vendido nos EUA a um preço de mercado 33% mais barato que o praticado

---

[41] Podemos identificar na concepção de história em Marx, no que diz respeito à temporalidade, a existência de: *permanências, mudanças graduais cumulativas, saltos ou rupturas, repetições, regressões*. Os saltos e rupturas, bem como as regressões correspondem, respectivamente, a períodos de revoluções e revolucionamento da sociedade, no primeiro caso; e a retrocessos históricos, no segundo. Esta compreensão contrapõe-se a qualquer entendimento que atribui a Marx uma pretensa visão linear ou fatalista da história.

[42] Sobre o significado teórico da indústria como forma histórica da produção, ver Bambirra, Vania. *El capitalismo dependiente latinoamericano*. Cidade do México: Siglo XXI, 1974 [15ª ed.] (edição brasileira: *O capitalismo dependente latino-americano*. Florianópolis: Iela/Insular, 2012. Trad. Fernando Prado e Marina Gouvêa). Utilizaremos, neste livro, citações em tradução direta nossa da edição em espanhol.

no Brasil – já ponderado o efeito câmbio.[43] Se o preço de produção desta mercadoria está referenciado no âmbito de condições que são internacionais, o que determina que a companhia pratique preços com tamanha discrepância em um e outro lugar? O economista vulgar não tardará em sair apontando a lei da oferta e da demanda. Demais arautos do mercado, como as federações patronais brasileiras, lançarão seu verbo contra o famigerado "custo Brasil". Mas a realidade objetiva indica outras causas. Se multinacionais como as montadoras instalam-se nos países dependentes para usufruir de custos menores e taxas de exploração maiores, não há motivo para supor que os custos operacionais sejam mais elevados nestas economias, onde os níveis salariais são mais baixos e as empresas recebem grandes somas através de isenções e subvenções dos governos. Como explicar, então, que o mesmo carro tenha um preço final um terço mais caro no Brasil em comparação com os EUA? Considerando que as companhias remetem lucros e dividendos das subsidiárias às matrizes,[44] no que consistem estes montantes? Pelo menos uma parte deles consiste em que o valor final da mercadoria, ao se transformar em preços, expressa relações de intercâmbio desigual entre as economias. A corporação, principalmente devido a seu domínio tecnológico, logra vender suas mercadorias nas economias dependentes sem ter que reduzir seu preço final até o limite de seu valor. E, ao realizá-las, na segunda fase da circulação, apropria-se de uma soma de valor maior do que efetivamente produziu. Dessa maneira, as remessas de lucros e dividendos, nas economias dependentes, expressam a uma só vez a apropriação da mais-valia explorada internamente e a apropriação de valores implicando *transferências de valor como intercâmbio desigual*, após a transformação dos valores em preços.[45]

---

[43] O exemplo em questão traz a comparação de um modelo da Ford Motors, o Ford Fiesta. Ver: Consultoria Legislativa da Câmara dos Deputados. *Automóveis, preços e tributos: Brasil e outros países*. Brasília: Câmara dos Deputados, 2010. Estudo de autoria de Eduardo Fernandez Silva.

[44] Segundo estudo do Departamento Intersindical de Estatística e Estudos Socioeconômicos (Dieese), a indústria de veículos representa parcela considerável das remessas de lucros e dividendos das empresas industriais em atividade na economia brasileira, com cifras oscilando entre 21 e 34% nos anos entre 2006-2013 (21,9% em 2006; 26,5% em 2007; 32,7% em 2008; 24,5% em 2009; 28,1% em 2010; 34,7% em 2011; 21,2% em 2012; 24,5% em 2013). Dieese. Nota Técnica n. 137, junho de 2014. *Remessa de lucros e dividendos: setores e a dinâmica da economia brasileira*. Disponível em: <http://www.dieese.org.br/notatecnica/2014/notaTec137RemessaLucros.pdf>. Acesso em: set. 2016.

[45] A rigor, as transferências de valor não se restringem exclusivamente a quando ocorrem discrepâncias sistemáticas entre os preços de mercado e os preços de produção das mercadorias. As transferências de mais-valia em geral, apropriadas pelas economias dominantes, colocam em marcha objetivamente a *não-identidade* entre o valor produzido e o valor apropriado. Nas palavras de Marini: "Chegamos assim a um ponto em que já não basta seguir

Essa relação pode ser observada também em outro exemplo, como o de uma economia que necessita importar máquinas – suponhamos equipamentos hospitalares como tomógrafos. A aquisição destes ou seu uso em contratos de aluguel implicam pagamentos de *royalties*. Os *royalties*, além de uma forma de remuneração do capital, assumem muitas vezes uma forma de *transferência de valor*, com consequências seja sobre o capital individual, seja sobre o capital social total, com rebatimento no funcionamento das economias ou formações econômico-sociais. Neste caso, a essência da relação é que existe uma economia que não dispõe da tecnologia em questão, enquanto outra, sim, a controla. Esta última pode cobrar e auferir uma renda apropriando-se de mais trabalho (maior *quantum* de valor) do que efetivamente produziu, porque produz valores de uso (ou controla conhecimentos para sua produção) que outras não produzem ou não produzem com a mesma facilidade. Eis aqui o segundo sentido da afirmação de Marini sobre a troca de *não-equivalentes* na determinação da lei do valor.[46]

Pensemos, ainda, um terceiro exemplo, desdobrando agora nossa exposição com outras determinações da teoria da concorrência. Suponhamos três fabricantes do ramo eletroeletrônico que produzem aparelhos de som: um fabricante estadunidense, líder em tecnologia e vendas; uma marca japonesa, que disputa fatias de mercado com qualidades parelhas à da marca líder; e um fabricante brasileiro, situado em condições tecnológicas do capitalismo dependente. Nomeemos esses três fabricantes, respectivamente, como empresas A, B e C. Em nosso exemplo hipotético,[47] a taxa de mais-valia nos três casos é de 100% e o preço de produção, de 150 unidades monetárias. B, a empresa japonesa, opera com $50 de capital constante e $50 de capital variável, auferindo uma mais-valia de $50 e obtendo uma taxa de lucro de 50% – o que significa que este capital opera no nível do preço de produção. A, a empresa estadunidense, despende $60 em capital constante, $40 em capital variável e obtém $40 de mais-valia, com uma taxa de lucro de 40%. O capital de A, com isso, opera abaixo do preço de

---

manejando simplesmente a noção de intercâmbio entre nações, mas, sim, que devemos encarar o fato de que, no marco deste intercâmbio, a apropriação de valor realizado encobre a apropriação de uma mais-valia que é gerada mediante a exploração do trabalho no âmbito interno de cada nação. Sob este ângulo, a transferência de valor é uma transferência de mais-valia [...]". *Dialética...*, op. cit., p. 37.

[46] Ver novamente, à p. 34 a citação de Marini, já referida.

[47] Baseamo-nos aqui, essencialmente, no exemplo trabalhado por Marisa Amaral e Marcelo Carcanholo, "Superexploração da força de trabalho e transferência de valor: fundamentos da reprodução do capitalismo dependente". Em: Ferreira, Carla, Osorio, Jaime, Luce, Mathias Seibel (orgs.). *Padrão de reprodução do capital: contribuições da Teoria Marxista da Dependência*, op. cit., a partir da exposição de Marx, em *O capital*, sobre a transformação dos valores em preços.

produção. O valor final de sua mercadoria é 140, 10 unidades monetárias abaixo do preço de produção, que é 150. Já a empresa C tem o dispêndio de $40 em capital constante, $60 em capital variável e obtém $60 de mais-valia, com uma taxa de lucro de 60%. O valor final de sua mercadoria é 160, 10 unidades monetárias acima do preço de produção.

Sob estas condições, o que acontece tendencialmente pelas leis da concorrência capitalista? O valor da mercadoria da empresa estadunidense é menor em comparação ao preço de produção (PP). Ela poderá vender sua mercadoria por 150, 145, 142, 141 e em todas essas hipóteses estará se apropriando de lucro extraordinário. E se houver pessoas dispostas a pagarem 160 por ele, venderá por 160 e vendendo a mesma quantidade de mercadorias. O capital de B, por sua vez, cuja mercadoria é produzida a um valor que equivale a PP, conta tendencialmente com condições para se aproximar de A e, eventualmente, ultrapassá-lo, repondo as condições da concorrência, se isto acontecer. Finalmente, o capital de C, cuja mercadoria é produzida acima de PP, encontrará tendencialmente problemas estruturais na competição capitalista. Estará em meio a condições que o empurram ou para a falência, ou para a absorção por outros capitais ou a funcionar de maneira errática em tempo prolongado. E em todas essas circunstâncias estará transferindo valor para os capitais que produzem abaixo de PP.

Na Tabela 1, encontra-se explanação numérica correspondendo ao exemplo citado.

Tabela 1 – Preço de produção, lucro médio e lucro extraordinário

M	c+v	m'(=m/v)	m	V	l'	PP	PP-V
A	60c+40v=100	100%	40	140	40%	150	+10
B	50c+50v=100	100%	50	150	50%	150	0
C	40c+60v=100	100%	60	160	60%	150	-10

M = mercadoria
c = capital constante
v = capital variável
m = mais-valia
m' = taxa de mais-valia
V = valor final da mercadoria individual
l' = taxa de lucro
PP = preço de produção (custo de produção mais lucro médio)
PP-V = lucro apropriado por cada capital em relação ao lucro médio
Fonte: adaptado de Marisa Amaral e Marcelo Carcanholo, Superexploração da força de trabalho e transferência de valor: fundamentos da reprodução do capitalismo dependente. Em: Carla Ferreira, Jaime Osorio, Mathias Luce (orgs.). *Padrão de reprodução do capital: contribuições da Teoria Marxista da Dependência*. São Paulo: Boitempo, 2012, p. 87.

Este exemplo hipotético traduz relações que acontecem tendencialmente na realidade concreta, onde opera um sem-número de vezes esse mecanismo nivelador, por meio do qual os capitais que produzem acima do preço de produção transferem valor para aqueles que produzem em condições mais vantajosas.[48] Mas o importante a sublinhar aqui é que esse mecanismo nivelador, que implica a redistribuição de valores, atua de maneira diferenciada no âmbito da economia mundial. No caso das relações pertencentes à mesma esfera da economia mundial, o que se expressa mais diretamente é a relação dialética tendência-contratendência, em que a lei do nivelamento da taxa de lucro entra em cena mais cedo ou mais tarde, repondo a concorrência sob novo patamar. No caso das relações entre distintas esferas que se inter-relacionam, ocorrem determinações adicionais, fazendo com que as leis gerais do capitalismo, ao se materializarem, assumam formas específicas e sob contratendências particulares. Analisemos como isto se objetiva em alguns exemplos significativos.

A competição capitalista – seja ela intrassetorial ou intersetorial – é regida pela lei do valor, sob a qual diferentes capitais migram para outros ramos, setores e economias. Nos anos 1960, sob o influxo do eurodólar, capitais estadunidenses migraram para posições em praças financeiras europeias. Perseguindo taxas de lucro superiores, abandonaram posições em investimentos antes alocados nos EUA, onde havia controles mais rígidos para certas modalidades de valorização financeira. Foi em resposta também (pelo menos em parte) a esse movimento que o começo da década de 1970 testemunhou o início do sistema dólar-flexível, com a atração de capitais novamente para os EUA. Nas duas conjunturas consideradas – a inaugurada pelo eurodólar e aquela que marcou a configuração do novo sistema Wall Street-Tesouro-FMI –, houve mudanças na taxa de lucro na esfera de valorização financeira, com o deslocamento de pontos de gravitação da mesma.[49] A taxa de lucro média e a tendência a migração de capitais de uma posição a outra estiveram atuando nesses eventos.

Os mecanismos relativos ao preço de produção também estiveram presentes em outro caso bastante proeminente. A acirrada competição entre

---

[48] Como no nível mais abstrato o valor de mercado (tempo de trabalho socialmente necessário) não precisa corresponder a um valor (capital) individual específico, o que está representado na tabela é uma determinação social (portanto, real), e não propriamente um capital específico. O ponto é que, dentro de cada um dos setores de produção, existem vários capitais com distintas produtividades, portanto, com distintos preços de produção individuais, que só corresponderão ao preço de produção de mercado (150 na tabela), se existir um capital de fato com produtividade igual à média. Isto permite a Marx mostrar que a tendência ao nivelamento das taxas de lucro não significa que todos os capitais vão ganhar a mesma taxa de lucro, mas que a formação da taxa média de lucro para todos pressupõe taxas de lucro distintas para distintos capitais.

[49] Sobre o padrão dólar flexível e o novo sistema Wall Street, ver Gowan, Peter. *A roleta global*. Rio de Janeiro: Record, 2003.

os fabricantes de automóveis, especialmente companhias dos EUA, Japão e Alemanha, levou várias das empresas destas economias a instalarem fábricas na China, para usufruir de vantagens proporcionando a redução do valor do capital constante e do capital variável, elevando, assim, suas taxas de lucro *vis-à-vis* o lucro médio no ramo em consideração na produção mundial. Essa tendência, já observável desde os anos 1990, ganhou novo fôlego após a crise econômica internacional de 2008, em meio à qual plantas fabris de companhias como a General Motors fecharam as portas em cidades como Detroit e transferiram operações para cidades em novos centros industriais chineses. Essa tendência pôs em marcha uma mudança geográfica na origem dos lucros dos fabricantes de automóveis. Se em 2007 o lucro obtido pelas dezessete maiores empresas fabricantes provinham em 30% de China, Brasil, Rússia e Índia, em contraste com 22,5% oriundos da América do Norte, 36,5% da Europa e 12% do Japão e Coreia do Sul; em 2012, o primeiro grupo de países passaria a representar 57% do total – com destaque para a China, respondendo por mais da metade da cifra deste grupo; ao passo que a América do Norte responderia por 42,5%, e a Europa teria crescimento negativo de -1% e Japão e Coreia do Sul crescimento de apenas 1%.[50] A mudança geográfica verificada expressa os rebatimentos da crise econômica mundial. A mudança da origem dos lucros é um indicador que aponta um movimento na redistribuição de capitais, com alterações provocadas por capitais migrando para perseguir e ultrapassar o patamar da taxa de lucro.

Nos dois exemplos históricos aqui considerados, pode-se constatar que seus efeitos operaram distintamente, se comparamos o âmbito da mesma esfera (economias industriais avançadas) e o âmbito das relações entre as duas esferas que se encontram contraditoriamente vinculadas na economia mundial (economias industriais avançadas e economias dependentes). No exemplo do eurodólar, fluxos de capitais chegaram até a América Latina, sendo o Brasil um país que recebeu grandes somas na modalidade de empréstimos. Contudo, sua participação nessa modificação da valorização na esfera financeira não se deu sob a mesma modalidade que a Europa pôde experimentar. Nem no seu auge, nem no seu momento de recomposição. Embora tenha ocorrido o surgimento de um capital financeiro internalizado na economia brasileira na esteira daqueles circuitos, foi um processo marcado pela manutenção da condição dependente. E, na conjuntura seguinte, sobrevieram novos efeitos agudizando a dependência, com a crise da dívida.

---

[50] McKinsey&Company. *The road to 2020 and beyond. What´s driving the global automotive industry?* Setembro de 2013. Disponível em: <http://www.mckinsey.com/industries/automotive-and-assembly/our-insights/the-road-to-2020-and-beyond-whats-driving-the-global-automotive-industry>. Acesso em: set. 2016.

No exemplo da indústria automobilística, também surgiram novas plantas industriais em economias que receberam investimentos das corporações multinacionais, com a modificação na composição orgânica dos capitais em escala internacional. Entretanto, do ponto de vista da dialética entre produção e apropriação, os grandes fabricantes de veículos seguiram no controle da indústria automotriz, na pesquisa e desenvolvimento, no comando de patentes, na apropriação de lucros – embora agora sob novas tendências no comportamento da taxa de lucro intrassetorial, sob a mudança geográfica descrita.[51] Mas esses efeitos não se estendem ao conjunto das determinações implicadas. Eis aqui mais uma demonstração de que a *não-identidade* entre o valor produzido e o valor apropriado manifesta-se nos mecanismos da competição capitalista, sob a égide da taxa de lucro e o preço de produção.

Assim, ao transitarmos para instâncias da totalidade como são o mercado mundial e suas relações diferenciadas através das distintas formações econômico-sociais, se requer outras categorias adicionais para pensar o mecanismo nivelador da lei do valor.[52] E um conjunto adicional de perguntas se impõe: por que até hoje se comprovam desníveis de produtividade entre as economias? E por que existem economias que não logram produzir internamente ou controlar as tecnologias e conhecimentos das forças produtivas mais avançadas? Por que até hoje existem economias que pagam *royalties* pelo uso de tecnologias e outras que auferem lucros vultosos nessa rubrica? Por que a concorrência, apesar de existir e ser o elemento que move a economia mundial, não alterou a tendência siste-

---

[51] A China foi uma exceção, secundada pela Coreia do Sul, em menor medida. Hoje na China existem oito marcas de carro e, na Coreia do Sul, duas marcas (Lafaiete Neves. "Concorrência asiática". *Gazeta do Povo*, Curitiba, 26 de setembro de 2011), em contraste com Brasil, Argentina e México, os três principais produtores de veículos na América Latina, que não possuem nenhuma. Mas as economias asiáticas são casos *sui generis*. A China passou por uma revolução que mudou o modo de produção. E, ao se reintegrar ao capitalismo a partir da década de 1970, o fez sob condições híbridas entre um capitalismo de Estado e os cânones da economia mundializada. A Coreia do Sul, por sua vez, recebeu transferências unilaterais de recursos equivalentes a uma espécie de Plano Marshall moldado para sua realidade, no contexto do antagonismo Leste-Oeste da Guerra Fria, de maneira que são duas economias que constituem uma excepcionalidade histórica quando o assunto é a questão de que, nos marcos do capitalismo, via de regra, nenhuma formação econômico-social dependente deixou ou pode deixar essa condição estrutural a não ser mediante transformações revolucionárias ou sob condições *sui generis* não reproduzíveis. Sobre os casos chinês e sul-coreano, ver Osorio, Jaime. "América Latina frente al espejo del desarrollo de Corea del Sur y China". *Revista Problemas del Desarrollo*, Cidade do México, n. 182 (46), julio-septiembre 2015, p. 143-163.

[52] Além disso, uma análise concreta e específica exige levar a consideração das especificidades: distintas taxas de mais-valia (por vários fatores); distintos salários (ou formas de pagamento de salário); distintos valores de força de trabalho; distintas rotações de capital; distintas magnitudes de capital etc.

mática e estrutural da relação negativamente determinada entre produção e apropriação (intercâmbio de não-equivalentes), no desdobramento da lei do valor, quando comparamos as diferentes economias e formações econômico-sociais? Se a lei do nivelamento da taxa de lucro influi pondo e repondo a concorrência, porque não se irradiariam pela economia mundial os mesmos níveis de produtividade e de *intensidade nacional do trabalho*?

Por detrás dessas perguntas, residem os fundamentos do que tratamos por *transferência de valor como intercâmbio desigual* ou a não-identidade entre a magnitude do valor produzido e a do valor apropriado. Esta diferença consiste, insistimos mais uma vez, em tendência sistemática e estrutural que atua sobre a realidade do capitalismo dependente, no âmbito da lei do valor na economia mundial. O economista Paolo Santi, em trabalho citado por Marini, escreveu que, se houvesse apenas a tendência ao nivelamento da taxa de lucro, teria se difundido pelo mundo um nível médio de produtividade e não teríamos o fenômeno do intercâmbio desigual:

> as relações comerciais, de intercâmbio de mercadorias, também evoluíram no período imperialista no sentido de que desempenharam uma função cada vez mais importante na transferência de mais-valia de um país a outro. Se os investimentos estrangeiros nos países dominantes não tivessem assumido aquelas características que recordamos e tivessem desempenhado a função de expansão das relações capitalistas [industriais] que Marx havia previsto e que as leis de uma economia competitiva teriam não só permitido, mas imposto, haveria se difundido no mundo um nível médio de produtividade que não teria permitido a longo prazo o intercâmbio desigual de valor e não haveria se verificado essa deterioração dos termos de intercâmbio, em prejuízo dos países tecnologicamente atrasados, que representou um instrumento cada vez mais importante e em ação desde os anos precedentes à Primeira Guerra Mundial, para a exploração ulterior dos países dominados. Aqui também pode ocorrer que as vantagens para os países imperialistas sejam relativamente pouco importantes e limitadas a um certo número de empresas monopolistas, mas se tomamos como referência as economias exploradas se pode afirmar que esta transferência de mais-valia é um obstáculo real e importante para seu desenvolvimento.[53]

Essa formulação, aprofundada por Marini em *Dialética...*, possui enorme significado. Ela é um dos aspectos decisivos para explicar a não-identidade entre o valor produzido e o valor apropriado. É a não difusão desse mesmo nível de produtividade que permitiu que economias que produzem suas mercadorias com maior facilidade ou mercadorias que outras

---

[53] Santi, Paolo. "El debate sobre el imperialismo en los clásicos del marxismo". *Cuadernos de Pasado y Presente*, n. 10, Córdoba, 1973 (1969), p. 11-63. Citado também em Marini, Ruy Mauro, *Dialética...*, *op. cit.*

não produzem pudessem vendê-las sem reduzir seu preço até o limite de seu valor.

A seguir, veremos como o fenômeno das *transferências de valor como intercâmbio desigual*, que assume caráter sistemático e estrutural no capitalismo dependente, mas cuja essência não é perceptível na realidade aparente, pode ser apreendido através do exame de suas formas de manifestação, até chegarmos ao âmago de suas conexões internas mediante a categoria que ocupa nossa atenção, a qual carrega as mediações que expressam a tendência negativamente determinada da lei do valor.

Formas da transferência de valor como intercâmbio desigual

Autores com diferentes abordagens coincidem em que a dependência manifesta-se nas esferas comercial, financeira e tecnológica. Naturalmente, esta é uma diferenciação que se justifica apenas do ponto de vista analítico, uma vez que essas três esferas encontram-se profundamente imbricadas na produção capitalista. A título de exemplo: a dependência comercial influi sobre o balanço de pagamentos e reforça a dependência financeira; esta última pressiona por saldos exportadores, reforçando a dependência comercial; a dependência tecnológica impacta sobre a dependência financeira e limita as possibilidades de ruptura da dependência comercial e assim por diante.

Theotonio dos Santos[54] identificou dois sentidos para o caráter comercial, financeiro e tecnológico da dependência. O primeiro é o que acabamos de expor. A dependência se traduz em formas fenomênicas, que podem ser mais facilmente observadas em tendências do comércio internacional, dos fluxos financeiros internacionais e dos movimentos de exportação de capitais na esfera produtiva. Nesta acepção, dependência comercial, financeira e tecnológica são camadas da totalidade, que denotam algumas de suas características mais imediatas. Estamos de acordo com essa conceituação.

Mas há, simultaneamente, outra acepção que sugere uma periodização da dependência tomando como elemento distintivo as formas da dependência que se apresentam com predomínio em cada conjuntura histórica. Nesses termos, o período até o advento da era imperialista seria a fase de predomínio da dependência comercial; os anos até o término da Segunda Guerra Mundial seriam aqueles da dependência financeira; e o período inaugurado pelo imperialismo do pós-Segunda Guerra seria marcado pela dependência tecnológica, com o surgimento da grande corporação multinacional.[55]

---

[54] "Dependencia y cambio social", *op. cit.*
[55] Nesse quadro interpretativo, aquele último período, no momento em que as análises em questão eram publicadas, recebeu o nome de *novo caráter da dependência* ou *nova depen-*

Não discrepamos que, para cada período identificado, determinada forma tenha assumido nova configuração e conferido conteúdo particular à reprodução do capitalismo dependente. No entanto, cabe fazer duas ressalvas importantes. Em primeiro lugar, em nosso entendimento a categoria que expressa com maior rigor a modificação das formas históricas da dependência é a de padrão de reprodução do capital.[56] Em segundo lugar, considerar as formas da dependência como o aspecto que confere em si particularidade ao capitalismo dependente no tempo traz o risco implícito de fragmentar a apreensão da realidade, quando a distinção entre dependência comercial, financeira e tecnológica, conforme dito, corresponde a um momento da análise, que não se encerra aí, mas requer que compareçam outras categorias que expressem suas conexões com as demais instâncias da totalidade.

Uma terceira ressalva, ainda, merece atenção. Em alguns textos fundadores sobre a questão da dependência aparece a menção a uma fase inicial referida como dependência colonial.[57] Diversamente, pensamos que a dependência deve ser situada historicamente tal como caracterizada por Ruy Mauro Marini e por Vania Bambirra, para quem não faz sentido falar em dependência colonial. Situação colonial e situação de dependência são realidades distintas.[58]

Tendo assentada a compreensão que orienta nossa análise para as formas fenomênicas da dependência, passemos ao tratamento de sua materialização nas formas das *transferências de valor*. Já esclarecemos o que distingue a essência da categoria *transferência de valor como intercâmbio desigual*. Cabe agora ver como ela se expressa na realidade concreta.

Os fundadores da TMD dedicaram maior atenção ao estudo de duas formas das *transferências de valor*: a deterioração dos termos de intercâmbio e as remessas de lucros, *royalties* e dividendos. Há uma razão para isto. Primava a preocupação de demonstrar, na crítica à teoria do desenvolvi-

---

dência. Ver, por exemplo, dos Santos, Theotonio. "La estructura de la *dependencia*". Em: *Imperialismo y dependencia*. Cidade do México: Ediciones Era, 1978.

[56] Ver Osorio, Jaime. "Padrão de reprodução do capital: uma proposta teórica". Em: Ferreira, Carla, Osorio, Jaime e Luce, Mathias Seibel (orgs.). *Padrão de reprodução do capital...*, op. cit.

[57] Este é o caso do próprio trabalho de Theotonio citado anteriormente (*Imperialismo y dependencia*, op. cit., p. 310), onde se sugere uma fase da "dependência colonial, comercial-exportadora"; e principalmente de Andre Gunder Frank, que estende o uso do vocábulo dependência ao exame da economia colonial latino-americana remontando ao século XVI (*Capitalismo y subdesarrollo en América Latina*. Cidade do México: Siglo XXI, 1970).

[58] Logicamente, essa ponderação não invalida os méritos de Theotonio dos Santos na descoberta da categoria dependência como *situação condicionante que determina os limites e possibilidades do desenvolvimento capitalista*. Abordaremos a categoria dependência no capítulo 4. Para uma crítica à conceituação de uma fase da "dependência colonial", ver também Nildo Ouriques. *Teoría marxista de la dependencia: una historia crítica*, op. cit.

mento da Cepal, bem como às organizações políticas que tomavam postulados correlatos, que por detrás de preços deprimidos havia a relação-valor;[59] e que diante do processo de industrialização, concebido como a solução por excelência para o subdesenvolvimento e a dependência, antepunham-se limites, sobretudo a partir da conjuntura marcada pela integração dos sistemas de produção,[60] sob a égide das relações imperialistas. Além disso, nos anos 1960 e começos dos anos 1970 a deterioração dos termos de intercâmbio e as remessas de lucros, *royalties* e dividendos eram as formas predominantes das transferências de valor.

Agora, que os fundadores da TMD tenham se concentrado no exame destes temas não significa que sua teorização desdenhe a importância que assumem as questões da dívida externa (e interna) e da apropriação da renda da terra. Entendendo a TMD como uma teoria em construção, conforme colocou Marini no Posfácio de *Dialética*...[61] cabe a seus continuadores no presente aprofundar o conhecimento dos nexos à espera de novas investigações, com base em seu programa de pesquisa.

Na Figura 1, temos representadas as formas da *transferência de valor como intercâmbio desigual*.

Figura 1 – Transferências de valor como intercâmbio desigual

Formas da *transferência de valor como intercâmbio desigual*:
- Deterioração dos termos de intercâmbio
- Serviço da dívida (remessas de juros)
- Remessas de lucros, *royalties* e dividendos
- Apropriação de renda diferencial e de renda absoluta de monopólio sobre os recursos naturais

---

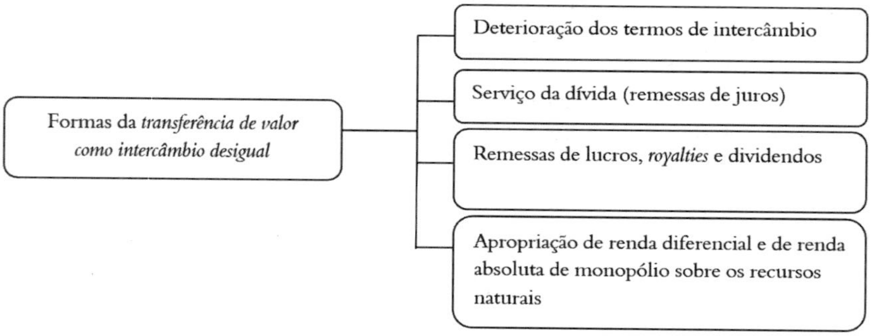

[59] Ver a esse respeito o capítulo 2 de *Imperialismo, dependencia y relaciones económicas internacionales*, de Orlando Caputo e Roberto Pizarro, *op. cit.*

[60] Ver Bambirra, Vania. "La integración monopólica mundial y sus consecuencias sobre América Latina". Em: *El capitalismo dependiente latinoamericano, op. cit.*; ver também Marini, Ruy Mauro, "La acumulación capitalista mundial y el subimperialismo". *Cuadernos Políticos*, Cidade do México: Ediciones Era, n. 12, abril-junio 1977, p. 20-39, especialmente os tópicos I, II e III, em que examina a fase da integração dos sistemas de produção sob o movimento internacional de capitais no pós-Segunda Guerra.

[61] "En torno a la Dialéctica de la Dependencia". Em: *Dialética..., op. cit.* (edição brasileira: Sobre Dialética da Dependência. Trad. Carlos Eduardo Martins. Em: João Pedro Stedile e Roberta Traspadini (orgs.), *op. cit.*).

Este conjunto de formas é expressão das *transferências de valor* entre as economias dominantes e as economias dependentes, no movimento concreto da economia mundial.[62] As formas não se confundem com a essência da categoria, cujo significado foi explanado nos tópicos anteriores. Ressalva feita, o tratamento analítico das *formas* específicas da *transferência de valor como intercâmbio desigual* consiste de uma aproximação correta, porque é a partir das formas que podemos entrever tendências e fazer a apreensão de processos que apresentam regularidades.[63] Cabe ao pesquisador descobrir como *essência* e *formas* se relacionam, buscando com rigor metodológico o estudo crítico das formas aparentes para, assim, ir além da superfície dos fenômenos em que se encontram os dados econômicos referenciados em preços e divisar o que está acontecendo do ponto de vista do valor, até chegar às unidades mais simples do movimento do real.

Nesse sentido, em nossa compreensão existem quatro formas para a *transferência de valor como intercâmbio desigual*: i) a deterioração dos termos de intercâmbio; ii), o serviço da dívida (remessas de juros); iii) as remessas de lucros, *royalties* e dividendos; iv) a apropriação de renda diferencial e de renda absoluta de monopólio sobre os recursos naturais. As manifestações fenomênicas recém-referidas abarcam diferentes traços da dependência (comercial, financeira e tecnológica), expressando o intercâmbio de não-equivalentes na divisão internacional do trabalho.

A *deterioração dos termos de intercâmbio* expressa mais diretamente a dependência comercial: as economias dependentes produzem valores de uso cujos preços de mercado sofrem baixas tendencialmente maiores que os preços dos bens produzidos pelas economias dominantes; o *serviço da dívida* expressa mais diretamente a dependência financeira: as economias dependentes, ao não possuírem moedas fortes, nem determinarem os fluxos financeiros internacionais, contraem relações de subordinação não somente frente à função dinheiro-mundial, mas frente à própria função capital-dinheiro em sentido mais geral; *as remessas de lucros, royalties e dividendos* expressam mais diretamente a dependência tecnológica: ao não disporem ou não controlarem as tecnologias e meios de produção necessários para uma série de mercadorias produzidas,

---

[62] Ver, também, a discussão a respeito em Osorio, Jaime. "Sistema mundial e formas de capitalismo. A teoria marxista da dependência revisitada". *Revista Direito e Práxis*, Rio de Janeiro, vol. 7, n. 13, 2016, p. 494-539; e Carcanholo, Marcelo. "Dialética do desenvolvimento periférico: dependência, superexploração da força de trabalho e alternativas de desenvolvimento". *Revista de Economia Contemporânea*, Rio de Janeiro, v. 12, n. 2, maio--agosto 2008, p. 247-272 (especialmente item 2.1).

[63] Isto não é a mesma coisa que periodizar o capitalismo dependente a partir de aspectos da realidade aparente. O estudo das formas interessa, isto sim, no seu liame com a essência da *transferência de valor como intercâmbio desigual* (o intercâmbio de não-equivalentes).

as economias dependentes são subsumidas a relações que implicam transferências negativamente determinadas de valor em seu desfavor; a *apropriação de renda diferencial e de renda absoluta de monopólio* por parte de capitais de economias imperialistas sobre os recursos naturais das economias dependentes expressam mais diretamente o intercâmbio de não-equivalentes inclusive no próprio terreno em que estas últimas possuem maior riqueza com seus diferenciais de fertilidade natural da terra/das riquezas naturais.

O que acabamos de afirmar significa que cada forma de manifestação das *transferências de valor* apresenta um aspecto mais saliente na realidade aparente. Todavia, como vimos, as formas da dependência podem ser desglosadas apenas analiticamente e não existem em estado puro, nem tampouco se articulam isoladamente a cada uma das formas em que acontece o intercâmbio de não-equivalentes. São, antes, um entramado de relações, cuja essência é explicada mediante a categoria original da TMD, *transferência de valor como intercâmbio desigual*.[64]

E, uma vez em movimento, as *transferências de valor* provocam a reprodução ampliada da dependência, em cuja malha de relações esta última pode mudar de forma e de grau, como se verifica historicamente;[65] porém, a dependência se mantém como elemento estrutural, a menos que seja transcendida mediante a transformação revolucionária da sociedade. Vejamos a seguir cada uma das formas da *transferência de valor como intercâmbio desigual*.

Deterioração dos termos de intercâmbio

A deterioração dos termos de intercâmbio foi a primeira forma da *transferência de valor* a ocupar a atenção de Marini e da TMD.[66] No tópico "O segredo do intercâmbio desigual", em *Dialética...*, Marini escreveu: "Celso Furtado comprovou o fenômeno, sem chegar a tirar todas as suas conclusões".[67] Em sua obra *Formação Econômica do Brasil*, Furtado ob-

---

[64] Cumpre salientar que essa caracterização se encontra em um nível de abstração intermediário entre o modo de produção e as formações econômico-sociais. O primeiro apresenta as categorias mais gerais de *O capital*. O segundo apresenta categorias particulares que expressam elementos específicos ou singulares de determinadas formações econômico-sociais.

[65] Tratamos destes aspectos históricos mais diretamente nos capítulos 2 e 3 do presente livro.

[66] Para alguns "críticos" da TMD, dar atenção a esse aspecto não passaria de reprodução da visão burguesa e desenvolvimentista. Esquecem-se, com isso, de duas coisas. Primeiro, a deterioração dos termos de intercâmbio é um dado objetivo da realidade e seu exame não implica necessariamente a adscrição ao programa político de quem pela primeira vez alertou o problema, a Cepal. Segundo, uma vez detectado o problema, a questão passa a ser como fazer sua correta apreensão, de maneira a explicá-lo com o rigor necessário, extraindo as determinações de sua essência.

[67] *Dialética...*, op. cit., p. 36, nota 18.

servava uma tendência declinante nos preços das exportações brasileiras, nos períodos compreendidos entre 1821-1830 e 1841-1850, levando a uma queda nos termos de intercâmbio de 40%, quando o índice de preços das importações se mantivera estável e o volume físico exportado tivera um incremento também de 40%. Furtado concluía: "a renda real gerada pelo setor exportador cresceu nessa mesma proporção, enquanto o esforço produtivo realizado neste setor foi o dobro".[68]

Onde a Cepal e seus expoentes destacavam a forma aparente ou a superfície do fenômeno (preços), Marini, por sua vez, captava também sua essência (valor). Desta feita, a deterioração dos termos de intercâmbio, atribuída pela Cepal e seus economistas como Furtado à heterogeneidade estrutural oriunda da difusão desigual do progresso técnico, não se resumia a um fenômeno pertencente à esfera da circulação e ao comportamento dos preços. Era preciso buscar, dialeticamente, nos elementos da produção do valor e da *transferência de valor* no mercado mundial as raízes para a queda dos preços relativos do comércio internacional em desfavor dos países dependentes.

Na tabela a seguir, reproduzimos a série estatística apresentada em documento de 1949 da Cepal, de autoria de Raúl Prebisch.

Tabela 2 – Termos de intercâmbio. América Latina. 1876-1947

Período	Quantidade de produtos finais da indústria que podem ser obtidos com determinada quantidade de produtos primários
1876-1880	100,0
1881-1885	102,4
1886-1890	96,3
1891-1895	90,1
1896-1900	87,1
1901-1905	84,6
1906-1910	85,8
1911-1913	85,8
–	–
1921-1925	67,3
1926-1930	73,3
1931-1935	62,0
1936-1938	64,1
–	–
1946-1947	68,7

Fonte: Cepal. Organização das Nações Unidas, Postwar price relations in trade between underdevelopment and industrialized countries. Documento E/CN.1/Sub.3/W.5. Em: Ricardo Bielchowsky (org.). *Cinquenta anos de pensamento na Cepal*. Rio de Janeiro: Record, 2000, v. 1, p. 81.

---

[68] Furtado, Celso. *Formação Econômica do Brasil*, citado em Marini, *Dialética...*, op. cit., p. 36.

Com base nos dados deste estudo, pode-se ver que houve perda de 40% no poder de compra das exportações latino-americanas entre o último quartel do século XIX e o decurso da década de 1930.[69] Seu significado deve ser assim entendido: com o mesmo montante de divisas ou a mesma receita de exportações, as economias latino-americanas conseguiam comprar, ao fim do período da comparação, 40% menos em produtos importados (como máquinas, equipamentos e insumos industriais), que elas não produziam internamente. Em linguagem simples: um dado país que exportava um produto como café e importava tratores passava a necessitar incrementar o volume das exportações também em 40% para adquirir a mesma mercadoria trator.

Ao longo do século XX e começos do XXI, a deterioração dos termos de intercâmbio mediante o desenvolvimento desigual no comércio mundial seguiu como tendência macro, conforme apurado também pela Cepal. Na outra série histórica a seguir, temos a variação acumulada de dezenove países da América Latina, além do total para a região, no período compreendido entre 1950-2008.

Como se vê, são analisados seis decênios e a média do período. No agregado dos dezenove países por decênio, os termos de intercâmbio foram negativos em 1950-1960, com -26,7; e em 1980-1990, com -15,7.[70] E foram levemente positivos nos anos 1960-1970 com 1,4; positivos em 37,7 no decênio 1970-1980, embora num quadro bastante heterogêneo, com resultado positivo no agregado graças aos países petroleiros da região, na conjuntura de alta do petróleo; e novamente positivos na recuperação de preços dos anos 1990 e 2000, até 2008. Desse modo, o agregado para o conjunto da região na série histórica foi de termos de intercâmbio positivos em 11,1%. Esta última cifra, tomada em uma primeira análise, poderia ser interpretada equivocadamente no sentido contrário à tendência estrutural de termos desfavoráveis. Contudo, em um exame que

---

[69] A cifra dos 40% de perdas nos termos de intercâmbio coincide no estudo de Furtado e no estudo de Prebisch, porém referem-se a períodos diferentes e a amostragens distintas. O primeiro está enfocando o Brasil, entre os anos 1821-1830 e 1841-1850; ao passo que o segundo aborda o conjunto da América Latina entre 1876-1880 e a década de 1930.

[70] Segundo Aldred Maizels (*Economic dependence on commodities*. Conferência Unctad X, 2000, citado em Eric Toussaint. "As transferências do Sul para o Norte". Em: *A bolsa ou a vida*. São Paulo: Editora Fundação Perseu Abramo, 2002, p. 147), no início dos anos 1980, "as perdas aumentaram rapidamente, passando de cerca de 5 bilhões de dólares por ano em 1981-1985 para perto de 55 bilhões de dólares por ano em 1989-1995. Elevaram-se no total a 350 bilhões de dólares aproximadamente no período que vai de 1980 a 1992, e aumentaram consideravelmente desde então. Foram um fator importante do aumento da dívida externa dos países exportadores relacionados" (a análise do autor considera o conjunto dos países exportadores de matérias-primas).

vá além da superfície, se observa que: desglosando os dezenove países na média dos seis decênios, onze deles tiveram cifras negativas (Argentina, Brasil, Costa Rica, El Salvador, Guatemala, Haiti, Honduras, Panamá, Paraguai, República Dominicana e Uruguai). Destes onze, oito tiveram termos de intercâmbio negativos acima de 20%, no acumulado da série (Brasil, Costa Rica, El Salvador, Guatemala, Haiti, Honduras, Panamá e Uruguai). E quatro, acima de 40% (Brasil, Guatemala, Panamá e Uruguai).

Tabela 3 – Termos de intercâmbio de bens e serviços
América Latina. 1950-2008 (Taxas de variação acumulada)

	1950-1960	1960-1970	1970-1980	1980-1990	1990-2000	2000-2008	1950-2008
Argentina	- 23,8	- 1,7	10,6	- 14,4	9,1	12,9	- 12,8
Bolívia	7,2	72,2	42,0	- 39,0	- 28,1	65,1	84,6
Brasil	- 30,6	- 2,9	- 26,5	- 3,2	5,6	18,4	- 40,2
Chile	17,0	61,4	- 48,4	6,8	2,9	48,7	41,2
Colômbia	- 24,9	3,3	20,2	- 29,4	21,3	36,9	3,8
Costa Rica	- 8,6	1,8	- 5,6	- 19,8	11,6	- 12,4	- 32,6
Equador	- 25,9	5,9	112,5	- 6,3	15,9	23,8	102,5
El Salvador	- 9,0	- 12,8	- 1,3	- 8,2	17,7	- 6,2	- 22,2
Guatemala	- 24,5	- 20,1	- 2,0	- 38,5	13,3	- 9,2	- 62,1
Haiti	- 23,7	8,3	5,4	58,1	- 29,1	- 20,6	- 23,2
Honduras	- 18,9	- 6,5	4,2	- 13,0	16,1	- 16,8	- 33,9
México	- 20,6	- 0,5	38,8	- 16,0	18,3	5,5	13,1
Nicarágua	- 7,1	- 8,7	- 19,3	7,1	89,1	- 22,8	6,3
Panamá	- 12,8	17,3	- 30,6	1,3	- 4,6	- 9,6	- 43,4
Paraguai	- 19,1	2,9	5,4	- 6,7	2,4	6,3	- 15,9
Peru	- 21,4	43,5	20,0	- 0,7	- 5,1	33,9	66,2
República Dominicana	- 22,8	38,9	3,1	- 15,5	19,3	- 15,0	- 11,7
Uruguai	- 22,9	- 11,4	- 5,6	11,0	- 20,5	- 12,1	- 43,9
Venezuela	- 23,0	- 39,5	331,4	- 39,4	27,2	143,1	278,4
América Latina1	- 26,7	1,4	37,7	- 15,7	12,0	19,1	11,1

[1]Inclui os países para os quais se dispõe de informação.
Fonte: Cepal. América Latina y el Caribe. Series Estadísticas Económicas. 1950-2008. Quadro 11.3.11. Disponível em: <//http://www.cepal.org/deype/cuaderno37/esp/index.htm>. Acesso em: jan. 2017.

Embora oito dos dezenove países tenham registrado termos positivos no acumulado do período 1950-2008, dois apresentaram-no em cifras que não o foram sensivelmente: Colômbia com 3,8 e Nicarágua com 6,3. Os demais seis, ou são economias exportadoras de petróleo – mercadoria singular com preço especial de mercado –, ou exportadoras de minerais metálicos menos suscetíveis a desvalorizações no mercado internacional, como ouro, prata e cobre. São os casos de Venezuela, México, Equador; Bolívia, Peru, Chile. Tal tendência pôde neutralizar-se durante algumas décadas nestas economias, porém elas constituem exceções que confirmam a regra.[71] De maneira que, quando desglosamos a série por países, ao examinarmos a curva de preços relativos através dos decênios, a conclusão apontará para a comprovação da tendência declinante dos preços das matérias-primas em relação aos dos produtos industriais.

Na década de 2000, com a alta conjuntural dos preços das matérias-primas, no contexto de sua elevada demanda pela China – parte da base material de onde a lógica especulativa do capital fictício no mercado de *commodities* amplificou os seus preços – não foram poucos os analistas que vaticinaram que novas trilhas de crescimento estariam consolidando as economias periféricas e, portanto, não faria mais sentido falar em dependência.[72] Mas os ventos "favoráveis" do mercado sopraram por pouco tempo. Na sequência de 2008, os preços derreteram e voltaram a apresentar tendência declinante. Assim, mesmo incluindo a excepcionalidade histórica da década de 2000, verifica-se nesses sessenta anos abarcados pela série estatística da Cepal uma deterioração dos termos de intercâmbio da ordem de 40% para o Brasil, 13% para a Argentina, 62% para a Guatemala, 44% para o Uruguai, para mencionar alguns casos.[73]

Finalmente, cumpre sublinhar que inclusive quando os termos de intercâmbio são favoráveis ou menos desfavoráveis, a dependência se reforça ao desatar uma corrida pela expansão da produção de matérias-primas com os preços na alta – com todas as implicações agudizando a expropriação de territórios indígenas, grilagem de terras, assassinatos no campo e destruição ecológica. Por outro lado, quando os *termos* são desfavoráveis, as consequências, ademais, implicam a ocorrência de crises no balanço de

---

[71] O recém-exposto vale para o exame da tendência à deterioração dos termos de intercâmbio. No entanto, como veremos no capítulo 4, algumas destas economias (Venezuela, Bolívia, Peru, Equador) são países Tipo B, segundo a tipologia da industrialização dependente, de Vania Bambirra. Isso significa que ali teve lugar um processo de industrialização que não levou à diversificação de estruturas produtivas, agudizando ainda mais certos traços da dependência.

[72] Para uma crítica a essas teses, ver, por exemplo, Araújo, Priscila Santos de. *A metamorfose do mito do desenvolvimento*. Uberlândia: Programa de Pós-Graduação em Economia da UFU, 2013. Tese de Doutorado. Orientação: Niemeyer Almeida Filho.

[73] De acordo com José Antonio Ocampo e María Angélica Parra, "em 2000 as matérias-primas haviam perdido de 50 a 60% de seus preços relativos frente aos das manufaturas, na comparação aos da década de 1920, com algumas poucas exceções". "Los términos de intercambio de los productos básicos en el siglo XX". *Revista de la Cepal*, n. 79, 2003-2004, p. 7-35.

pagamentos. De uma maneira ou de outra, temos a reprodução ampliada da dependência através da esfera comercial.

Serviço da dívida

Nesse início de século XXI, poucos assuntos assumem tanta importância para a crítica da Economia Política e para a esquerda latino-americana quanto a necessidade do enfrentamento do problema da dívida. O poder do capital fictício é uma das amarras que submetem de maneira mais violenta as economias dependentes expropriando o trabalho e o fundo público de nossos povos[74] através do serviço da dívida e seus mecanismos de retroalimentação. Se o que hoje é chamado de *sistema da dívida* corresponde à *vorágine* avassaladora que esse poder ganhou na reconfiguração da economia mundial nas últimas décadas, o fundamento dessa forma de expropriação já existia desde os tempos de Marx, embora sem várias das feições atuais.[75]

Seja como for, a essência do *sistema da dívida* – a imbricação entre mercado de crédito e de títulos, a subjugação de países e povos inteiros ao imperativo da acumulação privada subordinada ao manejo de uma política fiscal e voltada para a remuneração dos capitalistas detentores dos títulos da dívida, expressando o vil poder do dinheiro – já se esboçava como um traço característico do capitalismo mundial no tempo em que Marx publicava o Livro I de *O capital*, conforme escreveu seu autor nestas passagens, no capítulo 24:

> A dívida pública torna-se uma das alavancas mais poderosas da acumulação [...]. Como um toque de varinha mágica, ela infunde força criadora no dinheiro improdutivo e o transforma, assim, em capital [...]. Com as dívidas públicas surgiu um sistema internacional de crédito, que frequentemente encobria uma das fontes da acumulação [...]. Como a dívida pública se respalda nas receitas estatais, que têm de cobrir os juros e demais pagamentos anuais etc., o moderno sistema tributário se converteu num complemento necessário do sistema de empréstimos públicos [...].

---

[74] Para uma conceituação marxista de fundo público, ver Salvador, Evilasio; Behring, Elaine; Boschetti, Ivanete e Granemann, Sara (orgs.). *Financeirização, fundo público e política social*. São Paulo: Cortez, 2010.

[75] Esses contornos se deram especialmente a partir da mundialização do capital – a fase da economia mundial e do imperialismo adentrada a partir da década de 1970. Ver, por exemplo, Chesnais, François. *A mundialização do capital*. São Paulo: Xamã, 1996.

[A] acumulação de dívidas contraídas sucessivamente obriga o governo a recorrer sempre a novos empréstimos para cobrir os novos gastos extraordinários.

[Eis que temos aí] o grande papel que a dívida pública e o sistema fiscal desempenham na capitalização da riqueza e na expropriação das massas [...].[76]

Já naquela época, ou seja, o período de formação do mercado mundial, fenômenos como: o do capital fictício – sob a duplicação do dinheiro em títulos, que representam direitos sobre dinheiro, a conversão de dinheiro improdutivo em veículo da valorização financeira; o sistema internacional de crédito como um fim em si mesmo – um sistema de financiamento que não está necessariamente interessado no que irá financiar e sim na magnitude dos ganhos mediante valorização financeira; a imbricação entre a lógica da dívida e a política fiscal (arrecadação e gastos públicos), colocada a seu serviço; o sistema tributário como complemento ou a outra face do sistema de empréstimos; a reprodução ampliada deste sistema – o mecanismo que o perpetua e autorreproduz; a transformação dos bens e recursos públicos em capital e a consequente expropriação das massas para alimentá-lo etc. eram divisados por Marx como uma tendência estrutural no desdobramento do mercado mundial.

O processo e a estrutura de relações em tela são portadores de uma modalidade das *transferências de valor*: o pagamento de juros da dívida – ou serviço da dívida. Este apresenta caráter sistemático e estrutural nas economias dependentes, o qual pode ser observado em acontecimentos e tendências da história latino-americana.

As *transferências de valor* mediante remessas de juros da dívida externa tiveram início ainda nos primeiros anos de vida independente das repúblicas latino-americanas emancipadas do colonialismo europeu. O primeiro ciclo de endividamento originou-se da contratação de empréstimos para pagamento de vultosas indenizações às ex-metrópoles (Brasil para Portugal, Haiti para França)[77] ou para compra de armamentos para levar a cabo a guerra de independência (*Gran Colombia*).

---

[76] Marx, Karl. *O capital*. Livro I, *op. cit.*, cap. 24, p. 826
[77] O Haiti pagou por 122 anos, desde o reconhecimento de sua Independência pela ex-metrópole França em 1825 até 1947, uma dívida de 150 milhões de francos, a qual chegou, durante alguns anos, a açambarcar 80% do orçamento nacional dos haitianos (Kim Ives. "Haiti: Independence debt, reparations for slavery and colonialism, and international 'Aid'". *Global Research*, 10 de maio de 2013. Disponível em: <http://www.globalresearch.ca>. Acesso em: fev. 2015). Quanto à dívida pública brasileira, ela começa em 1825 com a emissão de títulos em Londres para saldar a dívida exigida para reconhecimento da separação com o Reino de Portugal, prosseguindo depois sua marcha para atender novos interesses privados, cuja história ainda precisa ser melhor estudada. Em 1934, Osvaldo Aranha,

Neste primeiro ciclo de endividamento, verifica-se já uma constante do que veio a se revelar um *sistema da dívida*[78] ou lógica do endividamento. Conforme escrevia uma revista inglesa a respeito dos atrativos da taxa de lucro com o negócio da dívida por volta daqueles anos, "os juros obtidos com os valores sul-americanos são mais que o dobro dos que os capitalistas obtêm com os empréstimos europeus".[79] Capitais sobreacumulados no coração do capitalismo dominante fluíam para outras latitudes em busca de valorização a taxas mais elevadas e sobre a base da circulação internacional, que ia ganhando corpo na economia mundial capitalista.

Na Tabela 4, encontram-se indicadores selecionados para o estudo histórico da *transferência de valor* na modalidade do serviço da dívida.

Tabela 4 – Serviço da dívida. América Latina. Indicadores selecionados

Ciclos do endividamento latino-americano(1)				
Ciclo das independências Ciclo do primeiro decênio após 1850 Ciclo do último quartel do século XIX Ciclo dos anos 1920 Ciclo dos anos 1970 e 1980 Ciclo dos anos 1990 até o presente				
Objetivos dos empréstimos externos a governos latino-americanos (2) 1859-1875				
Anos	Total empréstimos	Militares (%)	Obras públicas (%)	Refinanciamento (%)
1850-1859	9	-	32	68
1860-1869	20	41	12	47
1870-1875	22	-	60	40
Serviço da dívida sobre total de transferências de valor dos países dependentes para o capitalismo central (milhões de US$, preços de 1998) (3)				

---

então ministro da Fazenda do Primeiro Governo Vargas e responsável por conduzir uma auditoria oficial do endividamento brasileiro, afirmava: "O Brasil nunca pagou seus empréstimos com seus próprios recursos. Fez sempre novos empréstimos para manter os antigos". O que se fez foi "aumentar essas dívidas ao invés de diminuí-las" e, especialmente, submetendo-se a contratos com cláusulas vexatórias. Quer dizer, uma sequência interminável de transações de crédito, raramente realizadas para benefício da população (citado em Gonçalves, Reinaldo e Pomar, Valter. *O Brasil endividado*. São Paulo: Editora Fundação Perseu Abramo, 2001. 2ª reimpr., p. 9).

78 Tomamos a expressão no sentido utilizado por Maria Lucia Fatorelli. Ver "Caderno de Estudos A dívida pública em debate". Brasília: Auditoria Cidadã da Dívida, 2012.

79 *The American Monitor*, 1825, II, parte IV, p. 139. Citado em Marichal, Carlos. *Historia de la deuda externa de América Latina*. Madri: Alianza Editorial, 1988, p. 52; citado também em Estay, Jaime. *Pasado y presente de la deuda externa de América Latina*. Cidade do México: IIEC-Unam, 1996, p. 19.

Anos	1972-1976	1977-1981	1982-1986	1987-1991	1992-1996	1997	1998
Transferências totais de valores (I)	441.731	567.280	897.822	1.257.043	1.697.603	539.837	685.060
Serviço da dívida (II)	97.438	308.395	626.477	827.556	1.058.552	312.459	316.113
II/I (em %)	22%	54%	70%	65%	62%	57%	46%
Transferência negativa líquida sobre a dívida, América Latina e Caribe. 1996-2002 (4) (milhões US$)							
1996	1997	1998	1999	2000	2001	2002	Total 1996-2002
-3.209	-17.226	-9.080	-40.000	-55.871	-42.318	-38.288	-205.991
Serviço da dívida no orçamento nacional, dados de 2012 (5) (%)							
País		Serviço da dívida pública		Gasto público para educação		Gasto público para saúde	
Argentina		43,8		7,4		3,6	
Brasil		47,2		3,2		4	
Colômbia		23,2		14		15,4	
Equador		8,3		15,9		6,8	

Fontes:
(1) Com base em: Estay, Jaime. *Pasado y presente de la deuda externa de América Latina*. Cidade do México: IIEC-Unam, 1996; Marichal, Carlos. *Historia de la deuda externa de América Latina*. Madri: Alianza Editorial, 1988 e, do mesmo autor, "*¿Existen ciclos de la deuda externa en América Latina? Perspectiva de los siglos XIX y XX*". Comércio Exterior, v. 55, n. 8, agosto 2005, p. 676-682; Toussaint, Eric. *Las crisis de la deuda externa de América Latina en los siglos XIX y XX*. Disponível em: <http://www.cadtm.org/Las-crisis-de-la-deuda-externa-de>. Acesso em: jan. 2017; Vitale, Luis. *Historia de la deuda externa latinoamericana y entretelones del endeudamiento argentino*. Buenos Aires: Sudamericana/Planeta, 1986.
(2) Adaptado de Marichal, Carlos. *Historia de la deuda externa de América Latina*, op. cit., Quadro III, p. 95.
(3) Adaptado de Salgado, José Gandarilla. *Las transferencias de excedente en el tiempo largo de la historia y en la época actual*, p. 129, Quadro 1 (com dados de FMI, Balance of Payments Statistics Yearbook, Part 2, vários anos; Estadísticas financieras internacionales, vários anos; e Banco Mundial, *Global Development Finance*, vários anos). Em: Vários. Crítica y teoría en el pensamiento social latinoamericano. Buenos Aires: Clacso, 2008. Disponível em: <http://biblioteca.clacso.edu.ar/ar/libros/becas/critica/C02GSalgado.pdf>. Acesso em: set. 2016.
(4) Adaptado de Eric Toussaint, *op. cit.*, com dados de Banco Mundial, Global Development Finance. Washington, 2003.
(5) Adaptado de Damien Millet, Éric Munevar e Eric Toussaint. CADTM. *Las cifras de la deuda 2012*, p.17, Tabela 23. Disponível em: <http://www.cadtm.org/IMG/pdf/lascifrasdeladeuda_2012.pdf>. Acesso em: out. 2016.

A tabela coloca em evidência uma série de conclusões relevantes, a começar pela persistência de *transferências de valor* na forma de serviço da dívida, como uma constante desde o século XIX, quando este já se verificava. Esta tendência é confirmada por meio de um indicador que não deixa dúvidas. Analisando dados dos 71 empréstimos externos realizados a governos latino-americanos entre 1850 e 1875, Carlos Marichal computou que, das dívidas contraídas entre 1850-1859, 68% foram para refinanciamento. Esta mesma finalidade foi de 47% nos contratos entre 1860-1869 e de 40% naqueles assumidos entre 1870-1875 (item 2 da tabela). Tais cifras evidenciam que o volume de dinheiro contratado para o manejo da dívida, resultando na reprodução ampliada do endividamento externo, era uma realidade já no século XIX.

Ademais, autores que se dedicaram ao estudo do tema da dívida na América Latina em perspectiva histórica coincidem em apontar a existência de cinco ou seis ciclos de endividamento, seguidos de crises de pagamentos. Com uma ou outra diferença de caracterização, são apontados: a) o ciclo das independências; b) o ciclo das primeiras décadas da segunda metade do século XIX; c) o ciclo do último quartel do século XIX; d) o ciclo dos anos 1920; e) o dos anos 1970 e 1980; f) o dos anos 1990 até o presente – este último analisado em alguns dos autores considerados (item 1 da tabela).

Outra informação saliente é a posição do serviço da dívida entre as diferentes modalidades das *transferências de valor* (item 3 da tabela). Segundo cálculos de Gandarilla Salgado, na segunda metade dos anos 1970, o serviço da dívida assumiu a dianteira como principal modalidade de *transferência de valor* para não mais deixar esta posição:

> enquanto a deterioração dos termos de intercâmbio ocupava o primeiro lugar na contribuição às transferências nos anos que vão de 1972 a 1976, a partir de 1977 até 1996 a contribuição principal correspondeu ao serviço da dívida, com mais de 50% do total transferido em cada quinquênio.[80]

A relação em percentuais entre o serviço da dívida e as transferências totais de valores (que nos cálculos do autor, ao lado do pagamento de juros e amortizações da dívida, considerou perdas nos termos de intercâmbio, remessas de lucros líquidos de investimentos diretos, transferências unilaterais e outros capitais a curto prazo) passou de 22% em 1972-1976 para 70% em 1982-1986. Embora tenha passado o seu auge dos anos 1980 (crise da dívida), a mesma modalidade não deixou desde então de representar cifras próximas da casa dos 50%.

Essa tendência é observada igualmente na transferência negativa líquida sobre a dívida. Esse indicador mensura a diferença entre, de um lado, a soma do serviço da dívida (pagamentos anuais de juros mais o principal) com as remessas de lucros das multinacionais e, de outro lado, as entradas brutas anuais (doações, empréstimos e investimentos oriundos dos países credores). "A transferência financeira líquida se chama positiva quando o país ou continente implicado recebe mais (em empréstimos, doações e investimentos) daquilo que paga e que verte sob a forma de remessas de

---

[80] Salgado, José Gandarilla, *op. cit.*, p. 130 (somos gratos a Marcelo Carcanholo por nos ter chamado a atenção para este trabalho).

lucros pelas multinacionais".[81] Os dados apontam transferência negativa líquida sobre a dívida de 205,9 bilhões de dólares entre 1996-2002. Na década de 2000 e seguinte, essa tendência segue em voga e não há indícios de que perca terreno.

Toda esta saída de riqueza, que corresponde a valor apropriado, traz consequências sobre as relações econômicas internacionais das economias dependentes e também sobre sua dinâmica interna. O serviço da dívida implica cortes orçamentários e canalização do fundo público para a remuneração dos detentores dos títulos. É assim que vemos, também, que há uma correlação inversamente proporcional entre o orçamento para o serviço da dívida e para áreas vitais como educação e saúde (item 5). Das quatro economias da região analisadas, Colômbia e Equador apresentam percentuais menores do seu orçamento nacional drenado para o serviço da dívida, comparativamente a Brasil e Argentina, e montantes superiores destinados a saúde e educação.[82]

A dívida começa com um montante, paga-se várias vezes esse montante e, ao final, deve-se várias vezes mais do que o montante original. É isso que fez um movimento social como a campanha *Jubileo Sur* lançar mão do trocadilho chamando-a de *dívida eterna*.[83] Em anos recentes, tem crescido a ação dos movimentos sociais e da esquerda latino-americana e mundial em torno do tema da dívida. Têm se proliferado campanhas, comitês e outras iniciativas da sociedade civil, realizando um trabalho de politização.[84] Na esfera do aparato do Estado, registram-se casos exitosos de enfrentamento da questão da dívida (Equador), mas também casos flagrantemente omissos (como o Brasil), casos promissores, porém constrangidos pela chantagem e o transformismo (Grécia) e casos tragicamente respondidos com a agressão imperialista aberta (Haiti). A despeito do caminho tortuoso – e inclusive por isso mesmo – a dívida segue tema de

---

[81] Toussaint, Eric, *op. cit*. No original, em espanhol, se utiliza o vocábulo *repatriación*. Optamos por traduzir por remessas, pois, como veremos a seguir, grande parte dos recursos remetidos pelas multinacionais para suas casas matrizes são riqueza nova gerada/produzida nas próprias economias dependentes.

[82] Não sugerimos, com isso, que o orçamento nesses países seja suficiente para as áreas sociais mencionadas, mas tão somente que eles expressam uma correlação entre as rubricas analisadas, com o incremento de algumas delas quando o serviço da dívida é proporcionalmente menor no orçamento nacional.

[83] Termo também utilizado por Fernando Solanas em seu filme *Memoria del Saqueo* (Argentina, 2003), que narra as consequências da subordinação da Argentina ao sistema da dívida e ao capitalismo neoliberal.

[84] Exemplos destacados, além da campanha Jubileu Sul, são o movimento da Auditoria Cidadã da Dívida, no Brasil (<http://www.auditoriacidada.org.br>), e CADTM-Comitê pela Anulação da Dívida do Terceiro Mundo, sediado na Bélgica (<http://www.cadtm.org>).

primeira importância para a esquerda e para a luta pela superação do capitalismo dependente.[85]

Com o exposto, vemos que o serviço da dívida expressa a dependência financeira mediante as transferências de valor a que são submetidas as economias subordinadas a este jugo. A dependência financeira se observa em um conjunto de determinações, como a condição de moedas frágeis que possuem as economias dependentes; os mecanismos de sucção nos circuitos internacionais da circulação do capital-dinheiro, especialmente sob a forma do capital fictício; a condição de soberanias frágeis das formações econômico-sociais do capitalismo dependente *vis-à-vis* a relação de poder que a lógica da dívida e o poder dos Estados imperialistas engendram.

Remessas de lucros, royalties e dividendos

As remessas de lucros, *royalties* e dividendos constituem aquela forma da *transferência de valor* mais diretamente vinculada ao investimento externo. É de conhecimento que o advento da fase imperialista do capitalismo marcou a passagem da época da exportação de mercadorias para a exportação de capitais como um dos traços distintivos do capitalismo.[86] Entretanto, a exportação de capitais apresenta momentos distintos no seu desenrolar, como se vê na história latino-americana.

Observa-se um primeiro período em que predominaram investimentos na modalidade de empréstimos externos e investimentos em ferrovias.[87] Os investimentos em ferrovias marcaram a febre que foi o período de integração da América Latina ao mercado mundial, sob a hegemonia

---

[85] Nesse sentido, discordamos de Sofia Manzano, para quem a luta por uma auditoria da dívida pública é "uma tática perigosa", que "ajuda a confundir ainda mais os trabalhadores em considerar a dívida pública como se fosse a sua própria dívida". Para a autora, "no final das contas, qualquer que seja o resultado dessa auditoria, ele só serve para legitimar ainda mais esse perverso mecanismo de transferência de riqueza e confunde a classe trabalhadora para a sua verdadeira luta" (*Os perigos de uma tática: a auditoria da dívida pública*. Disponível em <http://www.pcb.org.br/fdr>. Acesso em: ago. 2016). Na verdade, essa visão desconsidera que a crítica à reprodução do capital fictício, que se materializa na lógica da dívida, longe de esposar o argumento (neo)desenvolvimentista, busca demonstrar, por exemplo mediante uma auditoria, como a dívida pública captura o fundo público – e, com ele, uma porção elevada dos salários dos trabalhadores (deduzida via tributos), bem como do salário indireto, com o corte de benefícios e políticas sociais, deslocando recursos do orçamento para a valorização do capital fictício. A bandeira da Auditoria, desse modo, revela-se um elemento de politização e de elevação do nível de consciência da classe trabalhadora.
[86] Ver Lenin. *Imperialismo, estágio superior do capitalismo*. São Paulo: Expressão Popular, 2012.
[87] A forma de remuneração dos empréstimos externos, o lucro financeiro, e sua modalidade correspondente de transferência de valor – o serviço da dívida – já foram abordadas no item anterior.

inglesa. Mas na virada do século XIX para o XX, um novo ciclo de investimentos teve lugar. Cresceu a participação de capitais estadunidenses, acompanhados também por investimentos de capitais de origem francesa e alemã.[88] Os investimentos ingleses seguiram presentes, contudo foram perdendo espaço paulatinamente para a expansão dos capitais estadunidenses.

Entretanto, não foi só a origem dos capitais que se modificou. Também a finalidade dos investimentos atravessou uma mudança. O investimento em atividades produtivas no âmbito da economia dependente passou a marcar lugar. Esses investimentos voltaram-se, sobretudo, para a extração e processamento de matérias-primas. Se em 1914 quase metade dos investimentos estrangeiros provinha do Reino Unido, com 47%, secundado pelos EUA, com 21% do total; após o término da Primeira Guerra Mundial os EUA emergiram com acrescentado peso no cenário mundial e na região.[89]

Entre 1914 e 1929, o investimento externo direto (IED) dos EUA na região cresceu de 1,27 bilhões de dólares para 3,6 bilhões.[90] A crise de 1929 interrompeu conjunturalmente a escalada do investimento produtivo estadunidense, mas este seria retomado a partir da Segunda Guerra Mundial. Em 1940, o IED dos EUA na América Latina superava já a cifra de 1929. E era acompanhado, principalmente, por uma mudança em seu perfil. Se em 1929 somente 6,7% desse IED concentravam-se na indústria manufatureira, em 1950% eram 19,1% – e em 1967 seriam 32,3%[91] com consequências sobre as relações econômicas internacionais e o funcionamento da relação-valor nas formações econômico-sociais do capitalismo dependente. A partir dos anos 1950, a transferência de valor mediante remessas de lucros assumiria uma proporção de monta.

A equipe de investigação do *Centro de Estudios Socioeconómicos da Universidad de Chile* (Ceso), em pesquisa coordenada por Orlando Caputo e Roberto Pizarro, estudou, no começo dos anos 1970, os livros contábeis das empresas multinacionais estadunidenses, com dados sobre a entrada e saída de capitais na América Latina. Utilizando metodologia pioneira, os autores chegaram à desagregação dos dados sobre investimentos das cor-

---

[88] Para o estudo desse período, ver Marichal, Carlos (org.). *Las inversiones extranjeras en América Latina, 1850-1930. Nuevos debates y problemas nm historia económica comparada*. Cidade do México: Fondo de Cultura Económica/Colegio de México, 1995. Ver, também, Ansaldi, Waldo. "El imperialismo en América Latina". Em: *Historia general de América Latina*, v. VII. Madri: Ediciones Unesco/Editorial Trotta, 2008. Diretor do volume: Enrique Ayala Mora; codiretor: Eduardo Posada Carbó.

[89] Estay, Jaime. *Pasado y presente de la deuda externa de América Latina*, op. cit., p. 51 e seguintes.

[90] Bulmer-Thomas, Victor. *La historia económica de América Latina desde la Independencia*. Cidade do México: Fondo de Cultura Económica, 2010, p. 187, Quadro VI. 2.

[91] Marini, Ruy Mauro, *La acumulación capitalista mundial y el subimperialismo*, op. cit.

porações estadunidenses, captando nas entrelinhas tendências que as empresas procuram maquiar e encobrir. Na Tabela 5, encontra-se o resultado desse esforço de análise, ainda pouco conhecido por outros pesquisadores e que enseja o necessário prosseguimento de sua proposta de investigação para outros contextos.[92]

Tabela 5 – Transferência de valor mediante remessas de lucros
(em milhões de dólares)[93]

Anos	(1) Valores em livros	(2) Novas entradas de capitais	(3) Lucros reinvestidos	(2)+(3)	(3)/ (2) + (3) (%)	(4) Transferência de lucros para EUA	(4)/(2)+(3) (%)	(4) / (2) (%)
1946	3.045	71	89	160	55,6	281	175,6	395,8
1947	3.652	457	117	574	20,4	414	72,1	90,6
1948	4.148	333	209	542	38,6	488	90,0	146,5
1949	4.590	332	147	479	30,7	377	78,7	113,6
1950	4.735	40	109	149	73,2	522	350,3	1.305,0
1951	5.176	166	249	415	60,0	652	157,1	392,8
1952	5.758	277	303	580	52,2	599	103,3	216,2
1953	6.034	117	152	269	56,5	570	211,9	487,2
1954	6.244	88	125	213	58,7	589	276,5	669,3
1955	6.608	193	192	385	49,9	678	176,1	351,3
1956	7.459	592	241	833	28,9	800	96,0	135,1
1957	8.325	1.163	239	1.402	17,0	880	62,8	75,7
1958	8.730	299	143	442	32,4	641	145,0	214,4
1959	8.218	218	202	420	48,1	600	142,9	275,2
1960	8.365	95	215	310	69,4	641	206,8	674,7
1961	8.166	173	255	428	59,6	730	170,6	422,0
1962	8.472	32	268	300	89,3	761	253,7	2.378,1
1963	8.662	69	173	242	71,5	801	331,0	1.160,9

---

[92] Até onde conhecemos, não existem outros trabalhos que tenham utilizado metodologia com o mesmo rigor, a partir dos postulados da TMD, desglosando nesse grau de detalhamento os livros e balanços de corporações multinacionais e descrevendo tendências nos diferentes níveis de abstração implicados.

[93] O título da tabela, no original, é *"Inversión directa de Estados Unidos en América Latina: valor en libros, flujo neto de capitales, utilidades reinvertidas y transferencia de utilidades a Estados Unidos (en millones de dólares)"*.

1964	8.894	143	216	359	60,2	895	249,3	625,9
1965	9.391	176	306	482	63,5	869	180,3	493,8
1966	9.826	190	302	492	61,4	965	196,1	507,9
1967	10.213	191	172	363	47,4	1.022	281,5	535,1
Totais		5.415	4.424	9.839	45,0	14.775	150,2	272,9

Fonte: Orlando Caputo e Roberto Pizarro. Imperialismo, dependencia y relaciones económicas internacionales. *Cuadernos de Estudios Socioeconómicos*. Ceso-Universidad de Chile, n. 12-13, enero 1971, p. 123, Quadro 2-14.

A tabela permite-nos extrair um conjunto de conclusões de suma importância. A primeira delas é que os lucros reinvestidos não são muito inferiores às novas entradas de capitais no período apurado. Isto significa que os lucros obtidos localmente e que são reinvestidos constituem fonte de financiamento mediante apropriação de valor extraído na economia dependente. É o que se verifica no resultado, em percentuais, da razão entre a coluna 3 e o somatório entre as grandezas 2 e 3 da tabela – ou seja, o resultado da divisão das novas entradas de capitais pela soma dessa mesma grandeza com os lucros reinvestidos. Este indicador expressa a participação dos lucros reinvestidos como fonte de investimento, isto é, como 45% do total investido nos anos da série histórica.

As transferências de lucros às matrizes superam a soma da entrada de capitais e dos lucros reinvestidos no resultado da série histórica em praticamente todos os anos, excetuando cinco dos 22 exercícios anuais analisados. A razão entre as transferências de lucro e o somatório das novas entradas de capitais e dos lucros reinvestidos é de 150% na série examinada. E atinge 273% quando as transferências de lucro são divididas pelo montante da entrada de novos capitais sem considerar os lucros reinvestidos!

Duas faces de uma mesma tendência se deixam entrever após adentrarmos o âmago destes números. Primeiro, a apropriação de valor obtido internamente e convertido em novo capital (acumulação). Segundo, a apropriação de valor no mercado mundial pela casa matriz, remetida para esta última. O recém-exposto é uma prova cabal de que o investimento externo se apropriou de riqueza em uma ordem várias vezes superior à sua efetiva participação na criação de riqueza, embora tenha determinado o processo de criação de valores de uso e da valorização do valor implicados. Estamos diante da *transferência de valor como intercâmbio desigual* por modalidade de remessas de lucros.[94]

---

[94] Ver, no mesmo estudo, a tabela seguinte. Caputo, Orlando e Pizarro, Roberto. *Imperialismo, dependencia y relaciones...*, op. cit., Quadro 2-15.

Essa tendência, captada no nível de abstração do movimento de capitais das empresas multinacionais, é observada também no balanço de pagamentos das economias dependentes. Na Tabela 6, outra série histórica compara as entradas e remessas de lucros, juros e serviços não fatoriais frente às remessas. Retomamos o mesmo indicador das transferências líquidas financeiras, porém agora em um período mais longo, com o objetivo de evidenciar o que acontece.

Tabela 6 – Remessa de lucros, juros e serviços não fatoriais versus entrada de capital estrangeiro 1956-2009 (em bilhões de US$)

	Entradas	Remessas
1956-1960	6,8	9,3
1961-1967	6,8	18,0
1968-1981	226,5	171,4
1982-1990	85,3	381,8
1991-1998	498,3	420,0
1999-2009	522,5	1.131,5
1959-2009	1.347	2.132

Fonte: Carlos Eduardo Martins. *Globalização, dependência e neoliberalismo na América Latina*. São Paulo: Boitempo, 2011, p. 248-249, com dados de Cepal, 1985, 1992, 2010.

Embora os dados contenham remessas de juros no cômputo (que abrangem o serviço da dívida), consistem em indicador que expressa a imbricação das transferências de valor nas esferas financeira e tecnológica, nas modalidades de serviço da dívida e remessas de lucros, *royalties* e dividendos. Pronunciam-se conclusões marcantes: exceto os anos 1970 (liquidez internacional oriunda do eurodólar) e os anos 1990 (investimento externo direto atraído pela desnacionalização de empresas), as remessas superam as entradas em quatro dos seis períodos apurados. E superam, também, no resultado total da série, para o período 1959-2009.

Desta feita, se extrai de maneira eloquente a conclusão de que o chamado financiamento externo que os arautos do mercado tanto têm apregoado – ontem e hoje – não passa de um discurso mistificador. A dependência tecnológica e financeira, a saída de recursos superando os montantes investidos, a apropriação de mais-valia extorquida dos trabalhadores do capitalismo dependente para irrigar as casas matrizes demonstram que, em vez de um impulso ao desenvolvimento tecnológico, o investimento externo capitalista atua sobremaneira como veículo de desenvolvimento do subdesenvolvimento. Ou, como escreveu Marini, *para mais desenvolvimento capitalista, mais dependência*.[95]

---

[95] Marini, Ruy Mauro. "La crisis del pensamiento latinoamericano y el liberalismo", em: Fernando Carmona (org.). *América Latina: hacia una nueva teorización*. Cidade do México: IIEC-UNAM, 1993, p. 28.

Apropriação de renda diferencial e de renda absoluta de monopólio

A apropriação de renda diferencial e de renda absoluta de monopólio sobre os recursos naturais das economias dependentes constitui uma quarta modalidade de *transferência de valor como intercâmbio desigual*.

A teoria da renda da terra foi estudada por Marx no Livro III de *O capital*. Marx expõe que a renda da terra assume diferentes formas funcionais, conforme as circunstâncias e relações implicadas. São elas: renda absoluta, renda de monopólio, renda diferencial I e renda diferencial II. A renda absoluta diz respeito à propriedade do solo. Ela se expressa como renda absoluta de monopólio quando se dispõe do controle monopolista de determinado terreno ou recurso natural. A renda diferencial consiste daquela forma de renda em comparação à terra marginal, ao terreno menos fértil. Esta forma de renda é observada no âmbito da concorrência intercapitalista e é alcançada quando um terreno opera com produtividade superior à da terra marginal, a qual atua como critério de comparabilidade. A renda diferencial pode existir mediante duas modalidades distintas: renda diferencial I, quando se gera maior *quantum* de riqueza com base em uma maior fertilidade natural da terra; e renda diferencial II, quando riqueza superior é gerada graças a uma aplicação de capital constante, potencializando a extração da fertilidade da terra.[96] A renda diferencial é um dos métodos para a obtenção de lucro extraordinário, junto com a mais-valia extraordinária e, também, a aceleração do tempo de rotação do capital.[97]

A América Latina, na sua condição de região abundante em recursos naturais, constitui uma zona de reserva para geração de renda diferencial, no âmbito da economia mundial. E, diante dessa realidade, mensurar a apropriação de renda como expressão do intercâmbio de não-equivalentes é um procedimento analítico necessário. A tese de doutorado de Reinaldo Carcanholo, até onde conhecemos, é o trabalho mais vigoroso sobre o tema da renda diferencial escrito em consonância com os postulados da TMD, apresentando metodologia para o exame dessa apropriação. Cumpre fazer uma citação extensa de seu texto, que se apresenta de grande valia para nossa discussão:

> a diferença entre o preço de produção médio da terra mais desfavorável e o de cada classe de terra é a renda diferencial. A renda diferencial é produto do fato de que o preço de produção regulador do mercado de um ramo agrícola é igual ao preço de produção médio da terra menos favorável, e

---
[96] Terra aqui em sentido amplo: terras agricultáveis, mananciais de água, jazidas minerais etc.
[97] Ver Marini, Ruy Mauro e Spagnolo, Alberto. *Curso de Economía Política V*. Cidade do México, Facultad de Economía-UNAM, 1979. Disponível em: <http://www.marini-escritos.unam.mx/cursos>.

este é o que determina o preço de mercado: a renda diferencial é o remanescente do preço de produção regulador do mercado sobre o preço de produção das terras que não são as marginais.

[...] Assim, a renda diferencial é o lucro extraordinário que seria obtido pelos capitais que utilizam terras diferentes das menos adequadas, se os que utilizam estas terras recebem em média o lucro médio geral. Então, a renda diferencial dos capitais de uma classe de terra pode ser totalmente apropriada ou não, dependendo de se o preço de mercado corresponde ou não ao preço de produção regulador que é o preço de produção médio dos capitais que utilizam as terras menos adequadas.

[...] Por outro lado, para um determinado capital a soma de preço de custo, lucro médio geral e renda diferencial pode ser maior ou menor que a magnitude do valor individual que produz. Isso significa que a renda diferencial pode ser parcial ou totalmente valor transferido de outro capital da sociedade, ou pode também ser simplesmente parte do valor produzido pelo mesmo capital.

[...] O parágrafo anterior nos leva à conclusão de que para a renda diferencial não é adequado o conceito de produção. A renda diferencial não se produz. Porém, tampouco podemos dizer simplesmente que a renda diferencial é apropriação, pois [...] uma parte dela pode ser não apropriada pelo capital a que se refere.

[...] Assim, podemos dizer que a renda diferencial é gerada por capitais que utilizam terras que não sejam as menos favoráveis; é parcial ou totalmente apropriada por eles; pode ser parcial ou totalmente transferida.[98]

Do exposto aqui, vemos que a renda é gerada. Enquanto renda, expressa *quantum* de riqueza acima daquela da terra que produz em condições menos favoráveis. A diferença entre a renda gerada na terra mais favorável e na terra marginal pode ser apreendida, uma vez conhecida a produtividade e demais dados aproximados sobre a produção em ambas. Mas resta a questão mais importante para nossa discussão: quem se apropria de qual porção desta renda diferencial? Sempre segundo Reinaldo Carcanholo, podemos chegar à aproximação dessa realidade acessando as unidades mais simples que articulam o nível desta totalidade em questão. Isto passa pela mensuração de duas grandezas. Em primeiro lugar, o *valor internacional da produção exportável*. Este é o resultado da soma entre *o valor nacional da produção exportável* e o somatório entre a *mais-valia extraordinária e a renda diferencial*. Em segundo lugar, é preciso calcular outra grandeza, o *valor apropriado nacionalmente sob a forma de dinheiro-mundial*. A segunda grandeza em questão é a soma entre: o *valor nacional da produção exportável*; o *intercâmbio de não-equivalentes* (preço ≠ valor); e os *juros e lucros comerciais do exterior*. O resultado dessa segunda

---

[98] Carcanholo, Reinaldo, *La transferencia de valor...*, op. cit., p. 43. Itálico nosso.

operação será o *valor apropriado nacionalmente sob a forma dinheiro-mundial*, o qual, convertido para a moeda interna pela taxa de câmbio existente no país, fornecerá o *valor bruto apropriado pelos produtores internos*. Esta explanação pode ser observada na Figura 2.

Figura 2
Diagrama da apropriação da renda diferencial

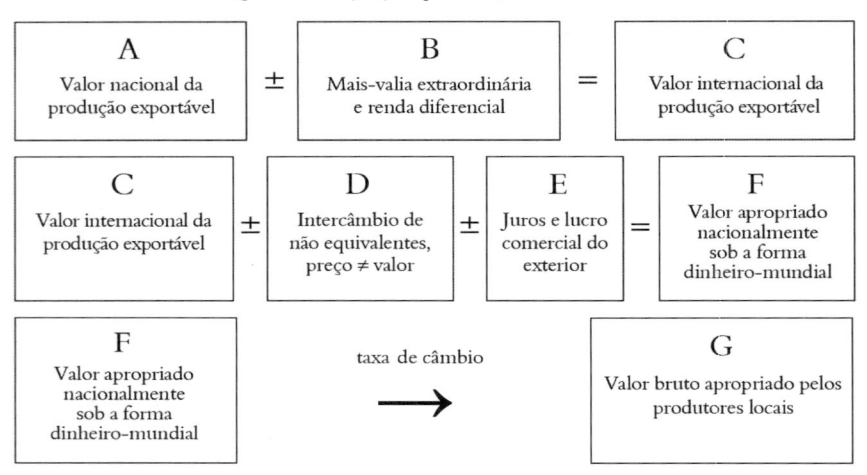

A Valor nacional da produção exportável	±	B Mais-valia extraordinária e renda diferencial	=	C Valor internacional da produção exportável

C Valor internacional da produção exportável	+	D Intercâmbio de não equivalentes, preço ≠ valor	±	E Juros e lucro comercial do exterior	=	F Valor apropriado nacionalmente sob a forma dinheiro-mundial

F Valor apropriado nacionalmente sob a forma dinheiro-mundial	taxa de câmbio →	G Valor bruto apropriado pelos produtores locais

A: valor individual nacional da produção de café exportável
B: mais-valia extraordinária e diferença atribuível à renda diferencial
(mas não toda ela)
C: valor social internacional da produção de café exportável do país
D: valor ganho ou perdido via divergência entre o preço internacional do produto
e seu valor social internacional. Ou seja, transferência de valor para
ou a partir do exterior, devido ao intercâmbio de não-equivalentes.
Intercâmbio de não-equivalentes, preço ≠ valor café
E: lucro comercial do exterior por comercialização do café do país e juros de empréstimos estrangeiros ao setor cafeeiro. Juros e lucro comercial do exterior
F: valor apropriado nacionalmente; forma: dólares
G: valor bruto apropriado pelo setor agroexportador; forma: moeda nacional.
Valor bruto apropriado por produtores locais

Fonte: Reinaldo Carcanholo. *La transferencia de valor y el desarrollo del capitalismo en Costa Rica*. Cidade do México: Facultad de Economía-Unam, 1981, p. 81-84.

O diagrama, elaborado a partir de análise teórica sobre a base do estudo da economia cafeeira da Costa Rica até os anos 1970, contém ensinamentos mais abrangentes, que iluminam a questão da renda da terra e sua relação com a transferência de valor, contribuindo para o conhecimento de outras situações concretas. Um destes ensinamentos é que se, na sua origem, a renda diferencial não constitui em si valor, a sua transformação em riqueza capitalista faz dela produto de valor, ao se converter em mais-dinheiro ou dinheiro acrescentado.⁹⁹ Assim, os recursos naturais abundantes da América Latina – e do conjunto do mundo do capitalismo dependente – fazem dela região com enorme potencial gerador de renda diferencial. Mas a apropriação dessa renda como riqueza capitalista é outra questão que precisa ser respondida. Um conjunto de exemplos ajuda a explicitar melhor a questão.

A produção brasileira de café liderou o mercado mundial por largo período. Além do trabalho nos cafezais na produção da mercadoria, sob o trabalho escravo ou assalariado, o negócio do café funcionava sob a função-gerência de fazendeiros-cafeicultores, comissários e exportadores. Estas eram três frações da classe capitalista envolvida no negócio do café. Os exportadores, particularmente falando,

> representavam o elo da produção interna com o mercado externo, sendo um grupo concentrado em algumas grandes firmas estrangeiras – principalmente inglesas, alemãs, francesas e estadunidenses – que adquiriam o café no Brasil junto aos comissários e revendiam o produto na Europa e Estados Unidos posteriormente, lucrando com o diferencial de preços proporcionado por uma ampla oferta cafeeira em Santos e uma demanda crescente pela bebida.¹⁰⁰

A historiografia econômica encontrou o predomínio das casas estrangeiras no comércio exterior do café brasileiro desde o início de sua era – e, de maneira ampliada, a partir de 1890. Neste decênio, as empresas estrangeiras já estavam controlando o comércio exportador baseado no Porto de Santos "e tal controle se aprofundaria ainda mais até 1920, quando as cinco maiores casas estrangeiras controlariam 43% da exportação de café nacional".¹⁰¹ Lucrar com diferencial de preços proporcionado por uma ampla oferta apresenta um conjunto de implicações. Cada átomo dessa ampla oferta contém riqueza extraída da terra que é portadora de renda. Assim como o lucro do burguês industrial não se obtém no comércio (comprar para vender mais caro), como supõe a teoria neoclássica, mas da mais-valia; o lucro do burguês comercial, além de uma dedução da mais-valia produzida por outros capitais, apresenta outras determinações que é preciso desvelar. A mercadoria café, assim como tantas outras, é riqueza extraída do cultivo do solo e portadora de determinado *quantum* de renda da terra. Quando as empresas exportadoras determinam o preço que pagarão pe-

---

⁹⁹ Passando por processo análogo ao da transformação dos valores em preços. Porém, neste caso, transformação da renda em preços.

¹⁰⁰ Silva, Gustavo Pereira da. *O predomínio das casas estrangeiras sobre a exportação cafeeira em Santos no século XIX*. América Latina en la Historia Económica, Cidade do México, n. 3, septiembre-diciembre 2015, p. 213-246.

¹⁰¹ *Ibid.*, p. 215.

los produtos primários, muito provavelmente estarão ampliando a parcela de renda da terra de que se apropriam, em detrimento dos fazendeiros-cultivadores.[102]

Retomando a cadeia de relações representada na Figura 2, a renda não é simplesmente produzida, nem simplesmente apropriada. É gerada. E sua geração acontece na relação entre *quem* se apropria de *qual* parcela dela.[103] Mas vejamos mais alguns outros exemplos, para melhor expor a apropriação de renda como forma de *transferência de valor*.

A empresa Vale, que controla a mina de Carajás e que possui maior grau de pureza do minério de ferro no mundo, gera por essa razão, renda diferencial I. Na mesma unidade de Carajás, no momento em que este livro é publicado, estão sendo implementados investimentos em meios de produção, por meio do projeto denominado SD11, cuja tecnologia incrementará a produtividade, proporcionando renda diferencial II. Nem toda essa renda diferencial fica em solo brasileiro, apesar de as riquezas minerais, no texto da Constituição Brasileira, pertencerem à nação. Grande parte da renda do minério de ferro flui para remunerar os acionistas privados da Vale e também para pagar o capital constante importado (máquinas e equipamentos) utilizado para a exploração do minério. Esses lucros apropriados são portadores de *quantum* de renda diferencial, que se realiza na forma de lucro extraordinário e assumindo relações de intercâmbio de não-equivalentes que flui para fora do país.

Além da renda diferencial, existe a apropriação de renda absoluta de monopólio como forma de *transferência de valor como intercâmbio desigual*. Um exemplo bastante ilustrativo é o do Panamá, com o caso da renda do canal. Enquanto a administração do Canal do Panamá esteve sob o controle direto dos EUA, no período de 85 anos entre 1914 e 1999, as receitas que fluíram para o Estado panamenho como pagamento pelo trânsito bioceânico de embarcações foram somente de 1,83

---

[102] A burguesia agrária, para compensar suas perdas, tenderá a lançar mão do mecanismo de compensação que é a superexploração da força de trabalho. Já naqueles casos em que a produção ocorre no âmbito na agricultura de pequenos agricultores, sob o trabalho dos produtores diretos, estes serão esgrimidos pela lógica do mercado a entregarem quantidades maiores de valores de uso em troca da mesma quantia em dinheiro paga pelos comerciantes ou a preços ainda menores, sob a apropriação de parcelas crescentes do fruto de seu trabalho por agentes do mercado, mediante relações de apropriação de renda da terra como intercâmbio desigual.

[103] Nesse caso, na operação no diagrama da Figura 2: $C \pm D - E = F$, as deduções em D e E resultam em perdas no quinhão da renda que é apropriada internamente ou por certas classes e frações de classe, para ser apropriada fora ou por outras classes e frações de classe, colocando em evidência o funcionamento da apropriação de renda diferencial no mercado mundial.

bilhões de dólares. Em contraste, após a devolução de sua soberania ao país, depois de décadas de lutas da classe trabalhadora e do movimento anti-imperialista panamenho, a renda pelo uso do Canal aportou ao fisco nacional 8,59 bilhões de dólares em catorze anos.[104] De acordo com Julio Manduley, o montante que o Panamá poderia haver obtido/obter da renda do Canal é bastante superior ainda. De maneira que a questão precisa ser colocada como transferência de riqueza entre a renda gerada e o *quantum* dela apropriado, no contexto da *realização internacional da propriedade territorial*.[105] Eis um exemplo de transferência de riqueza, portadora de valor no mercado mundial, na modalidade de apropriação de renda absoluta de monopólio, expressando *transferências de valor como intercâmbio desigual*.

Com o que vimos expondo até aqui, percebem-se os equívocos de certa leitura da teoria da renda que tem se apresentado no debate latino-americano, pretendendo que os postulados da TMD seriam falhos. De acordo com o raciocínio de alguns autores,[106] a América Latina, como espaço que gera volumes elevados de renda diferencial, não seria marcada pela transferência de valor que flui para as economias centrais, mas por gerar "um intercâmbio desigual invertido", na forma dessa mesma renda diferencial, o que explicaria a atração que a região exerce sobre capitais das economias dominantes. Esse argumento comete um erro importante que é confundir as implicações da renda da terra nas esferas da produção de riqueza e de sua apropriação. Que a América Latina e outras partes do planeta subordinadas às relações imperialistas consistam em áreas com maior

---

[104] "Canal de Panamá encara duro dilemna el año de su centenário". *La Razón. Suplemento El Financiero*. 19 de enero de 2014. Disponível em: <http://la-razon.com>. Acesso em: março de 2017.

[105] Ver, do autor, *Panamá. Notas sobre la estructura y la coyuntura*. Panamá: Centro de Estudios Estratégicos, 2009. Neste trabalho, Manduley caracteriza a mercadoria especial com a qual a economia panamenha foi integrada ao mercado mundial – o trânsito pela zona do Canal e a *renda internacional da propriedade territorial* gerada em torno dele – e apresenta um estudo histórico da questão. De acordo com o autor, a devolução da soberania do Canal, após o transcurso do prazo estabelecido no Tratado Torrijos-Carter, não resolveu o problema das perdas de riqueza internacional, o que confirma a atuação de mecanismos de transferência de valor nas relações via mercado mundial, para além do aspecto da soberania jurídico-formal.

[106] Ver, por exemplo, Carrera, José Iñigo. *La unidad mundial de la acumulación de capital en su forma nacional históricamente dominante en América Latina. Crítica a las teorías del desarrollo, de la dependencia y del imperialismo*. Disponível em: <https://marxismocritico.com/2013/02/13/la-unidad-mundial-de-la-acumulacion-de-capital>. Acesso em: junho de 2017; Kornblihtt, Juan. "Del socialismo al estatismo capitalista. Debate sobre la teoría de la dependencia con Ruy Mauro Marini". *Razón & Revolución*. Disponível em: <http://www.razonyrevolucion.org>. Acesso em: junho de 2017.

fonte de renda diferencial é uma evidência inegável da realidade. Todavia, isto é apenas uma parte da questão. A pergunta ignorada pelos adeptos dessa linha interpretativa, e que procuramos explicar anteriormente, é: quem se apropria da maior parte dessa renda diferencial?[107]

Com isso, vemos que a apropriação de renda (seja na modalidade de renda absoluta de monopólio, seja na modalidade de renda diferencial) é mais uma das formas em que ocorrem *transferências de valor como intercâmbio desigual*. Todas elas são métodos utilizados podendo proporcionar lucro extraordinário, a mola mestra do capitalismo, que move a busca pela valorização do valor-capital. Assim, o capitalismo dependente, não somente no passado, no período de formação do mercado mundial, mas também hoje contribui para a taxa de acumulação da economia mundial e das formações econômico-sociais do capitalismo central, sendo parte inclusive das contratendências e dos mecanismos de deslocamento de suas crises endêmicas.

TRANSFERÊNCIA DE VALOR *TOUT COURT* E *TRANSFERÊNCIA DE VALOR COMO INTERCÂMBIO DESIGUAL*

A esta altura, o leitor já terá percebido o conteúdo específico das *transferências de valor como intercâmbio desigual*, em contraste com as transferências de valor *tout court*. Estas, como dito anteriormente, se veem mais ou menos limitadas pela lei do nivelamento da taxa de lucro, operando mais cedo ou mais tarde o reposicionamento da taxa de lucro em um novo patamar – seja entre ramos, entre setores e entre economias pertencentes a uma mesma esfera da economia mundial, no âmbito da divisão internacional do trabalho. Mas este desdobramento não ocorre da mesma maneira sob sua tendência negativamente determinada, a qual se materializa nas *transferências de valor como intercâmbio desigual*. Essa diferença é um dos pontos fundamentais para a apreensão da categoria em tela; e não entendê-lo impede sua correta compreensão teórica.

Neste tópico, discutiremos alguns autores que contestam a categoria *transferência de valor* formulada no âmbito da TMD. Não é nosso objetivo

---

[107] Para uma resposta crítica aos autores que opõem a teoria da renda à TMD, ver também: Osorio, Jaime. "La ley del valor, intercambio desigual, renta de la tierra y dependencia". *Cuadernos de Economía Crítica*, La Plata, año 3, n. 6, 2017, p. 45-70; Katz, Claudio. "Argumentos antidependentistas". Disponível em: http://katz.lahaine.org>. Acesso em: junho de 2017; Borges, Rodrigo Santana. "Intercambio desigual, transferencia de valor y renta de la tierra: contribuciones en torno a polémicas inconclusas desde la perspectiva de la teoría marxista de la dependencia". *IX Jornadas de Economía Crítica*. Córdoba, Argentina, 2016. Comunicação.

fazer um balanço geral de suas obras, mas examinar, na polêmica com algumas de suas teses, aqueles argumentos que expressam incompreensões encontradas com frequência no debate. Na discussão a seguir, comentaremos os trabalhos de: Wolfgang Schoeller, *Subdesenvolvimento e troca desigual no mercado mundial*;[108] João Machado, *Ruy Mauro Marini: dependência e intercâmbio desigual*;[109] e Rolando Astarita, *Monopólio, imperialismo e intercâmbio desigual*.[110]

Duração conjuntural ou sistemática e estrutural?

O economista alemão Wolfgang Schoeller publicou em 1977, na revista do Cebrap, artigo contestando a tese de que o intercâmbio desigual fundado nas transferências de valor seria a causa da dependência.[111] Schoeller classifica as análises referenciadas na existência de transferências de valor como baseadas em "raciocínios que em parte são incorretos ou pelo menos não são suficientemente claros para fundamentar com segurança as afirmações feitas".[112] Nas palavras do autor,

> a tese de que o subdesenvolvimento é provocado principalmente por uma transferência contínua de componentes de valor, dos países do Terceiro Mundo para as nações industrializadas, que decorre do processo de formação de preços do mercado mundial, em forma de uma troca desigual, apoia-se nas suas deduções teóricas, sobretudo nas categorias de mais-valia extra, troca desigual de trabalho e formação internacional de valor.[113]

A partir da afirmação na passagem citada, Schoeller anuncia o objetivo de "avaliar a consistência dedutiva teórica destas proposições". Um primeiro erro cometido pelo autor é quando coloca que "concentrando-nos nas questões e nas concepções teóricas acima apresentadas *não precisamos adentrar minuciosamente no processo social global de redistribuição de componentes de valor entre os diversos ramos, processo no qual se dá a equalização da taxa de lucro*".[114] Schoeller nega a necessidade de analisar o que ocorre com o capital social total na esfera da distribuição, assumindo a premissa de que a redistribuição de componentes de valor entre ramos (e entre estes na economia mundial) é regida pela lei do nivelamento da taxa de lucro. O que o autor não se perguntou é se a lei do nivelamento da taxa de lucro

---

[108] Estudos Cebrap, n. 22, outubro-dezembro 1977, p. 5-39.
[109] *Crítica Marxista*, n. 33, 2011, p. 83-104.
[110] Madri: Maia Ediciones, 2009.
[111] O autor utiliza o termo subdesenvolvimento.
[112] Schoeller, Wolfgang, *op. cit.*, p. 9.
[113] *Ibid.*, *loc. cit.*
[114] *Ibid.*, p. 11. Itálico nosso.

opera uniformemente ou apresenta particularidades no quadro da divisão internacional do trabalho. Conforme se responda a essa pergunta, teremos explicações discrepantes para uma série de fenômenos.

Um segundo equívoco de Schoeller reside no exame do funcionamento da mais-valia extraordinária. Em sua análise comparecem inicialmente as determinações básicas da mais-valia extra, como ele a prefere denominar: condições de produção superiores, "o que possibilita ao capital em questão, utilizando menor massa de trabalho, através da esfera da circulação, apropriar-se de maior quantia de trabalho e, por conseguinte, de direitos sobre mais valores-mercadorias produzidos do que ele próprio colocou em circulação".[115] Até aqui tudo bem. O problema vem logo na sequência, na colocação segundo a qual "essa força excepcional do trabalho é possível no entanto somente durante um período de transição limitado, que a concorrência dos capitais tenderá a eliminar".[116] Novamente, tem-se a premissa de que, no final das contas, o nivelamento da taxa de lucro põe termo na apropriação de lucros extraordinários por uns à custa de outros, e o ciclo da concorrência recompõe-se, tomando seu curso normalmente. Tal como antes, deixou-se de fazer uma interrogante decisiva: a mais-valia extraordinária comporta-se igualmente no âmbito da economia mundial? Novos problemas virão à tona exigindo resposta conforme se observe que o "período de transição limitado" durante o qual a mais-valia extra é possível (sem que seja eliminada pela concorrência entre capitais) configura-se de modo universal ou de modo particular, através das unidades que compõem a economia mundial.

Schoeller tenta contrapor Marx (e Ricardo) a Ernest Mandel, Andre Gunder Frank – e, implicitamente, Marini e a TMD. O autor opõe-se à tese da preeminência de valores mundiais. Na sua visão, não existe nem preço de produção internacional, nem taxa média de lucro internacional. E propõe, em lugar:

> por conseguinte, nos parece plausível avançar uma hipótese teórica alternativa: negar a formação de valores internacionais e partir do âmbito nacional da formação de valor, o que tornaria mais fácil fundamentar uma transferência de valor através do intercâmbio internacional (e na verdade através da venda de mercadorias acima ou abaixo do valor nacional no mercado mundial).[117]

E prossegue:

---

[115] *Ibid.*, *loc. cit.*
[116] *Ibid.*, p. 11-12.
[117] *Ibid.*, p. 18.

> [...] cremos que a troca desigual possivelmente existente entre as nações industrializadas e os países subdesenvolvidos não consiste em uma 'transferência de valor' mas quando muito em uma troca desigual de quantias de trabalho nacionais, que são formadores de valor em medida diferente por unidade de tempo, isto é, que podem alcançar em medida diferentes sinais internacionais de valor [...]. Decisivo para o entendimento do problema do subdesenvolvimento não é a constatação de que entre as nações industrializadas e os países subdesenvolvidos existam processos de troca desiguais de quantias de trabalho nacional. O importante ao nosso ver é, ao contrário, o fato de que toda a troca desigual de trabalho (proveniente de uma posição de mais-valia extra) é o resultado de diferentes graus de desenvolvimento das forças produtivas, e que uma tal situação superior de desenvolvimento das forças produtivas tem que ser vista como uma fase transitória limitada no tempo, que será paulatinamente superada por imposição da concorrência.[118]

Nesses termos, constata-se marcadamente a ausência, na análise de Scholeller para a economia mundial, da categoria formação econômico-social e as determinações que ela abarca no desdobramento da lei do valor, não conseguindo, portanto, enxergar o conteúdo da categoria *transferência de valor*, que faz a apreensão de certas transferências de riqueza que são mais do que conjunturais.

Dialética produção e apropriação: negativamente determinada ou não?

João Machado, economista brasileiro discípulo de Mandel, aborda por sua vez a questão discutindo mais diretamente o argumento de Marini e apresenta um tratamento categorial mais cuidadoso em relação ao de Schoeller, embora em algumas de suas formulações incorra também em incompreensões a respeito da categoria descoberta pelo fundador da TMD. No texto em consideração, intitulado *Ruy Mauro Marini: dependência e intercâmbio desigual*, Machado sugere a existência de duas situações diferentes para o intercâmbio desigual, que implicam, ao fim e ao cabo, em dois conceitos distintos de acordo com sua argumentação. São eles: *intercâmbio desigual como desigualdade na produção de valor* e *intercâmbio desigual como diferenças entre preços e valores*. De acordo com ele,

> curiosamente, a situação que mais tem atraído a atenção dos autores que se dedicam a esse tema não se refere propriamente à desigualdade no intercâmbio, mas sim, aos ganhos e perdas a partir da diferença na produção de valor internacional pelo trabalho concreto de cada país.[119]

---
[118] *Ibid.*, p. 19.
[119] João Machado, *op. cit.*, p. 96-97.

> [...] As perdas e ganhos a partir das desigualdades internacionais são bem reais e se originam do desenvolvimento do comércio internacional. Isso justifica falar em intercâmbio desigual. Entretanto, não há propriamente intercâmbio desigual, no sentido de que os ganhos e perdas não ocorrem no momento da troca; ocorrem, como vimos, no momento da produção. Por isso, não se pode falar em transferência de valor entre os países.[120]

A partir desta passagem, percebe-se que o autor extrai suas conclusões tomando por base apenas um nível de abstração. Esta é uma constante que acompanha todo o raciocínio em seu texto. Mas antes de analisarmos esse aspecto, vejamos como Machado caracteriza o que entende como a segunda conceituação para intercâmbio desigual: "Passando então à segunda situação que é caracterizada como intercâmbio desigual: trata-se de transferências de valor na circulação, de desvios dos preços internacionais efetivos em relação aos valores internacionais. Nesse caso, sim, há propriamente *intercâmbio* desigual".[121]

Ao início da exposição do que entende como a segunda situação, o autor faz uma colocação acertada para o exame *da transferência de valor como intercâmbio desigual*. Diz Machado que: "o intercâmbio desigual entre países ocorrerá, então, se as transferências de valor forem sistemáticas a favor ou contra um país e se, o que é mais importante, elas se explicarem pelas desigualdades entre países avançados e atrasados tecnologicamente".[122]

Neste ponto, sua análise parece por um momento aproximar-se da perspectiva de Marini. No entanto, Machado logo em seguida afasta-se do cerne da questão – o qual reside na dialética entre produção e apropriação na economia mundial –, para voltar sua atenção a algumas modalidades que na sua avaliação representam "uma explicação fundamental das desigualdades entre preços internacionais e valores internacionais".[123] E atribui um papel aos seguintes elementos: a) à taxa de câmbio (afastamento das taxas de câmbio correntes e da taxa Parity Purchase Power nos países dependentes); b) níveis salariais "mais baixos, tal como expressos internacionalmente, do que os que corresponderiam à diferença nas forças produtivas médias do trabalho de cada país"; c) a necessidade de os países dependentes "desvalorizarem sua moeda – o que implica subvalorizar suas horas de trabalho – para poder equilibrar seu balanço de pagamentos"; d) "venda de certos produtos semiacabados, ou mesmo acabados, por países dependentes" mediante o controle que corporações multinacionais exer-

---

[120] *Ibid.*, p. 97.
[121] *Ibid.*, p. 98.
[122] *Ibid.*, p. 98-99.
[123] *Ibid.*, p. 99.

cem sobre a produção e todo o circuito comercial; e) queda dos preços das mercadorias exportadas pelos países dependentes por razões de política econômica, com o incremento do esforço exportador consoante as recomendações das políticas de ajuste estrutural.[124]

É inegável que todos estes exemplos expressam, de uma maneira ou de outra, relações portadoras de *transferências de valor* via preços, no mercado mundial. Mas isto não explica toda a questão. Ao cindir a conceituação do intercâmbio desigual como dois fenômenos distintos – enquanto desigualdade na produção de valor e enquanto desigualdade na relação entre preços e valores – João Machado acaba deixando de lado sua profunda imbricação e, com isso, não pode fazer a correta apreensão da categoria *transferência de valor como intercâmbio desigual*, cujo verdadeiro significado é a não-identidade entre a magnitude do valor produzido e do valor apropriado, na dialética entre produção e apropriação na distribuição mundial.[125]

Nesse momento, retomamos a crítica da colocação que o autor faz ao expor o que entende como uma das acepções para intercâmbio desigual: os "ganhos e perdas a partir da diferença na produção de valor internacional pelo trabalho concreto de cada país". Para Machado, essa relação reside tão somente na diferença dos níveis de produtividade, na esfera da produção (grau de desenvolvimento das forças produtivas), de modo que sua explicação não passaria pela esfera do intercâmbio (que se inscreve no nível de abstração do mercado mundial/economia mundial). Com isso, o fenômeno em questão não faria parte das determinações contidas na problemática do intercâmbio desigual. E a única acepção que se sustentaria para intercâmbio desigual seria a segunda dentre as duas que foram apresentadas pelo autor. Nesses termos, o autor rechaça a compreensão de Marini colocando:

> Marini trata esses ganhos e perdas como transferências de valor, o que, segundo a exposição feita neste artigo, não é correto. No entanto, isso não tem *nenhuma* consequência negativa sobre o conjunto de sua argumentação. O que é importante para ela é a existência de ganhos e perdas

---

[124] *Ibid.*, p. 99-100.
[125] Uma das razões para isso pode ser a leitura que o autor faz do capítulo XX do Livro I de *O capital*. E também de sua leitura para o tratamento que Marini dá à questão, a partir da dialética negativa, sentido que não está presente na discussão de Machado. Se, por um lado, ele acerta ao criticar a interpretação de Emmanuel para o capítulo XX do Livro I de *O capital*, por outro lado é reiterativo na afirmação de que, sem um indicador capaz de mensurar as produtividades comparadas, não se comprovará a existência de transferências de valor. E, com isso, termina deixando de lado o problema. No capítulo 3, veremos que é possível verificar, em uma aproximação, as produtividades comparadas, em seu vínculo com as transferências de valor como intercâmbio desigual – e sem incorrer na confusão entre valor e preço.

(do ponto de vista dos países dependentes, naturalmente, o que há são perdas), e não esses ganhos ou perdas se explicarem como transferência de valor.[126]

Ora, quando o assunto é a categoria transferência de valor, no sentido da TMD, não existe uma tendência concernindo à esfera da produção e outra à esfera da distribuição. Entendido desse modo, percebe-se que João Machado termina oferecendo somente parte da resposta para o problema do intercâmbio desigual. E assim como Schoeller, não obstante seu maior cuidado na problematização da questão em comparação ao economista alemão, aferra-se ao tema da desigualdade dos níveis das forças produtivas, ao mesmo tempo em que se dedica à descrição de algumas formas das transferências de valor, sem aprofundar os nexos entre essência e forma, isto é, sem avançar decididamente na apreensão da categoria. Em nosso ponto de vista, não é uma questão secundária o tratamento categorial. Falar em transferência de valor é necessário para a correta apreensão do fenômeno. Mas não estamos falando de transferências de valor em geral, mas de transferências específicas, cujo sentido é melhor expresso pela categoria *transferência de valor como intercâmbio desigual*, expressão da tendência negativamente determinada da lei do valor.

Tendência e contratendências: atuam uniformemente ou surgem contratendências de outra natureza?

Finalmente, vejamos alguns argumentos contrários à TMD na obra do teórico argentino Rolando Astarista, *Monopólio, imperialismo e intercâmbio desigual*.[127] Neste livro, seu autor propõe-se a fazer uma crítica à teoria do imperialismo e às teorias do intercâmbio desigual e da transferência de valor. Assim como em Schoeller, em Astarita o fenômeno das *transferências de valor* é considerado seja como uma situação apenas transitória ou conjuntural no mercado mundial (compensada pela lei do nivelamento da taxa de lucro); seja como uma situação, quando acontece, causada apenas no âmbito da produção:

> [...] se a lei do valor trabalho, através da competição, opera em todos os níveis – no plano das grandes corporações como das empresas pequenas; no âmbito interno dos países como no mercado mundial – não existem duas estruturas com leis distintas, como sustenta a noção leninista do imperia-

---
[126] *Ibid.*, p. 97.
[127] Madri: Maia Ediciones, 2009.

lismo [e a TMD], mas sim, a do modo de produção capitalista, regido pela lei do valor trabalho.[128]

Chama atenção que Astarita entenda a lei do valor como restrita ao valor-trabalho. O preço de produção não comparece, para ele, na determinação da lei do valor, embora ele o evoque quando convenha na exposição de seu esquema teórico, ao longo de seu livro. Através de uma série de deduções arbitrárias e sem o estudo cuidadoso dos autores que passa em revista, Astarita pensa que toda teoria do imperialismo, bem como a TMD partem da premissa de que monopólios são ausência da concorrência e que *a transferência de valor* parte do pressuposto da anulação da lei do valor e seus desdobramentos – incluindo a lei do nivelamento da taxa de lucro.[129]

Ora, uma coisa é dizer que certas relações não estão sujeitas às leis da concorrência – afirmação que passa longe da obra de Marini e da TMD. Outra coisa é dizer que, sob a fase monopolista do capitalismo, a concorrência se eleva para novo patamar, possibilitando que alguns capitais e economias logrem de maneira estrutural e recorrente apropriar-se de maior *quantum* de valor/de riqueza do que efetivamente produziram. Através da exposição de casos de guerras de preços entre corporações que apresentam elevados índices de concentração e centralização do capital, Astarita aponta a redução de preços na competição/concorrência capitalista, a fim de demonstrar que é um expediente recorrente, com o advento de novos entrantes. E cita diversos casos entre empresas dos países dominantes.[130] O que o autor deixa de explicar – e que é o mais importante – é o que permitiu que as empresas baixassem seus preços na guerra da concorrência. Astarita ladeia, assim, a questão (abordada por nós ao longo deste capítulo) que reside no fato de determinados capitais e determinadas economias lograrem produzir abaixo do preço de produção, não sendo este um recurso à disposição, no mesmo grau, em todo o espectro da competição intercapitalista. Quando usa exemplos para sugerir que as economias dependentes

---

[128] E prossegue Astarita: "tampouco é necessário desenvolver uma lei de acumulação especial para os países das periferias, mas sim estudar de que maneira a lei geral se particulariza e singulariza em cada região ou país, seja adiantado ou atrasado tecnologicamente [...]. Por conseguinte, a partir desta postura teórica podem ser entendidos desdobramentos que a partir da perspectiva tradicional [sic] da teoria da dependência e do imperialismo não podem ser compreendidos. Em particular, o fato de que nas últimas décadas cresceram ao mesmo tempo o mercado mundial e as economias atrasadas". *Ibid.*, p. 85. A frase que fecha a citação revela a confusão em que o autor incorre, entre a existência do fenômeno da dependência, que é uma coisa; e que a análise endosse teses estagnacionistas, que é outra coisa bem diferente e nada tem a ver com as análises da TMD.

[129] *Ibid.*, p. 46 e *passim*.

[130] Na indústria de televisores, Telefunken e as fabricantes japonesas diante da estadunidense RCA; na indústria de computadores, a HP e outras mais frente à IBM etc.

também vencem na guerra de preços, o que supostamente comprovaria a ausência de intercâmbio desigual na transformação dos valores em preços de mercado, usa exemplos exclusivamente de ramos intensivos em recursos naturais, como siderurgia. Todos os exemplos de que Astarita lança mão para os países dependentes são somente casos de empresas que lideram ramos da produção ou exportam capitais produzindo esses valores de uso. Sua teorização, dessa maneira, é incongruente com os fatos da realidade concreta.[131]

Em outro momento de seu trabalho, tentando refutar "a ideia de exploração de países por IED e dívida externa", Astarita vaticina que "a partir da primazia da relação capitalista perdem sustentação ideias que têm estado muito arraigadas na esquerda marxista e nacionalista tradicional, referidas à suposta exploração dos países atrasados pelos adiantados".[132] O autor chega a afirmar que a relação "Norte/Sul" não é uma chave explicativa para o problema da dívida: "os detentores de títulos da dívida de países subdesenvolvidos não são apenas capitalistas estrangeiros, mas também capitalistas locais [...]. Aqui a divisão 'Norte/Sul' tem pouco a ver no assunto"[133] – como se as economias dependentes determinassem a função--dinheiro mundial e os fluxos internacionais de capitais! – E prossegue: "não é 'o país' o explorado pelos 'banqueiros do Norte' e, sim, que estamos diante de negócios que obedecem às necessidades de valorização e/ou conservação dos ativos nos lugares que se considerem mais seguros. Tudo isto não demanda, para ser explicado, alguma teoria especial".[134] Ora, que os países não sejam entes abstratos, por fora da existência de classes sociais, de configurações de poder através do Estado etc. é uma colocação com que também temos acordo. Mas, neste caso, deve comparecer a categoria formação econômico-social, a qual, todavia, é completamente ausente na análise de Astarita.

Para o autor em questão, ao fim e ao cabo, a *transferência de valor* não seria uma explicação para o desenvolvimento desigual do capitalismo. A contradição capital-trabalho seria a única contradição da qual tudo derivaria. E, onde não existe lugar para a compreensão da economia mundial enquanto todo hierarquicamente integrado, nem para a compreensão da categoria de formação econômico-social; também não se fará a apreensão do fenômeno da *transferência de valor*. E tudo não passaria de emanação

---

[131] Na verdade, mesmo economias dependentes que ascendem à condição de formações econômico-sociais subimperialistas, como o capitalismo brasileiro, não deixam a condição dependente.
[132] *Ibid.*, p. 98.
[133] *Ibid.*, p. 103.
[134] *Ibid.*, p. 106.

do movimento internacional do capital – regido pela lei do valor, pela lei do nivelamento da taxa de lucro e pela luta de classes com o antagonismo capital-trabalho. Definitivamente, Astarita pensa o imperialismo sem categorias mediadoras, passando ao largo sobre a diferenciação entre as formações econômico-sociais, categoria que inexiste para ele, que considera os países e economias nacionais como se fossem uma relação direta capital-trabalho mundializada, em uma relação automática do capital sobre o resto do mundo, assim como a lei do valor seria restrita à lei do valor-trabalho, como ele próprio escreve. A consequência política desse erro de análise é opor internacionalismo à questão nacional, como se as lutas da classe trabalhadora e dos povos não partissem do enfrentamento às burguesias internas e sua vinculação associada e integrada ao imperialismo – como comprova o estudo histórico do capitalismo dependente e da luta de classes no decurso de todas as revoluções sociais contemporâneas ocorridas na história mundial.

Em suma, o erro de Astarita é acreditar que os fenômenos da esfera da circulação e da distribuição (reprodução do capital social total) estudados por Marx no Livro III, *coincidem, confundem-se e restringem-se* à esfera da produção. Daí resumir tudo à contradição capital-trabalho, que de fato é a contradição principal, mas que se manifesta através de múltiplas determinações, cuja apreensão exige o rigor de categorias mediadoras. Definitivamente, a lei do valor não é somente o valor-trabalho, mas este, o preço de produção e os preços de mercado. E o desdobramento da lei do valor apresenta sua determinação ontologicamente negativa, sendo simultaneamente a assunção e violação do intercâmbio de equivalentes. Quando o problema é colocado no seu terreno correto, vemos, pois, que a tendência ao nivelamento da taxa de lucro não se manifesta da mesma maneira na divisão internacional do trabalho. E que ocorrem transferências de valor, com a não-identidade entre a magnitude do valor produzido e do valor apropriado assumindo caráter de tendência recorrente, estrutural, sistemática, sem as mesmas contratendências contra-arrestando-a de mesmo modo como nas economias dominantes. Eis, aqui, um duplo aporte da TMD para o conhecimento da lei do valor e de seu funcionamento sob as relações engendradas pelo imperialismo, aportes os quais os críticos em questão não compreenderam à altura.

Transferência de valor como intercâmbio desigual: categoria original da TMD reafirmando a necessidade da revolução

Conforme tratamos neste capítulo, na compreensão da TMD a *transferência de valor* compreende o conteúdo assinalado por Marx em O *capital* e evidencia, ao mesmo tempo, um conteúdo próprio, vinculado ao desenvolvimento desigual, no âmbito da divisão internacional do trabalho, no qual se inscreve o fenômeno referido como intercâmbio desigual ou intercâmbio de não-equivalentes. É precisamente essa não-identidade entre a magnitude do valor produzido e do valor apropriado que provoca o fenômeno do intercâmbio desigual, expressando *transferências de valor* específicas no mercado mundial.

Existem economias que se apropriam de valor/de riqueza produzida por outras economias, em relações sob as quais as últimas encontram-se submetidas às primeiras através das *transferências de valor* como relação de subordinação no mercado mundial. Nessa relação antagônica, o que para umas é apropriação, para as demais é transferência/perda de valor ou riqueza. Eis o significado da categoria *transferência de valor como intercâmbio desigual*. Seu alcance, como veremos na sequência do livro, vai bem além do sentido heurístico. Ela apresenta, a uma só vez, a condição de arma da crítica, mirando a necessidade de transformações revolucionárias de nossas sociedades, pela superação do antagonismo irreconciliável que arrebata a riqueza socialmente produzida de seus produtores enquanto os joga à sua própria sorte, nessa corrente de relações que agudiza a dominação capitalista e suas tendências alienantes e disruptivas.

Desnudar as transferências sistemáticas de valor que acontecem em desfavor das economias dependentes não é pressupor teoricamente a possibilidade de um intercâmbio equânime na economia mundial. Tampouco é esposar algum projeto desenvolvimentista ou neodesenvolvimentista por um capitalismo nacional ou em defesa de uma burguesia dita nacional – a qual é parte das engrenagens do sistema de dominação, como sócia menor, subordinada, do imperialismo. Falar em *transferência de valor como intercâmbio desigual* é, antes ao contrário, apontar que na realidade das economias dependentes redobra-se a exigência por uma política de luta pelo socialismo. E que o internacionalismo e a questão nacional encontram uma síntese na práxis revolucionária pela superação das relações de dependência, que é a luta pela superação do próprio capitalismo. Somente dessa maneira se enfrentará de modo consequente a exploração que nos acomete, nas diferentes instâncias da totalidade em que se encontra imersa a vida da classe trabalhadora em nossas formações econômico-sociais. No próximo capítulo, veremos como essas mesmas relações provocam o divórcio entre a estrutura produtiva e as necessidades das massas, reforçando a necessidade da revolução.

CAPÍTULO 2 – A CISÃO NAS FASES DO CICLO DO CAPITAL (OU O DIVÓRCIO ENTRE A ESTRUTURA PRODUTIVA E AS NECESSIDADES DAS MASSAS)

Em um fotolivro que marcou a renovação das artes visuais latino-americanas nos anos 1970, uma montagem intitulada "El consumo tiene dos caras" retrata dois garotos a admirar com expressão sonhadora uma vitrine de aparelhos de televisão em Tegucigalpa. Acompanhados de alguém que provavelmente é seu pai, estão a mirar do lado de fora a transmissão que também está fora da realidade de seus lares. No outro canto da fotomontagem, policiais da tropa de choque fazem guarda, enfileirados com cassetetes ameaçadores e pesados escudos, em frente a uma loja de produtos eletroeletrônicos.[1]

Esta justaposição de facetas é muito reveladora dos contrastes a grassarem a vida das sociedades latino-americanas. A imagem é eloquente quanto a uma contradição irreconciliável do capitalismo dependente: o divórcio entre a estrutura produtiva e as necessidades das massas.

Longe de representar um momento transitório que será simplesmente deixado para trás com as autoproclamadas receitas do crescimento econômico – repetidas um sem-número de vezes no discurso da sociedade de mercado –, o divórcio de que estamos falando é um traço estrutural de nossas economias, como atesta o fato de que em pleno século XXI um terço da população mundial vive em favelas; e que, deste um terço de todas as pessoas do planeta vivendo nestas condições, quase 80% são de habitantes dos países do capitalismo dependente.[2] O antagonismo em questão é igualmente demonstrado por dados que apontam que inclusive economias dependentes com um grau intermediário de acumulação de capital na escala internacional dos aparatos produtivos nacionais, como o Brasil, são campeãs mundiais de desigualdade.

---

[1] Paolo Gasparini (fotografias) e Edmundo Desnoes (textos). *Para verte mejor América Latina*. Cidade do México: Siglo XXI, 2011, 3ª reimpr., p. 126-127.
[2] Organização das Nações Unidas. Conferência sobre Assentamentos Humanos – Habitat-ONU. *The challenge of slums. Global Report on Human Settlements 2003*. Disponível em: <http://unhabitat.org/books/the-challenge-of-slums-global-report-on-human-settlements-2003/>. Acesso em: ago. 2016.

No léxico da crítica da Economia Política e, especialmente a partir da TMD, as contradições em tela estão contidas numa relação que passou a ser caracterizada pela categoria *cisão nas fases do ciclo do capital*. O vocábulo cisão é descrito nos dicionários como o ato de separar, dividir, cortar, romper. Toda cisão é comparável, também, a um divórcio.[3] Mas o divórcio que nos ocupa aqui é um antagonismo irreconciliável que exaspera as contradições entre produção e consumo e produção e circulação que caracterizam a economia capitalista. Trata-se de uma contradição antagônica que gera uma cisão que se cristaliza sob o caráter de uma lei tendencial nas *formações econômico-sociais* do capitalismo dependente.[4] A anatomia de nossas sociedades tem nesta cisão um de seus traços mais distintivos, que nossas populações – mas, sobretudo, a classe trabalhadora – sentem pesadamente no seu dia a dia: "o traço característico da economia dependente é sua tendência a divorciar a produção das necessidades de consumo das amplas massas".[5]

Neste capítulo, apresentamos esta categoria vital da TMD, que abriu caminho para melhor conhecer as determinações e conexões internas de relações que agudizam o antagonismo entre a socialização objetiva da produção de riqueza e sua apropriação privada. Seguindo o método de exposição que adotamos ao longo de todo o livro, combinamos a discussão da lógica imanente dos fenômenos com aspectos de sua historicidade concreta. O exame do lógico e do histórico permitirá ao leitor tirar suas próprias conclusões acerca da originalidade e alcance crítico dos problemas e categorias em questão.

A DIALÉTICA ENTRE CIRCULAÇÃO E PRODUÇÃO NA DIVISÃO INTERNACIONAL DO TRABALHO NO PERÍODO DE FORMAÇÃO DO MERCADO MUNDIAL

O capitalismo consolidou-se como modo de produção ao levar, paulatinamente, os núcleos das coletividades humanas a se relacionarem entre si como uma imensa coleção de mercadorias.[6] Ao compasso da expansão das relações mercantis, o produtor independente foi sendo convertido em trabalhador assalariado despojado dos meios de produção, enquanto os meios de produção e de consumo foram convertidos em capital. Foi assim, historicamente, que as relações sociais passaram a ser regidas pela lógica da valorização do valor.

---

[3] Nos textos de Marini encontramos os vocábulos divórcio e cisão como termos alternativos para expressar a tendência em questão.
[4] Voltaremos mais diretamente ao tema das leis tendenciais no capítulo 4, deste livro.
[5] Marini, Ruy Mauro. "Irracionalidad de la dependencia". *Punto Final Internacional*, año IX, n. 197, Cidade do México, septiembre-octubre 1981. Disponível em: http://marini-escritos.unam.mx>. Acesso em: abr. 2017.
[6] Marx, Karl. *O capital*. Livro I, *op. cit.*, capítulo 1, *A mercadoria*.

Dois processos estiveram na raiz dessa mudança: a acumulação primitiva de capital e a passagem da subsunção formal à subsunção real do trabalho ao capital.[7] Além do papel que cumpriram na gênese do novo modo de poder que se impôs no mundo, numa grande torrente, ambos os processos possuem outro aspecto em comum. Trata-se da importância que as periferias, no que se inclui a América Latina, exerceram para que o mundo hoje dominante viesse a assumir a posição que assumiu; e para que a própria América Latina, por sua vez, viesse a se configurar através de características que carrega até os dias atuais.

O capitalismo consolida-se na Europa com a produção para o mercado interno. Na América Latina, surge para atender às necessidades do capitalismo europeu, cuja Revolução Industrial passava a demandar suprimentos abundantes de matérias-primas e alimentos baratos.[8] Se, por um lado, tanto na Europa como na América Latina o processo de acumulação primitiva foi marcado pela violência, houve, por outro lado, diferenças marcantes. Em um contexto *fabricou-se fabricantes,*[9] enquanto no outro as oligarquias vincularam-se ao papel subordinado que coube à economia exportadora, dentro da divisão internacional do trabalho.[10]

---

[7] A acumulação primitiva é descrita no capítulo 24 do Livro I de *O capital*. Para a análise da subsunção e a distinção entre os dois momentos de sua historicidade, ver Marx, Karl. *Subsunción formal y subsunción real del proceso de trabajo al proceso de valorización* (Cidade do México: Itaca, 2005. Seleção e trad. Bolívar Echeverría). Muito brevemente, pontuamos que, sob a subsunção formal, o trabalhador contrai relações de subordinação ao capital comercial e ao capital usurário, mas ainda detém algum controle dos meios de produção e controla o processo de trabalho, ao passo que, sob a subsunção real, completa-se a separação entre os trabalhadores e os meios de produção e tanto estes, como os meios de consumo são convertidos em capital, com o capital industrial impondo sua lógica sobre a produção de riqueza.

[8] Diferentemente de Immanuel Wallerstein, que chegou a negar o conceito de Revolução Industrial (ver seu trabalho "A Revolução Industrial: Cui bono?", em: *Impensar a Ciência Social*. Aparecida: Ideias e Letras, 2006. Trad. Adail Sobral e Maria Estela Gonçalves), consideramos este de importância vital para explicar as determinações que permitiram a passagem da subsunção formal à subsunção real do trabalho ao capital, bem como a passagem do eixo da acumulação baseado na mais-valia absoluta para a mais-valia relativa. Para uma crítica a alguns pressupostos de Wallerstein a partir da TMD, ver Osorio, Jaime. "El sistema-mundo de Wallerstein y su transformación. Una lectura crítica." *Revista Argumentos*, Cidade do México, v. 28, n. 77, enero-abril 2015, p. 131-153.

[9] O termo é de Agustín Cueva. Ver, do autor, *O desenvolvimento do capitalismo na América Latina*. São Paulo: Global, 1983. Trad. Carlos Machado.

[10] Na Europa, EUA e Japão, além da afirmação do poder da burguesia e da criação do proletariado, teve origem uma classe de pequenos e médios proprietários e produtores independentes, especialmente pelo modo como se reconfiguraram as estruturas agrárias. Na América Latina, foi reforçado o poder da oligarquia latifundiário-mercantil. E o surgimento, mais tarde, de burguesias locais e da classe trabalhadora assalariada não seria acompanhado pela mesma diversificação da estrutura interna de classes, apresentando antagonismos mais acentuados. Para algumas das causas que influíram marcadamente nessa realidade, ver, por

Antes que a ética protestante ou a clivagem colônias de povoamento e colônias de exploração foi a estruturação das pautas da produção, *no âmbito das relações entre as formações econômico-sociais no período de formação da economia capitalista mundial*, isto é, na segunda metade do século XIX, o que determinou o desenvolvimento ulterior das diferentes sociedades.[11] Essa estruturação não aconteceu no vácuo, mas foi um processo que teve lugar num conjunto de determinações, que atuaram à maneira de um tronco com suas ramificações e vasos comunicantes. Este tronco foi a economia mundial com sua divisão internacional do trabalho. As ramificações foram as estruturas da propriedade, das classes sociais e suas formações estatais correspondentes, nas diferentes formações econômico-sociais. Os vasos comunicantes foram os canais que compõem o mercado mundial. E a substância a preencher estes mesmos vasos comunicantes foram os valores de uso e os montantes de valor produzidos, que fluíram de uma parte a outra por meio da circulação internacional.

Tem razão, por isso, Marini quando afirma que o estudo da economia dependente deve começar pela circulação internacional:

> Enquanto intelectuais marxistas, temos a tendência de ir à busca daquilo que é essencial em uma estrutura econômica, ou seja, a estrutura da produção. Entretanto, quando se trata de uma formação dependente, penso que seria necessário inverter essa orientação. Haveria que partir, inicialmente, da circulação do capital tal como ela nasce no conjunto do sistema capitalista; em um segundo momento colocar o problema de como ela determina as condições em que se desenvolve a estrutura produtiva dependente; por fim, o problema de como essa estrutura dependente cria sua própria fase de circulação.[12]

O que Marini está dizendo é que a produção capitalista na América Latina teve origem a partir da extensão da circulação do capitalismo dominante, em um processo dialético em que o externo internalizou-se para

---

exemplo, Costa, Emilia Viotti da, "Política de terras no Brasil e nos Estados Unidos", em: *Da Monarquia à República: momentos decisivos*. São Paulo: Unesp, 2010, 9ª ed.; ver, também, Silva, Ligia Osório. *Terras devolutas e latifúndio*. Campinas: Editora da Unicamp, 2008.

[11] Para uma crítica ao individualismo metodológico da abordagem de Weber para a gênese do capitalismo, ver Teixeira, Francisco e Frederico, Celso. *Marx, Weber e o marxismo weberiano*. São Paulo: Cortez, 2012. Para uma crítica à explicação de Fernando Henrique Cardoso e Enzo Faletto, que atribuíram causas da dependência à clivagem "colônias de povoamento"-"colônias de exploração", ver o cap. 1 de Vania Bambirra em *El capitalismo dependiente latino-americano, op. cit.*

[12] Marini, Ruy Mauro. "La acumulación capitalista dependiente y la superexplotación del trabajo". *Cuadernos de Cela*, Panamá, n. 2, 1981. Disponível em: <http://www.marini-escritos.unam.mx>. Acesso em: jul. 2016 (este é o texto, originalmente, de conferência proferida em Roma, no ano de 1973).

logo se exteriorizar, isto é, desdobrar-se em novas tendências objetivas. Essa foi a maneira como se deu o processo histórico de desenvolvimento do capitalismo na região, como parte do desenvolvimento do subdesenvolvimento.[13]

Com efeito, a extensão da circulação do capitalismo central definiu o início da produção capitalista nas economias dependentes.[14] Esta, por outro lado, uma vez engendrada, passou a obedecer a tendências da produção e circulação internacionais, mas também a tendências internas que foram se constituindo, como expressão de particularidades da economia dependente. A conjunção de ambas as esferas de causalidade é o que constitui *a situação condicionante que determina os limites e possibilidades do desenvolvimento capitalista*. Este é, como veremos, o significado de dependência.[15]

Sob a economia dependente, o ciclo do capital caracteriza-se pela agudização das contradições que são típicas do capitalismo em geral. Esta exacerbação produz tendências particulares, que levam a uma cisão, provocando uma modalidade específica de circulação. Dito de outro modo, os valores de uso produzidos pela economia dependente e suas relações específicas com o processo de valorização do valor na economia mundial encetam fenômenos novos, um dos quais é a cisão no ciclo do capital – também chamada de cisão nas fases do ciclo do capital.

Historicamente, observamos dois momentos principais nesta cisão. Um primeiro momento quando as economias dependentes não haviam atravessado um processo de industrialização. E outro a partir de quando experimentam processo de industrialização, mas produzem-se novos antagonismos. Caracterizamos estes períodos, respectivamente, como *primeira cisão e segunda cisão*.

---

[13] Nesse mesmo sentido, de acordo com Vania Bambirra, "as mudanças que tiveram lugar na estrutura do sistema de dominação dos países latino-americanos, que começam nas três últimas décadas do século XIX [...] e tiveram consequências na maneira como se configurou a América Latina das quatro primeiras décadas do século XX, devem ser explicadas levando em consideração as mudanças que ocorreram no sistema capitalista dos países mais desenvolvidos, as quais determinam [em última análise/como momento predominante] o curso do capitalismo mundial, do qual os países dependentes fazem parte" (*El capitalismo dependiente latinoamericano, op. cit.*, p. 87).

[14] Embora em mais de um momento tentou-se lançar a pecha de circulacionismo sobre a abordagem de Marini e da TMD, os autores que brandiram essa acusação não foram longe. Raciocinando na maioria das vezes apenas a partir do Livro I de *O capital*, ignoraram que o processo de circulação é a unidade entre produção e circulação. Negligenciar o recém exposto é o que leva a uma apreensão superficial dos fatos e tendências, deixando escapar o caminho para a rigorosa explicação de sua processualidade. Retornaremos a essa questão nos capítulos seguintes.

[15] Ver Bambirra, Vania. *El capitalismo dependiente latinoamericano, op. cit.*, p. 8.

A primeira cisão: a passagem à subsunção real do trabalho ao capital sob a cisão entre esferas do mercado externo e do mercado interno

A modalidade específica de circulação (e da produção correspondente) que o capitalismo dependente assumiu no período de sua integração ao mercado mundial foi um dos elementos determinantes na causalidade da dependência. Entre 1850 e a primeira década do século XX, a América Latina foi vinculada ao mercado mundial. Enquanto a Europa viveria sua *belle époque*, os países latino-americanos experienciavam o período do Estado oligárquico, que os historiadores econômicos chamam também de era das exportações.[16] Toneladas de mercadorias deixaram os portos da região para atender às necessidades crescentes do capitalismo dominante e sua *vorágine* em rápida ascensão mundial. Matérias-primas e alimentos chegavam ao outro lado do Atlântico, no continente europeu, e também no norte do continente americano, nos EUA. As páginas do periódico *The Economist*, fundado em 1843 na campanha pela abolição das *Corn Laws*[17] e um dos principais veículos da imprensa de negócios do centro do capitalismo oitocentista, a Inglaterra, estampavam manchetes exultando "o preço de mercado estipulado pela economia britânica", que se apropriava de lucros extraordinários mediante suprimentos crescentes de bens que se barateavam, como era o caso da carne platina.[18] Também o *Chicago Tribune* – órgão do mundo empresarial da cidade de Illinois, cujo porto despontava como nova fronteira consolidada do capitalismo industrial estadunidense – noticiava a importância das exportações latino-americanas de produtos primários, exclamando sobre a necessidade de os EUA contarem com aquela torneira permanentemente aberta, evitando toda e qualquer possibilidade de um cenário hostil a seu controle.[19]

---

[16] Ver, por exemplo, Carmagnani, Marcelo: "La edad de oro de las exportaciones", em: *Estado y sociedad en América Latina. 1850-1930*. Barcelona: Editorial Crítica, 1984; Cárdenas, Enrique; Ocampo, José Antonio e Thorp, Rosemary (orgs.). *La era de las exportaciones latinoamericanas. De fines de siglo XIX a principios del XX*. Cidade do México: Fondo de Cultura Econômica, 2003.

[17] As *Corn Laws* ou Leis dos Cereais, criadas em 1815, eram medidas protecionistas que favoreciam os fazendeiros locais da Inglaterra. Os interesses materiais da burguesia industrial encontraram expressão em pensadores da economia política clássica como David Ricardo, que apoiava a abolição das Leis dos Cereais, sob o argumento que advogava pela especialização da Inglaterra como potência industrial explorando suas *vantagens comparativas*.

[18] "Two meat companies". *The Economist*, Londres, 1908, citado em Romero, Allejandro Gomes. "A carne platina no capitalismo central. Relações de dependência e participação no mercado e dieta britânicos (1870-1914)". Trabalho de Conclusão de Curso. Porto Alegre: Departamento de História: Universidade Federal do Rio Grande do Sul, 2015, p. 59. Orientador: Mathias Seibel Luce.

[19] South America Hostile to U.S. *Chicago Sunday Tribune*, 17 de setembro de 1905. Disponível em: <http://archives.chicagotribune.com>. Acesso em: out. 2016.

Estes suprimentos chegavam pelos vasos comunicantes da circulação internacional como seiva que irrigava seus ramos mais robustos, as formações econômico-sociais do capitalismo central. Mas não eram somente elas que se modificavam recebendo os abastecimentos que atravessavam latitudes, sob a divisão internacional do trabalho. As formações econômico-sociais latino-americanas, no bojo desse processo, iam assumindo muitos dos contornos que conservam até hoje.

Em Cuba, o açúcar que desde 1790 afirmara-se como principal produto, alcançou volumes no século XIX que fizeram da ilha caribenha o principal exportador mundial açucareiro, posição em que permaneceria ao longo da maior parte do século XX. Na Argentina, após quase um século de predomínio – desde a fundação do Vice-Reino do Rio da Prata, em 1776 – do couro, carne salgada (charque) e lã, despontaram novos produtos de exportação, notadamente trigo, milho e carne congelada e resfriada. No Brasil, a partir da primeira década de vida independente, o café deslanchou seu ciclo e projetou-se como principal mercadoria exportada, condição que se manteria até a década de 1950. No Uruguai, a produção de lã, sem perder espaço, foi acompanhada pelo crescimento da carne de ovinos, à medida que se lograva o incremento do rebanho e da atividade agropecuária. No Chile, o trigo, principal produto desde o período colonial, cedeu lugar para o salitre ou nitrato, que despontou como primeiro item das exportações logo ao término da Guerra do Pacífico (o salitre era secundado, nesse período, pelo cobre, que algumas décadas mais tarde assumiria a primeira posição). Na Bolívia, a prata era suplantada pelo estanho, metal que encontraria neste país andino o segundo exportador mundial. Já no Peru, após o ocaso da era do guano, um conjunto de novos valores de uso ganhou espaço em suas exportações: açúcar, algodão, lã (de ovelha e de alpaca), cobre, ouro e também petróleo. No Equador, cacau e bananas foram os bens lançados no mercado mundial. Na Colômbia, o café, acompanhado pelo ouro, tomou a dianteira, à frente do tabaco, da quina e do anil. Na Costa Rica, café e produção bananeira lideraram a pauta de exportações, o mesmo que na Guatemala. O café também foi o principal item da Nicarágua, assim como de El Salvador, após o período em que predominaram na economia salvadorenha o anil e o algodão. Honduras foi outro país de produção bananeira. O México, por sua vez, apresentou uma produção mais diversificada, mas resumidamente foram a prata, o cobre e o petróleo suas mercadorias principais, acompanhados pelo *henequém* (sisal) e o açúcar. No Haiti, até 1790 o maior produtor mundial de açúcar, o café verde assumiu o lugar como sua mercadoria principal ao longo do século XIX. A República Dominicana foi outra economia açucareira, assim como Porto Rico. No Paraguai, madeiras de construção

91

e erva-mate constaram do rol das exportações. Na Venezuela, café e cacau foram substituídos pela nova combinação café e petróleo (e o petróleo assumiu definitivamente o primeiro lugar em 1925). Já o Panamá apresentou a produção de bananas e, em menor medida, de coco entre os itens exportados. Mas, após a construção do Canal, que entrou em operação em 1914, a renda absoluta extraída sobre seu trânsito ocupou o lugar como principal fonte de riqueza internacional gerada na economia panamenha.

Na Tabela 7, vemos os valores de uso exportados e sua concentração na estrutura produtiva dos países latino-americanos entre 1910-1920.

Tabela 7 – Concentração dos produtos de exportação

País	~1913 (1)					Década de 1920, ~1923-1924 (2)
	Primeiro produto	%	Segundo produto	%	Total	Principais produtos 1923-1924
Argentina	milho	22,5	trigo	20,7	43,2	trigo, milho, carne (3)
Bolívia	estanho	72,3	prata	4,3	76,6	estanho
Brasil	café	62,3	borracha	15,9	78,2	café
Chile	nitratos	71,3	cobre	7,0	78,3	nitratos, cobre
Colômbia	café	37,2	ouro	20,4	57,6	café
Costa Rica	bananas	50,9	café	35,2	86,1	café, bananas
Cuba	açúcar	72	tabaco	19,5	91,5	açúcar
Equador	cacau	64,1	café	5,4	69,5	cacau
El Salvador	café	79,6	metais preciosos	15,9	95,5	café
Guatemala	café	84,8	bananas	5,7	90,5	café, bananas
Haiti	café	64	cacau	6,8	70,8	café
Honduras	bananas	50,1	metais preciosos	25,9	76	bananas
México	prata	30,3	cobre	10,3	40,6	petróleo, prata
Nicarágua	café	64,9	metais preciosos	13,8	78,7	café, bananas
Panamá	bananas	65	coco	7	72	Bananas, (4)
Paraguai	erva-mate	32,1	tabaco	15,8	47,9	quebracho, madeira de construção
Peru	cobre	22	açúcar	15,4	37,4	petróleo, algodão
Porto Rico	açúcar	47	-	-	-	açúcar
República Dominicana	cacau	39,2	açúcar	34,8	74	cacau, açúcar
Uruguai	lã	42	carne	24	66	carne, lã
Venezuela	café	52	cacau	21,4	73,4	café, petróleo (5)

Fontes: (1) Adaptado de Victor Bulmer-Thomas. *La historia económica de América Latina desde la independencia*. Cidade do México: Fondo de Cultura Económica, 2010, p. 79, Quadro III.2.
(2) Adaptado de Rosemary Thorp. "As economias latino-americanas. 1930-c.1950". Em: Leslie Bethell (org.). *História da América Latina*. São Paulo/Brasília: Edusp/Funag, 2004, Vol. VI.
(3) As exportações argentinas de carne deslancharam na década de 1910, por isso não aparecem na amostragem de Rosemary Thorp, quando ainda se encontravam na terceira posição nas estatísticas.
(4) A renda do Canal deve ter comparecido após 1914, mas não dispomos de cifras para estes anos.
(5) Em meados da década de 1920, o petróleo suplantou o café como primeiro item exportado pela Venezuela (Federico Brito Figueroa. *Historia económica y social de Venezuela*. Caracas: UCV, 1987, Tomo II, p. 463-464).

De 21 países analisados, em treze deles o principal produto de exportação representava acima de 50% de seu comércio exterior no período apurado. Considerando o primeiro e o segundo produtos de exportação, 16 dos 21 países tinham índice de concentração acima de 60%. E treze, acima de 70%. Estes não eram somente os principais produtos exportados. Eram as principais atividades a mobilizar a produção interna sob os novos cânones da lógica da mercadoria. Eram a principal fonte de arrecadação do Estado. Eram a principal finalidade dos empréstimos e obras públicas. Eram o que definia a transformação do território e do espaço nacional. Eram as atividades onde o trabalho assalariado – e, com ele, o surgimento da classe trabalhadora e do movimento operário – contava suas primeiras décadas de existência enquanto traço definidor.[20] Eram o fundamento do poder político em suas sociedades. Em resumo, o que acontecia com essas atividades determinava o restante da economia. Foi esse tipo de configuração econômico-social que Marini chamou de *economia exportadora*.[21] E que expressou um padrão histórico de reprodução do capital, que recebeu a caracterização de padrão agromineiro-exportador, na continuação do programa de pesquisas da TMD.[22]

O ciclo do capital nesse período foi marcado pela cisão mercado externo e mercado interno. Isto se observa: 1) na origem do investimento (D-M), que provinha das casas comerciais controladas pelo capital estrangeiro e de empréstimos externos; 2) nos meios de produção utilizados (Mp), que eram em sua grande maioria importados (ferrovias, máquinas a vapor, câmaras frigoríficas etc.);[23] 3) na força de trabalho (Ft), que era contratada em condições híbridas entre a subsunção formal e a subsunção real e a baixíssimos salários; 4) na segunda fase da circulação (M'-D'), que se dava sobretudo no mercado externo, sem que os trabalhadores cumprissem um papel decisivo na realização das principais mercadorias produzidas, voltadas para a exportação, o que servia de estímulo a que os patrões e o Estado colocassem em marcha o regime de superexploração que estava se configurando, agudizando as relações

---

[20] Ver, a respeito, Casanova, Pablo González (org.). *Historia del movimiento obrero en América Latina*. Cidade do México: Siglo XXI, 4 vols.

[21] Na primeira impressão de *Dialética da Dependência* (*Sociedad y Desarrollo*, Ceso, Santiago de Chile, n. 1, enero-marzo 1972, p. 35-51) o ensaio de Marini teve como subtítulo *una economia exportadora*. Mais de um autor tentou ver aí uma pretensa ideia sobre a inexistência de mercado interno, quando o objetivo de Marini foi nominar a modalidade como o capitalismo dependente fora subordinado ao mercado mundial.

[22] Ver Osorio, Jaime. *Padrão de reprodução do capital: uma proposta teórica, op. cit.*

[23] Ver Marichal, Carlos (org.). *Las inversiones extranjeras en América Latina, 1850-1930*. Nuevos debates y problemas en historia económica comparada. Cidade do México: Fondo de Cultura Económica, 1995.

básicas de distribuição (entre capital e trabalho); 5) na fase da acumulação ($D^{1'}$-D^2), que se completava, geralmente, em circuitos externos à economia dependente; 6) nas relações derivadas de distribuição (entre os distintos setores e frações da classe dominante, local e internacional), em que a riqueza era apropriada sob as relações determinadas pelas *transferências de valor* vistas no capítulo 1.

A respeito dos aspectos que acabamos de expor, cabe sublinhar algumas características sobre a força de trabalho e o comportamento das diferentes esferas do consumo. A força de trabalho era contratada, em muitas ocasiões, sob condições que alguns autores chamaram de regime de salário arcaico.[24] Pouco a pouco, as relações capitalistas de produção foram se impondo na relação capital-trabalho, mas esse foi também um processo no qual se exacerbou o caráter negativamente determinado.[25] O consumo dos trabalhadores, nesse período, apresentava três formas principais, com suas respectivas fontes de bens consumidos: (i) consumo oriundo da produção de subsistência (produção para autoconsumo) e sob a forma de produção mercantil simples, que podia coexistir com relações de assalariamento, no contexto da tendência introduzindo a compra e venda de força de trabalho; (ii) consumo de mercadorias compradas de antigos mercados abastecedores de alimentos para os braços em atividade nas economias de *plantation* e enclaves mineiros (charque rio-platense e rio-grandense para escravaria em Cuba e no Brasil, trigo chileno para trabalhadores das minas andinas e do altiplano etc.) e fornecidos mediante salário em espécie nas *tiendas de raya* ou entregues diretamente para reprodução do elemento humano dos meios de produção (onde a escravidão ainda seguia importante);[26] (iii) consumo monetizado, no mercado, sob relações marcadamente de assalariamento.

Enquanto as duas primeiras modalidades de consumo correspondiam à produção mercantil simples ou a formas antediluvianas do capital, a terceira expressava o consumo sob forma mais diretamente capitalista. Mas, naquele período, esta última modalidade de consumo interno não era uma esfera de realização que imprimisse dinamismo à economia latino-ameri-

---

[24] Ver, por exemplo, Campi, Daniel. "La evolución del salario real del peón azucarero en Tucumán (Argentina) en un contexto de coacción y 'salario arcaico' (1881-1893)". *América Latina en la Historia Económica*, Cidade do México, n. 22, julio-diciembre 2004, p. 105-128.

[25] Para o caso brasileiro, ver, por exemplo: Martins, José de Souza. *O cativeiro da terra*. São Paulo: Contexto, 2010. 9ª ed. revista e ampliada; e Barbosa, Alexandre de Freitas. *A formação do mercado de trabalho no Brasil*. São Paulo: Alameda, 2008.

[26] Para um exame da Segunda Escravidão, que vigiu no século XIX combinando o uso do trabalho escravo com tecnologias da Segunda Revolução Industrial, ver Marquese, Rafael e Sales, Ricardo (orgs.). *Escravidão e capitalismo histórico no século XIX. Cuba, Brasil e Estados Unidos*. Rio de Janeiro: Civilização Brasileira, 2016.

cana.²⁷ Isso estimulou, sob o funcionamento da economia exportadora, que se afiançasse um regime de superexploração.²⁸ O fato de a realização das mercadorias se dar sobretudo no mercado externo foi um incentivo ao regime de superexploração, que entrou em marcha também como mecanismo de compensação frente às desvantagens em que os capitalistas locais se encontravam em relação ao controle do comércio mundial e das tecnologias e das finanças por capitalistas de outros lugares – aqueles do capitalismo central.

Desta feita, a acumulação se completava em circuitos externos. Já existiam burgueses, internamente, no sentido estrito da palavra.²⁹ Mas o desenvolvimento desigual fazia com que a lógica do capitalismo industrial assumisse feições particulares. Um exemplo ilustra bem o caso. Em 1852, um alemão de nome Otto Bemberg emigrou para a Argentina. Trabalhando no comércio de exportação e importação, fazia o suprimento de cerveja, comprada da Alemanha e distribuída na região de Buenos Aires. Aquele sujeito procurou o que na época se chamava um bom casamento, contraindo matrimônio com a filha de um grande proprietário de terras, seu acesso à alta sociedade e suas posses – o espírito do *bourgeois* não prescindia do espírito do *rentier* fundiário. Mas contando, depois, com os pecúlios de seu próprio processo de "acumulação originária", Bemberg criaria sua engarrafadora, que seria a primeira fábrica de cerveja argentina, a famosa cervejaria Quilmes, com um tipo de produção já pertencente a um período posterior, que daria vida ao padrão industrial internalizado, quando o ramo de alimentos e bebidas passaria a produzir mercadorias como parte da indústria de bens-salário.³⁰

Mas sob a *economia exportadora*, cujos dias durariam, na América Latina, até pelo menos o final dos anos 1920,³¹ as classes proprietárias faziam ainda mais pouco caso do consumo a que os trabalhadores podiam aceder. E

---

27 Não confundir essa colocação com ausência de mercado interno.
28 Este, ao contrário do que foi sugerido por alguns autores, não era a prevalência de formas antediluvianas do capital. Ver a Nota Prévia no capítulo 3 deste livro.
29 Ver os estudos publicados em Florescano, Enrique (org.). *Orígenes y desarrollo de la burguesía en América Latina. 1700-1955*. Cidade do México: Nueva Imagen, 1985.
30 Luce, Mathias Seibel. O processo de industrialização na América Latina. Dissertação apresentada em concurso para o provimento do cargo de Professor de História da América. Porto Alegre: Universidade Federal do Rio Grande do Sul/Departamento de História, 2011, mimeo. Para a definição de padrão industrial internalizado, ver Osorio, Jaime, *Padrão de reprodução do capital...*, *op. cit.*
31 A rigor, o período agromineiro-exportador, enquanto em algumas economias da região durou até 1930, quando se transitou para *formações sociais industriais-dependentes*, em outras ele se estendeu até a Segunda Guerra Mundial, após a qual teve início processo de industrialização sob controle monopolista do capital estrangeiro. Ver Bambirra, Vania, *El capitalismo dependiente latinoamericano*, *op. cit.*

isto pelas razões já vistas sobre a esfera da realização consubstanciada no mercado externo. Assim, o consumo que cumpria importância era o seu próprio consumo suntuário, signo de seu domínio e privilégio na sociedade oligárquica.[32] Assim bradou dom Artemio Cruz, personagem da novela de Carlos Fuentes ambientada no México dos dias finais do porfiriato, que virava suas últimas páginas, com o início da Revolução de 1910:

> [...] sabe qual é minha verdadeira casa. Lá poderia deleitar-me vendo essas coisas que tanto amo. Estaria abrindo os olhos para admirar um teto de vigas antigas e cálidas; teria ao alcance da mão o manto de ouro que adorna minha cabeceira, os candelabros da mesa de jantar, o veludo dos espaldares, o cristal da Bohemia de meus copos. E ela estaria arrumada como costumo ordenar.[33]

Discursos como esse não eram alheios ao cotidiano da sociedade oligárquica latino-americana, em sua era de ouro das exportações. E vestígios dessa época podem ser observados na atualidade em diferentes lugares,[34]

---

[32] Para um estudo do caráter reacionário do liberalismo oligárquico, ver Fernandes, Florestan. *A Revolução Burguesa no Brasil*. São Paulo: Difel, 1974. Ver também Ansaldi, Waldo e Giordano, Verónica. "El orden en sociedades de dominación oligárquica", em: *América Latina. La construcción del orden*. Tomo I. De la colonia a la disolución de la dominación oligárquica. Buenos Aires: Ariel, 2012.

[33] Fuentes, Carlos. *La Muerte de Artemio Cruz*. Cidade do México: Fondo de Cultura Económica, 1983. 8ª reimpressão, p. 31.

[34] Em Recife, em um prédio de estilo neoclássico, está sediado hoje o Museu Estadual de Pernambuco. O palacete Estácio Coimbra foi erigido a mando do dr. Augusto Frederico de Oliveira, o barão de Beberibe, para seu filho. Um dos maiores traficantes de escravos e homens mais ricos da Pernambuco do século XIX, o barão importou o que havia de mais luxuoso para decorar a casa de seu primogênito. Para a entrada do prédio, mandou trazer musas gregas esculpidas em mármore e outro conjunto de estátuas representando os escravos da cavalaria francesa na Argélia, estas encomendadas especialmente da França, da célebre Fundição Val D'osne. Em São Paulo, no bairro nobre de Higienópolis, resta ainda, junto a um grande *shopping center*, a construção de um dos grandes barões do café – cujos lustres, cristais, espelhos, prataria e candelabros eram itens costumeiros que constavam do rol de objetos da esfera alta do consumo suprida pelo mercado externo. Ostentando seu fino brilho, remetem a grandes jantares de luxo que reuniam comensais dos círculos de poder da época. Na Cidade do México, na Calle Francisco I. Madero, próxima da Plaza del Zócalo, encontra-se a agradável Casa dos Azulejos, onde funciona hoje uma loja de uma famosa rede de restaurantes local e onde no passado fora a sede do Jockey Club da capital. Durante vinte anos, o salão reformado servira de ponto de encontro da oligarquia mexicana e de homens de negócio do estrangeiro, que se reuniam entre apostas e jantares regados a finos vinhos e pratos franceses, refletindo um lugar de *status* durante os anos do porfiriato. Com o mesmo estilo arquitetônico original, o prédio conserva os azulejos de *talavera poblana* que a família da condessa do Vale de Orisaba, primeira ocupante do prédio, mandara fazer para adornar suas paredes. Para fechar esse rol de exemplos, em Oruro, Bolívia, fica o Museu Simón I. Patiño, dedicado a um dos três barões do estanho que, segundo alguns, inspirou o personagem dos quadrinhos de Walt Disney, Tio Patinhas.

não faltando exemplos para explicitar algo que é demais evidente: o consumo suntuário das classes dominantes da *economia dependente exportadora*, que conformava uma esfera alta da circulação com valores de uso que se obtinham principalmente do mercado externo, contrastava gritantemente com as condições de vida da grande maioria da população.

Em um momento em que imperavam, nas *haciendas* e nas minas, regimes de salário arcaico e de cruenta exploração da força de trabalho, com apoio da *tienda de raya*, do sistema de barracão, das relações de colonato e do poder patronal nas cidades-acampamento, com implicações sobre as condições de vida das massas camponesas e operárias; em um momento em que a expectativa de vida ao nascer era em torno de 30 anos para a realidade latino-americana e a taxa de analfabetismo, na maioria dos países da região, oscilava entre 60% e 80%[35] esse contraste denota não apenas a oposição entre consumo popular e consumo de luxo. Denota o abismo provocado pelo divórcio entre a estrutura produtiva e as necessidades das amplas massas.

Como revelam as circunstâncias que acabamos de expor, foi a cisão entre mercado externo e mercado interno a primeira a se verificar entre produção e circulação e entre esferas da circulação em si, nas economias dependentes. O que se observa, naquela circunstância, é que

> o sacrifício do consumo individual dos trabalhadores em favor da exportação ao mercado mundial deprime os níveis da demanda interna e erige o mercado mundial em última saída para a produção. Paralelamente, o incremento dos lucros que derivam disto põe o capitalista em condições de desenvolver expectativas de consumo sem contrapartida na produção interna (orientada para o mercado mundial), expectativas que têm que se satisfazer através das importações. *A separação entre o consumo individual fundado no salário e o consumo individual engendrado pela mais-valia não acumulada origina, pois, uma estratificação do mercado interno, que é também uma diferenciação de esferas de circulação*: enquanto a esfera 'baixa', em que participam os trabalhadores – que o sistema se esforça por restringir – se baseia na produção interna, a esfera 'alta' de circulação, própria aos não trabalhadores – que é a que o sistema tende a alargar –, se imbrica com a produção externa, através do comércio de importação.[36]

Mesmo que pairem dúvidas sobre essa hipótese, fato é que Patiño chegou a ser listado como um dos homens mais ricos do mundo no seu tempo. No museu que leva seu nome e na mansão em estilo neoclássico que ele habitou com sua família, encontram-se móveis estilo Luís XV, XVI, XVII, trazidos da Europa para alimentar seu luxo.

[35] Bértola, Luis e Ocampo, José Antonio. *Desenvolvimento, vicissitudes e desigualdade. Uma história econômica da América Latina desde a independência.* Madri: Secretaria General Iberoamerica, 2012, p. 124, Tabela 3.14. Indicadores sociais na América Latina, 1870-1930.

[36] Marini, Ruy Mauro, *Dialética..., op. cit.*, p. 54. Itálico nosso.

Trata-se da situação observada durante o período da *economia dependente exportadora*. No princípio, a cisão no ciclo do capital assumia características mediante as quais ela se mesclava sob a dupla cisão entre esfera do mercado externo e do mercado interno e entre esfera baixa e esfera alta do consumo, em tendências contraditórias que se fundiam, do ponto de vista da realização do capital.[37] Esse quadro começa a se modificar parcialmente a partir da década de 1890 em alguns países da região, com o surgimento de uma burguesia vinculada ao mercado interno, inicialmente voltada para a produção de artigos que serviam de insumo para a indústria de processamento de matérias-primas e, logo mais, para a produção de bens de consumo final. São esses os países que criarão condições para – na conjuntura do afrouxamento relativo dos laços de dependência, que foi a aguda crise e estremecimento do funcionamento da economia internacional nas duas guerras mundiais e na crise de 1929 – deslanchar um processo de industrialização, dentro dos limites e possibilidades do que a dependência comporta e permite.[38]

Mas nas últimas décadas do século XIX, enquanto a América Latina vivia o Estado oligárquico e sua era das exportações, com a cisão comentada anteriormente, a Europa e os EUA atravessavam outras transformações. E o papel cumprido pela América Latina era parte disto e não foi pequeno.

O papel das exportações latino-americanas no trânsito do eixo da acumulação baseado na mais-valia absoluta para a mais-valia relativa no capitalismo central

A dialética da dependência por detrás da realidade latino-americana, no período histórico em questão, é que enquanto se impunha aqui sacrifícios ao consumo individual dos trabalhadores em favor da exportação ao mercado mundial e se provocava uma cisão no ciclo do capital, esse mesmo sacrifício permitia, *pari passu*, que as economias do capitalismo central pudessem transitar para uma nova configuração nas relações capitalistas:

> a criação da grande indústria moderna teria se visto fortemente obstaculizada se não houvesse contado com os países dependentes. E teria que haver se realizado sobre uma base estritamente nacional. Com efeito, o desenvolvimento industrial supõe uma grande disponibilidade de bens agrícolas, que permita a especialização de parte da sociedade na atividade especificamente industrial. No caso da industrialização europeia, o recur-

---

[37] Esta foi a determinação principal, sem desconsiderar que parte da esfera alta pode constituir, ainda que em menor proporção, parte do mercado interno, e que, em períodos históricos mais avançados, parte do consumo da esfera baixa pode ser direcionada para o mercado externo, em alguns poucos lugares.

[38] Bambirra, Vania, *El capitalismo dependiente latinoamericano, op. cit.*

so à simples produção agrícola interna teria freado a extrema especialização produtiva que a grande indústria tornava possível. O forte incremento da classe operária industrial e, em geral, da população urbana ocupada na indústria e nos serviços, que se verifica nos países industriais no século passado [XIX], não teria podido ter lugar se estes não tivessem contado com os meios de subsistência de origem agropecuário, proporcionados de forma considerável pelos países latino-americanos. Isto foi o que permitiu aprofundar a divisão do trabalho e especializar os países industriais como produtores mundiais de manufaturas.[39]

A respeito desta transformação referida, se por um lado não podemos sobre-estimar o papel cumprido pelas exportações latino-americanas, não resta dúvida de que elas coadjuvaram com destacada importância esse processo. Sua contribuição deu-se não somente mediante o fornecimento de alimentos que liberavam força produtiva do trabalho no campo, mas também mediante matérias-primas que se destinavam ao consumo da produção industrial,[40] a qual ia criando novos ramos da indústria e ativando novas tendências e relações.

Desta feita, ao contarem com uma oferta abundante de alimentos e matérias-primas lançados no mercado mundial, as economias centrais absorveram um fluxo de valores de uso e de valor que implicaram não somente a contribuição física daquelas mercadorias, mas um papel particular contribuindo para a elevação da taxa de lucro, que cumpriu uma função especial no desenvolvimento do capitalismo:

> O que importa considerar aqui é que as funções que a América Latina cumpre na economia capitalista mundial transcendem a mera resposta aos requerimentos físicos induzidos pela acumulação nos países industriais. *Além de facilitar o crescimento quantitativo destes, a participação da América Latina no mercado mundial contribuirá a que o eixo da acumulação na economia mundial se desloque da produção de mais-valia absoluta à de mais-valia relativa*, ou seja, que a acumulação passe a depender[41] mais do aumento

---

[39] *Dialética...*, op. cit., p. 20-21.
[40] "À sua capacidade [da América Latina] para criar uma oferta mundial de alimentos, que aparece como condição necessária de sua inserção na economia internacional capitalista, se agregará logo a de contribuir para a formação de um mercado mundial de matérias-primas industriais, cuja importância cresce em função do próprio desenvolvimento industrial. O crescimento da classe trabalhadora nos países centrais e a elevação ainda mais notável de sua produtividade, que resultam do advento da grande indústria, levaram a que a massa de matérias-primas voltada para o processo de produção aumentasse em maior proporção. Esta função, que chegará mais tarde à sua plenitude, é também a que se revelaria como a mais duradoura para a América Latina, mantendo toda sua importância ainda depois que a divisão internacional do trabalho tenha alcançado um novo estado". *Dialética...*, op. cit., p. 21-22.
[41] A palavra dependência é utilizada nesta frase não no sentido categorial (da categoria dependência), mas no sentido de necessitar, requerer.

da capacidade produtiva do trabalho do que simplesmente da exploração do trabalhador. Entretanto, o desenvolvimento da produção latino-americana, que permite à região coadjuvar esta mudança qualitativa nos países centrais, se dará fundamentalmente com base em uma maior exploração do trabalhador. *É este caráter contraditório da dependência latino-americana que determina as relações de produção no conjunto do sistema capitalista o que deve reter nossa atenção.*[42]

Esta citação traz um dos pontos nodais da dialética produção-circulação na configuração histórica do capitalismo dependente, tema que é o cerne deste capítulo. A Europa, logo após transitar da subsunção formal para a subsunção real, pôde colocar em marcha a tendência que foi a passagem do eixo da acumulação baseado na mais-valia absoluta para a mais-valia relativa.[43] A lógica da mercadoria, ao se consolidar dando corpo à economia mundial, na conjuntura entre o advento da Segunda Revolução Industrial e os albores da Primeira Guerra Mundial, foi presidida no capitalismo central valendo-se de meios para expandir a acumulação de capital através do revolucionamento das forças produtivas e da desvalorização real da força de trabalho. E a transformação das relações de classe, além de ter engendrado a relação-valor como força mundial naquela conjuntura,[44] desdobrou-se nas economias dominantes elevando a produtividade do trabalho e incrementando a participação da mais-valia relativa como método para a extração e apropriação de trabalho excedente. O que estamos afirmando é que o processo em tela, mais do que alguns poderiam esperar, contou também com o papel de periferias como a região latino-americana nas relações de causalidade das mudanças operadas. E que isto se deu de maneira contraditória, conforme dito na citação anterior.

O sentido antitético da transformação em questão é o que expressa o desenvolvimento desigual ou a determinação negativa da lei do valor em seu desdobramento histórico. O que em uma parte foi o deslocamento do eixo de acumulação baseado na mais-valia absoluta para a mais-valia relativa, em outra foi o afiançamento de uma modalidade de acumulação baseada na exploração mediante maior desgaste da energia vital do trabalhador. Enquanto a América Latina coadjuvou o primeiro trânsito, ocorrido no capitalismo central, auxiliando-o a operar aquela passagem, ela própria permaneceria alheia a esta mesma tendência na configuração do eixo da sua acumulação. Por conseguinte, enquanto as economias do

---

[42] *Dialética...*, op. cit., p. 22-23. Itálico nosso.
[43] Na verdade, não somente a Europa, mas todas as demais realidades nacionais que se converteram em formações econômico-sociais do capitalismo dominante, como EUA e Japão.
[44] Tratamos desse tema no capítulo 1.

capitalismo central tinham o processo de mudança da subsunção formal para a subsunção real sucedido por condições que logo marcariam o deslocamento do eixo da acumulação baseado na mais-valia absoluta para a mais-valia relativa; as do capitalismo dependente trilhavam sua própria passagem à subsunção real sem que ocorresse esta imbricação com a segunda tendência.[45]

Em resumo: o trânsito da subsunção formal à subsunção real, sob a condição dependente, pôs em marcha a primeira cisão no ciclo do capital nas formações econômico-sociais emancipadas do colonialismo europeu, quando elas se encontravam em seus primeiros decênios de vida independente. Entretanto, essa mesma relação, contraditoriamente, cumpriu um papel para que o capitalismo central, onde antes se verificara essa transição em questão, levasse a cabo outra transformação, com a passagem do eixo da acumulação para a mais-valia relativa.

Três exemplos históricos significativos corroboram como esse processo foi ganhando contornos e influenciando tanto o fluxo de valores de uso, como o fluxo de valor entre as distintas economias e no âmbito interno delas. Tomemos primeiro o caso do salitre ou nitrato chileno.

As exportações do nitrato chileno

Quem visita o deserto do Atacama na atual região do território chileno conhecida como Norte Grande[46] pisará sobre o solo onde a ação da natureza formou, durante milênios, os depósitos que fizeram cruzarem-se os caminhos do Chile e do capitalismo mundial em uma mesma página histórica. A 47 km do porto de Iquique, na província de Tarapacá, restam ainda as instalações de Santa Laura e Humberstone, as duas oficinas salitreiras que exploraram as maiores jazidas de nitratos do mundo, durante o período de meio século em que teve duração a era do salitre.[47]

Em documento de 2005, por ocasião da petição dirigida à Unesco para reconhecimento do *status* de patrimônio cultural da humanidade a estes dois sítios históricos, o Estado chileno declarou que "ambas as

---

[45] Não confundir esta colocação com ausência de mais-valia relativa. Estamos tratando é da configuração do *eixo* em que se articula a acumulação.

[46] As províncias de Tarapacá e Antofagasta foram incorporadas ao território do Chile na Guerra do Pacífico e pertenciam, respectivamente, ao Peru e à Bolívia antes do conflito. Este selou o controle pelo Chile das jazidas de salitre localizadas em ambas as províncias e a perda pela Bolívia de sua saída para o mar, com diferendos territoriais que persistem até hoje. Ver Cluny, Claude Michel. *Atacama. Ensayo sobre la Guerra del Pacífico, 1879-1883*. Cidade do México: Fondo de Cultura Económica, 2008; e Bonilla, Heraclio. *Un siglo a la deriva. Ensayos sobre el Perú, Bolivia y la Guerra*. Lima: Instituto de Estudios Peruanos, 1980.

[47] Nas páginas que seguem, usamos alternativamente os termos nitratos chilenos e salitre.

oficinas salitreiras são de enorme valor universal, enquanto os únicos vestígios remanescentes de uma indústria que [...] indiretamente respaldou a revolução agrícola de finais do século XIX em muitas partes do mundo".[48]

A importância conferida à era chilena do salitre extrapola os fins do discurso que procura enaltecer o Estado nacional. Como é de conhecimento, é o nitrogênio o mais importante aliciente para a fixação dos nutrientes nas plantas.[49] Por cinco décadas, entre 1880 e 1930, os nitratos chilenos foram a principal fonte de nitrogênio no mercado mundial. O salitre extraído do *mar de sal* incrustado na aridez do Atacama chegou até as lavouras da Inglaterra, Alemanha, França, EUA, Holanda e Bélgica para servir de fertilizante com fins de elevação da produtividade da terra.[50]

Na Tabela 8, relacionamos um conjunto de indicadores que traduzem a importância do nitrato chileno naquele período de formação/expansão do mercado mundial.

A série histórica registra que a participação relativa do nitrato chileno na produção mundial de nitrogênio foi de 30% em 1870 (30 mil t); 82% em 1880 (50 mil t); 61% em 1900 (220 mil t); 59% em 1910 (360 mil t) e 43% em 1920 (410 mil t).[51] Reino Unido, Alemanha e França foram os maiores consumidores finais do salitre nos decênios entre 1880 e 1900, recebendo juntos, em média, 71% do produto. A Alemanha despontou como o principal destino após 1880, mantendo-se como o primeiro comprador até 1913, quando atingiu a cifra mais alta da série histórica, com 37% do consumo mundial dos nitratos chilenos. Naquele mesmo ano, quase metade de todo o nitrogênio consumido pela economia alemã, em rápido processo de industrialização e ingressando no rol das potências imperialistas, era suprido por nitrato chileno. A partir de 1900, houve queda das vendas para Reino

---

[48] Unesco World Heritage Centre. *Humberstone and Santa Laura (Chile)*. N.1178 (Petição de 16 de janeiro de 2004). Disponível em: < http://whc.unesco.org/document/151955>. Acesso em: maio 2014.

[49] Nitrogênio, potássio e fosfato são os três principais elementos químicos disponíveis na natureza que cumprem função determinante na fixação de nutrientes nas mais diferentes espécies de cultivos.

[50] A era do salitre teve início simultaneamente ao ocaso do ciclo do guano peruano (outro fertilizante natural, obtido à base de excrementos acumulados de aves marinhas), o qual suplantou. O ciclo do salitre estendeu-se em alta até a aplicação industrial da amônia sintética – após a descoberta tecnológica que foi o processo Faber-Bosch, ao término da Primeira Guerra Mundial. Para um estudo da economia salitreira, ver Soto Cárdenas, Alejandro. *Influencia británica en el salitre. Origen, naturaleza y decadencia*. Santiago de Chile: Editorial Usach, 2005.

[51] Neste último decênio já sombreada pela amônica sintética, cuja colocação no mercado tomaria o lugar do salitre definitivamente em 1930.

Unido e França e aumento do uso do salitre nos EUA e Bélgica. Os EUA, especialmente, responderiam pelo maior crescimento relativo do consumo do fertilizante nas décadas seguintes, passando de 11% em 1900 para 19% em 1913 e 78% em 1919, quando na Europa Ocidental já era realidade o sucedâneo encontrado na amônia sintética.

Tabela 8 – Participação dos nitratos chilenos no mercado mundial de fertilizantes (nitrogênio). (1870-1930)

Produção mundial de nitrogênio por processo (em mil toneladas) (1)							
Fertilizante/ano	Nitrato chileno	Guano	Sulfato de amônio (por coqueria)	Cianamida de Cálcio	Nitrato de Cálcio	Amônia sintética	Total
1870	30	70	0	0	0	0	100
1880	50	30	0	0	0	0	80
1890	130	20	-	0	0	0	150
1900	220	20	120	0	0	0	360
1910	360	10	230	10	-	-	610
1920	410	10	290	70	20	150	950
1930	510	10	425	255	20	930	2.150
Consumo dos nitratos chilenos (2)							
Ano/país	EUA	Reino Unido	Alemanha	França	Países Baixos	Bélgica	Itália	Espanha
1880	15%	28%	27%	17%	9%	4%	-	-
1890	9%	13%	34%	28%	6%	10%	1%	-
1900	11%	10%	36%	21%	7%	13%	2%	-
1913	19%	6%	37%	14%	7%	14%	2%	-
1919	78%	1%	0	7%	7%	4%	1%	3%
Queda nos preços dos fertilizantes (média) (3)							
Período		País			Queda		
1880-1905/13		Alemanha			55%		
1882-1910		Suíça			42%		
1879-1910		Reino Unido			47%		
Consumo de nitrogênio pela Alemanha em 1913 (4)							
Consumo total		Consumo de nitrato chileno			% nitratos chilenos no consumo total de nitrogênio pela Alemanha		
222.500 toneladas		106.500 toneladas			47,86%		

Fontes:
(1) D. S. G. Pollock. *Nitrates, water and salt: maintaining the fertility of africulture*. Disponível em: <http://www.le.ac.uk.users/dgsp1/recent/nitrates.pdf>. Acesso em: jan. 2015;
(2) R. Sicotte; C. Vizarra; K. Wandschneider. *The chilean nitrate industry: external shocks and policy responses. 1880-1935*. Disponível em: <www.uvm.edu~econ/documents/finalutrechtpaper.pdf>. Acesso em: jan. 2015;
(3) J. L. Van Zanden. "The first green revolution: the growth of production and productivity in European agriculture, 1870-1914". *Economic History Review*, XLIV, 2 (1991), p. 215-239;
(4) Mirko Lamer. "Potential fertilizer production". Em: *The World fertilizer economy*. California: Stanford University Press, 1987, p. 10.

Além de comprovar o peso das exportações de uma economia latino-americana no suprimento físico de uma mercadoria que cumpria função essencial no capitalismo central, os dados da Tabela 8 oferecem outras evidências de suma importância. Entre 1880 e 1910, ou seja, durante a Segunda Revolução Industrial,[52] o consumo de fertilizantes (em kg/hectare) mais que quadruplicou na Alemanha, França, Bélgica e Dinamarca e dobrou no Reino Unido. Ao mesmo tempo, verificou-se queda nos preços dos fertilizantes, em média, na ordem de 55% na Alemanha no intervalo 1880-1905/13; 42% na Suíça em 1882-1910; 47% no Reino Unido em 1870-1910.[53]

O aumento do consumo por hectare pode significar várias coisas.[54] Seja como for, o certo é que houve um incremento em termos absolutos (total de toneladas consumidas) e relativos (consumo de kg/hectare) do volume de fertilizantes demandados pela agricultura das economias do capitalismo central. O volume aumentara, enquanto os preços de mercado caíam e supriam agora uma demanda crescente pelo insumo. Como explicá-lo? Essa relação dava-se nos mesmos termos explanados no capítulo 1, no tópico sobre a apropriação de renda da terra. Não era somente o aspecto do valor de uso dos nitratos que coadjuvava a expansão das economias centrais. A riqueza desta mercadoria em termos capitalistas era convertida em *quantum* de valor apropriado pelas casas comerciais do negócio salitreiro e pelos capitalistas agrários que o aplicavam nos campos da Europa, EUA e outras paragens.[55] Quer dizer: um *quantum* substancial da renda da terra de que o salitre era portador, ao se metamorfosear em preços no mercado mundial, era apropriado em parte pelos capitalistas que dominavam seu negócio; em parte pelos que o compravam e o aplicavam

---

[52] Entendemos por Segunda Revolução Industrial as transformações do capitalismo produzidas no último quartel do século XIX, com a introdução do aço, da eletricidade, do motor de combustão, da indústria química e do petróleo, no contexto de elevação da composição orgânica e do aumento da concentração e centralização do capital, marcando o passo do advento da fase superior do capitalismo ou seu estágio imperialista. Esse processo fez expandir enormemente as necessidades de matérias-primas e insumos pelas economias dominantes. Ver Lenin. *Imperialismo, estágio superior do capitalismo, op. cit.*; ver também Eric Hobsbawm, para quem a Segunda Revolução Industrial "reforçou, mais que substituiu a antiga [a I Revolução Industrial]". *A era dos impérios. 1875-1914*. Rio de Janeiro: Paz e Terra, 1998. Trad. Sieni Maria Campos e Yolanda de Toledo, 5ª ed., p. 181-182.

[53] Van Zanden, J. L. "The first green revolution: the growth of production and productivity in European agriculture, 1870-1914". *Economic History Review*, v. XLIV, n. 2, 1991, p. 215-239.

[54] Desde um uso mais intensivo do solo, passando pela expansão das terras cultivadas com a combinação de uso mais extensivo e intensivo, até a necessidade de recuperação da renda da terra devido à sua queda por exaustão dos nutrientes em áreas degradadas.

[55] John Bellamy Foster e Brett Clark, abordando outro importante ângulo de análise dessa questão, caracterizaram-na como expressando o que eles denominam *imperialismo ecológico*. Ver, dos autores, "Imperialismo ecológico. La maldición del capitalismo". *Socialist Register 2004. El nuevo desafío imperial*. Disponível em: <http://www.socialistregister.com>. Acesso em: out. 2016.

nos campos, na ponta da cadeia de relações, a preços que se barateavam, não obstante o incremento de sua procura.⁵⁶

Essa *transferência de valor* contribuiu para reduzir o valor do capital constante e, indiretamente, do capital variável nos mercados de destino, ao aportar para a elevação dos níveis de produtividade no campo, além de influenciar na concomitante liberação de força de trabalho na agricultura.

Na Figura 3, vemos como as proezas do salitre eram exaltadas em anúncios publicitários da época.

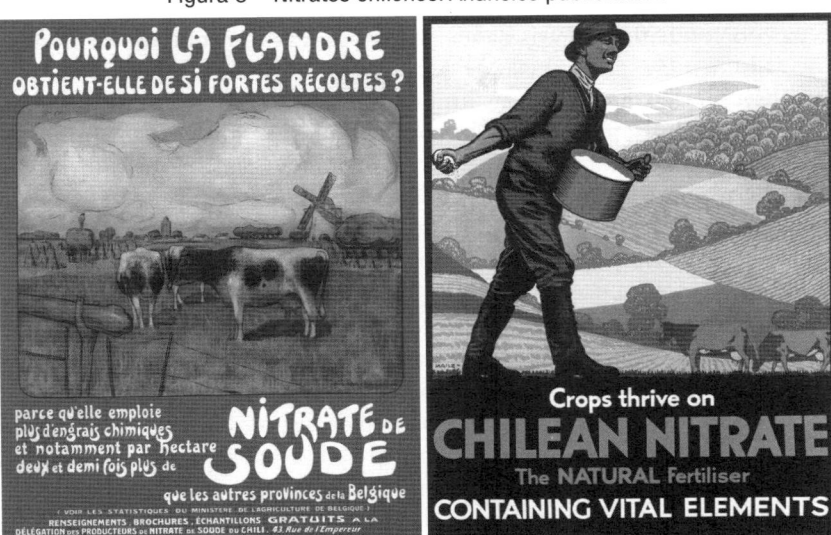

Figura 3 – Nitratos chilenos. Anúncios publicitários

Fonte: Archivo Nacional de Chile. Fondo Salitre.⁵⁷

Isto exposto, vê-se que os nitratos chilenos são um exemplo daqueles valores de uso que a América Latina exportou para o Velho Mundo e

---

56   O livre jogo da lei da oferta e da demanda impera *hic e nunc* apenas entre os economistas vulgares. Mesmo sem dispormos de dados estatísticos sobre o preço individual da mercadoria nitrato, não é difícil entrever que as exportações chilenas durante a era do salitre operaram uma transferência de valor, via preços, no mercado mundial.

57   Os cartazes da Figura 3, reproduzidos do acervo do Fondo Salitre do Archivo Nacional de Chile, não possuem data identificada. Contudo, constam do acervo outras peças, com datas que variam a partir de 1899. Primeiro cartaz (Bélgica): "Por que Flandres obtém colheitas tão boas? Porque ela emprega mais adubos químicos e especialmente Nitrato de Sódio duas vezes e meia mais por hectare do que as outras províncias da Bélgica"; segundo cartaz (Reino Unido e Irlanda): "os cultivos crescem bem com nitrato chileno. O fertilizante Natural. Contém elementos vitais". Disponível em: <http://www.salitredechile.cl/home/afiches-del-salitre>. Acesso em: jan. 2017.

que, com seu fluxo de valor, ajudaram a dar vida ao processo que marcou a passagem do eixo da acumulação baseado na mais-valia absoluta para a mais-valia relativa.

Passando de uma matéria-prima para outro produto, desta vez um alimento como o café, vejamos igualmente as implicações de sua exportação para as economias do capitalismo central.

As exportações de café

Em sua obra *Civilização material*, o historiador Fernand Braudel cita o relato de um publicista francês de finais do século XVIII que testemunhara cenas do cotidiano da Paris daqueles tempos, em um momento em que a mercadoria café estava em vias de deixar de ser um artigo de luxo, podendo-se observar trabalhadores consumindo-a nas ruas como ração e estimulante físico para enfrentar extensas jornadas laborais. Segundo esse cronista, os operários "encontravam mais economia, recursos, sabor neste alimento do que em qualquer outro. Em consequência, bebem-no em prodigiosa quantidade, dizem que os sustenta até a noite. Assim, só fazem duas refeições, o almoço e o molho [sopa] verde da noite".[58]

Tem-se notícia do uso do café como energético para ajudar a suportar pesadas fainas desde tempos anteriores ao capitalismo. Entretanto, sua conversão em bem de consumo de massa é uma novidade que data do advento do capitalismo industrial. "A explosão da produção nos países independentes após as Guerras Napoleônicas tornou a bebida disponível para trabalhadores urbanos e até mesmo, ocasionalmente, para habitantes do campo".[59] Dois acontecimentos interligados estão na raiz da mudança que fez do café a bebida signo da nova época que se descortinava: o salto na produção brasileira e a disparada do consumo nos EUA e na Europa do Norte. Foi nos EUA que o café tornou-se pela primeira vez um bem de consumo de massas no sentido pleno da palavra. De acordo com Steven Topik,

> o consumo *per capita* cresceu de dezoito avos de libra em 1783 para nove libras cem anos depois. A explosão populacional dos EUA da ordem de 5 vezes naquele século significa que as importações totais de café cresceram 2.400%! Ao término do século dezenove os EUA estavam consumindo treze libras *per capita* e importando mais de 40% do café mundial [...]. Metade

---

[58] Mercier, Sebastién de. "Tableau de Paris", citado em Braudel, Fernand. "Alimentos e bebidas". Em: *Civilização material, economia e capitalismo, séculos XV-XVIII*, v. 1. São Paulo: Martins Fontes, 2005, p. 230-231. Trad. Telma Costa.

[59] Topik, Steven. "The world coffee market in the eighteenth and nineteenth centuries, from colonial to national regimes". Department of History. University of California. Working Paper n. 04/04, Maio 2004, p. 24. Disponível em: <http://www.lse.ac.uk/economicHistory/Research/gehn/gehnpdf/WorkingPaper04ST.pdf>. Acesso em: fev. 2015.

do crescimento no consumo mundial no século XIX deveu-se ao aumento das compras dos EUA.[60]

Tabela 9 – Participação da América Latina no mercado mundial de café e sua conversão em bem de consumo de massa

Ano	Brasil	Colômbia	América Central	Venezuela	Caribe	América Latina
\multicolumn{7}{c}{Percentual do consumo mundial suprido por vários países latino-americanos (1)}
1843	40	-	-	30	-	70
1875-1885	50	1	5	3	10	69
1900	64	-	-	-	-	-
1905	67	4	9	4	3	87
1910	64	5	8	5	5	87
1915	82	5	7	-	-	94
1920	62	8	9	-	-	90
1925	62	9	8	-	-	89
1930	61	12	10	-	-	89

Mercado mundial de café, 1893-1930 (2)	
	Produção (milhões) sacas / Spot Price Rio7 at NY (US cents)
1893-1894	9,401 / 16,6
1900-1901	15,100 / 6,0
1905-1906	14,792 / 7,9
1910-1911	14,524 / 13,2
1915-1916	20,763 / 9,0
1920-1921	20,283 / 6,4
1925-1926	22,108 / 14,2
1930-1931	24,797 / 7,0

Consumo per capita de café nos EUA e crescimento das importações (3)

Consumo per capita em anos selecionados (em libras)*

1783	(~) 1880	(~) 1900
1/18 de libra	9 libras	13 libras

Crescimento da população e crescimento das importações de café, século XIX (4)

Crescimento da população	Crescimento das importações de café
15 vezes	2.400%

Participação dos EUA nas importações mundiais de café em 1900 (4)

40%

* libras: 1 libra = 0,4535923 kg.
Fontes:
(1) Marcelino Martins e E. Johnston. *150 anos de café* (séries estatísticas) (Com textos de Edmar Bacha e Robert Greenhill). São Paulo: Salamandra, 1992.
(2) Adaptado de Marcelino Martins e E. Johnston. *150 anos de café* (séries estatísticas), *op. cit.*
(3) (4) Steven Topik. *The world coffee market in the eighteenth and nineteenth centuries, from colonial to national regimes*. Department of History. University of California. Working Paper n. 04/04, maio 2004.

---

[60] *Ibid.*, p. 26.

O que os EUA representavam como comprador, o Brasil – e outras economias latino-americanas – eram-no como fornecedor. Suprindo 40% do consumo mundial de café em 1843, o Brasil despontou como o principal exportador da mercadoria nas décadas seguintes, com 50% em 1875-1885, 64% em 1900, 67% em 1905, 64% em 1910 e 82% em 1915 – quando atingiu seu auge. Nos lustros seguintes, se manteria em torno da casa dos 60%, enquanto a Colômbia e, em menor medida, a América Central ganhariam espaço como fornecedores também do produto. Durante todo o período da série histórica, a América Latina oscilou entre 70% e 90% do suprimento do consumo mundial de café. Essas cifras podem ser observadas na tabela 9.

O aumento do consumo *per capita* nos diz algo de relevo sobre a importância do café como valor de uso consumido. Ao lançar no mercado volumes abundantes que passaram a ser consumidos por mais pessoas e em maior quantidade, o Brasil e outros países produtores contribuíram para o desenvolvimento da acumulação de capital nos EUA e na Europa. O barateamento dos preços do café permitiu sua conversão em bem de consumo de massas, expressando a tendência de redução do valor da força de trabalho, barateando os meios de subsistência que compõem a cesta de consumo dos trabalhadores. A tendência de redução dos preços do café em sua correlação com o aumento da produção é observada no segundo indicador da Tabela 9. Dessa maneira, se na França às vésperas da Revolução burguesa de 1789 a bebida ainda era um ritual de distinção no célebre Palais-Royal, local de encontro erigido a mando do duque de Orléans, em tempos em que recém começava a profusão da bebida em doses ralas entre os membros da classe trabalhadora que a compravam de ambulantes na Paris retratada pela crônica de Sebastién de Mercier;[61] na virada do século XIX para o XX o café tornou-se definitivamente um bem de consumo de massas, isto é, um bem de consumo necessário, no sentido da categoria marxiana.[62]

Na Figura 4, um anúncio comercial de 1921 traz o café representado na sua característica de valor de uso que "ajuda os trabalhadores a aguentarem o dia". Na publicidade, estão estampados os dizeres: "café, uma ajuda

---

[61] Segundo Steven Topik, "[ainda] no começo do século dezenove o café era visto como um item de luxo, um signo de distinção burguesa". *Ibid.*, p. 25.

[62] Bens de consumo necessário são aqueles consumidos correntemente pelos trabalhadores, enquanto bens de consumo suntuário são os que não são consumidos habitualmente por estes, mas acessados particularmente pela classe capitalista e a pequena burguesia, sendo sua demanda oriunda da mais-valia não acumulada. Ver Marx, Karl, *O capital*, Livro II (São Paulo: Boitempo, 2014. Trad. Rubens Enderle). Ver também Marini, Ruy Mauro, "O ciclo do capital na economia dependente". Em: Ferreira, Carla, Osorio, Jaime e Luce, Mathias Seibel (orgs.). *Padrão de reprodução do capital: contribuições...*, op. cit.

para a eficiência na fábrica", acompanhados da imagem de um trabalhador de boné com expressão de ânimo, sorvendo uma xícara.

Figura 4

> **COFFEE**
>
> *"Coffee An Aid to Factory Efficiency"*
>
> This is the title of a booklet that will help you open a new field of distribution.
>
> It tells the experience of a well known manufacturer who found that good coffee, served free to workmen, pays big dividends.
>
> This booklet builds sales. It should be in the hands of every COFFEE man. Write for a free copy.
>
> Have you joined THE COFFEE CLUB?
>
> JOINT COFFEE TRADE PUBLICITY COMMITTEE
> 74 Wall Street, New York.

Fonte: Mark Pendergrast. *Uncommon grounds: the history of coffee and how it transformed our world.* New York: Basic Books, 2010, parte 2, p. 7.

Além de narrar as mudanças nos hábitos de vida, os testemunhos e as cifras que coligimos põem em evidência duas questões: como a oferta abundante de matérias-primas e alimentos baratos que se criou a partir da América Latina contribuiu para a passagem do eixo da acumulação baseado na mais-valia absoluta para a mais-valia relativa nos países centrais; e como esse processo foi, a uma só vez, desenvolvimento e subdesenvolvimento, ou melhor, desenvolvimento do subdesenvolvimento, traduzido em termos mais rigorosos pela categoria *dependência*.

O capitalismo do século XIX e princípios do XX gerou uma estrutura produtiva responsável por tornar mercadorias como o café um valor de uso corrente na sociabilidade que se criava, passando a bem de consumo necessário tanto do ponto de vista da reprodução do valor da força de trabalho, quanto do processo de trabalho. Mas, principalmente – e o que é menos evidente – de maneira tal a coadjuvar o processo de deslocamento do eixo da acumulação baseado na mais-valia absoluta para a mais-valia relativa. Consideremos agora outro exemplo mais, o das exportações de carne.

As exportações de carne

Dois detratores da TMD bradaram em tom triunfal, em 1978, o que acreditavam ser sua refutação cabal dos argumentos de Marini. Fernando Henrique Cardoso e José Serra publicaram naquele ano suas *Desventuras da Dialética da Dependência*,[63] um libelo virulento repleto de afirmações distorcendo o pensamento de Marini, atribuindo-lhe falsas teses para melhor combatê-lo. Em uma passagem das *Desventuras...*, Cardoso e Serra escreveram:

> não queremos entrar no detalhe da discussão sobre o papel histórico das economias periféricas para a acumulação dos países centrais, nem queremos negá-la. Apenas, para examinar com seriedade a questão, não tem cabimento expor uns magros dados sobre as importações inglesas e, sem mais análise, aventurar-se a uma teorização sobre o papel da periferia – dentro dela a América Latina – no processo de acumulação de capital dos países centrais.[64]

Prosseguindo em sua "crítica" ao texto fundador da TMD, Cardoso e Serra afirmaram: "basta, como argumento, olhar os dados: de todos os produtos listados, a América Latina poderia ter uma participação importante apenas na exportação de carne (que dificilmente seria bem de consumo importante dos trabalhadores ingleses) e de trigo".[65] Ora, o que a

---

[63] Como é de conhecimento, o texto de Cardoso e Serra e a réplica de Marini (*Las razones del neodesarrollismo*) foram publicados conjuntamente em número especial da Revista Mexicana de Sociologia em 1978. Todavia, o texto das *Desventuras...* foi divulgado no Brasil sem a resposta de Marini, na revista do centro de pesquisa em que Cardoso era um dos diretores. Sobre essa questão, ver Prado, Fernando Corrêa. "História de um não debate: a trajetória da teoria marxista da dependência no Brasil". *Comunicação & Política*, Rio de Janeiro, v. 29, n. 2, 2011, p. 68-94. Ver, também, nota de rodapé n. 5, na introdução deste livro.

[64] Cardoso, Fernando Henrique e Serra, José, *op. cit.* p. 54, nota 20.

[65] *Ibid.*, p. 54.

evidência concreta nos revela é precisamente que a carne tornou-se *bem de consumo importante* dos trabalhadores ingleses! E graças, em boa medida, às exportações latino-americanas. Segundo pesquisas do historiador econômico John Hutman e, também, de Eric Hobsbawm, entre 1870-1896, verificou-se aumento de 30% no consumo *per capita* de carne na Inglaterra. Para esse crescimento, as importações contribuíram com uma parcela substantiva. O aumento das importações na oferta de carne foi de 200%. A participação da Argentina como origem das importações inglesas de carne congelada passou de 10% em 1880-1890 para 65% em 1910. Outro dado revelador é que, em 1854, eram exportadas da Argentina para a Inglaterra 50 mil toneladas e se pagava por elas 3 milhões de libras esterlinas, ao passo que, em 1910, eram vendidas 950 mil toneladas para o mesmo destino, porém em um total de vendas a um preço de mercado de 16 milhões de libras esterlinas. As cifras que acabamos de expor encontram-se na tabela a seguir.

Tabela 10 – Exportação de carne argentina para Inglaterra

Inglaterra		
Aumento do consumo de carne e participação das importações no seu suprimento. 1870-1896 (1)		
Aumento do consumo de carne per capita	Aumento da proporção de carne importada no suprimento do consumo interno	
30%	200%	
Participação da Argentina como origem das importações inglesas de carne congelada e resfriada (2)		
1880-1890	1910	
10%	65%	
Importações de carne pela Inglaterra. Volume e preços (3)		
Aspectos analisados/ano	1854	1910
Volume físico importado	50 mil	950 mil
Valor das importações (em libras esterlinas)	3 milhões	16 milhões
Preço médio da tonelada (em libras esterlinas)	60	17,1

Fontes:
(1) Eric Hobsbawm. *Da Revolução Industrial inglesa ao imperialismo*. Rio de Janeiro: Forense, 2013, p. 157.
(2) (3) John Hutman. "British meat imports in the free trade era". *Agricultural History*, v. 52, n. 2. Apr. 1978, p. 247-262.

Os dados nos indicam duas conclusões importantes. Primeiro, que as exportações em questão constituíram uma oferta abundante de alimentos baratos, permitindo a incorporação da carne como elemento da cesta de consumo dos trabalhadores ingleses, proporcionando mais-valia relativa.

Segundo, que o esforço exportador aumentou de modo muito superior à quantia em dinheiro recebida pelo volume exportado, em uma forte evidência de *transferência de valor*, via preços, no mercado mundial. Temos aí outro caso em que as exportações latino-americanas foram um elemento importante para a modificação do valor da força de trabalho nas economias centrais.

Isto exposto, percebemos que é correta a formulação de Marini quando sustenta que

> a oferta mundial de alimentos, que a América Latina contribuiu a criar e que alcança seu auge na segunda metade do século XIX, será um elemento decisivo para que os países industriais confiem ao comércio exterior o atendimento de suas necessidades de meios de subsistência. O efeito de tal oferta (ampliado pela depressão dos preços dos produtos primários no mercado mundial[66] [...]) será o de reduzir o valor real da força de trabalho nos países industriais, permitindo assim que o incremento da produtividade se traduza ali em taxas de mais-valia cada vez mais elevadas. Em outros termos, mediante sua incorporação ao mercado mundial de bens-salário, a América Latina desempenha um papel significativo no aumento da mais-valia relativa nos países industriais.[67]

É o que se comprova nos casos do café e da carne e também, indiretamente, no caso do salitre. Neste último, porém, há outro aspecto em atuação. Como é de conhecimento, a elevação da mais-valia relativa, proporcionada pela redução do valor dos meios de subsistência, pressiona pela elevação da composição orgânica do capital, exercendo efeito sobre a queda tendencial da taxa de lucro. A oferta abundante de matérias-primas baratas como o salitre ajuda a contribuir para contra-arrestar, em parte, essa lei tendencial do capitalismo. É assim que as economias dependentes comparecem mediante mais esse expediente nas relações no âmbito do mercado mundial. Esse expediente

> se refere à oferta mundial de matérias-primas industriais, o qual aparece como a contrapartida – sob o ponto de vista da composição-valor do capital – da oferta mundial de alimentos. Tal como se dá com esta última, é mediante o aumento de uma massa de produtos cada vez mais baratos no mercado internacional como a América Latina não só alimenta a expansão quantitativa da produção capitalista nos países industriais, mas também contribui a que se superem os percalços que o caráter contraditório da acumulação do capital cria para essa expansão.[68]

---

[66] Marini refere-se à deterioração dos termos de intercâmbio. A esse respeito, ver item "Deterioração dos termos...", no capítulo 1 deste livro.
[67] *Dialética...*, op. cit., p. 26-27.
[68] *Ibid.*, p. 29.

Temos, pois, a participação da América Latina na redução do valor do capital constante e do capital variável nas economias do capitalismo central, processo que historicamente contribuiu, nestas últimas, para *elevar a mais--valia relativa, contra-arrestar o efeito declinante da taxa de lucro, impulsionar uma industrialização orgânica em seu caráter e contornar as contradições no ciclo do capital*, as quais, sem contar com estas condições do mercado mundial, poderiam resultar em uma cisão entre as esferas da circulação. Desse modo, no capitalismo central, o caráter de sua especialização na divisão internacional do trabalho não provoca uma cisão no ciclo do capital enquanto lei tendencial específica, apesar de as relações entre produção e circulação estarem sempre regidas por contradições imanentes. E as esferas do consumo, ali, apresentam um comportamento que difere daquele sob o capitalismo dependente:

> na economia capitalista clássica, a formação do mercado representa a contrapartida da acumulação do capital: ao separar o produtor dos meios de produção, o capital cria não só o assalariado, ou seja, o trabalhador que somente dispõe de sua força de trabalho, mas cria também o consumidor [...]. A possibilidade que o capitalista industrial tem de obter no exterior, a preço baixo, os alimentos necessários ao trabalhador leva a estreitar o nexo entre a acumulação e o mercado, uma vez que aumenta a parte do consumo individual do operário dedicada à absorção de produtos manufaturados. É por isso que a produção industrial, nesse tipo de economia, centra-se basicamente nos bens de consumo popular[69] e procura barateá-los, uma vez que incidem diretamente no valor da força de trabalho e, portanto – na medida em que as condições em que se dá a luta entre operários e patrões tende a aproximar os salários a esse valor –, incidem na taxa de mais-valia [...] esta é a razão fundamental pela qual a economia capitalista clássica deve orientar-se para o aumento da produtividade do trabalho.[70]

Mas, como veremos a seguir, nas economias dependentes essa tendência não se materializa da mesma maneira. Isso levará, mais tarde, à *segunda cisão*.[71]

---

[69] Nesta passagem, a afirmação "centra-se basicamente nos bens de consumo popular" quer dizer que, nas economias dominantes, a base da estrutura produtiva encontra-se configurada sob uma dialética entre forças produtivas e relações de produção que favorece a desvalorização real do valor da força de trabalho e incide mais diretamente na taxa de mais-valia com recurso ao método da mais-valia relativa, levando à sua generalização para o conjunto dos ramos e setores da produção.

[70] *Ibid.*, p. 59.

[71] "A [pretensa] harmonia que se estabelece, no âmbito do mercado mundial, entre a exportação de matérias-primas e alimentos, por parte da América Latina, e a importação de bens de consumo manufaturados europeus encobre a dilaceração da economia latino-americana, expressada pela cisão do consumo individual total em duas esferas contrapostas. Uma vez que o sistema capitalista mundial chegue a um certo grau de seu desenvolvimento e a América Latina ingresse na etapa da industrialização, deverá fazê-

A DIALÉTICA ENTRE PRODUÇÃO E CIRCULAÇÃO NA FASE DA INTEGRAÇÃO DOS SISTEMAS DE PRODUÇÃO

Diferentemente das economias centrais, que se vincularam ao mercado mundial criando a demanda de bens primários (matérias-primas e alimentos) para sua produção industrial e desenvolvendo as distintas esferas do consumo, a América Latina foi subordinada à economia capitalista produzindo a cisão entre mercado externo e mercado interno, a qual esteve imbricada em um primeiro momento com a cisão que se instaurou entre esfera alta e esfera baixa da realização. Esse foi o desdobramento histórico que chamamos de *primeira cisão*. Veremos agora como se apresentou historicamente a *segunda cisão*. Esta surge nas economias dependentes quando elas se transformam de *formações econômico-sociais dependentes-exportadoras* em *formações econômico-sociais industriais-dependentes*, nos termos de Vania Bambirra.[72]

A segunda cisão: industrialização dependente e cisão entre esfera baixa e esfera alta do consumo

Com o processo de industrialização que teve lugar em alguns países latino-americanos a partir do começo do século XX e a consequente modificação da economia dependente, aconteceu o deslocamento do centro de gravidade da esfera alta da circulação para a produção interna. De acordo com Marini:

> a esfera alta da circulação, que se articulava à oferta externa de bens manufaturados de consumo, desloca seu centro de gravidade para a produção interna, passando sua parábola a coincidir grosso modo com a que descreve a esfera baixa, própria às massas trabalhadoras. Parecera ser, assim, que o movimento excêntrico que a economia exportadora apresentava começava

---

[72] -lo a partir das bases criadas pela economia de exportação. A profunda contradição que terá caracterizado o ciclo do capital dessa economia e seus efeitos sobre a exploração do trabalho incidirão de maneira decisiva no curso que tomará a economia industrial latino-americana, explicando muitos dos problemas e das tendências que se apresentam nela atualmente". *Dialética...*, *op. cit.*, p. 54-55.
Após o período colonial, "[...] o decurso do desenvolvimento do capitalismo na América Latina passa [...] desde uma *formação socioeconômica dependente capitalista-exportadora* para finalmente chegar a uma *formação socioeconômica dependente capitalista industrial*. Porém, são todas sequências e formas de superação de um mesmo processo que corresponde à evolução do capitalismo mundial e que leva a redefinir constantemente as formas que o capitalismo dependente assume". Bambirra, Vania, *El capitalismo dependiente latinoamericano*, *op. cit.*, p. 45-46. Voltaremos a tratar da diferenciação histórica das formações econômico-sociais do capitalismo dependente no capítulo 4.

a se corrigir e que o capitalismo dependente se orientava no sentido de uma configuração similar à dos países industriais clássicos.[73]

A imagem das parábolas chama atenção para o que ocorre com duas tendências históricas que entram em movimento, a partir do processo de industrialização dependente. Temos, por um lado, uma curva descendente dos bens suntuários importados que passaram a ter parte de sua oferta produzida localmente. Por outro lado, temos uma segunda curva, esta última ascendente, da produção interna de bens de consumo necessário, que apresenta seu incremento para uma população trabalhadora e urbana em expansão. O movimento descrito aponta para uma convergência, ainda que cada trilha pertença a esferas de consumo distintas entre si. Sua convergência, porém, é aparente, pois logo após um *intermezzo* durante a vigência do padrão industrial internalizado,[74] as duas esferas do consumo voltam a se afastar. Apresenta-se, por conseguinte, uma contratendência negativamente determinada, mediante novo afastamento que é descrito também por duas novas parábolas, mas em sentido inverso, configurando uma *segunda cisão*. A nova cisão em questão é resultado da internalização da produção da esfera alta do consumo que, sob a condição da economia dependente, objetiva-se em um novo fenômeno: o impulso à produção industrial interna de bens de consumo suntuário sem que o Setor I tivesse se complexificado, sob bases próprias, na produção de máquinas para fazer máquinas. A dependência se repõe, reproduzindo-se ampliadamente sob determinantes adicionais. O que acabamos de expor encontra-se representado nos gráficos da figura 5.

Nas parábolas do gráfico A, é representada a redução da participação de produtos importados suprindo a esfera alta do consumo, do subsetor IIb, frente à ampliação da produção industrial interna de valores de uso de IIa.[75] As curvas descendente e ascendente expressam tendências relacionais, considerando a participação respectiva destes subsetores da produção e das esferas de consumo que lhes correspondem, na realização do capital.

---

[73] *Dialética...*, op. cit., p. 56-57. Esta passagem contém uma descoberta que é pouco observada em comparação com outros temas mais frequentes nas leituras que se fazem de *Dialética...* e nos estudos sobre Marini e a TMD.

[74] A respeito deste padrão de reprodução, ver item "Diferenciação das formações....", no capítulo 4.

[75] Na seção terceira do Livro II de *O capital*, Marx expõe a dialética valor de uso e valor, nas relações de distribuição, e caracteriza os setores da produção capitalista em Setor produtor de meios de produção (Setor I) e Setor produtor de meios de consumo (Setor II). Este último, subdivide-se em subsetor IIa, produtor de bens de consumo necessário, cuja demanda, em geral, provém dos salários, sendo bens consumidos por toda a sociedade; e subsetor IIb, produtor de bens suntuários, cuja demanda provém da mais-valia não acumulada e corresponde ao consumo privado da burguesia e das camadas altas. Ver Marx, Karl, *O capital*, Livro II, op. cit., seção III. A reprodução e a circulação do capital social total.

Conforme colocado por Marini, o fim do movimento *sui generis* parecera ter chegado a seu fim. Contudo, como argumenta o autor de *Dialética...*, não foi assim. Uma nova cisão teve lugar, entre esfera alta e esfera baixa – tendência que se encontra representada no gráfico B.[76] A pergunta que precisa ser respondida é: por que tal deslocamento do centro de gravidade da esfera alta da circulação para a produção interna repôs a *cisão* sob uma nova forma, com o advento de nova cisão agora nas esferas de circulação contrapostas do mercado interno?

Figura 5
A segunda cisão
Deslocamento para a produção interna da demanda gerada pela mais-valia não acumulada sem que o setor I estivesse formado

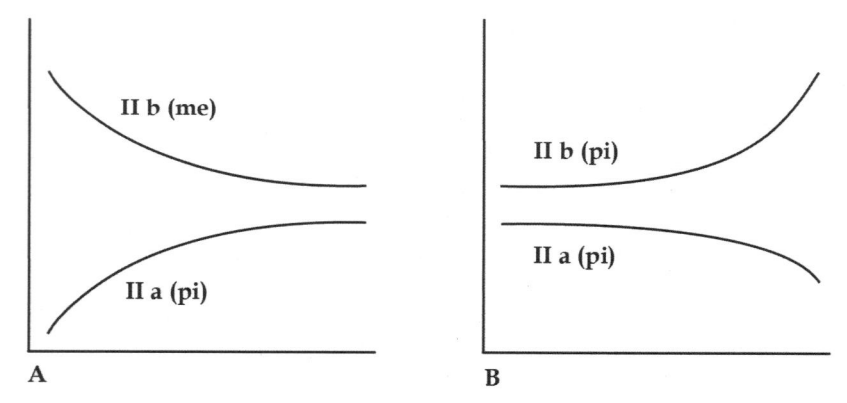

II b(me): importações para atender a demanda de produtos suntuários
II a(pi): produção industrial interna para atender a demanda de bens necessários
II b(pi): produção industrial interna para atender a demanda de bens suntuários
Fonte: elaboração própria.

Na história do capitalismo, não foi a produção de luxo que serviu de arranque para a produção de riqueza sob as relações de produção capitalistas. Foi a produção de bens de consumo de IIa. Nas economias centrais, o alvorecer da produção industrial em massa deu-se com os bens de consu-

---

[76] Para observar a cisão em questão, não se deve esperar que em números absolutos, nos dados da contabilidade social das contas nacionais, a produção industrial de IIb seja de magnitude superior. Não é assim que a realidade se manifesta. A produção em IIb poderá ser inferior que o total de I e de IIa na composição setorial do PIB industrial, mas ainda assim, em termos relativos, cumprir o papel deletério em questão na industrialização dependente. Voltaremos a esse tema mais à frente, neste mesmo capítulo.

mo necessário (têxteis etc.), e a indústria do setor de bens de capital surgiu concomitantemente e como função dela (tear a vapor, lançadeira mecânica etc.). Mais tarde, a produção de bens suntuários, que já existia, ganhou também escala industrial, por exemplo, com o surgimento de bens de consumo duráveis fabricados em série.[77] A produção e o consumo capitalista de bens suntuários vieram, portanto, como sua consequência e desdobramento, conforme sabemos a partir de Marx, que demonstrou que a expansão da indústria de bens suntuários corresponde ao consumo oriundo da mais-valia não acumulada, cujo pressuposto necessário é a produção de mais-valia.[78] Mas isto não é tudo. No desdobramento do processo de industrialização e formação do mercado mundial, as esferas contrapostas do consumo no mercado interno (esfera alta e esfera baixa) assumiram nas economias dominantes uma dinâmica engendrando sua distensão, acompanhada pela contratendência da redução do que chamamos *tempo de existência suntuária dos bens*.

A formulação teórica a seguir, que se encontra em um nível de abstração mais elevado, ajuda a assentar a questão do tempo de existência suntuária:

> O desenvolvimento da acumulação baseada na produtividade do trabalho tem como resultado o aumento da mais-valia e, consequentemente, da demanda criada pela parte desta que não se acumula. Em outros termos, cresce o consumo individual das classes não produtoras, com o que se alarga a esfera da circulação que lhes corresponde. Isto não somente impulsiona o crescimento da produção de bens de consumo manufaturados em geral, mas também o da produção de artigos suntuários. A circulação tende, pois, a cindir-se em duas esferas, de maneira similar ao que constatamos na economia latino-americana de exportação, porém com uma diferença substancial: a expansão da esfera superior é uma consequência da transformação das condições de produção e se torna possível na medida em que, aumentando a produtividade do trabalho, a parte do consumo individual total que corresponde ao trabalhador diminui em termos reais. A ligação existente entre as duas esferas de consumo se distende, mas não se rompe.[79]

---

[77] Se é verdade, por um lado, que todo bem durável pode um dia ter apresentado existência suntuária (ou ter assumido caráter suntuário), é preciso dizer, por outro lado, que o nome e a coisa não se confundem. Não são seus atributos físicos que tornam um bem suntuário, mas sua função, isto é: o lugar que ocupa nas relações de distribuição, considerando a estrutura produtiva, as relações de produção e as esferas da circulação, as relações entre valor de uso e valor em uma dada economia.

[78] *O capital*, Livro II, seção III, *op. cit.*

[79] *Dialética...*, *op. cit.*, p. 59.

Sublinhemos duas afirmações desta citação que cobram grande importância para os fins de nossa análise. Em economias do capitalismo central, *"a expansão da esfera superior é uma consequência da transformação das condições de produção"*; à diferença do capitalismo dependente, nas formações econômico-sociais do capitalismo central *"a ligação existente entre as duas esferas de consumo se distende, mas não se rompe"*. Podemos pensar a esse respeito a imagem de uma mola, cujo movimento propaga uma força contrária ao seu ponto de origem, para depois voltar à posição de repouso. Sua posição repousada funciona como uma memória, que pode se distender – assim como a ligação entre as duas esferas do consumo –, mas mantém sua unidade enquanto um mesmo corpo de matéria.

O que faz as esferas de consumo apenas se distenderem é a transformação, mais cedo ou mais tarde, de bens suntuários de IIb em bens necessários, isto é, do subsetor IIa. Chamamos essa metamorfose de redução do tempo de existência suntuária dos bens de consumo.[80] Quando ocorre sua redução, estamos diante de uma contratendência que sutura o corte que a contradição entre esferas de consumo engendra. Ou, em palavras de Marini, as esferas de realização contrapostas se distendem, mas não se dilaceram, não se rompem. Uma vez em movimento, essa dinâmica influi sobre o processo de produção e valorização, em uma relação de causa e efeito com a tendência à generalização da mais-valia relativa, que traz repercussões nas relações básicas de distribuição sobre o leque de bens de consumo (seja do ponto de vista quantitativo, como qualitativo) que compareçam na determinação do valor da força de trabalho. Nessa dinâmica, dali em diante, novas distensões são geradas, com a criação de novos bens suntuários, que sofrem nova transformação ou metamorfose, repondo-se a contradição, mas em condições em meio às quais atuam contratendências.

No capitalismo dependente, em que as duas esferas são cindidas ou dilaceradas, essa cisão pode ser pensada como a ruptura de anéis ou elos da mola – prosseguindo com a imagem que utilizamos anteriormente. A cisão provoca o efeito de que a energia propagada pela mola e transmitida de um elo a outro encontra uma interrupção no caminho, encurtando seu mo-

---

[80] Essa colocação não pressupõe nenhuma legitimação da produção suntuária da economia capitalista, como fizera Mandeville em sua *Fábula das abelhas*. Para uma crítica à naturalização do luxo e sua relação com a contradição entre produção e circulação, ver Mészáros, István. "A taxa de utilização decrescente no capitalismo" (Em: *Para além do capital*. São Paulo: Boitempo, 2002, cap. 15. Trad. Paulo César Castanheira e Sérgio Lessa). Neste texto, Mészáros, entre outros aportes críticos, desmonta o argumento apologético de Mandeville, que pretendia sustentar uma pseudoteoria sobre a inevitabilidade do luxo e seu eterno retorno enriquecendo a sociedade, com o luxo de ontem popularizando-se nos bens de consumo corrente de hoje.

vimento. Isto faz com que a modificação da composição-valor não atinja todos os pontos que poderiam ser modificados se prevalecessem outras circunstâncias. Com isso, impõe-se como consequência a não generalização da mais-valia relativa para o conjunto da economia e ramos da produção e a fixação da mais-valia extraordinária no subsetor que produz bens suntuários. Assim, o caráter disruptivo da circulação é acentuado até o limite, inclusive porque atuam contratendências de outra natureza, como é o mecanismo de compensação inscrito na superexploração, em face das transferências de valor.[81] Temos, então, debilidades para a consolidação do setor I, bem como a fixação da mais-valia extraordinária no subsetor IIb. Isto marca uma das principais diferenças entre uma industrialização orgânica e a industrialização dependente, sob o prisma do ciclo do capital. Esse contraste corresponde a uma verdadeira diferenciação das estruturas do processo histórico de acumulação e reprodução do capital. No capitalismo central, em contraste, existem contratendências a essas tendências disruptivas, que atuam no nível da circulação e que impedem que a referida distensão transforme-se em cisão.[82]

Fixação da mais-valia extraordinária no subsetor de bens suntuários e a industrialização que não é orgânica

A noção de industrialização orgânica possui um valor heurístico deveras importante na comparação de estruturas contraditoriamente vinculadas do processo histórico de acumulação. Ela apresenta-se como um nexo qualitativo para a compreensão dos traços específicos da acumulação dependente, dentro da totalidade integrada e diferenciada que é o capitalismo mundial. Por industrialização orgânica entendemos aquela que irradia os avanços de produtividade para o conjunto dos ramos e setores da produção e que desenvolve e complexifica a atividade industrial seja no setor I, seja

---

[81] Ver, mais à frente, capítulo 3, item "Transferência de valor e superexploração...".
[82] "Outro fator que contribui para impedir que a ruptura se realize é a forma em que se amplia o mercado mundial. A demanda adicional de produtos suntuários que o mercado externo cria é necessariamente limitada. Primeiro, porque, quando o comércio é exercido entre nações que produzem esses bens, o avanço de uma nação implica o retrocesso de outra, o que suscita, por parte da última, mecanismos de defesa; e logo, também, porque no caso do intercâmbio com os países dependentes essa demanda se restringe às classes altas e se vê assim condicionada pela forte concentração da renda que a superexploração do trabalho implica. Para que a produção de bens de luxo possa, portanto, expandir-se, esses bens têm que mudar de caráter, ou seja, converter-se em produtos de consumo popular no próprio âmbito interno da economia industrial. As circunstâncias que permitem elevar ali os salários reais, a partir da segunda metade do século passado [XIX], às quais não é alheia a desvalorização dos alimentos e a possibilidade de redistribuir internamente parte do excedente subtraído das nações dependentes, ajudam, na medida em que ampliam o consumo individual dos trabalhadores, a contra-arrestar as tendências disruptivas que atuam no nível da circulação". *Dialética...*, *op. cit.*, p. 60.

no setor II.[83] Por consequência, a industrialização que é orgânica proporciona a generalização da mais-valia relativa e o funcionamento da contratendência que é a lei do nivelamento da taxa de lucro – e não a fixação da mais-valia extraordinária em um subsetor como o produtor de bens suntuários. De acordo com Marini,

> a aquisição de meios de produção no mercado mundial não é por si uma característica da economia dependente. Nenhum país capitalista, nenhuma economia em geral vive hoje isolada. O que caracteriza a economia dependente é a forma aguda que essa característica adquire e o fato de que ela responde à própria estrutura de seu processo histórico de acumulação de capital. Com efeito, nos países capitalistas avançados, a tendência geral do processo de industrialização foi a de produzir primeiro bens de consumo para desenvolver depois a produção de bens de capital. Na Inglaterra, onde isso é particularmente notório, não são os bens de capital, mas sim os bens de consumo – como os produtos têxteis – que impulsionam o desenvolvimento da indústria. Entretanto, a expansão da indústria produtora de bens de consumo obriga o desenvolvimento da produção de bens de capital para ela, dando lugar a uma industrialização que podemos chamar de orgânica.[84]

Vejamos o reverso da medalha:

> A situação nos países dependentes é distinta. Tratando-se de uma industrialização tardia, que se realiza já no século XX sobre a base de um amplo desenvolvimento da indústria nos países centrais ou avançados, os países dependentes prolongaram a fase que corresponde à produção de bens de consumo além do que foi normal na industrialização orgânica dos países centrais. Puderam fazê-lo pelo fato de contar com uma oferta externa de meios de produção, em particular equipamento e maquinaria, que lhes permitiu não só avançar sem base própria na produção de bens de consumo habitual, ordinário, como também desdobrá-la em produção de bens de consumo suntuário (em que os produtos têm muitas vezes o caráter de bens mistos, como os da indústria automotiva), sem contar com um setor dinâmico de bens de capital. Na verdade, a indústria manufatureira dos países dependentes se apoia em boa parte no setor de bens de capital dos países capitalistas avançados, por meio do mercado mundial. Por consequência, essa indústria manufatureira é dependente não só em termos materiais, no que se refere aos equipamentos e maquinaria enquanto meios materiais de produção, mas tecnologicamente, ou seja, na medida em que

---

[83] Não confundir industrialização *não orgânica* com inexistência de setor I.
[84] *O ciclo do capital na economia dependente*, op. cit., p. 27. Itálico nosso.

deve importar também o conhecimento para operar esses meios de produção e, eventualmente, fabricá-los.[85]

Vejamos agora como esse processo se manifesta historicamente a partir do exame de dois valores de uso típicos da economia capitalista do século XX: o automóvel e o televisor. Eles não dão conta de todo o espectro do problema em questão, mas são exemplos eloquentes cuja análise, acompanhada de outros casos mais, iluminará a interrogante em tela.

A indústria automobilística ganhou o mundo a partir de sua ascensão meteórica nos EUA, no começo do século XX, inaugurando uma nova fase de produção e consumo de massa. Não foi por menos que o método da produção trazido por ela e replicado em outros ramos da indústria foi batizado com o nome de fordismo.[86] A era inaugurada por Ford marcou as características de todo um padrão de produção e consumo de valores de uso – e, consequentemente, de reprodução do capital: produção em massa, linha de montagem, padronização, redução de preços, anúncios publicitários, extensão do círculo de consumo abrangendo a classe trabalhadora.[87] Vejamos a análise de Peter J. Ling, em sua obra *America and the automobile technology, reform and social change. 1893-1923*:

> a difusão da propriedade de carros teve advento nos EUA entre 1912 e 1923. Os registros nos primeiros anos eram iguais a apenas 4,2% dos domicílios, mas por volta de 1923 elevaram-se rapidamente para 50,3% dos domicílios. Embora de acordo com essas cifras cerca de metade dos domicílios estadunidenses não possuíam automóveis em 1923, o presidente Warren Harding declarou que 'o carro a motor tornou-se um instrumento indispensável de nossa vida política, social e industrial'. A Ford Motor Company encontrava-se no coração dessa transformação. Durante seu primeiro ano de operação completa em seu complexo de Highland Park (1911), a Ford tinha 20% do mercado de carros dos EUA em termos de número de veículos vendidos. As dramáticas

---

[85] *Ibid.*, p. 27-28.
[86] Na literatura, a era Ford é representada como alegoria do Gênesis, como no *Canto General*, obra poética de Pablo Neruda: "cuando sonó la trompeta, estuvo todo preparado en la tierra y Jehová repartió el mundo a [...] Ford-Motors, y otras entidades". Também o escritor inglês Aldous Huxley, em seu *Admirável Mundo Novo*, retratou os indivíduos do mundo futurista que cultuavam seu Deus referido a todo o momento através do trocadilho "Our Ford [Lord]". Se a arte é a *autoconsciência que a humanidade tem de seu desenvolvimento* (Lukács, György. *Introdução a uma estética marxista*. Rio de Janeiro: Civilização Brasileira, 1968. Trad. Carlos Nelson Coutinho), essas representações na arte literária são plenas de sentido de seu tempo. Quando Diego Rivera aceitou pintar o mural de Henry Ford em Detroit, também expressou o que aquela indústria divisava. O que Ford não esperava é que Rivera representasse em sua arte mural as novidades trazidas pela civilização que sua indústria corporificava e também as suas contradições explosivas.
[87] Ver Pinto, Geraldo Augusto. *A organização do trabalho no século XX*. Taylorismo, fordismo e toyotismo. São Paulo: Expressão Popular, 2013.

inovações na produção dos próximos dois anos robusteceram a participação da Ford no mercado para 48%. A preparação, mobilização e desmobilização para a Primeira Guerra Mundial interromperam essa expansão, mas a Ford adentrou os anos vinte como o primeiro fabricante de automóveis dos EUA, com 55,45% do resultado da indústria em 1921. Essa produção em massa, ultrapassando os cinco milhões de carros em 1921, corroborou a afirmação antes injustificada da propriedade universal do automóvel, uma vez que era acompanhada por reduções de preços que fizeram do modelo Ford T acessível para grupos de rendimentos mais baixos. O preço do Modelo T era US$ 690 em 1911, mas em 1923 podia ser comprado por US$ 265. Além disso, e fatalmente, em última instância, para o futuro do Modelo T, o número crescente de Ford T em circulação forneceu uma oferta crescente de veículos baratos para o mercado secundário de carros de segunda mão, para os quais os grupos de rendimentos mais baixos foram forçados a se voltar em sua busca por automobilidade. A produção em massa fordista legitimou o capitalismo dos EUA em um período quando o respeito pelos 'negócios' era particularmente alto.[88]

Na Tabela 11, temos a difusão do automóvel no tempo, em países selecionados do capitalismo central e do capitalismo dependente. Esse indicador proporciona algumas conclusões sobre o *tempo de existência suntuária* do bem de consumo em questão.

Tabela 11 – Difusão do automóvel em economias selecionadas

Domicílios com automóvel por país (em %)				
Estados Unidos (1)				
1912	1923			2014
4,2%	50,3%			88%
Inglaterra (2)				
1951	1970			2000
14%	45%			73%
Brasil (3)				
1970	1980	1991	2000	2010
9,04%	19,08%	23,08%	32,66%	47%
África do Sul (4)				
2003		2008		
22,9%		28,5%		

Fonte:
(1) Peter J. Ling. *America and the automobile technology, reform and social change. 1893-1923*. Manchester University Press, 1990.
(2) Craig Lindsay. *Labour Market Trends. Special Feature. A century of labour market change: 1900 to 2000*. March 2003, p. 144. Com dados de Transport Statistics Great Britain: 2002 Edition.
(3) Associação Nacional dos Fabricantes de Veículos Automotores (Anfavea). *Anuário Estatístico da Indústria Automobilística no Brasil*. Várias edições.
(4) South Africa. National Household Travel Survey – NHTS. Vários.

---

[88] Ling, Peter J. *America and the automobile technology, reform and social change. 1893-1923*. Manchester University Press: 1990.

No caso dos EUA, em dez anos de produção o automóvel já era um bem de consumo de massas com ampla difusão, atingindo metade das famílias em 1923. Hoje, 88% dos domicílios estadunidenses possuem automóvel de passageiro. Na Inglaterra, onde a produção de veículos em massa começou algumas décadas após os EUA, enquanto em 1951, 14% dos domicílios possuíam automóvel, vinte anos depois 45% das famílias inglesas o tinham. Atualmente, 73% possuem esse bem na Inglaterra. Em contraste, na periferia da economia mundial capitalista, a indústria automobilística chega no pós-Segunda Guerra, na década de 1950, com a produção em volume iniciando-se por volta de 1960.[89] No Brasil, em pleno ciclo de expansão acelerada, nos anos 1968-1973, calcado na indústria de bens duráveis capitaneada pelo automóvel, sob o governo da ditadura empresarial-militar, apenas 9% das famílias possuíam o bem em 1970. Em 1980, essa cifra passou para 19%; em 1991, 23%; em 2000, 32%, até chegar a 47% em 2010, sob a política de isenção de imposto sobre produtos industrializados (IPI) para o setor automotivo.[90]

Quando avançamos na análise dessa questão dentro da totalidade social na qual ela se insere, vemos que a contradição em tela não para por aí. Após cinco décadas sendo produzido no Brasil, o automóvel segue apresentando, para as condições locais caráter suntuário, assim como nas demais economias do capitalismo dependente em que esse valor de uso é produzido.[91] Enquanto nas economias centrais o automóvel perdeu a condição de bem circunscrito à esfera da realização oriunda da mais-valia não acumulada, nas economias dependentes ele segue apresentando esta condição.[92] E a mesma tendência que subvenciona a indústria de um bem de

---

[89] Ver Cepal. "Función de las empresas internacionales en la industria automotriz latino-americana". Documento Informativo n. 2, Grupo de Trabajo sobre Economías de Escala en la Industria Automotriz Latinoamericana. Santiago de Chile, septiembre 1970. Disponível em: <http://repositorio.cepal.org>. Acesso em: set. 2016.

[90] Para uma crítica à política de isenção de IPI às montadoras no Brasil da década de 2000, ver Eduardo Vasconcelos. "Mobilidade urbana". *Le Monde Diplomatique Brasil*, ano 10, n. 110, p. 9. Dossiê "A disputa pela cidade".

[91] Na África do Sul, onde a produção de carros começou no pós-apartheid, em 2003 23% das famílias possuíam algum veículo, cifra que passou para 28% em 2008. No México, que não consta da comparação da tabela 12, as cifras disponíveis do Instituto Nacional de Encuestas (Inegi) apontam que, no ano de 2015, 43,5% dos domicílios nacionais possuíam automóvel. Conforme Jaime Osorio, "no mercado mexicano, o automóvel é um bem suntuário, e por isso é baixa a porcentagem da produção, pouco mais de 10% [do total produzido], que se vende na economia local. Esse produto, porém, é um bem-salário no mercado estadunidense. Por isso crescem tanto as exportações a essa economia". *Sistema mundial e formas de capitalismo. A teoria marxista da dependência revisitada*, op. cit., p. 518.

[92] É óbvio que, como em muitas mercadorias da indústria capitalista, novos modelos vão sendo gerados, tornando os anteriores obsoletos e, juntamente com sua produção, são

consumo que não deixa as características do subsetor IIb se enlaça com outras consequências marcando o divórcio entre a estrutura produtiva e as necessidades das amplas massas.[93]

Tabela 12 – Mobilidade urbana no capitalismo central e no capitalismo dependente

Índice de mobilidade comparada por regiões (1) (0 a 4)	
Países do capitalismo central	3,6
Países latino-americanos	2,0
Redes de metrô por região (2) (em km)	
EUA e Canadá	1.500 km
América Latina	800 km
Europa	2.800 km
Tempo médio de deslocamento casa-trabalho (3) (minutos por percurso, regiões metropolitanas selecionadas)	
São Paulo	Acima 40
Rio de Janeiro	Acima 40
Regiões metropolitanas Brasil (média)	37/38
Londres	36
Estocolmo	35
Nova York	35
Tóquio	34
Paris	33
Los Angeles	27

Fontes:
(1) Observatorio de Movilidad Urbana para América Latina. Disponível em: <http://www.mobilize.org.br/estudos/107/observatorio-de-mobilidade-urbana-para-a-america-latina.html>. Acesso em: set. 2016.
(2) International Organisation for Public Transport Authorities and Operators Policy. World Metro Figures. October 2015. Disponível em: <http://www.uitp.org/world-metro-and-Automated-metro-latest-figures>. Acesso em: set. 2016.
(3) Dados selecionados em Valéria Pero e Victor Stefanelli. "A questão da mobilidade urbana nas metrópoles brasileiras". *Revista de Economia Contemporânea*, v. 19, n. 3, p. 366-402, 2015, gráfico 1.

---

produzidas novas estratificações internas, com modelos mais sofisticados, em seu círculo de consumo. Mas não estamos falando dessa questão e sim da função da mercadoria automóvel em si, no ciclo do capital na economia dependente. Nesse sentido, por mais que a linguagem do *marketing* se esforce por transmitir determinada ideia, não existe a rigor carro popular para as condições de vida da economia dependente. Que certas famílias da classe trabalhadora em nossos países acedam a esse bem, mediante crédito ou outras circunstâncias, não altera a função desse valor de uso na reprodução intersetorial do valor e nas relações entre as esferas de realização do capital na economia dependente.

[93] Eis aqui um fecundo campo de pesquisa, a partir da TMD, para investigar como tal apropriação do fundo público – para subvencionar a produção e a infraestrutura viária voltadas ao transporte privado, do automóvel de passageiro, em detrimento do transporte coletivo – acentua o divórcio entre a estrutura produtiva e as necessidades das amplas massas nas economias dependentes.

A necessidade transporte, materializada em uma palavra bastante presente no debate contemporâneo – o problema da mobilidade urbana –, ganha corpo com o calvário da classe trabalhadora em nossas metrópoles, onde grandes concentrações de trabalhadores enfrentam o duro fardo de horas de deslocamento indo e vindo dos locais de trabalho, em transportes precários, com impacto negativo sobre sua saúde e condições de vida, como se pode ver na tabela.

Com base nestes dados, percebe-se que em países do capitalismo central, ainda que neles se apresentem também problemas de saturação da vitalidade urbana sob a égide da *civilização do automóvel*, o problema não atinge tamanho impacto como nas formações econômico-sociais do capitalismo dependente, onde essa contradição é exacerbada. Isto é comprovado pelo índice de mobilidade urbana comparada, medido em uma escala de 0 a 4, o qual nas economias centrais é de 3,6, ao passo que nas economias dependentes é de 2,0. A mesma conclusão é reforçada quando se compara a extensão das redes de metrô: 2.800 km na Europa e 1.500 km nos EUA e Canadá, contra 800 km na América Latina. Finalmente, o indicador do tempo médio do deslocamento casa-trabalho também reforça a constatação em tela. Enquanto nas duas maiores metrópoles brasileiras, São Paulo e Rio de Janeiro, o trabalhador gasta em média uma hora e vinte minutos no deslocamento para ir e voltar ao trabalho, esse mesmo tempo é de 54 minutos em Los Angeles, 66 minutos em Paris e 68 minutos em Tóquio, três das maiores metrópoles mundiais. Se à primeira vista a diferença parece pequena – de alguns minutos –, o tempo agregado, à base de repetição, ao longo de uma vida laboral resultará em uma soma considerável de tempo de vida expropriado pelas condições precárias de transporte nas cidades das economias dependentes.[94] E a realidade, para certos contingentes da classe trabalhadora, é ainda mais precária do que a média estatística tende a apontar. Não são poucos os trabalhadores que gastam até três horas diárias no deslocamento casa-trabalho. Isto equivale a 12,5% de seu tempo de vida ou 15 horas semanais, 60 horas mensais, 660 horas anuais e 19.980 horas para um tempo de vida laboral de 30 anos. Ao fator tempo, acrescente-se as condições precárias dos ônibus ou trens em que viajam os trabalhadores destas economias.

Durante manifestações em defesa do transporte coletivo, pauta permanente da luta urbana no Brasil em começos do século XXI, circulou nas redes sociais uma imagem com os dizeres "país rico é aquele onde o rico anda de transporte público". A frase serve como uma luva para a questão em exame. Enquanto economias que lideram historicamente a produ-

---

[94] Ver, por exemplo: "Cidade ou hospício?", *Carta Capital*, 9 de maio de 2012, p. 68.

ção mundial de veículos e são sede das grandes corporações que dominam o negócio automobilístico, como EUA, Alemanha e Japão, possuem redes eficientes de metrô e de transporte ferroviário em geral – utilizadas inclusive por sua classe dominante –, além dos sistemas de tráfego urbano e autopistas para escoar o parque automotor que colocam em circulação; nas economias dependentes a produção de automóveis provoca, por sua vez, um divórcio em relação às necessidades das massas, moldando parte significativa de sua economia e de suas cidades para assegurar o domínio da indústria do automóvel, em detrimento de uma rede de transporte público minimamente em conformidade com as necessidades sociais. Eis um exemplo da *segunda cisão* verificada no capitalismo dependente.[95]

Prossigamos com a análise de outro valor de uso que, junto do automóvel, é signo do consumo de massas no século XX, o televisor. No seu local de origem, os EUA, este se torna bem de consumo massivo a partir dos anos 1950, na mesma década em que tem início sua era, após período experimental. Em 1950, 9% dos lares possuíam televisor nos EUA. No ano seguinte, esse número passou rapidamente para 23,5%. Em 1952, já eram 34,2% dos domicílios e, em 1953, 44,7%, ultrapassando, em 1954, metade dos domicílios, com 55,7%. Dali em diante, aumentaria cerca de cinco pontos percentuais a cada ano durante a mesma década, chegando a 87,1% em 1960 e 92,3% em 1964. Em 1978, 98% dos lares possuíam televisor nos EUA.

No Brasil, por sua vez, somente 4,6% dos domicílios possuíam aparelho de TV em 1960. Esse número passou para 22,8% em 1970. Durante a Copa do Mundo daquele ano, a qual foi transmitida inaugurando a era da

---

[95] Alguém poderia argumentar que o subúrbio – e, com ele, as dificuldades de transporte – existem em todo o lugar. Todavia, as implicações são diferentes conforme estejamos falando do capitalismo central ou do capitalismo dependente. Para construir suas *high roads* e suas *Autobahn*, nem EUA, nem Alemanha deixaram de construir linhas de trem para transporte de passageiros e também de carga. E comparando países de grande extensão territorial, constata-se que a participação do modal ferroviário na matriz de transportes é relativamente menor em economias dependentes. Enquanto no Brasil e na Índia ela é, respectivamente, de 25% e 36%; a participação dos trens na matriz de transportes é de 45% nos EUA, 46% no Canadá, 53% na Austrália, 60% na China e 88% na Rússia (Participação na matriz de transportes. 2010. Disponível em: <www.antf.org.br/antf/pdfs/folder-bilingue-antf.pdf>, gráfico p. 3. Acesso em: out. 2016). Essas cifras demonstram até que ponto, nas economias dependentes, vai a contradição intersetorial do valor pendendo em favor do subsetor IIb, representado por um ramo como a indústria automobilística e o modal de transporte por ela materializado: inclusive a infraestrutura de transporte ferroviário, que compõe o Setor I como elemento do capital constante, é negativamente determinada, para favorecer o complexo automobilístico e o modal rodoviário no transporte de cargas, o qual comprovadamente possui menor produtividade e custos mais elevados, além de trazer implicações para a questão da mobilidade urbana – sem falar dos problemas ecológicos provocados.

televisão no Brasil, a ditadura empresarial-militar sob o comando do general Médici ufanava-se do consumo de bens duráveis por parte da classe capitalista e da pequena burguesia, enquanto gente do povo não acedia a esse bem da esfera alta e, ainda, tinha seus lutadores – sindicalistas, camponeses, intelectuais etc. – submetidos a terríveis torturas nas masmorras do regime de Terror de Estado. Foi somente nos anos 80 do século passado que o televisor deixou a condição de bem suntuário.[96] Em 1980, conforme registrava o Censo do IBGE, 56,1% dos lares eram equipados com aparelho de televisão. Essa cifra passaria para 71% em 1991. Um resumo destes dados encontra-se na tabela a seguir.

Tabela 13 – Difusão do televisor em economias selecionadas. Domicílios com televisor (em %)

Estados Unidos (1)				
1950	1955	1960	1970	1980
9%	64,5%	87,1%	95,2%	98%
Brasil (2)					
1960	1970	1980	1991	2000	2010
4,46%	24,11%	56,1%	79,58%	87%	95,1%

Fontes:
(1) Television History. The first 75 years. Disponível em: <http://www.tvhistory.tv/Annual_TV_Households_50-78.JPG>. Acesso em: jun. 2016.
(2) José Eustáquio Diniz Alves. "As características dos domicílios brasileiros entre 1960 e 2000". IBGE, Textos para Discussão. Escola Nacional de Ciências Estatísticas, n. 10, Rio de Janeiro, 2004; IBGE, Pnad 2010.

Note-se que o processo que levou menos de cinco anos nos EUA, no capitalismo brasileiro levou vinte anos. Esse é também um indicador do tempo de existência suntuária dos bens. Antes de alguém pensar que pressupomos que o padrão de consumo das grandes potências poderia ser generalizável – ou que sua extensão enquanto tal seria algo desejável – advertimos que não é esta a questão que está colocada[97] e, sim, o efeito que a produção de IIb exerce sobre as relações de distribuição no ciclo do capital, na economia dependente. Como se pode ver no caso do televisor, enquanto em um lugar a esfera do consumo se distendeu, em outro

---

[96] Luce, Mathias Seibel. "O esquema de realização do subimperialismo". Em: *A teoria do subimperialismo em Ruy Mauro Marini*: contradições do capitalismo dependente e a questão do padrão de reprodução do capital, op. cit.

[97] Concordamos com István Mészáros, para quem o padrão de consumo dos EUA, que possui 5% da população mundial e consome 25% dos recursos do planeta, é humana e ecologicamente irreproduzível e insustentável, expressando condições de produção destrutiva e de desperdício institucionalizado de forças produtivas. Ver, do autor, *O século XXI: socialismo ou barbárie* (São Paulo: Boitempo, 2003. Trad. Paulo César Castanheira) e o capítulo "A taxa de utilização decrescente no capitalismo" em *Para além do capital, op. cit.*

ela foi cindida. E mesmo hoje, quando podemos observar antenas de TV em qualquer comunidade de favela – seja na Rocinha (Brasil), Iztapalapa (México), Villa 31 (Argentina), Cité Soleil (Haiti), seja ainda em Kinshana (Congo), Mahim (Índia)[98] ou outras partes do mundo subordinado à divisão internacional do trabalho provocada pelas relações imperialistas; o que deve chamar atenção não é que as pessoas tenham TV enquanto não conseguem ter atendidas necessidades básicas, mas sim, que não sejam atendidas necessidades básicas e novas necessidades da sociabilidade contemporânea *em condições normais*:

> Não há nada de estranho no fato de que, nas periferias urbanas pobres, multipliquem-se antenas de televisão apesar de seus habitantes não contarem com alimentos básicos. O que deve surpreender não são as antenas, mas que, nesse grau de desenvolvimento social, existam pessoas que não possam contar com os bens materiais básicos, próprios da época em que vivem, e satisfazer ao mesmo tempo e de maneira suficiente o resto de suas necessidades.[99]

Assim, vemos que a *segunda cisão* é marcada pela relação negativamente determinada da função de IIb que surge na industrialização dependente. A conclusão que se extrai daí é que, se por um lado, a contradição entre produção e realização é uma característica permanente no curso da sociedade capitalista, pondo-se e repondo-se ciclicamente; ela manifesta-se, por outro lado, de modo particular conforme se trate das economias centrais ou das economias dependentes.

O recém-exposto implica que a cisão entre esferas de realização, reforçada pela redistribuição regressiva da renda que caracteriza a economia dependente, além de prolongar o tempo de existência suntuária dos bens, prolonga estruturalmente a fixação da mais-valia extraordinária no subsetor IIb – o que é outro modo de dizer que a mais-valia relativa não se generaliza para o conjunto dos ramos e setores da produção.[100]

---

[98] Uma imagem pungente clicada pelas lentes de Sebastião Salgado é a fotografia da tubulação de água que corta ao meio a favela de Mahim, na cidade de Mumbai (antiga Bombaim), na Índia. Sobre os enormes canos que levam água potável para os bairros de classe alta da cidade, uma mulher trabalhadora caminha equilibrando um balde d'água sobre a cabeça, entre as fileiras de barracos daquela comunidade.

[99] Osorio, Jaime. "Dependência e superexploração", em: Martins, Carlos Eduardo e Valencia, Adrián Sotelo (orgs.). *A América Latina e os desafios da globalização, op. cit.*, p 179. Conforme veremos no capítulo 3, as relações de superexploração fazem com que bens de consumo que, em condições *normais*, teriam se transformado em mais-valia relativa para serem disponibilizados habitualmente na cesta de consumo dos trabalhadores, são acessados por estes, no capitalismo dependente, somente sob uma carga adicional de sacrifícios.

[100] Falar em *não generalização da mais-valia relativa* não é sinônimo de ausência de mais-valia relativa, como pensaram alguns autores que não souberam compreender essa determina-

Com efeito, o aumento da taxa de mais-valia em ramos pertencentes ao setor I e ao subsetor IIa modificam as relações de distribuição em toda a economia. Isso acarreta a generalização da mudança da taxa de lucro, promovendo a passagem da mais-valia extraordinária à mais-valia relativa, processo que costuma acontecer no capitalismo central.[101] Mas se o aumento da taxa de mais-valia acontecer em ramos do subsetor IIb, mantém-se inalterada a relação básica de distribuição no conjunto da economia, embora podendo alterar-se dentro de IIb. Neste caso, temos a fixação da mais-valia extraordinária no subsetor produtor de bens suntuários.[102] Sob tal condição,

> a possibilidade de que a mais-valia extraordinária de IIb se traduza em lucro extraordinário não se vê limitada a princípio pelo mercado, mas tão somente pela competição entre os capitais e sua emigração de ramo a ramo. Entretanto, como os capitais migrantes não se movem de um ramo a outro com o objetivo de eliminar o lucro extraordinário, mas sim para se aproveitar dele, somente as pressões que se exercem sobre o mercado [...] podem eliminar em IIb o lucro extraordinário, independentemente de que este se veja reduzido pela concorrência entre os capitais com relação à mais-valia extraordinária realmente criada.[103]

Dessa maneira – e ato contínuo –, uma vez que se cristalize como tendência negativamente determinada, a *não generalização da mais-valia relativa* desdobra-se em sua antítese, que é a fixação da mais-valia extraordinária no subsetor IIb. Assim, a mais-valia extraordinária revela-se na esfera da distribuição como a contraparte da mais-valia relativa, assumindo a vez de momento predominante enquanto tendência negativamente determinada, na cisão do ciclo do capital na economia dependente.[104] O resultado

---

ção da dependência. Na verdade, que a mais-valia relativa não se generalize significa que ela não se irradia para o conjunto dos ramos e setores da produção, ao contrário do que acontece, via de regra, no capitalismo central.

[101] Por ser a taxa de lucro determinada pela razão entre a mais-valia obtida, dividida pela soma entre o valor do capital constante e do capital variável (L'= mv/c + v), o aumento da taxa de mais-valia em ramos que alteram o valor do capital variável redistribui-se para o conjunto dos ramos e afeta a taxa de lucro através dos diferentes ramos, ao passo que o mesmo não acontece quando está envolvida a produção de IIb.

[102] Marini, Ruy Mauro, *Plusvalía...*, *op. cit.*, p. 27. Ver, também, Martins, Carlos Eduardo. "Superexploração do trabalho e acumulação de capital: reflexões teórico-metodológicas para uma economia política da dependência". *Revista da Sociedade Brasileira de Economia Política*, São Paulo, n. 5, 1999, p. 121-138.

[103] *Ibid.*, p. 28-29.

[104] Mesmo que seu peso não se sobressaia na composição setorial do PIB, seu efeito será o de não transferir para os preços dos demais bens os ganhos de produtividade na mesma proporção que aconteceria se fossem mercadorias de IIa ou de I que produz para IIa. E, considerando o capitalismo dependente, em que o tempo de existência suntuária dos bens

é reforçar uma industrialização que não é orgânica, levando à reprodução ampliada da dependência.

Retornando do abstrato ao concreto, a história demonstra que quando as economias dependentes chegaram à fase de produzir *máquinas para fazer máquinas* esbarraram em limites estruturais dados pela dependência tecnológica.[105] E sob essas condições, impuseram-se restrições atuando tanto na esfera da produção, quanto nas esferas da circulação e da distribuição/apropriação. Assim, o início da produção de bens suntuários sem que o setor I tivesse internalizado sob bases próprias (nacionais) a produção de máquinas para fazer máquinas repôs, sob nova metamorfose, a tendência à *não generalização* da mais-valia relativa pelas razões vistas anteriormente. E, definitivamente, essa restrição, cuja prova de fogo deu-se na América Latina na conjuntura da *integração subordinada dos sistemas de produção*,[106] foi outra causa histórica que sobredeterminou a contradição em exame:

> o traço característico da economia dependente é sua tendência a divorciar a produção das necessidades de consumo das amplas massas. No padrão de desenvolvimento que se impôs à América Latina a partir de 1950, isto se traduziu em uma industrialização que privilegiou a fabricação de bens

---

é mais elevado, a velocidade em que os preços de IIb poderão influir em I e IIa será ainda menor. Isso termina reforçando a fixação da mais-valia extraordinária no subsetor IIb.

[105] "Isto se deve ao fato de que, na medida em que o processo de industrialização nos países dependentes se produz em uma etapa em que esta [a integração monopolista da economia mundial] já alcançou altos níveis de desenvolvimento em outros países, a industrialização não pode seguir um curso natural, gradual e paulatino de desenvolvimento das forças produtivas no nível nacional e prescindir das tecnologias mais avançadas logradas em outras partes [...]. Para poder compreender o processo de reprodução dependente é necessário, pois, partir disto que caracteriza sua especificidade, ou seja: do fato de que a acumulação só pode se realizar na medida em que as necessidades de maquinaria e matérias-primas que produzem os produtos do setor II (bens de consumo) sejam satisfeitas pelo setor I (bens de capital) das economias onde este já se desenvolveu [...]. É esta estreita vinculação e dependência da industrialização dos países dependentes da indústria dos países capitalistas avançados a qual define seu caráter limitado, vulnerável e a torna, pela mesma razão, permeável à penetração do capital estrangeiro". Bambirra, Vania. *El capitalismo dependiente latinoamericano*, op. cit., p. 100-101.

[106] "Deve-se considerar, finalmente, o impacto do capital estrangeiro sobre a estrutura industrial. Assinalamos já que, nos Estados Unidos, e logo nos demais países avançados, desenvolveram-se novos ramos de produção, que respondem em boa medida pelo desenvolvimento das exportações de capital. Embora em muitos dos produtos oriundos dali, de maneira direta ou indireta, resultem francamente suntuários nas condições da América Latina, foi em função deles que, por conveniência do capital estrangeiro, alterou-se a estrutura produtiva". Marini, Ruy Mauro. *La acumulación capitalista mundial y el subimperialismo*, op. cit., p. 27. Sobre o conceito de integração dos sistemas de produção, ver também Bambirra, Vania, *El capitalismo dependiente...*, op. cit., cap. V, "La integración monopólica mundial y sus consecuencias en América Latina".

de luxo. Em uma região repleta de misérias, vimos surgir maravilhas da mecânica e da eletrônica, reservadas ao desfrute de alguns poucos.

A expansão da produção suntuária foi realizada à custa de um forte desequilíbrio intersetorial. Na indústria, entre 1950 e 1975, os bens de consumo necessário viram baixar sua participação na produção global de 66 para 40%; enquanto os bens de consumo durável e de capital dobravam a sua de 11 para 26% e os bens intermediários, que servem para a produção de uns e outros, aumentavam de maneira mais discreta de 23 para 34% [...]. No âmbito interno das sociedades latino-americanas foram se criando massas cada vez mais numerosas que se encontram excluídas do gozo dos frutos desse tipo de desenvolvimento.

As estimativas das Nações Unidas nos dão uma ideia disto. Em 1972, 43% da população latino-americana, equivalente a 118 milhões de pessoas, encontravam-se em situação de 'pobreza'; ou seja, tinham rendimentos inferiores a 180 dólares anuais. Um degrau mais baixo, 73 milhões de pessoas, que representavam 27% da população total, recebiam rendimentos inferiores a 90 dólares ao ano e viviam em situação de 'indigência'. Em outras palavras, só 30% dos latino-americanos participam de alguma maneira e em algum grau dos frutos do padrão de desenvolvimento que nos foi imposto.[107]

Com isso, a distribuição intersetorial do valor pendeu, duplamente, para o lado que não possui a capacidade de irradiar efeitos para o restante da economia,[108] ocorrendo a fixação da mais-valia extraordinária no subsetor produtor de bens suntuários e não sua conversão em mais-valia relativa, em que seu movimento seguiria o curso normal da tendência ao nivelamento da taxa de lucro. Transitando agora para um nível de maior abstração, é nesse sentido que, sob o capitalismo dependente

> ao transferir para os preços em menor medida que I e IIa os aumentos de produtividade, o subsetor IIb estabelece com os demais uma relação que implica uma transferência intersetorial de mais-valia, via preços, que vai além da que corresponderia estritamente aos mecanismos de nivelamento da taxa de lucro e que, na verdade, os violam; em outros termos, se configura uma situação similar à aludida pela noção de intercâmbio desigual na economia internacional. Isto reduz, pois, a massa de lucro que se destina a I e IIa (embora os ramos de I que produzem fundamentalmente para IIb possam se ressarcir, recorrendo também à mais-valia extraordinária) e pressiona a taxa de lucro para baixo. Em outras palavras, o setor IIb exerce

---

[107] Marini, Ruy Mauro. *Irracionalidad de la dependencia*, op. cit.
[108] "De fato, as similitudes aparentes da economia industrial dependente com a economia industrial clássica encobrem profundas diferenças, que o desenvolvimento capitalista acentuaria em vez de atenuar. A reorientação, para o âmbito interno, da demanda gerada pela mais-valia não acumulada implicava já um mecanismo específico de criação do mercado interno radicalmente distinto do que operara na economia clássica e que teria graves repercussões na forma que a economia industrial dependente assumirá". *Dialética...*, op. cit., p. 57.

um efeito depressivo sobre a taxa geral de lucro, o qual é rigorosamente a contrapartida do lucro extraordinário que nele se verifica.[109]

Em suma, a cisão no ciclo do capital, na dialética negativamente determinada que conforma a economia dependente, revela tanto do ponto de vista do valor de uso, quanto do ponto de vista do processo de valorização, a não generalização da mais-valia relativa e a fixação da mais-valia extraordinária em IIb, que tratamos historicamente como *primeira* e *segunda* cisões.

Formas da cisão e a reprodução ampliada da dependência

Finalmente, para fechar a exposição deste capítulo cumpre sublinhar as distintas formas que a cisão nas fases do ciclo do capital pode assumir nas economias dependentes.

A cisão entre produção e consumo e produção e circulação se expressa concretamente nas formas da cisão entre mercado externo e mercado interno e entre esfera alta e esfera baixa do consumo no mercado interno. A cisão entre produção e distribuição/apropriação se expressa na não generalização da mais-valia relativa para o conjunto dos ramos e setores da produção e na fixação da mais-valia extraordinária no subsetor IIb, tendências antitéticas verificáveis concretamente mediante, de um lado, o exame da atualização desigual, no mercado mundial, dos valores de uso equivalentes ao valor da força de trabalho; e, de outro lado, mediante o exame do tempo de existência suntuária dos bens de consumo. O coroamento de todas as formas anteriores da cisão no ciclo do capital é o caráter da industrialização dependente sob a égide da integração subordinada dos sistemas de produção, colocando em marcha uma industrialização que não é orgânica, mas que reforça a acumulação capitalista dependente.

O recém-exposto põe à prova todo o significado da afirmação de Marini em *Subdesenvolvimento e revolução*: enquanto nos países centrais a dinâmica da economia é dada pela relação entre a taxa de mais-valia e a taxa de acumulação (investimento), nos países dependentes ela é dada pela relação entre as exportações e a parcela do valor produzido internamente que não é transferido para fora.[110] Ou como escreveu Marini em outro trabalho: *para mais desenvolvimento capitalista, mais dependência*. Na Figura 6, encontram-se representadas as formas da *cisão* recém-sublinhadas.[111]

---

[109] *Plusvalía extraordinaria y acumulación de capital*, op. cit., p. 29.
[110] Luce, Mathias Seibel. "Subdesenvolvimento, dependência e a revolução brasileira" [resenha de *Subdesenvolvimento e revolução*. Florianópolis: Insular/Iela, 2012]. *Margem Esquerda – Ensaios Marxistas*, São Paulo: Boitempo, n. 20, 2013, p. 147-151.
[111] Em *O ciclo do capital na economia dependente* (op. cit.), Marini dedica atenção também à cisão na primeira fase da circulação, na função capital-dinheiro, e a outras relações mais. Neste

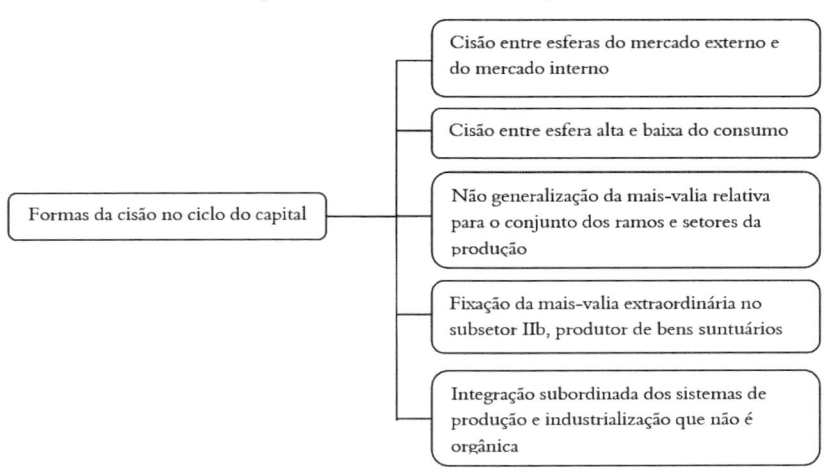

Figura 6 – Cisão no ciclo do capital

- Formas da cisão no ciclo do capital
  - Cisão entre esferas do mercado externo e do mercado interno
  - Cisão entre esfera alta e baixa do consumo
  - Não generalização da mais-valia relativa para o conjunto dos ramos e setores da produção
  - Fixação da mais-valia extraordinária no subsetor IIb, produtor de bens suntuários
  - Integração subordinada dos sistemas de produção e industrialização que não é orgânica

Estas formas de manifestação da cisão no ciclo do capital se exercem seja nas economias dependentes que no seu processo de industrialização não tiveram uma diversificação das estruturas produtivas internas, seja naquelas que o tiveram (dentro dos marcos do que a dependência comporta e permite).[112] Tudo isso reforça a conclusão de que, nas formações econômico-sociais dependentes, o capital reproduz-se mediante uma modalidade específica de circulação:

---

capítulo, nos restringimos às relações que abordamos mais diretamente, mas não desconhecemos que a questão da *cisão* possui uma série de aspectos que requerem aprofundamento em novas pesquisas, a partir dos postulados da TMD. Por ora, deixemos assinalado o que desenvolveremos em próximo trabalho: com o advento da financeirização da economia mundial, sob a fase atual do capitalismo, teve lugar uma terceira cisão no ciclo do capital. Se, historicamente, a primeira cisão (entre mercado externo e mercado interno) marcou o período de integração da América Latina ao mercado mundial; e a segunda cisão (entre esfera alta e esfera baixa da produção e realização) marcou o período da integração dos sistemas de produção, pondo em marcha novas contradições na região, com a reconfiguração da industrialização dependente no contexto de penetração do IED na indústria manufatureira do pós-segunda Guerra; uma terceira cisão é engendrada sob a égide da integração financeirizada do mercado de crédito e do mercado de títulos no capitalismo do final do século XX e começo do XXI. Neste quadro, a condição subordinada da economia dependente, tanto do ponto de vista da função dinheiro-mundial, como da função capital-dinheiro, provoca uma terceira cisão no ciclo do capital, que agudiza a contradição entre a função capital-dinheiro e a apropriação de valor sob a forma de lucros fictícios (quais economias e capitais se apropriam mormente destes).

[112] Estes casos consistem, respectivamente, dos países Tipo B e Tipo A, na tipologia da industrialização dependente, de Vania Bambirra. Ver *El capitalismo dependiente latinoamericano*, op. cit.

opera-se, assim, sob o ponto de vista do país dependente, a separação dos dois momentos fundamentais do ciclo do capital – a produção e a circulação de mercadorias – cujo efeito é fazer com que apareça de maneira específica na economia latino-americana a contradição inerente à produção capitalista em geral, ou seja, a que opõe o capital ao trabalhador enquanto vendedor e comprador de mercadorias.[113]

É assim que uma contradição inerente à produção capitalista assume formas específicas nas economias dependentes. A separação entre o trabalhador e o fruto do seu trabalho, uma das formas da alienação teorizada pelo menos desde os *Manuscritos econômico-filosóficos,* de Marx,[114] apresenta sua exasperação sob o divórcio entre a estrutura produtiva e as necessidades das massas, com a cisão no ciclo do capital. Se a crítica da Economia Política deve desvelar a imbricação entre produção, distribuição e consumo (realização),[115] ela se amplifica com esta categoria da TMD, permitindo a apreensão da modalidade específica de circulação engendrada nas formações econômico-sociais do capitalismo dependente, onde acontece a agudização das contradições nas relações de distribuição e apropriação.

Trazendo novamente a imagem de Gasparini e Desnoes que abriu o capítulo, o consumo tem duas caras. Duas caras que não são um dualismo e, sim, faces contraditórias da mesma moeda. O divórcio em questão, considerado aqui no nível de abstração das relações de circulação e distribuição, tem sua contraparte nas relações de produção, com o regime de superexploração que é seu fundamento, tema do próximo capítulo.

---

[113] Marini, Ruy Mauro, *Dialética...*, op. cit., p. 50.
[114] São Paulo, Martin-Claret, 2001, 4ª reimpr. Trad. Alex Marins.
[115] Marx, Karl. Introdução. Em: *Grundrisse*, op. cit.

CAPÍTULO 3 – A SUPEREXPLORAÇÃO DA FORÇA DE TRABALHO

Neste capítulo expomos nossa compreensão para a superexploração, entendida como determinação negativa do valor contida na lei do valor, em que a corporeidade viva da força de trabalho é submetida a um desgaste prematuro; e/ou a reposição de seu desgaste acontece de tal maneira em que a substância viva do valor não é restaurada em condições normais (isto é, nas condições sociais dadas), ocorrendo o rebaixamento do seu valor. A superexploração é explicada como tendência negativamente determinada da lei do valor, sendo esta última simultaneamente o intercâmbio de equivalentes e a negação do intercâmbio de equivalentes.

A categoria da superexploração é, sem dúvida, o traço mais lembrado do capitalismo dependente. Não foi por acaso que Marini escreveu que "o fundamento da dependência é a superexploração do trabalho".[1] Esse fundamento, porém, ainda é pouco compreendido em muitas análises, não somente adversárias, mas também no próprio âmbito do marxismo. Por esse motivo, iniciamos o capítulo com uma *Nota Prévia* sobre *o que a superexploração não é*. Na sequência, apresentamos a categoria discutindo sua essência e conexões internas. Finalmente, abordamos suas formas de manifestação. Ao longo do texto, procuramos situar tanto a superexploração *na* história, quanto a história *da* superexploração.

NOTA PRÉVIA: O QUE A SUPEREXPLORAÇÃO *NÃO É*

Grande parte do desconhecimento e dos equívocos sobre o significado da categoria *superexploração* são devidos a uma série de confusões que possuem ora um fundo terminológico, em torno do sentido do vocábulo superexploração; ora um fundo em torno de suas formas aparentes, as quais são mal compreendidas como se fosse a própria essência da categoria. A seguir, comentamos alguns dos erros de análise em consideração, que tomam a superexploração como sinônimo de: 1) persistência de formas antediluvianas do capital; 2) taxa superior de mais-valia; 3) predomínio de mais-valia absoluta e ausência de mais-valia relativa; 4) ausência de

---
[1] *Dialética...*, op. cit., p. 101.

elevação da produtividade; 5) pauperismo e tese subconsumista; 6) circulacionismo; 7) tendência geral do capitalismo em todo lugar; 8) anulação da lei do valor.[2]

Persistência de formas antediluvianas do capital

Em seu método de exposição repleto de símiles,[3] Marx tratou as formas pré-capitalistas de existência do capital como *antediluvianas*. Assim como o dilúvio marcara os primórdios da vida em sociedade no mundo terreno, sucedendo o pecado original, o capitalismo enquanto tal (o modo de produção capitalista consolidado) sucedeu suas formas antediluvianas materializadas no capital usurário e no capital comercial, bem como as relações de produção que lhes corresponderam: a servidão e o escravismo.

Com efeito, se é verdade que existem formas de capital que antecedem o capitalismo, a exploração capitalista em si é, por sua vez, uma novidade histórica contemporânea do trabalho "livre" e da lei do valor. O advento das determinações que colocaram ambos em marcha não prescindiu das formas antediluvianas de exploração, que cumpriram uma importância na gênese do capitalismo e no período de transição para este. Contudo, estamos falando de relações que diferem em sua natureza. À primeira vista, poderia parecer que um regime de superexploração tem muito mais que ver com o escravismo do que com o trabalho assalariado do capitalismo industrial, dada a carga moral que o prefixo do vocábulo *super*exploração pode sugerir. Mas, como em muitas circunstâncias, a forma aparente dos fenômenos e sua essência não coincidem imediatamente.[4] É por isso que não se sustentam argumentos, pelo menos do ponto de vista da teoria do valor, como os que sugerem que durante o período da economia escravista, ou melhor, até quando sob aquele houve a entrada crescente de escravos, "o valor relativamente baixo atribuído ao escravo permitia a sua superexploração, já que facilmente poderia ser substituído por meio do incremento cada vez maior do tráfico atlântico".[5]

---

[2] Mais adiante, veremos que estes erros se mesclam com outros mais, que partem da confusão entre níveis de abstração distintos e de uma compreensão superficial da dialética, que a considera apenas em uma dimensão de sua determinação, sem fazer a apreensão das categorias mediadoras que conduzem à correta apreensão das tendências negativamente determinadas no interior da totalidade social.

[3] Ver, mais à frente, p. 152.

[4] "[...] Toda a ciência seria supérflua se a forma de manifestação [a aparência] e a essência das coisas coincidissem imediatamente". Marx, Karl. *O capital*. Livro III, op. cit., p. 880.

[5] Lopes, Janaina Perrayon. Casamentos de escravos nas freguesias de Candelária, São Francisco Xavier e Jacarepaguá: uma contribuição aos estudos de sociabilidade matrimonial no Rio de Janeiro (c.1800-c.1850) (Rio de Janeiro: Programa de Pós-Graduação em

Por um lado, é correta a associação que se faz entre suprimentos disponíveis de navios com mão de obra cativa e o aumento do desgaste físico exigido do trabalhador escravo como pré-condição uma da outra.[6] Como escreveu Marini, "a superexploração do escravo, que prolonga sua jornada de trabalho além dos limites fisiológicos admissíveis e redunda necessariamente no esgotamento prematuro, por morte ou invalidez, somente pode acontecer se é possível repor com facilidade a mão de obra desgastada".[7] Por outro lado, como colocou também Marini, não é somente a possibilidade de fácil reposição da mão de obra que determina as condições para a superexploração. É principalmente a entrada em cena da lei do valor[8] e a possibilidade da desvalorização real da força de trabalho, só que comparecendo, de maneira concomitante, sua tendência negativamente determinada.

Diferentemente do que ocorre com o trabalho escravo, com o trabalho assalariado e particularmente desde o momento em que se transita para a subsunção real do trabalho ao capital e a lei do valor passa a vigorar plenamente, é possível produzir a desvalorização real da força de traba-

---

História/UFRJ-IFCS, 2006. Dissertação de Mestrado). Esse uso do termo superexploração parece ter origem em Mello, João Manuel Cardoso de, que em *O capitalismo tardio* (São Paulo: Brasiliense, 1982, 2ª ed., p. 33) escreveu: "[...] era crucial que se pudesse dispor de abastecimento de escravos a baixo preço, não somente porque o escravo não se reproduz, devido à superexploração [*sic*], indispensável, a que está submetido, mas também porque se impunha reduzir ao mínimo a imobilização de capital sob esta forma [...]".

[6] Estudos, nesse sentido, apontam que a expectativa de vida útil de um escravo no Brasil do século XIX oscilava entre sete até o máximo de quinze anos. (Bacci, Massimo. "500 anos de demografia brasileira: uma resenha". *Revista Brasileira de Estudos de População*, v. 19, n. 1, jan./jun. 2002, p. 141-159). Para Witter, José Sebastião ("Minas e o tráfico de escravos no século XIX, outra vez". Em: Szmrecsányi Tamás e Lapa, José Roberto do Amaral (orgs.). *História econômica da Independência e do Império*. São Paulo: Hucitec/EdUSP, 2002), a vida útil dos escravos na cafeicultura em certas localidades era estimada em sete anos!

[7] *Dialética...*, *op. cit.*, p. 44.

[8] Marx não nega a presença de mais-valia (na modalidade de mais-valia absoluta) sob a escravidão conectada aos circuitos do mercado mundial ou sob a servidão no Leste Europeu no século XIX: "à medida que a exportação de algodão tornou-se o interesse vital daqueles Estados [Estados sulistas da União Americana], o sobretrabalho dos negros, e, por vezes, o consumo de suas vidas em sete anos de trabalho, converteu-se em fator de um sistema calculado e calculista. O objetivo já não era extrair deles certa quantidade de produtos úteis. O que importava, agora, era a produção do próprio mais-valor. Algo semelhante ocorreu com a corveia, por exemplo, nos principados do Danúbio" (*O capital*, Livro I, *op. cit.*, p. 310). A questão, porém, reside em que os mecanismos de acumulação de mais-valia não apresentavam ainda suas formas mais complexas ou desenvolvidas. Assim, prossegue Marx, em um primeiro momento o mais-trabalho e o trabalho necessário encontravam-se nitidamente dissociados, ao passo que, mais tarde, o mais-trabalho e o trabalho necessário irão confundir-se um com o outro, isto é, atuarão enquanto tendências mutuamente imbricadas sob o funcionamento pleno da lei do valor.

lho – assim como se torna possível também superexplorá-la. Enquanto é impensável ou raro que se pudesse pagar por um lote de escravos abaixo do valor mercantil (este determinado pelo mercado do tráfico de carne humana), com o trabalho assalariado surgem três novidades. *Primeiro*, o proprietário, ao adotar o trabalho assalariado, libera um custo mais ou menos fixo, antes comprometido com a aquisição de mão de obra escrava. *Segundo*, passa a contratar a mercadoria força de trabalho como capital variável, braços cuja existência pode ser reproduzida e reposta com muito menos dispêndio de capital do que para adquirir e repor plantéis de escravos. *Terceiro*, o assalariamento reúne uma força combinada de trabalho que pode ser explorada tanto reduzindo seu valor real (obtendo mais-valia relativa) quanto, também, superexplorando-a. Senão vejamos.

A classe dominante do Brasil Império tinha no controle da terra e no domínio sobre um plantel de escravos os dois elementos sobre os quais se fundamentava seu poder. Em 1860, um escravo com saúde e apto para o trabalho podia ser comprado ao preço de 1:000$000 (um conto de réis, isto é, um milhão de réis). Por volta da mesma época, em 1860, com um conto de réis se comprava 1 kg de ouro. Isso significa que, para adquirir dez escravos, um membro da oligarquia oitocentista da sociedade escravocrata deveria desembolsar uma pequena fortuna equivalente a 10 kg de ouro.[9] Percebe-se com isso que, sob as relações de produção em questão, a classe dominante despendia muito mais dinheirário para obtenção de trabalhadores (neste caso, trabalhadores escravos) do que para a obtenção de terras.[10] Daí a afirmação de que, do ponto de vista do capital, o

---

[9] O barão de Mauá, que veio a se tornar um dos primeiros burgueses industriais do Brasil, substituindo mão de obra escrava por relações de assalariamento, chegou a contar na melhor fase de sua pioneira fundição de aço de Ponta de Areia com mil trabalhadores assalariados. Apenas os prédios e terrenos do empreendimento eram avaliados em 250 contos de réis (Maringoni, Gilberto. "O industrial". Em: *Barão de Mauá*. Disponível em: <http://www.brmaua.com.br>. Acesso em: set. 2016). Se Mauá, suponhamos, fosse adquirir 1.000 escravos para suprir o mesmo número de homens naquela indústria, teria que despender um milhão de contos de réis. Contudo, ele tinha 250 contos em capital constante, na forma de edifícios e instalações/maquinaria, que valiam muito mais do que ele precisava despender para comandar o capital variável representado por 1.000 trabalhadores, força de trabalho regida agora pela lei do valor.

[10] A título de exemplo, o preço anual do hectare arrendado (região de Uruguaiana) era em torno de 26 reis, por volta de 1850/1860 (Leipnitz, Guinter Tlaja. "Contratos, preços e possibilidades: arrendamentos e mercantilização da terra na fronteira sul do Brasil, segunda metade do século XIX". *Revista Topoi*, Rio de Janeiro, v. 13, n. 4, jan.-jun. 2012). Nesses termos, o preço para dispor de um trabalhador escravo (um milhão de reis) equivalia a 38,4 vezes o preço do arrendamento anual de 1.000 hectares (26 mil reis).

trabalhador escravo era um meio de produção, cujo custo de compra e reposição era mais ou menos fixo.[11]

Entende-se, assim, que a superexploração – ao contrário de expressar uma persistência de formas pré-capitalistas de existência do capital, consiste em uma categoria específica do modo de produção capitalista.

Taxa superior de mais-valia

O mesmo erro com que alguns consideram o prefixo *super* – ao entenderem a superexploração como característica mais vinculada às formas antediluvianas do capital como o escravismo –, é encontrado também no sentido oposto, entre aqueles que situam a superexploração como grau de exploração, mensurada pela taxa de mais-valia. Neste raciocínio, não faria sentido pensar a superexploração como uma tendência mais diretamente relacionada às formações econômico-sociais do capitalismo dependente. Se *super*exploração da força de trabalho fosse maior exploração medida pela taxa de mais-valia, seria de se supor que ela, nas economias dominantes, pudesse ser inclusive mais elevada – considerando a combinação das formas de extração de mais-valia (absoluta e relativa) e os elementos que influenciam na taxa de exploração. Em outras palavras, se a mais-valia relativa e a produtividade, fundamento para ampliação da mais-valia relativa, adquirem maior importância nas economias dominantes, um desdobramento lógico dessa interpretação é que as taxas de mais-valia seriam superiores no capitalismo dominante, em que a mais-valia absoluta, embora tendencialmente menos exacerbada que nas economias dependentes, jamais deixou de ser importante, o que resultaria ali em maior grau de exploração como um todo. Assim, escreveu Guido Mantega:

> [...] note-se a incoerência do conceito de *super*exploração, que pretende expressar uma intensa exploração, quando, na verdade, refere-se a uma *sub*exploração, uma vez que depende da mais-valia absoluta [*sic*], ou seja, da forma menos eficiente da exploração. Superexploração seria, isto sim, a exploração baseada na mais-valia relativa e, eventualmente, reforçada pela mais-valia absoluta.[12]

---

[11] Marini, *Dialética...*, *op. cit.*, p. 44.
[12] Mantega, Guido. *A economia política brasileira*. Petrópolis: Vozes, 1985, p. 276-277. José Valenzuela Feijóo também incorreu neste mesmo equívoco. Para ele, "se se compara a relação entre o salário do trabalhador e a mais-valia criada ou o valor do produto, se comprova que – apesar de receber salários mais elevados – o trabalhador dos países capitalistas desenvolvidos é mais explorado que o dos chamados países subdesenvolvidos. A produtividade do trabalho social é maior nos primeiros, o que permite um tempo de trabalho necessário mais curto e um mais-trabalho maior [...]. As coisas funcionam, pois, em sentido inverso ao que Marini nos propõe, já que se o caso é fazer comparações entre taxas

O problema em todo esse raciocínio é colocar um sinal de igualdade entre a *categoria superexploração* e *grau de exploração medido pela taxa de mais--valia*. Este é um postulado de identidade equivocado, no qual não comparecem as conexões internas que determinam a superexploração. Não se trata, portanto, de um *fait accompli* como sugerem apressadamente nesta simples dedução lógica.

Pensemos por ora em um exemplo hipotético que nos conduz a uma maior aproximação ao conteúdo da superexploração, afastando--nos da confusão que a associa *ex ante* como taxa superior de mais-valia. Consideremos dois capitais, A e B, consumindo força de trabalho com jornadas de mesma duração, de 8h. E tomemos por referência que no capital A o tempo de trabalho necessário e o tempo de trabalho excedente sejam respectivamente de 4h cada e a taxa de mais-valia, de 100%; e que no capital B, o tempo de trabalho necessário seja de 6h e o tempo de trabalho excedente, de 2h. No segundo caso, a taxa de mais-valia é de 33%, inferior à de A, que extrai mais trabalho excedente porque opera sob condições em que uma parte menor da jornada, em relação a B, é destinada à reprodução da força de trabalho. Suponhamos agora que em B aconteça uma compressão salarial de 10% e um prolongamento da jornada de trabalho também de 10%. Ao final, o capitalista de B irá acrescentar por jornada 20% na valorização de seu capital, 10% que estará extorquindo do salário do trabalhador e outros 10% que estará extorquindo fazendo-o trabalhar 1h adicional. Este capitalista terá incrementado em 20% sua taxa de mais--valia, mas em comparação ao capitalista de A, que neste exemplo hipotético manteve inalteradas as duas grandezas em questão (salário e duração da jornada de trabalho), continuará em desvantagem, pois A obtém uma taxa de mais-valia de 100% e B agora extrai trabalho excedente a uma taxa de 53%.

O que o exemplo citado nos indica é que o rebaixamento do valor da força de trabalho (que é diferente de sua desvalorização real) e o seu consumo implicando maior desgaste tendencial do trabalhador não são

---

salariais é necessário tomar, dentro de cada país, a relação entre o trabalho necessário e o mais-trabalho [...]. O conceito de exploração está construído sobre a ideia da extração do mais-trabalho. E o grau desta exploração não pode ser entendido mais do que a relação entre as duas partes da jornada de trabalho: o tempo necessário e o tempo excedente [...]. Se deixam entrever assim alguns dos limites deste novo conceito de 'superexploração', devido a que, se bem ele baseia-se em uma comparação entre os graus de exploração nos diferentes países, não toma em conta as taxas de mais-valia que constituem o único meio de estabelecer tais graus" ("Superexplotación y dependencia: una crítica a las tesis de Marini". Memorial-Arquivo Vania Bambirra, s/d. Mimeo., p. 32-33). O mesmo trabalho foi publicado na revista *Investigación Económica*, IIEC-Unam, n. 221, jul.-sept. 1997. Tivemos acesso à versão mimeografada. A paginação citada corresponde a esta versão.

necessariamente tendências como *resultado de* ou *expressão de* taxa superior de mais-valia na competição capitalista. Podem, ao contrário, ser métodos para buscar compensar a desvantagem de capitais que operam a taxas de mais-valia e taxas de produtividade inferiores.[13]

Em suma, toda relação de superexploração implica a elevação da taxa de mais-valia de um capital individual. No entanto, na maior parte das vezes, a superexploração ocorre porque se opera a uma taxa de mais-valia menor no âmbito do capital social total, na economia mundial.

Sinônimo de mais-valia absoluta e ausência de mais-valia relativa

Não foram poucos os autores que criticaram a categoria da superexploração pressupondo que ela sugeriria o predomínio pura e simplesmente da mais-valia absoluta ou, até mesmo, a ausência de mais-valia relativa. Cardoso e Serra foram uns dos primeiros a insinuá-lo: "inexistiria a possibilidade de produzir-se mais-valia relativa, restando apenas a mais-valia absoluta".[14] Castañeda e Hett, em texto que se baseia sumamente na "crítica" de Cardoso e Serra, também o afirmaram: "seu conteúdo oscila constantemente entre uma identificação com a mais-valia absoluta e uma simples exação de esforço físico excessivo".[15] Guido Mantega não escapou deste mesmo equívoco interpretativo: "para Marini, a superexploração [estava] baseada sobretudo na mais-valia absoluta".[16] José Valenzuela Feijóo, do mesmo modo: "dando como um fato que a produção não se dirige ao mercado interno, as pressões de produtividade – quando acontecem – não põem em ação nenhum mecanismo de mais-valia relativa [...]".[17] José Lucas igualmente asseverou: "se ele [Marini] aceita que a força de trabalho se desvaloriza, e então existe uma redução do salário real, ele

---

[13] É claro que, uma vez instaurada na economia dependente, essa lógica favorece inclusive as empresas que contam com vantagens como a do exemplo A, que buscarão operações (como as multinacionais) nas economias dependentes de maneira a usufruir também dos ganhos apropriados mediante superexploração dos trabalhadores.

[14] *As desventuras da Dialética da Dependência*, op. cit., p. 69.

[15] Castañeda, Jorge e Hett, Enrique. *El economismo dependentista*. Cidade do México: Siglo XXI, 1988. 5ª ed., p. 58.

[16] *A economia política brasileira*, op. cit., p. 268.

[17] O mesmo autor afirma em outra passagem que, para Marini, pelo fato de o trabalhador não ser fundamental como nas economias dominantes na realização das mercadorias produzidas, isto termina "ocasionando que o capitalista superexplore-o mediante a mais-valia absoluta, remunerando a força de trabalho abaixo de seu valor" (*Ibid.*, p. 43). E, novamente, em outra colocação em que mescla a confusão que põe sinal de igualdade entre a categoria de superexploração; maior grau de exploração e mais-valia absoluta: "[Marini] parece crer que uma maior exploração é privilégio da mais-valia absoluta [...]". *Ibid.*, p. 45.

estará admitindo a introdução da técnica e a geração de mais-valia relativa, o que ele nega".[18]

A origem destes equívocos estriba no modo como esses críticos leem duas formulações decisivas de *Dialética da Dependência*: a) uma sobre a passagem do eixo da acumulação baseado na mais-valia absoluta para a mais-valia relativa no capitalismo central; b) a outra sobre o predomínio, no capitalismo dependente, da acumulação com base em uma maior exploração do trabalhador em vez de uma elevação maior da produtividade do trabalho.[19]

Ambos os argumentos, como dito, ocupam uma função crucial na TMD e na categoria da superexploração e são distorcidos e simplificados *in extremis*. Ato contínuo, o exame do processo de trânsito do eixo da acumulação para a mais-valia relativa, que caracterizou a formação do capitalismo central, passa a ser considerado como a pretensa afirmação de que, no capitalismo dependente, inexistiria – total ou virtualmente – a extração de mais-valia relativa.

Assim, a formulação a respeito do predomínio da acumulação com recurso a uma maior exploração do trabalhador no capitalismo dependente é tomada como se estivesse ausente a possibilidade de se elevar a produtividade do trabalho (pressuposto para a obtenção de mais-valia relativa), o que tornaria igualmente ausente a possibilidade de se extrair trabalho excedente pelo método da desvalorização real do valor da força de trabalho. Com isso, chega-se à absurda conclusão de que Marini teria afirmado que, na superexploração, o que há é tão somente a mais-valia absoluta ou que a categoria da superexploração apresentaria um postulado de identidade com a mesma.[20]

O erro desses críticos é colocado a toda prova quando se adentra mais a fundo nas instâncias do real e se observa que a lógica imanente do capitalismo e suas tendências internas não se manifestam uniformemente em todo e qualquer lugar. O preciso significado da afirmação de Marini é que nas economias centrais a elevação da produtividade proporcionada pela Revolução Industrial e a extensão da acumulação, mediante a desvalorização real da força de trabalho proporcionada pelo trânsito do eixo da acumulação para a mais-valia relativa, converteram-se em verdadeiras alavancas da acumulação, que se tornaram o *momento predominante* das tendências de movimento do capitalismo naquelas formações econômico-

---

[18] Lucas, José. *Não à teoria do subdesenvolvimento*. São Paulo: Kairós, 1983, p. 107.
[19] Tratamos destas passagens no capítulo 2 deste livro.
[20] Estas e outras conclusões revelam a falta de rigor para lidar com o método dialético e, mais ainda, diante de relações cuja correta apreensão requer ter presentes as tendências negativamente determinadas ou da dialética negativa.

-sociais. Nas economias dependentes, em contraste, não é que o caminho esteja fechado para ganhos de produtividade e para a extração de mais--valia relativa, que podem existir e existem. A questão, contudo, é que, neste último conjunto de formações econômico-sociais, eles comparecem sem a mesma potência ou mesmo grau em que se apresentam nas economias dominantes. Enquanto no capitalismo central o eixo da acumulação se articula em torno da mais-valia relativa, no capitalismo dependente esse eixo se baseia na superexploração. E isto engendra tendências e processos particulares. Eis o sentido da afirmação segundo a qual nestas economias o momento predominante é *a acumulação com base em uma maior exploração do trabalhador*[21] – entendendo já, aqui, que maior exploração não é sinônimo de taxa superior de mais-valia, nem tampouco sinônimo de mais-valia absoluta ou ausência de mais-valia relativa, mas superexploração.

Ausência de elevação da produtividade

Com o que vimos expondo até agora, desvelamos algumas formas aparentes que mistificam o significado da superexploração. Mas elas não se esgotam por aqui. Mesmo autores marxistas com trabalhos sobre Economia Brasileira, como Paul Singer, ou na Sociologia do Trabalho, como Giovanni Alves, tomaram em algum momento a categoria superexploração em sentido enviesado. Em texto de 1979, Singer escreveu:

> É preciso notar inicialmente que Marini comete o erro de tomar o capitalista individual como encarnação de sua classe, abstraindo a concorrência entre os capitais, o que o leva a atribuir-lhe critérios para a ação totalmente estranhos aos seus interesses. É óbvio que nenhum industrial se empenha em elevar a produtividade do trabalho dos seus operários tendo em vista desvalorizar-lhes a força de trabalho e assim reduzir seus salários monetários [...]. Na verdade, o industrial é obrigado a preocupar-se permanentemente em aumentar a produtividade do trabalho por causa da concorrência [...]. Por esta razão, o empenho em baixar os custos – o que equivale dizer, aumentar a produtividade – é obrigatório para todos os capitalistas, não importando se seus produtos são bens de salário ou bens suntuários, embora só no primeiro caso a elevação da produtividade se reflita na baixa do valor da força de trabalho.[22]

---

[21] Ver novamente citação de Marini no capítulo 2, item "O papel das exportações latino-americanas...", p. 99-100.

[22] Singer, Paul. "A reprodução da força de trabalho e desenvolvimento". Em: Padis, Pedro Calil (org.). *América Latina. Cinquenta anos de industrialização*. São Paulo: Hucitec, 1979, p. 213.

Note-se que esta passagem demonstra a confusão entre os diferentes níveis de abstração expressos no conteúdo da categoria superexploração. Isto se torna explícito quando levamos em conta a exposição que fizemos ao longo dos capítulos anteriores a respeito da relação entre níveis de produtividade e o desenvolvimento desigual na dialética que conforma a economia mundial.

De modo semelhante a Singer, Giovanni Alves colocou por sua vez que "o conceito de superexploração do trabalho que utilizamos é diverso do utilizado por Ruy Mauro Marini, no qual a superexploração do trabalho não implicava um aumento da capacidade produtiva do trabalhador assalariado".[23]

Ora, confundir superexploração, tal como pensada por Marini e a TMD, com ausência de elevação da produtividade é outro erro que se costuma cometer. Neste caso, um aspecto do fenômeno em um nível de abstração ou instância da realidade (a superexploração como tendência estrutural e sistemática de economias que apresentam menores níveis de produtividade) é transformado em um postulado de identidade supondo que seja sua própria essência: superexploração seria incompatível com elevação da produtividade, isto é, seria a antinomia do aumento da produtividade do trabalho.

Não é que a burguesia dos países dependentes não logre ganhos de produtividade ou que não ocorram aumentos de produtividade nas economias dependentes e, sim, que estes são mais limitados nas formações econômico-sociais do capitalismo dependente, devido ao modo desigual como esse expediente encontra-se à disposição na economia mundial. E é, precisamente, por essa determinação no âmbito da concorrência intercapitalista que entram em cena outros expedientes como a superexploração.

Não é necessário deter-se em demasia desfazendo esse tipo de engano, que já foi refutado por Marini em mais de uma ocasião.[24] Cumpre, porém, trazer uma iluminação ao problema, a partir de um nível mais concreto. Pensemos no caso de trabalhadores de plantas fabris da indústria automobilística em países dependentes. Os trabalhadores deste ramo operam fábricas com altos níveis de produtividade horária e consistem em um contingente de operários com alta qualificação profissional, isto é, desempenham trabalho complexo. Estes mesmos trabalhadores podem ter que se submeter a ritmos de trabalho extenuantes e, mesmo que recebam sa-

---

[23] Alves, Giovanni. *O novo (e precário) mundo do trabalho*. São Paulo: Boitempo, 2005, 1ª reimpr., p. 161.
[24] Ver, por exemplo, *Las razones del neodesarrollismo, op. cit.* Ver também Farfán, Guillermo. "Reproducción de la fuerza de trabajo y superexplotación (contribución al debate latinoamericano)". *Cuadernos Cidamo*, Cidade do México, n. 5, p. 1-27.

lários acima da média em seus países, contrairão relações de superexploração.²⁵ Observa-se, com isso, que a superexploração, nos termos da TMD, não é uma modalidade de exploração onde não compareça a elevação da produtividade nos atos concretos de trabalho. A questão da baixa produtividade comparece, isto sim, em outros níveis de abstração – conforme dito – atuando na configuração do regime de superexploração.²⁶

Pauperismo e tese subconsumista

Além da pretensa ausência de elevação da produtividade e de mais-valia relativa, outras características atribuídas erroneamente à categoria da superexploração são as de sinônimo de pauperismo e visão subconsumista. Novamente Guido Mantega foi um dos que asseverou neste sentido: "nos termos de Marini, a superexploração da força de trabalho provoca a pauperização das classes trabalhadoras".²⁷ Gabriel Palma, por sua vez, insinuou que a obra de Marini "pode ser resumida essencialmente como uma tentativa de aplicar o esquema de Luxemburgo [...] à situação latino-americana contemporânea".²⁸ Esse tipo de argumento é visto, ainda, no *Dicionário do Pensamento Marxista*, compêndio organizado por Tom Bottomore que conta com numerosas edições em vários idiomas. No verbete sobre Teoria da Dependência, assinado por Elizabeth Dore, chega-se a afirmar:

> Marini argumenta que o subdesenvolvimento persiste porque o desenvolvimento do capitalismo é limitado pelo tamanho do mercado capitalista.

---

[25] Assinalemos, por ora, que embora tanto os trabalhadores desse ramo nas economias centrais como nas economias dependentes possam ter sobredesgaste de sua força de trabalho mediante aumento da intensidade, essa realidade se exacerba ainda mais nos países dependentes, onde o salário recebido pelos trabalhadores do ramo, não obstante estarem acima do salário médio para as condições locais, é inferior ao salário dos operários da mesma indústria nos países centrais. E este não é um dado alheio às relações de superexploração.

[26] Voltaremos a esse tema logo a seguir, ao tratarmos da superexploração como mecanismo de compensação das transferências de valor.

[27] *A economia política brasileira*, op. cit., p. 277. Analisando o salário médio de ramos da indústria de transformação em que operários qualificados ganhavam salários acima do salário mínimo praticado no país, Mantega procurou negar a existência da superexploração como traço estrutural do capitalismo dependente, esforçando-se por descartar a categoria, dizendo que o cerne do problema era a má distribuição da renda.

[28] Palma, Gabriel. "Dependencia y desarrollo: una visión crítica". Em: Seers, Dudley (org.). *La teoría de la dependencia*. Una evaluación crítica. Cidade do México: Fondo de Cultura Económica, 1987. A pecha de "aplicação do esquema" de Rosa Luxemburgo demonstra um desconhecimento das teses de Marini, bem como da avaliação crítica que ele fazia de leituras que tomavam os esquemas de reprodução de Marx fora de seu preciso nível de abstração (ver a introdução de Marini em *Plusvalía extraordinaria y acumulación de capital*, op. cit.).

> Nos países capitalistas subdesenvolvidos o papel do proletariado é o de produtor, e o produto de seu trabalho é exportado. Como o produto é exportado, não há necessidade de que essa classe trabalhadora sirva como consumidora, *e seus salários podem ser abaixados sem limite. Desse modo os trabalhadores são superexplorados no país 'dependente' (e não há nenhum mecanismo para elevar os salários*, já que não são necessários à realização). *Como os salários não sobem*, o mercado interno não se expande, e a acumulação no país dependente é retardada ou 'deformada'. [...] *A análise de Marini padece dos mesmos erros das teorias baseadas no subconsumo* [...].[29]

Eis um rosário de ilações – "não há nenhum mecanismo para elevar os salários", "os salários não sobem", "o mercado interno não se expande" – que não saíram do texto de Marini, mas das ideias de quem assina a resenha "crítica" no verbete. Falar em modalidade específica de circulação – como faz Marini – não é definitivamente a mesma coisa que endossar as teses subconsumistas.[30]

Finalmente, cabe mencionar o sociólogo equatoriano Agustín Cueva, autor do célebre *O desenvolvimento do capitalismo na América Latina* e expoente da corrente endogenista do marxismo latino-americano. Em 1974, em uma de suas críticas dirigidas à TMD, Cueva escreveu:

> Por isso, até aquele traço que Marini assinala como mais típico destas [economias], ou seja, a superexploração, que se traduz na compressão do consumo individual do trabalhador, bem poderia ser enunciada com um nome bastante clássico: processo de pauperização, que em conjunturas às vezes prolongadas se realiza, inclusive, em termos absolutos.[31]

---

[29] Dore, Elizabeth. "Teoria da Dependência". Em: Bottomore, Tom (org.). *Dicionário do pensamento marxista*. Rio de Janeiro: Zahar, 2001. Trad. Waltensir Dutra.

[30] Teses subconsumistas são aquelas que atribuem a tendência de o capitalismo gerar crises econômicas como oriundas da segunda fase da circulação e, particularmente, da realização do capital-mercadoria sobre a base da existência invendável de valores de uso devido ao baixo nível de consumo dos trabalhadores. Essa premissa equivocada implica um triplo erro: confundir causa e forma de manifestação das crises; perseguir uma condição de equilíbrio na distribuição intersetorial do valor, a qual, na verdade, pode ser considerada apenas *in abstrato*; e, finalmente, predicar que o problema do capitalismo é sua distribuição de riqueza e não seu próprio modo de produção. Para uma crítica a estas confusões teóricas, ver Carcanholo, Marcelo. "Equilíbrio e crise: uma hipótese e um fato inconciliáveis". *Revista da Sociedade Brasileira de Economia Política*, Rio de Janeiro, n. 12, junho 2003, p. 67-86. Definitivamente, a categoria da superexploração, que desvela o aviltamento do valor da força de trabalho nas relações de produção e de apropriação, passa bem longe do viés subconsumista.

[31] Cueva, Agustín. "Problemas y perspectivas de la teoría de *la dependencia*". Em: *Entre la ira y la esperanza y otros ensayos de crítica latinoamericana. Fundamentos conceptuales*. Antologia (Organização e apresentação de Alejandro Moreano). Bogotá: Clacso, 2008, p. 101, nota 22.

Ora, a superexploração possui um vínculo com a agudização do pauperismo. Entretanto, nem sempre expressa e provoca o pauperismo. Se, por um lado, a compressão do consumo do trabalhador é uma das formas em que a superexploração pode ocorrer (deslocando o fundo de consumo do trabalhador para o fundo de acumulação do capital), por outro lado nem toda relação em condições de superexploração diz respeito à compressão salarial.[32]

Circulacionismo

No debate marxista, desvio circulacionista é aquele tipo de debilidade teórica quando se afasta do rigor no método de Marx, cindindo a imbricação entre produção – distribuição – consumo. Esta totalidade, como colocou Marx na *Introdução de 1857*, é atravessada pela dialética produção e circulação, sendo a produção o *momento predominante* na hierarquia de determinações.[33] Leituras apressadas sobre a TMD e a categoria da superexploração acreditaram enxergar nelas esse desvio metodológico. Dessa maneira, os historiadores Ciro Flamarion Cardoso e Héctor Pérez Brignoli, em sua *História Econômica da América Latina*,[34] escreveram:

> Um dos traços mais característicos da literatura recente sobre o desenvolvimento e a dependência é o interesse fundamental na articulação entre centro e periferia [...]. Resumindo brevemente, pode-se afirmar que os problemas derivam do estatuto teórico atribuído ao comércio e à economia mercantil. Uma vez que se identificam capitalismo e relações de mercado, a articulação básica entre centro e periferia *é colocada exclusivamente no nível da circulação (o intercâmbio desigual), e a 'superexploração' da mão de obra é uma consequência forçosa da relação desigual no mercado.*

É curioso ler o comentário segundo o qual a análise das relações causadoras da dependência estaria "exclusivamente no nível da circulação".[35] Também outro autor já citado, José Valenzuela Feijóo, dedica páginas e páginas para lançar o qualificativo de circulacionismo a todo o edifício teó-

---
32   Retomaremos essa questão mais adiante, no tópico "Formas da superexploração".
33   Marx, Karl. *Grundrisse, op. cit.* Ver, também, *O capital.* Livro II, *op. cit.*
34   Rio de Janeiro: Graal, 1984, p. 102-103. Itálico nosso.
35   Em *El Marxismo Latinoamericano y la dependencia* (*Cuadernos Políticos*, Cidade do México: Ediciones Era, n. 38, enero-marzo 1984, p. 40-59), Jaime Osorio chamou atenção, acertadamente, para o inadequado que é opor causas externas e internas na análise do capitalismo latino-americano. A TMD, com efeito, nem absolutiza as causas sistêmicas como o sistema-mundo de Wallerstein, nem opõe causas internas a causas externas, como por vezes é colocado em alguns trabalhos da corrente endogenista. Trata-se da dialética da economia mundial e das formações econômico-sociais, atravessada pelo estudo do movimento que as leis do capitalismo seguem nas realidades sob as relações de dependência.

rico de Marini.³⁶ Mencionemos, finalizando este subtópico, o comentário de Victor Figueroa, que vai igualmente neste mesmo sentido:

> Também nisto Marini alega seguir o método de Marx. Assegura nosso autor que começou pela circulação, logo avançou em direção à produção para, finalmente, reempreender a análise da circulação engendrada por aquela. Com efeito, isto formalmente não se contradiz com a estrutura de *O capital*. Porém, daí acreditar que Marx derivou *O capital* da mera circulação, ao modo como Marini derivou a 'superexploração' da circulação, há uma grande diferença.³⁷

Na verdade, as evidências estão disponíveis para todos tirarem suas conclusões. Conforme vimos nos capítulos anteriores, toda a teorização da TMD repousa no estudo da produção capitalista e na maneira como a lei do valor se desdobra historicamente – tanto do ponto de vista do valor de uso, quanto do processo de valorização do valor. É a partir de sua investigação sobre a produção capitalista, na sua dialética produção-circulação, que Marini chega até a categoria da superexploração. E esta apresenta, como vimos, fundamentos que se pronunciam a partir das relações de produção, os quais são por demais eloquentes para sugerir qualquer viés circulacionista na análise.

Tendência geral do capitalismo em todo lugar

Dissemos que a superexploração, tal como descoberta por Marini, é o fundamento da economia dependente. Este é mais um aspecto de polêmicas. Para alguns, as tendências da superexploração seriam, na verdade, características comuns observadas no capitalismo em todas as partes: "seu primeiro erro consiste em atribuir unicamente ao 'capitalismo dependente' características que são universais e que aparecem em todo o capitalismo. Aquilo que para Marini constitui uma particularidade do 'capitalismo dependente', para Marx constitui uma tendência imanente a todo capital".³⁸

---

[36] Não nos deteremos exaustivamente nestas outras colocações deste autor. Para o leitor interessado, vale consultar as anotações críticas de Vania Bambirra às margens do manuscrito de Valenzuela Feijóo (a versão mimeografada pode ser consultada no acervo físico do Memorial-Arquivo Vania Bambirra).

[37] *Reinterpretando el subdesarrollo*. Cidade do México: Siglo XXI, 1986, cap. III, p. 106.

[38] Feijóo, Valenzuela, *op. cit.*, p. 34. Esse mesmo argumento também está em outras passagens: "[...] o conceito de 'superexploração' não somente está construído sobre premissas incorretas (apenas o capitalismo dependente tende a reduzir ao máximo a remuneração do trabalhador), mas também perde de vista os elementos históricos que intervêm na determinação do valor da força de trabalho. [...] No entanto, é este conceito 'faltante' o que constitui o pilar de toda a caracterização que Marini confere ao capitalismo dependente" (*ibid.*, p. 34).

No debate brasileiro dos anos 2000, esta controvérsia suscitou novas discussões. Para Nascimento, Dillenburg e Sobral, "a superexploração da classe trabalhadora pelo capital é própria de qualquer economia capitalista, em que vige, por suposto, a concorrência entre capitais – de nações diferentes ou de uma mesma nação".[39] Assim entendido, o que diferenciaria as formações econômico-sociais seria o grau em que a superexploração se verifica, determinado pela luta de classes. Além disso, os autores colocam que o programa de pesquisa de Marini [e da TMD] "parte de uma particularidade em vez de partir da totalidade"[40] – afirmação que em nosso ponto de vista demonstra, na verdade, desconhecimento da orientação metodológica da TMD.

Contrariamente a estas ideias, expusemos nos capítulos anteriores a articulação de instâncias da *totalidade hierarquicamente integrada e diferenciada* que é o capitalismo mundial, de acordo com a TMD; e como essa compreensão é não somente coerente com o método de Marx, como contribui para o aprofundamento da teoria do valor – considerando o desenvolvimento desigual e sua historicidade, bem como as relações sob a égide do imperialismo. Ainda a respeito da crítica aos autores em tela, Hugo Corrêa e Marcelo Carcanholo, em polêmica com eles, escreveram:

> [...] a noção de que existe em *O capital* uma 'teoria da superexploração' é de todo estranha a Marx. Mas o fato de tomarmos aqui uma posição contrária à tentativa de imputar a Marx tal formulação teórica não nos impede de reconhecer que a categoria *superexploração* possa ter relevância no debate marxista. De fato, um dos motivos para acreditarmos que o trabalho de Nascimento, Dillenburg e Sobral gera confusões é precisamente por desconsiderar, de forma intencional, o debate em torno desta categoria – não em Marx, mas na teoria marxista da dependência.
>
> Uma questão que assim se poderia levantar é, se a categoria não pode ser atribuída a Marx, por que ela poderia ser considerada uma contribuição legítima do marxismo à análise da sociedade capitalista? O primeiro ponto a se considerar, neste caso, é que a categoria superexploração na teoria marxista da dependência encontra-se em um nível de abstração distinto daquele que lhe pretendem atribuir Nascimento, Dillenburg e Sobral.
>
> O emprego da categoria *superexploração da força de trabalho* nesse debate vem do esforço realizado por Ruy Mauro Marini [...] de dar conta das especificidades do funcionamento do capitalismo em países dependentes (isto é, países que foram enredados numa teia de relações desiguais, contraditórias, dialéticas, com as potências imperialistas e que, consequentemente,

---

[39] Nascimento, Carlos Alves do; Dillenburg, Fernando Frota e Sobral, Fábio Maia. "Exploração e superexploração da força de trabalho em Marx e Marini". Em: Almeida Filho, Niemeyer (org.). *Desenvolvimento e dependência, op. cit.*

[40] *Ibid.*, p. 120.

tiveram suas relações de produção internas remodeladas nesse processo. É evidente, portanto, que Marini não está descrevendo uma 'lei geral' da acumulação capitalista, mas sim colocando como, num plano mais concreto, a acumulação se faz com (re)produção de espaços desiguais por entre os quais o capital se move [...].[41]

Prossigamos agora com a última das confusões a respeito do significado da superexploração que abordaremos nesta Nota Prévia.

Anulação da lei do valor

Outro erro que tem aparecido em fóruns de debates em que o texto de *Dialética da Dependência* e a TMD são tema de discussão é atribuir à categoria da superexploração uma perspectiva que insinuaria – ou que teria até mesmo por fundamento – a anulação da lei do valor ou, para alguns, seu abandono. Assim, por exemplo, se pode ler em uma dissertação de pós-graduação:

> que o trabalho se remunera por baixo de seu valor no capitalismo não é nenhuma novidade – de fato, esse consiste [n]o âmago da teoria da mais-valia de Marx. Talvez o que Marini esteja se referindo seja à força de trabalho em si. Assim, vejamos o motivo do autor afirmar que a mais-valia absoluta [*sic*] *rompe com a lei do valor*.[42]

E prossegue solenemente em tom triunfal esse "crítico" de Marini:

> acreditar que superexploração do trabalho – ou seja, remunerar abaixo do valor da força de trabalho – é o mesmo do que [a lei do valor ser] o trabalhador receber o suficiente para viver uma expectativa de vida média da

---

[41] Corrêa, Hugo e Carcanholo, Marcelo. "Uma teoria da superexploração da força de trabalho em Marx? Um Marx que nem mesmo ele tinha percebido". *Revista da Sociedade Brasileira de Economia Política*, n. 44, jun.-set. 2016, p. 9-30 (no mesmo volume, foi publicada também a réplica de Nascimento, Dillenburg e Sobral, na qual reapresentam seus argumentos criticando a categoria da superexploração em Marini).

[42] Franklin, Rodrigo Straessli Pinto. Um ensaio sobre a dependência a partir das relações econômicas do Brasil contemporâneo. Porto Alegre: Programa de Pós-Graduação em Economia-UFRGS/Dissertação de Mestrado, 2012, p. 61. Além de confundir superexploração com mais-valia absoluta, o autor crê ter demonstrado que Marini chega até a categoria da superexploração somente estando ausente a luta de classes em sua obra! E que a superexploração teria como parâmetro uma visão moralista. Além de distorcer argumentos de Marini atribuindo afirmações que ele nunca fez, o texto, repleto de inconsistências, serve-se de análises igualmente inconsistentes de Fernando Henrique Cardoso e José Serra, como a de que não seria possível estudar a lei do valor no comércio internacional etc. E demonstra um desconhecimento do método dialético, em um intento de explicar Marx e Marini sob lentes weberianas e neoricardianas.

sociedade em que vive, é atribuir uma questão moral para a lei do valor que não existe.[43]

Para essas análises, a categoria da superexploração implicaria uma ruptura ou desconhecimento da lei do valor, pois repousaria em uma visão moralista com a atribuição de um valor ideal, sendo portanto uma perspectiva idealista. Faz-se, com isso, uma associação rasa e sob premissas equivocadas a respeito da questão da diferença nos valores de uso acessados pela classe trabalhadora entre as diferentes economias, por um lado; e o termo violação do valor, por outro lado, referido no âmbito da TMD para descrever a determinação negativa da dialética na qual se inscreve a categoria da superexploração:

> Essa concepção quanto à violação do valor no capitalismo contemporâneo abre espaço para a interpretação de que o capital obtém seu excedente da troca de não-equivalentes, ou seja, como resultado do processo de vender caro e comprar barato. Os países imperialistas vendem mais caro do que compram quando comercializam com os países dependentes. E, nestes últimos, os capitalistas vendem mais caro (os produtos de subsistência) do que compram (a força de trabalho) quando comercializam com os trabalhadores. *A violação da lei do valor constitui, assim, a violação da própria teoria marxista, de modo que o valor-trabalho já não serve para explicar a dinâmica do mundo contemporâneo.*[44]

Nesta citação, além de seu autor confundir o sentido de intercâmbio de não-equivalentes (fundamento tanto da categoria *transferência de valor como intercâmbio desigual*, quanto da categoria da *superexploração*)[45] com o de comprar barato para vender caro, vocifera que Marini estaria rompendo com a lei do valor e a teoria marxista! Esses erros, que levam a uma mesma conclusão (a nulidade da lei do valor na categoria da superexploração)[46] possuem duas origens que lhes subjazem. Ora se confunde um símile utilizado no método de exposição com a categoria em si; ora se confunde níveis de abstração distintos. E ambos os equívocos tendem a se mesclar no raciocínio de seus autores. Senão vejamos.

A exploração que é *super*exploração não é exploração maior medida pela taxa de mais-valia, como já esclarecemos, e sim, agudização, exa-

---

[43] Ibid., p. 62.
[44] Franklin, Rodrigo Straessli Pinto. Teoria da dependência. Categorias para uma análise do mercado mundial. Porto Alegre: Programa de Pós-Graduação em Economia – UFRGS/Tese de Doutorado, 2015, p. 147.
[45] Ver nossa discussão a respeito, na Introdução e no capítulo 1 deste livro.
[46] Erro encontrado também em Lastra, Facundo. *Análisis crítico del concepto de "superexplotación" del trabajo en la Teoría de la Dependencia*. X Jornadas de Sociología. Buenos Aires: Facultad de Ciencias Sociales/UBA, 2013.

cerbação, exasperação da exploração capitalista.[47] Mas no que reside essa agudização ou exacerbação? Qual sua relação com a lei do valor? Como explicá-la? Para se aproximar de seu conteúdo Marini teve necessidade de lançar mão de símiles. A série de expressões caracteriais utilizadas por Marini para qualificar o funcionamento da lei do valor nas economias dependentes, sob as relações de superexploração – *violar, eludir, burlar, transgredir* – são por ele utilizadas nessa função.[48]

É de conhecimento que o uso de símiles encontra-se fartamente na obra de Marx. *Base* e *superestrutura, reino da liberdade* e *reino da necessidade, formas antediluvianas do capital, câmara escura, reflexo* etc. são exemplos de alguns dos símiles presentes em Marx. Mesmo sem compreender linguisticamente sua função no método de exposição de Marx, nem por isso a grande maioria dos marxistas os reprovou mediante interpretações literais, embora seus adversários sim o tenham feito, com a ajuda também de alguns marxistas vulgares.[49] Seja como for, no caso de certas leituras do texto de Marini, a predisposição em se ler enviesadamente as categorias é ainda mais acentuada. Em nome do rigor no método, muitas vezes se descarta facilmente o próprio rigor, incorrendo-se no desvio que é o dogmatismo. Ora, o prefixo de *super*exploração indica uma exploração agudizada, exacerbada. Mas esta foi apenas a primeira aproximação ao conteúdo do fenômeno. Marini logo percebeu a necessidade de avançar mais uma camada ou instância da realidade. E, para isso, lançou mão deste recurso em sua explanação: estamos frente a uma relação de exploração que é exacerbada de tal maneira *como se fosse* uma *violação, transgressão* etc. do valor.

Note-se que nenhum destes símiles sugere anulação da lei do valor, exatamente porque são símiles. *Violar* possui os significados de infringir, profanar, transgredir. *Eludir* carrega os sentidos de evitar, esquivar, escapar com habilidade ou astúcia da influência ou poder de algo. *Burlar* expressa

---

[47] O prefixo *super*, do latim, possui, pelo menos, quatro significados distintos: *excesso/excessivo, aumento, posição acima, em cima ou por cima*. Não há dúvida de que Marini utilizou-o no significado de *exploração acima/além de determinados limites*. Este é o significado que encontra correspondência com diversas asseverações ao longo de sua obra para se referir ao conteúdo da superexploração e do funcionamento das leis tendenciais do capitalismo nas economias dependentes, com destaque para dois substantivos: *agudização* e *exasperação*. Esse sentido está em consonância também com a ideia de *exploração redobrada*, usada em alguns trabalhos de Jaime Osorio como termo alternativo e complementar ao de superexploração (ver, do autor, *Explotación redoblada y actualidad de la revolución, op. cit.*).

[48] Comentamos anteriormente acerca desse sentido ao expor a categoria *transferência de valor como intercâmbio desigual*. Ver capítulo 1 deste livro, item "Esferas da divisão internacional..."

[49] Acerca dessa questão, ver Silva, Ludovico. *O estilo literário de Marx*. São Paulo: Expressão Popular, 2012. Trad. José Paulo Netto.

o ato de lograr, enganar, ludibriar. *Transgredir* significa passar além de...; atravessar, desobedecer, deixar de cumprir, infringir, violar.⁵⁰

O símile, por conseguinte, cumpre a função de antecipação intuitiva. Com sua predicação na frase, ele ajuda a esclarecer elementos do sujeito.⁵¹ Voltando a nosso caso, em sua explicação tanto para a superexploração, quanto para a *transferência de valor* Marini lançou mão de símiles para descrever seu conteúdo em uma primeira aproximação. Naturalmente, como em toda ciência, a TMD é uma teoria em permanente construção. E novas descobertas no processo de conhecimento devem ir preenchendo espaços antes lacunares quando a fronteira do conhecimento era outra, conferindo precisão a formulações enunciadas antes que ela alcançasse novos avanços. Nesse sentido, é mister trazer a colocação de Mészáros, que refletindo sobre o método de exposição na ciência ensina que os símiles, diferentemente das metáforas, que são autorreferenciadas, podem ser aperfeiçoados. Seguindo esse mesmo raciocínio, o símile expresso através dos vocábulos alternativos violar, eludir, burlar, transgredir, desrespeitar a lei do valor pode – e deve – ser precisado. Trata-se de violar, eludir, burlar, transgredir...⁵² *o* valor sob relações negativamente determinadas *na* lei do valor.⁵³

Quem não consegue enxergar esse uso dos vocábulos em Marini na precisa função que exercem terá também que descartar formulações de Marx como, por exemplo, os símiles utilizados como pares dialéticos, *reino da necessidade* e *reino da liberdade*, acompanhados do outro símile sobre a *pré-história da humanidade*, termos de suma importância para pensar o significado de

---

50   Utilizamos como referência o *Novo Dicionário Aurélio da Língua Portuguesa*, de Aurélio Buarque de Holanda Ferreira. Rio de Janeiro: Editora Nova Fronteira, 1986. 2ª edição revista e ampliada.

51   Mészáros, István. "A metáfora e o símile" (Em: *Filosofia, ideologia e ciência social*. São Paulo: Boitempo, 2008. Trad. Ester Vaisman). A rigor, conforme esclarece Mészáros, a maioria das vezes que se pensa estar diante de metáforas se está diante de símiles. Enquanto nas primeiras há identidade entre sujeito e predicado, nos últimos há uma hierarquia na predicação. E esta hierarquia cumpre um papel de esclarecer elementos do sujeito, como em nosso caso, quando em sua explanação tanto para a superexploração, quanto para a *transferência de valor* Marini lançou mão de símiles para descrever seu conteúdo em uma primeira aproximação. Pensada nestes termos, a superexploração é como se fosse uma *violação, elusão, transgressão* do valor etc.

52   Cabe advertir que o sentido translato do verbo burlar não coincide necessariamente com seu significado no substantivo burla, que remete a burlesco, recomendando cautela adicional com este vocábulo.

53   Nesse sentido, sim, temos acordo com Marcelo Carcanholo de que *violar a lei do valor* contém uma imprecisão. Mas violação *do* valor contida *na* lei do valor resolve esta imprecisão. É a correção do símile utilizado como primeira aproximação à essência da categoria. Ver, a respeito, a nota de rodapé n. 12, no capítulo 1 deste livro.

comunismo. Entretanto, é por demais óbvio que Marx, cujo método era assentado no estudo da história, não pensasse que a história humana só começaria com a superação do capital. Estamos diante de um símile: o reino da necessidade é (*como se fosse*) a pré-história da humanidade.

A categoria da superexploração, definitivamente, não sugere a anulação da lei do valor. Ela descreve e explica elementos específicos da lei do valor, contribuindo para aprofundar a teoria de Marx, a partir da historicidade, da totalidade e da negatividade da lei do valor. E este é um grande aporte da TMD ao conhecimento da lei do valor e do comportamento desigual da economia mundial.

Com isso chegamos à compreensão de que a lei do valor é a assunção do valor e sua negação. E a negação do valor ou sua tendência negativamente determinada é *como se fosse* – aqui está a função cumprida pelo símile – sua violação, elusão, transgressão etc. Aqui se desfazem muitas dúvidas: onde está o moralismo na leitura da lei do valor como pretendem alguns, sugerindo que a TMD entendia o valor condicionado a um conjunto de valores de uso considerado justo? Onde está a suposta confusão entre valor e preço, em que a TMD supostamente teria pensado que a força de trabalho naturalmente devesse ser paga pelo seu valor? Mas isto não é tudo. Como toda categoria no marxismo, a superexploração é uma categoria histórica, tendencial e relacional.[54] Não obstante já tenha sido aventado que seu fundamento careceria de comprovação concreta no curso da história do capitalismo,[55] demonstraremos mais a seguir a historicidade dos processos cuja apreensão crítica é feita graças à categoria da superexploração. Mas antes disso, após termos afastado o que a superexploração *não* é, avancemos em direção à apreensão de sua essência. Nesta exposição, veremos o desdobramento de suas conexões internas, mediante suas categorias mediadoras, o que ajudará a aflorar os diversos aspectos históricos da objetividade que a constitui.

---

[54] Ver Osorio, Jaime. "Sobre epistemología y método en Marx". Em: *Crítica de la economía vulgar. Reproducción del capital y dependencia*. Cidade do México: Miguel Ángel Porrúa, 2004.

[55] Assim escreveu, por exemplo, Valenzuela Feijóo: "[...] Para Marini, a extração de mais-trabalho se efetua de maneira indiferenciada sob relações de produção muito variadas [no capitalismo dependente]. [...] Com efeito, o conceito de 'superexploração' desempenha um papel universal e a-histórico [*sic*]. Se refere mais corretamente à miséria do produtor direto do que às condições concretas da produção e às formas históricas de extração de mais-trabalho. Essa é a razão pela qual não pode haver uma história da produção e pela qual este conceito não permite compreender as transformações que intervêm no processo de desenvolvimento capitalista latino-americano e, menos ainda, captar suas particularidades" (Feijóo, Valenzuela, *op. cit.*). A absurda pecha de indeterminação e incongruência com os fatos históricos é refutada à luz da evidência concreta, conforme logo veremos.

ESSÊNCIA E CONEXÕES INTERNAS

Se o trabalho é a categoria fundante (a essência) do ser social[56] e o trabalho abstrato, a essência das sociedades capitalistas, regidas pela lei do valor, qual é por sua vez a essência da superexploração? Entendemos a superexploração como determinação negativa do valor da força de trabalho, contida no âmbito da lei do valor. A lei do valor é simultaneamente a assunção e negação do valor. É simultaneamente o intercâmbio de equivalentes e sua negação. É simultaneamente o pagamento da força de trabalho próxima de seu valor e o pagamento abaixo de seu valor. É tanto o consumo da força de trabalho em torno de seu valor, quanto seu consumo acelerado esgotando-a prematuramente. A superexploração é, pois, a agudização da tendência negativa, inscrita na lei do valor. Por isso, enquanto tendência negativamente determinada, ela exacerba a relação-valor em seus aspectos alienantes. Daí chamarmos de determinação negativa do valor da força de trabalho contida na lei do valor. A força de trabalho, na superexploração, além de estar submetida à exploração capitalista nas determinações mais gerais da lei do valor, está também submetida às determinações específicas desta, sob as quais é agudizada sua tendência negativamente determinada, que atua de modo sistemático e estrutural sob as economias dependentes, provocando o desgaste prematuro da força de trabalho e/ou a reposição de seu desgaste de tal maneira em que a substância viva do valor não é restaurada em condições normais (isto é, nas condições sociais dadas), ocorrendo o rebaixamento do seu valor. Esta é a essência da superexploração, cuja compreensão pode ser também descrita com o uso dos símiles violação, transgressão do valor contida na lei do valor.[57]

A seguir, veremos as conexões internas da superexploração, examinando suas categorias mediadoras: valor diário e valor total; fundo de consumo e fundo de vida; valor normal, mecanismo de compensação e vio-

---

[56] A essência (ou substância) é a categoria filosófica e metodológica que reúne as múltiplas determinações sociais em seu elemento mais fundamental. Sua apreensão permite-nos conhecer a relação que define ontologicamente uma hierarquia de causas na cadeia de determinações sociais. Ver Lukács, Geörgy. *Ontologia do ser social. Os princípios ontológicos fundamentais de Marx*. São Paulo: Editora Ciências Humanas, 1979, Trad. Carlos Nelson Coutinho, p. 78 e seguintes.

[57] Insistimos na compreensão da diferença entre símile e categoria. Se por um lado eles não coincidem, a última não prescinde absolutamente da utilização do raciocínio proporcionado pelo primeiro, sendo este um recurso importante do método de exposição. Por isso, discordamos de Adrián Sotelo Valencia quando ele coloca: "Não se pode reduzir um fenômeno tão complexo como é a superexploração à simples violação do valor da força de trabalho – tampouco se pode interpretar desta maneira na obra e no pensamento de Marini" (*Los rumbos del trabajo. Superexplotación y precariedad social en el siglo XXI*. Cidade do México: Miguel Ángel Porrúa, 2012, p. 154).

lação do valor. Essas categorias mediadoras serão discutidas observando o lógico e o histórico, pondo em evidência seu caráter relacional e as funções que cumprem na totalidade a que pertencem.[58]

Valor diário e valor total

Marx, no Livro I de *O capital*, capítulo *A jornada de trabalho*, coloca que a força de trabalho possui um valor diário e um valor total. Supondo que seu tempo de vida útil seja 30 anos, Marx argumenta que em condições normais cada dia de trabalho representa 1/10.950 do seu valor. Nesses termos, 1/10.950 é o seu valor diário e 10.950, seu valor total. Este exemplo é utilizado por Marx quando ele expõe o antagonismo capital-trabalho, com a avidez do capital por extrair o máximo de excedente do possuidor da força de trabalho e economizar tanto quanto puder com o seu pagamento. Essa digressão é a mesma que traz o célebre exemplo do diálogo hipotético entre o trabalhador e seu patrão, em que o primeiro protesta:

> a utilização de minha força de trabalho e a sua espoliação dela são duas coisas totalmente diferentes. Se o período médio que um trabalhador médio pode viver com um volume razoável de trabalho corresponde a 30 anos, o valor de minha força de trabalho que me pagas, um dia pelo outro, é 1/(365 x 30) ou 1/10.950 de seu valor global. Se, porém, tu a consomes em 10 anos, pagas-me diariamente 1/10.950 em vez de 1/3.650 seu valor global, portanto, apenas 1/3 de seu valor de 1 dia, e furtas-me assim diariamente 2/3 do valor de minha mercadoria. Pagas-me a força de trabalho de 1 dia, quando utilizas de 3 dias. Isso é contra nosso trato e a lei do intercâmbio de mercadorias.[59]

Nesta passagem, que segundo Riazanov[60] foi inspirada fortemente em um panfleto que circulou durante a intensa agitação operária da greve de Londres de 1859-1860, Marx chama atenção para o fato de que o valor da força de trabalho não é regido somente pelo tempo de trabalho socialmente necessário para a produção de um equivalente em meios de subsistência. Ou melhor, não é ilimitada a magnitude desse equivalente em meios de subsistência *vis-à-vis* o desgaste da substância da força de traba-

---

[58] O real é composto por totalidade, contradição e mediação. Ver Netto, José Paulo. *Introdução ao estudo do método de Marx, op. cit.*

[59] Marx, Karl, *O capital*, Livro I. São Paulo: Nova Cultural, 1996, Capítulo VIII, p. 348. Trad. Regis Barbosa e Flávio Kothe. Esta mesma passagem de Marx é citada também em Osorio, Jaime, "Superexplotación y clase obrera: el caso mexicano". *Cuadernos Políticos*, Cidade do México: Ediciones Era, n. 6, octubre-diciembre 1975, p. 5-23.

[60] Riazanov, David. *La vida y el pensamiento revolucionario de Marx y Engels*. Buenos Aires: IPS, 2012, p. 185. Trad. Rossana Cortez e Ana Julia Hurtado.

lho, seu valor de uso como corporeidade viva. Com efeito, à medida que vai avançando em sua demonstração do processo de produção capitalista, Marx agrega outros níveis de desdobramento do objeto. Assim, ele chega no capítulo VIII à exposição segundo a qual a magnitude do valor da força de trabalho é também influenciada pelo modo como se dá o seu desgaste e sua correspondente reposição ou não, como vimos na citação referida.[61] Entretanto, embora essa constatação se encontrasse presente em *O capital*, não era ela que presidia a preocupação de Marx. Afinal, era seu objetivo demonstrar o segredo da produção capitalista, que possibilitou um modo histórico de produção e apropriação de riqueza no qual a classe dominante pode extrair trabalho excedente mesmo quando a força de trabalho fosse paga pelo seu valor.[62] O recém-exposto é o que justifica o procedimento de Marini que o levou à descoberta de uma nova categoria de análise no âmbito do marxismo: "é o conceito de superexploração justamente o que vem a preencher esse vazio teórico na análise da exploração capitalista".[63] Foi nesse sentido que Marini argumentou em *La acumulación capitalista dependiente y la superexplotación del trabajo*,[64] conferência de 1973 na qual sustenta

---

[61] Também no capítulo 4 do Livro I, Marx traz colocações a respeito do elemento histórico e moral do valor da força de trabalho, que influi na determinação do valor da força de trabalho, juntamente com os limites físicos ou fisiológicos.

[62] Superando a teoria ricardiana, Marx deu a conhecer que, mesmo sendo a força de trabalho paga pelo seu valor, havia exploração. Essa descoberta de Marx é salientada por Engels em seu Prefácio de 1885 à primeira edição do Livro II de *O capital*: "para saber o que era o mais-valor, Marx precisava saber o que era o valor. Antes de tudo, a própria teoria do valor de Ricardo tinha de se submeter à crítica. Marx investigou, assim, o trabalho em sua qualidade criadora de valor e esclareceu pela primeira vez *qual* trabalho cria valor, por que e como ele o cria, descobrindo que o valor não é senão trabalho cristalizado *desse* tipo [...]. Marx investigou, então, a relação entre a mercadoria e o dinheiro e demonstrou como e por que, em razão da qualidade de valor que lhe é inerente, a mercadoria e a troca de mercadorias têm necessariamente de engendrar a oposição entre mercadoria e dinheiro [...]. Investigou a transformação do dinheiro em capital e demonstrou que o processo repousa sobre a compra e venda da força de trabalho. Substituindo o trabalho pela força de trabalho, pela qualidade criadora de valor, ele resolveu com um só golpe uma dificuldade que provocara a ruína da escola ricardiana: a impossibilidade de harmonizar a troca recíproca de capital e trabalho com a lei ricardiana da determinação do valor pelo trabalho. Ao estabelecer a distinção do capital em constante e variável, Marx foi o primeiro a expor exaustivamente o processo de formação do mais-valor em seu verdadeiro desenvolvimento [...]. Não é o trabalho que é comprado e vendido como mercadoria, mas a *força* de trabalho. Tão logo se torna mercadoria, seu valor se rege pelo trabalho nela incorporado como um produto social, ou seja, é igual ao trabalho socialmente necessário para sua produção e reprodução. Compra e venda da força de trabalho sobre a base desse seu valor não contradizem em absoluto, portanto, a lei econômica do valor". Engels, Friedrich. "Prefácio da primeira edição". Em: *O capital*. Livro II, *op. cit.*, p. 96-100.

[63] Osorio, Jaime, "Superexplotación y clase obrera...", *op. cit.*

[64] *Op. cit.*, p. 4

que a categoria da superexploração parte de uma perspectiva que foge a todo dogmatismo dentro do campo teórico do marxismo:

> se queremos ser bons marxistas, devemos tomar certas liberdades com a teoria. Com efeito, se insistimos em aplicar a uma economia dependente, de uma maneira efetivamente rígida, as categorias fundamentais na análise marxista: a categoria de mais-valia relativa e mais-valia absoluta e tomamos absolutamente seu aspecto formal e não vamos à essência do que elas assinalam, não poderemos entender o processo de exploração e, por conseguinte, de acumulação em uma economia dependente.

Desta feita, de acordo com a TMD, o desdobramento da categoria da superexploração passa pela reflexão em torno do fato de que a força de trabalho possui um *valor diário* e um *valor total* os quais se encontram imbricados com as categorias relacionais: *fundo de consumo* e *fundo de vida*, que são suas categorias mediadoras.[65] E que tanto a análise do consumo da força de trabalho precisa ser desglosado entre jornada de trabalho diária e jornada de trabalho total, quanto a reposição (ou não) de seu desgaste precisa ser avaliada, considerando os anos de vida presentes e futuros. Nisto consiste a dialética entre fundo de consumo e fundo de vida, ambos violados sob as relações de superexploração.

Fundo de consumo e fundo de vida

Como substância do valor, a força de trabalho possui um valor de uso, com um tempo de vida útil e cuja reprodução, materializando objetivações desse tempo de vida útil, pode se desdobrar de distintas maneiras. Estas variam conforme ocorra o consumo da força de trabalho no processo de trabalho (seu desgaste) e a reposição ou não desse mesmo desgaste. O consumo individual do trabalhador na satisfação de necessidades mediante o acesso a valores de uso necessários, bem como o seu repouso, cumprem uma função direta para a restauração de suas energias físico-psíquicas.[66] Estamos tratando, portanto, da questão da maneira como a força de traba-

---

[65] Jaime Osorio foi o primeiro a identificar essa relação, em seu artigo de 1975, "Superexplotación y clase obrera...", *op. cit.* A próxima seção está baseada em contribuições do artigo mencionado. Ver também, do autor: "Dependência e superexploração", em: Martins, Carlos Eduardo e Sotelo Valencia, Adrián (orgs.). *A América Latina e os desafios da globalização, op. cit.*; e "Fundamentos da superexploração", em: Almeida Filho, Niemeyer (org.). *Desenvolvimento e dependência, op. cit.*

[66] Sotelo Valencia agrega o uso do vocábulo *psíquica*, no sentido de pensarmos a superexploração da força de trabalho como desgaste físico-psíquico. Ver, do autor, *Desindustrialización y crisis del neoliberalismo. Maquiladoras y telecomunicaciones.* Cidade do México: Plaza y Valdés, 2004.

lho produz e valoriza o valor no aspecto do desgaste da força de trabalho (consumo da força de trabalho, do ponto de vista do capital); e como ao mesmo tempo se reproduz enquanto substância do valor, na condição de portadora de um valor de uso especial (sua corporeidade viva), que tem a capacidade de gerar riqueza nova.

As categorias relacionais *fundo de consumo* e *fundo de vida* e *valor diário* e *valor total* encontram-se representadas na Figura 7.

Figura 7 – O valor da força de trabalho e suas categorias mediadoras

Valor diário	Valor total
Fundo de consumo	Fundo de vida

Fundo de consumo e *fundo de vida* expressam, dialeticamente, a transubstanciação do *valor diário* e do *valor total*. Uma insuficiência do fundo de consumo provocada pelo rebaixamento do pagamento da força de trabalho influi negativamente sobre o fundo de vida. E os ataques atentando contra o fundo de vida obrigam ao aumento dos meios de subsistência para restaurá--lo, mas somente até um limite, a partir do qual o desgaste físico-psíquico só poderá ser regenerado mediante repouso, não bastando mais compensá--lo com o incremento de valores de uso acessados.[67] Assim, a partir dessa *dèmarche*, a TMD considera que na determinação do valor comparece também a reprodução da substância do valor da força de trabalho. Retomando a problematização de Marini em *La acumulación capitalista dependiente y la superexplotación...*:

> ao estudar as formas da exploração do trabalho, Marx define a mais-valia relativa como aquela que parte da redução do tempo de trabalho necessário ao trabalhador para a reprodução de sua força de trabalho, ou seja, do barateamento real da força de trabalho, o que é [realizado] fundamentalmente, embora não essencialmente, através do aumento da produtividade [naqueles ramos que produzem bens necessários ou que produzem bens para a produção destes. M.S.L.]; enquanto a mais-valia absoluta deriva do prolongamento do tempo de trabalho excedente, independentemente de que se mantenha igual ao tempo de trabalho necessário dentro da jornada total de trabalho. Marx tem seu motivo para conceituar desta maneira a exploração do trabalho em uma economia capitalista, já que parte da premissa teórica de que a força de trabalho se remunera sempre a seu devido valor, não para cada indivíduo, mas sim como uma tendência para a classe. *Agora, isto não representa somente uma premissa teórica, mas possui também uma validade histórica. Se consideramos a evolução dos salários, nos países industriais, constatamos que se observa*

---

[67] Osorio, Jaime, "Superexplotación y clase obrera", *op. cit.*; "Dependência e superexploração", *op. cit.*

ali uma tendência permanente dos salários se manterem próximos ao valor real da força de trabalho. Porém, quando deslocamos nosso enfoque para as economias dependentes, vemos que isso não é assim. Não podemos partir, absolutamente, na análise de uma economia dependente afirmando que ali a força de trabalho se remunera por seu devido valor. Isso não é certo; ao contrário, a característica de uma economia dependente é precisamente que a força de trabalho é remunerada sempre abaixo de seu valor.[68]

O que está colocado é que a determinação do valor da força de trabalho, que é a reprodução da substância do valor, comporta-se de maneira diversa nas formações econômico-sociais dominantes e naquelas do capitalismo dependente. Estas diferenças são mais do que as oscilações sazonais de mercado gravitando em torno do valor. É por isso que Marini escreveu que, na superexploração da força de trabalho,

> a característica essencial está dada pelo fato de que são negadas ao trabalhador as condições necessárias para repor o desgaste de sua força de trabalho [...] [seja] porque se obriga o trabalhador a um dispêndio de força de trabalho superior ao que deveria proporcionar em condições normalmente, provocando assim seu esgotamento prematuro; [...] [seja] porque se lhe retira inclusive a possibilidade de consumir o estritamente indispensável para conservar sua força de trabalho em estado normal.[69]

O ímpeto do capital por se apropriar de mais-trabalho, seja reduzindo até onde puder os salários, seja incrementando até onde puder o tempo e/ou a intensidade em que o trabalhador produz para valorizar o capital vincula-se ao assunto da luta sem trégua, entre os dois antagonistas históricos, por um limite à duração da jornada de trabalho – e, cumpre acrescentar, pelo reconhecimento de um piso a partir do qual o trabalhador é remunerado. O que em um caso é um limite máximo (considerando o consumo da força de trabalho), no outro, é o limite mínimo (considerando a quantidade/qualidade de meios de subsistência que o trabalhador deve acessar para a reprodução da sua força de trabalho). E esta questão apresenta-se, historicamente, de maneira diferenciada no âmbito das distintas realidades que compõem a totalidade hierarquizada que é o capitalismo mundial. A esse respeito, argumenta Marini:

> o conceito de superexploração não é idêntico ao de mais-valia absoluta, já que inclui também uma modalidade de produção de mais-valia relativa – [especialmente] a que corresponde ao aumento da intensidade do trabalho. Por outro lado, a conversão de parte do fundo salarial em fundo de acumulação do capital não representa rigorosamente uma forma de produção de mais-valia absoluta, posto que afeta simultaneamente os dois tempos de tra-

---

[68] Marini, *op. cit.*, Destaque nosso.
[69] *Dialética...*, *op. cit.*, p. 41-42.

balho no interior da jornada laboral e não só o tempo de trabalho excedente, como ocorre com a mais-valia absoluta. Por tudo isso, a superexploração é melhor definida pela maior exploração da força física do trabalhador [sua corporeidade físico-psíquica, M.S.L.] em contraposição à exploração resultante do aumento de sua produtividade, e tende normalmente a se expressar no fato de que a força de trabalho seja remunerada abaixo de seu valor real.[70]

É preciso ver sua configuração na história para captar com rigor o sentido de *condições normais* ou *normalidade* para a reprodução do valor da força de trabalho.

Valor normal e violação do valor: determinações no desdobramento histórico do valor da força de trabalho e da luta de classes

"No princípio eram as trevas e o caos e então se fez a luz".[71] Tal qual no mundo do Deus bíblico, no mundo do capital a gênese de sua substância teve o comparecimento de uma força organizadora que deu vida ao que antes era desordenado. A missão civilizatória que o capital arrogou para si está para a sociedade capitalista assim como a divina providência está para os mistérios da fé. Não somente na fase mais cruenta que foi a acumulação primitiva, mas também nos primeiros decênios do capitalismo industrial que teve como crisol a Inglaterra e a Europa Ocidental, a sociedade fundada na extração da mais-valia explorou a carne humana sem nenhum limite que pudesse deter a fome insaciável que o capital trouxe em suas entranhas ao romper a casca do ovo, no ato que inaugurou sua era. Do advento da Revolução Industrial até o fim da primeira metade do século XIX, campeavam jornadas de até dezoito horas e o uso sem misericórdia do trabalho infantil. Essas eram notícias rotineiras, conforme anotavam em detalhes os inspetores de fábrica nos seus relatórios – citados abundantemente por Marx em *O capital*.[72] Também Engels, em seu estudo sobre *A situação da classe trabalhadora na Inglaterra*,[73] havia observado cenas horrendas que eram comuns ao cotidiano operário daqueles tempos.

Se aquela realidade revelava, por um lado, a tendência intrínseca de o capital não conhecer nenhum outro limite a não ser ele próprio, a história demonstrou, por outro lado, que houve um período que foi um verdadeiro *tour de force* para o desenvolvimento do capitalismo. Não que o ímpeto pela

---

[70] "Sobre Dialéctica de la Dependencia", em: *Dialética...*, *op. cit.*, p. 92-93.
[71] Passagem adaptada do Livro Gênesis da Bíblia.
[72] Ver, especialmente, os capítulos "A jornada de trabalho" e "Maquinaria e grande indústria", no Livro I de *O capital*, *op. cit.*
[73] São Paulo: Boitempo, 2008. Trad. B. A. Schumannn; supervisão, apresentação e notas de José Paulo Netto.

exploração desenfreada tenha deixado de ser a característica imanente do capital, até porque – lançando mão de outra paráfrase bíblica – enquanto durar sua existência o capital nunca deixará seu número: *diga-me o seu número e lhe direi o seu nome*.[74] Entretanto, a partir de certo momento, as economias do capitalismo central entraram nos trilhos dessa sorte de missão de progresso que se converteria na principal ideologia autojustificadora do capitalismo.

O desenvolvimento das forças produtivas proporcionado pela Revolução Industrial e acicatado pela formação do mercado mundial criou as condições para que fosse estabelecido um *limite normal* para a exploração da classe trabalhadora no capitalismo central, tão logo a dinâmica da luta de classes nesses países foi capaz de arrancar dos patrões e do Estado o reconhecimento dessas mesmas condições de normalidade. Essa viragem histórica foi um resultado tanto do desdobramento da lógica do capital, quanto da luta de classes. Afinal, o capital confronta-se com o trabalhador em dois momentos, na produção e na circulação, como produtor e como consumidor.[75]

A produção de mercadorias em massa passava a requerer que o produtor da substância do valor comparecesse também como consumidor, na segunda fase da circulação. A fim de cumprir esse papel na realização do capital, era preciso que os salários praticados deixassem de remunerar a força de trabalho, via de regra, a níveis abaixo de seu valor. Ao mesmo tempo, esse não foi um desdobramento automático. Foram necessárias décadas de acirradas lutas e experiência organizativa da classe (movimento cartista, revoluções de 1848, fundação da Associação Internacional dos Trabalhadores, organização de partidos operários etc.) para impor limites ao capital e conquistar uma duração *normal* da jornada de trabalho.

No capitalismo dependente, não deixaram de acontecer lutas radicais dos trabalhadores por melhores condições de vida e trabalho. Contudo, aqui se impôs uma realidade marcada por leis tendenciais específicas – como são a *transferência de valor como intercâmbio desigual*, a *cisão nas fases do ciclo do capital* e a *superexploração da força de trabalho*, que se cristalizaram enquanto características sistemáticas e estruturais em nossas sociedades.

Podemos identificar quatro períodos em cada uma das realidades, as economias do capitalismo central e as economias dependentes, no desdobramento histórico do valor da força de trabalho e da luta de classes. Vejamos melhor a seguir.

---

[74] Passagem levemente modificada do Livro do Apocalipse, alegoria utilizada por Marx em *O capital*, Livro I, Boitempo, *op. cit.*, cap. 2. "O processo de troca", p. 161.

[75] Marx, Karl, *O capital*, Livro I, *op. cit.*, cap. VIII; Marini, Ruy Mauro, *Dialética...*, *op. cit.* e "*O ciclo do capital na economia dependente*", *op. cit.*; Osorio, Jaime. "Dependência e superexploração", *op. cit.*

No capitalismo central, os anos entre as revoluções de 1848 e a Grande Depressão de 1873-1896 foram uma primeira conjuntura de êxitos na imposição de um *limite normal* à exploração da força de trabalho. Nesse intervalo de tempo, a luta contra o capital e sua avidez por mais-trabalho teve uma importante vitória histórica, quando se conquistou, na Europa, a Lei das Dez Horas, em 1850. Os anos entre a Grande Depressão oitocentista e a Primeira Guerra Mundial constituem uma segunda conjuntura histórica. Enquanto até o fim do segundo terço do século XIX a Revolução Industrial não conduzira a uma melhora do padrão de vida – conforme registra o debate historiográfico em torno ao tema[76] –, no último terço daquele século verificaram-se sensíveis melhorias tanto na quantidade quanto na qualidade dos valores de uso acessados pela classe trabalhadora, graças à queda dos preços de bens de consumo necessário e à ampliação de seu rol. Também se registrou, para os mesmos anos, a imposição de novos diques de contenção à duração da jornada de trabalho. Essas foram tendências constatadas em trabalhos de diferentes autores como Michel Beaud,[77] Eric Hobsbawm[78] e

---

[76] Ver, por exemplo, Hobsbawm, Eric. "O padrão de vida inglês de 1790 a 1850" e "O debate do padrão de vida: um pós-escrito". Em: *Os trabalhadores. Estudos sobre a história do operariado*. São Paulo: Paz e Terra, 2000. Trad. Maria Leão de Medeiros.

[77] "Dessa nova relação de forças resulta a tendência à *elevação do salário real* nos quatro principais países capitalistas. Entre os anos 1870 e o período que precede a guerra de 1914, os salários reais se elevaram, em média, de um quinto na Alemanha e de dois quintos na França. Paralelamente, a tendência à *diminuição da duração do trabalho* é iniciada claramente. Certos autores salientam aqui que durante esse período o aumento da produtividade foi suficientemente elevado para 'tornar possíveis', do ponto de vista do capital, essas concessões; certamente, porém, sem a relação de forças, é infinitamente pouco possível que essas concessões tivessem sido feitas". Beaud, Michel. *História do capitalismo. De 1500 aos nossos dias*. São Paulo: Brasiliense, 1999, p. 213. Trad. Maria Ermantina Pereira.

[78] "A 'Grande Depressão' trouxe consigo mudanças importantes. É provável que a mais rápida melhoria geral das condições de vida do trabalhador do século XIX tenha ocorrido nos anos 1880-1895, só escurecida pelo *desemprego* um pouco mais alto desse período. Isto porque a queda do custo de vida beneficia tanto os mais pobres quanto os demais, e na verdade beneficia mais aqueles, proporcionalmente. E a 'Depressão' foi, como vimos, sobretudo, um período de queda de preços – mas os preços caíam em grande parte porque se abria todo um novo mundo de alimentos baratos e importados para o povo britânico. Entre 1870 e 1896, o consumo *per capita* de carne aumentou em quase 1/3 na Grã-Bretanha, mas a proporção de carne importada triplicou. Entre o fim do século XIX e o período que se seguiu à Primeira Guerra mundial, cerca de 40% da carne consumida na Grã-Bretanha veio do exterior. [...] Na verdade, depois de 1870 os britânicos começaram a transformar seus hábitos alimentares. Começaram, por exemplo, a comer frutas, antes um luxo. A classe trabalhadora consumia frutas em forma de geleia; mais tarde passou a comer bananas, uma fruta nova e importada, que suplementava e substituía a maçã como a única fruta fresca consumida pelos pobres das cidades. Até mesmo um elemento tão típico da vida do proletariado britânico, a loja de peixe com batatas, surgiu nesse período". Hobsbawm, Eric. "Padrão de vida, 1859-1914". Em: *Da Revolução Industrial inglesa ao imperialismo*. Rio de Janeiro: Forense, 2013, 6ª ed., p. 156-157. Trad. Donaldson Garschagen.

Robert Castel.[79] No caso da duração da jornada de trabalho, de acordo com Michael Huberman e Chris Minns, "o período compreendido entre 1879 e 1913 foi um prelúdio para os desdobramentos após 1950". Os indicadores que levaram estes últimos a concluir nesse sentido são observados na Tabela 14.

Tabela 14 – Jornada de trabalho semanal. Países selecionados.
Economias centrais. 1870-2000

	1870	1880	1890	1900	1913	1929	1938	1950	1960	1970	1980	1990	2000(M)*	2000(F)**
Bélgica	72,3	69,3	66,5	64,2	59,5	48,2	48,0	–	42,5	39,9	38,5	36,6	37,3	36,5
França	66,1	66,0	65,9	65,9	62,0	28,0	39,0	44,8	45,9	44,8	40,7	39,9	36,9	34,6
Alemanha	67,6	66,3	65,1	64,0	57,0	46,0	48,5	48,2	45,6	43,8	41,6	39,9	40,8	39,0
Itália	63,3	63,4	63,6	63,8	62,4	48,8	48,5	47,8	42,4	42,9	42,5	39,6	41,4	35,4
Inglaterra	56,9	56,6	56,3	56,0	56,0	47,0	48,6	45,7	44,7	42,0	40,0	42,4	43,0	38,9
EUA	62,0	61,0	60,0	59,1	58,3	48,0	37,3	42,4	40,2	38,8	39,1	39,7	43,3	37,2

Fonte: adaptado de Michael Huberman e Chris Minns. The times they are not changin': Days and hours of work in Old and New Worlds, 1870-2000. *Explorations in Economic History*, n. 44, 2007, p. 538-567.
* Trabalhadores homens.
** Trabalhadoras mulheres.

A queda significativa da duração da jornada semanal nos países analisados refletiu, provavelmente, uma combinação de causas como: o incremento do grau de organização e experiência do movimento operário; a irrupção de uma alternativa histórica antagônica ao sistema capitalista, com a Revolução de 1917 – fazendo soar o sinal de alerta aos patrões em torno da necessidade de se fazer concessões e compromissos, entregando os anéis para conservar os dedos, procurando acomodar mudanças ao funcionamento do regime capitalista; o surgimento de um organismo internacional como a OIT ao término da Primeira Guerra Mundial, recomendando, como parâmetro a ser cumprido internacionalmente, o limite diário de oito horas para a duração de uma jornada de trabalho condigna etc. Seja como for, a década de 1910 foi um marco que sublinharia o início de uma tendência duradoura em direção à redução da jornada de trabalho

---

[79] "O sindicalismo do início do século faz do repouso semanal (conquistado em 1906) e da jornada de 8 horas uma de suas principais reivindicações, a única talvez, para os sindicalistas de ação direta, que não seja 'reformista'. É a palavra de ordem mais popular do 1º de Maio de luta, e cobre os cartazes de propaganda da CGT. Porém, mais simbolicamente significativa do que a redução do tempo de trabalho [...], mais profundamente libertadora do que o acesso ao consumo permitido pelo aumento de salários, a remuneração de um *tempo livre* equivale a um reconhecimento oficial da humanidade do trabalhador e da dignidade humana do trabalho. O trabalhador é também um homem e não um eterno tarefeiro, e seu trabalho lhe paga o acesso à qualidade de homem enquanto tal, de homem em si, deixando de ser a lei inexorável de cada jornada". Castel, Robert. *A metamorfose da questão social. Crônica do salário*. Petrópolis: Vozes, 1998, p. 438-439. Trad. Iraci Poleti.

nas economias centrais, tendência à qual elas vieram convergir por volta dos anos 1950/1960, como se vê na Tabela 14.

De maneira que, ao longo das três conjunturas históricas consideradas, se apresentou uma regularidade no capitalismo central marcada por: melhorias no padrão de vida, nem sempre lineares, e não infensas a retrocessos[80] – mas melhorias na macrotendência histórica e uma tendência à redução e estabilização da duração da jornada de trabalho. Este é o elemento de *normalidade* que se colocou no capitalismo central e o qual deve ser refletido quando se pensa a questão do *valor normal* da força de trabalho, nos cinquenta anos entre 1900 e a era de ouro do pós-Guerra, até o advento da fase neoliberal do capitalismo mundial.

Passados os anos dourados do pós-Segunda Guerra, uma quarta conjuntura foi inaugurada na década de 1970 em diante, quando o neoliberalismo começa a atacar as conquistas do período anterior e lança uma ofensiva para reconfigurar as relações capital-trabalho sob nova orientação. Tanto o nível de desgaste da força de trabalho quanto o modo de seu pagamento em condições próximas de seu valor serão colocados em xeque. Esta nova conjuntura passará a vigorar em todo espectro das formações econômico-sociais e é o que tem suscitado o atual debate, na TMD, a respeito de ser a superexploração uma tendência específica do capitalismo dependente ou, atualmente, generalizada na economia mundial.[81]

---

[80] Este foi o caso da conjuntura provocada pelo abalo de 1929 (ver, a respeito, Coggiola, Osvaldo. "A crise de 1929 e a Segunda Grande Depressão", em: *As grandes depressões. 1873-1896 e 1929-1939*. São Paulo: Alameda, 2009 – especialmente p. 17 e seguintes, em que trata das mazelas sociais provocadas pelo desemprego em massa e a agudização da pobreza na esteira da crise); ou, também, o caso de ciclos nacionais específicos, como a Alemanha entre 1890-1910 (ver a análise de Abendroth, Wolfgang em *A História Social do movimento trabalhista europeu*. Rio de Janeiro: Paz e Terra, 1977, p. 59. Trad. Ina de Mendonça).

[81] Ver, a respeito, Sotelo Valencia, Adrián. *Los rumbos del trabajo: superexplotación y precariedad social en el siglo XXI*. Cidade do México: Unam/Miguel Ángel Porrúa, 2012. Neste livro, Sotelo Valencia argumenta: "a superexploração é uma categoria derivada da teoria do valor-trabalho e expressa a especificidade das relações sociais e de produção que operam nas formações econômico-sociais dependentes. Foi Marini quem aportou uma teoria específica sobre a natureza de tais sociedades a partir das ferramentas da Economia Política, em particular de *O capital* [...]. A partir da constatação da existência de duas [realidades contraditórias] formações econômico-sociais existentes na economia mundial, uma cimentada na maior exploração extensiva e intensiva da força de trabalho, e outra de maneira preferente na produtividade; se constata um fenômeno adicional que começa a operar de maneira particular a partir da década dos oitenta do século passado [XX], que consiste no fato de que, frente a um crescente processo tendencial a homogeneizar a tecnologia e a difundi-la através das empresas transnacionais dos países avançados para praticamente todas as regiões e países, a força de trabalho de fato se converte no fator fundamental para a produção de lucros extraordinários. Daí que, no marco da atual crise econômica mundial, se entrou a fundo em uma competição global para baratear os salários dos trabalhadores,

No tocante à América Latina, não dispomos de um quadro estatístico abrangendo seu conjunto, para o exame da duração da jornada de trabalho desde o século XIX e durante a primeira metade do século seguinte. Porém, isso não nos impede de comparar ambos os contextos econômico-sociais. No capitalismo dependente latino-americano, os primeiros passos para impor um limite à duração da jornada de trabalho tornaram-se realidade nas décadas iniciais do século XX. Assim como nos centros dominantes, a legislação laboral apresentou, em nossos países, uma vinculação com os convênios que foram sendo firmados com a OIT.[82] Entretanto, quando comparamos uma e outra esferas do capitalismo mundial, constata-se uma diferença de cinquenta a setenta anos para as primeiras medidas que impuseram barreiras à fome vampiresca do capital. Logicamente, tal diferença corresponde, em parte, à própria diferença no tempo em que se deu a formação da classe trabalhadora e passou a vigorar o trabalho assalariado como *momento predominante* em cada uma das realidades. Mas existem outras razões para a explicação dessa diferença na objetivação de um limite à duração da jornada de trabalho – ou para a conformação de uma jornada *normal* de trabalho. Em um nível de abstração mais elevado, identificamos duas causas atuantes: 1) o fato de, nas economias dependentes, o fenômeno da superpopulação relativa/exército industrial de reserva ser exacerbado, sobredeterminando as leis tendenciais do capitalismo, trazendo consequências particulares na produção e reprodução da força de trabalho;[83] 2) o fato de, nesta mesma realidade, a classe dominante recorrer mais diretamente à superexploração, como mecanismo de compensação

---

aumentar o tempo médio [da jornada] de trabalho e, através de métodos de organização do trabalho como o toyotismo, intensificar seu uso com o objetivo de produzir mais-valia e ressarcir as perdas derivadas da competição e da tendência à diminuição das taxas de lucro do capital" (*Ibid.*, p. 127-128). De nossa parte, concordamos que a superexploração pode ter algumas de suas formas atuando em ambas as esferas da economia mundial. Todavia, entendemos que, como categoria relacional, que expressa uma malha de relações que se articulam com as *transferências de valor como intercâmbio desigual* e com a *cisão no ciclo do capital*, ela é uma categoria que expressa características estruturais e sistemáticas – e não conjunturais – somente na realidade do capitalismo dependente.

[82] Essa característica pode ser confirmada quando se observa correlação histórica entre a criação das leis trabalhistas nacionais, na América Latina, e a ratificação de convênios da OIT com os Estados da região. Ver Villasmil Prieto, Humberto. "Pasado y presente del derecho laboral latinoamericano y las vicisitudes de la relación de trabajo". *Revista Latinoamericana de Derecho Social*, Cidade do México, n. 21, julio-diciembre 2015, p. 203-228. O artigo foi publicado em primeira e segunda parte.

[83] Ver Duarte, Pedro Henrique Evangelista. "Economia política do trabalho no capitalismo dependente: apontamentos sobre a marginalidade social e a superexploração da força de trabalho". *Revista da Sociedade Brasileira de Economia Política*, n. 45, outubro-dezembro 2016, p. 94-117.

frente ao hiato entre a magnitude do valor produzido e do valor apropriado no âmbito da economia mundial.[84]

A mesma análise que fizemos para a duração da jornada de trabalho, faremos agora para os salários. Ao lado da jornada, também na remuneração da força de trabalho atuam determinações negativas que podem ser constatadas em perspectiva histórica, na comparação entre as economias centrais e as economias dependentes. Na Tabela 15, temos a comparação dos salários de economias latino-americanas com os salários do capitalismo central, tomando o salário da Grã-Bretanha como critério para este último, na comparação.

Tabela 15 – Salário em termos de paridade de poder de compra da América Latina e de outros países (Grã-Bretanha em 1905 = 100)

	Colômbia	México	Brasil	Cuba	Argentina	Chile	Uruguai
1870–1874	23	–	20	–	50	–	91
1875–1879	16	–	25	–	44	–	76
1880–1884	19	67	28	–	57	–	74
1885–1889	24	58	32	–	68	–	86
1890–1894	25	56	27	–	75	42	105
1895–1899	–	56	28	–	80	51	85
1900–1904	–	58	36	–	91	64	78
1905–1909	29	62	39	76	81	45	85
1910–1914	25	61	39	75	83	56	89
1915–1919	37	30	29	84	63	53	63
1920–1924	35	29	26	84	91	55	94
1925–1929	35	37	31	95	113	–	109

Fonte: Luis Bértola e José Antonio Ocampo. *Desenvolvimento, vicissitudes e desigualdade*. Uma história econômica da América Latina desde a Independência. Madri: Secretaría General Iberoamericana, 2012.

Os dados indicam poder de compra do salário, na América Latina, abaixo aos níveis praticados no centro dominante em todos os períodos da comparação, exceto em dois dos doze períodos analisados, para o caso do Uruguai; e exceto em um, para o caso da Argentina.[85]

---

[84] Tratamos brevemente desse tema nas considerações sobre a diferença entre o conceito de superexploração e a ausência de produtividade. Voltaremos a ele mais adiante.

[85] Coincidentemente, Cardoso e Serra (*As Desventuras...*, op. cit., p. 53) utilizaram-se de dados sobre os salários praticados na Argentina e Uruguai, naqueles anos, para afirmar que contradiziam a tese de Marini sobre a superexploração. Antes que depor contra a tese da superexploração, constituem na verdade exceções daquela conjuntura que confirmam a regra. Tanto os salários, como a jornada de trabalho – especialmente no Uruguai sob o *battlismo* – desfrutavam de condições especiais. Como verificamos em outra fonte consultada, o caso singular do Uruguai não passou despercebido na visão do imperialismo inglês naquela época. Conforme escreveu um representante da diplomacia britânica em 1912: "Posso referir-me agora à lei do trabalho que o Senhor Battle contempla como sua própria obra

A mesma tendência de níveis salariais mais elevados em economias centrais, em comparação com as economias dependentes, certamente confirmará esse diagnóstico para o período dos anos 1930 em diante – e, mais adiante, para o pós-Segunda Guerra. Para além de uma obviedade – que os níveis salariais não são iguais entre economias com distintos graus de desenvolvimento capitalista –, existem questões adicionais a serem respondidas, a partir de novas aproximações à essência do problema. Se, abstraída a variável câmbio, ainda assim resultam tais disparidades salariais é porque atuam outras determinações, para além da moeda ou função dinheiro-mundial.

Uma explicação a partir das teses da Cepal diria que a defasagem salarial era devida à heterogeneidade estrutural oriunda da difusão desigual do progresso técnico e à alegada dificuldade para que o movimento reivindicativo dos trabalhadores exercesse pressões sobre os salários na periferia do capitalismo mundial.[86] A TMD, diferentemente, atribui essa clivagem a uma determinação que opera, assim como vimos no caso da configuração da jornada de trabalho, em outro nível de abstração. Não é por falta de lutas dos trabalhadores que as jornadas laborais são tendencialmente mais longas nos países da América Latina. E também não é por falta de lutas históricas dos trabalhadores que os níveis salariais existentes no capitalismo dependente latino-americano são consideravelmente mais baixos do que nas economias centrais. As causas para os baixos níveis salariais são encontradas em três razões: 1) a exacerbação do exército industrial de reserva, que, assim como na causalidade para a duração da jornada de trabalho, influi nos salários de maneira negativamente determinada; 2) o fato de, nas economias dependentes, os trabalhadores não cumprirem o mesmo papel na realização do capital como nas economias centrais, na segunda fase da circulação, resultando – conforme analisamos no capítulo 2 – em um in-

---

especial. Da maneira mais taxativa possível e desprezando com tranquilidade uma quantidade de detalhes práticos, esta medida busca aplicar uma inflexível [sic] jornada laboral de oito horas para todo o tipo de empregos, tanto comerciais como industriais, tanto leves como pesados. Os jovens menores de 18 estão limitados a seis horas, os menores de 16, a quatro horas. Todo culpado de trabalhar mais que as horas legais será multado na quantidade proporcional destes ganhos. E o empregador também pagará multa. As mulheres grávidas têm descanso obrigatório do trabalho durante um mês antes e um mês depois de dar à luz, com um pequeno benefício estatal, cujos custos e fundos necessários não foram estimados". "Memorando confidencial de Mr. W. H. Denstone ao Enviado Extraordinário e Ministro Plenipotenciário de Sua Majestade, A. R. J. Kennedy, Esq.", 11 de janeiro de 1912. Em: Nahun, Benjamin. *Informes Diplomáticos de los Representantes del Reino Unido en el Uruguay*. Montevidéu: Udelar, 2012, p. 218.

[86] Atribuindo à TMD o endosso das teses cepalinas, Rolando Astarista viu na categoria superexploração uma suposta identidade com os postulados daquelas. Ver nossa crítica às interpretações deste autor, ao final do capítulo 1.

centivo a que os patrões e o Estado comportem menos concessões à classe trabalhadora; 3) o fato de, na lógica reprodutiva do capital sob essa realidade, a burguesia dependente procurar contra-arrestar as transferências de valor a que se encontra subordinada apertando o torniquete sobre os trabalhadores, isto é, deslocando o fundo de consumo do trabalhador para o fundo de acumulação do capital.

Nesses termos, se do ponto de vista das personificações do trabalho toda melhora no padrão de vida e nas condições de trabalho são conquistas contra seu antagonista histórico, o capital; do ponto de vista do capital, por sua vez, toda melhoria relativa para o trabalhador é uma concessão, que o capital concede somente quando logra acomodá-la ao sistema. Isto acontece tanto porque se logra compensar tais concessões ampliando o círculo de consumo, ajudando a deslocar a contradição produção-circulação, quanto porque o sistema é compelido pela luta de classes a fazê-lo. Enquanto a segunda condição é universal para o capitalismo em todo lugar, a primeira, embora possa existir em diferentes circunstâncias, é mais típica das economias centrais, uma vez que no capitalismo dependente operam contratendências de outra natureza, em que a superexploração cumpre a vez de mecanismo de compensação específico. Assim entendida, a superexploração contém um mecanismo de compensação para as *transferências de valor como intercâmbio desigual*. E uma vez em marcha, as relações de superexploração colocam em movimento tendências negativamente determinadas que atentam contra a configuração de um valor *normal* para a força de trabalho – ou seu pagamento e desgaste próximo de seu valor.

Com o exposto até aqui, podemos afirmar que *valor normal* reflete um patamar histórico, com limites acomodados pela dinâmica reprodutiva do capitalismo e conquistados pela classe trabalhadora e o movimento operário dentro da luta de classes. O *valor normal* pode ser conhecido, de maneira aproximada, analisando a conjunção entre:[87]

• o tempo de trabalho socialmente necessário nas condições vigentes;
• o elemento histórico e moral do valor da força de trabalho na sociabilidade correspondente, incluindo as condições culturais;
• a expectativa de vida nas condições médicas e sanitárias vigentes;
• os limites legais conquistados e reconhecidos para a duração da jornada de trabalho;
• o tempo de vida laboral (jornada de trabalho total), incluindo sua relação com as condições de aposentadoria.

Com isso, percebe-se que a noção de normalidade é histórica, é relacional e funciona como um centro de gravitação. Assim como o valor

---

[87] Ver Osorio, Jaime, "Dependência e superexploração", op. cit.

é centro de gravitação para os preços, o valor normal pode ser entendido como um centro de gravitação para o valor da força de trabalho. Este último pode ser consumido e remunerado mais próximo de seu valor (sob cujas condições atuam contratendências deslocando de modo mais duradouro suas contradições imanentes) ou sob condições de violação – isto é, negativamente determinadas – de seu valor.

Nesse sentido, um estudo da OIT comparou historicamente o limite legal da jornada semanal de trabalho entre distintas economias. Considerando o resultado da amostragem para os anos 1967, 1984, 1995, 2005, observou-se que a maioria dos países latino-americanos (12 de 20) apresentou o limite de 48h semanais como constante nos quatro períodos; ao passo que os países da Europa e EUA situaram-se entre a classificação "sem limite estatutário" e as faixas de 41-46h, 40h, 35-39h. Note-se que as economias centrais, mesmo naqueles países que não contam com "limite universal estatutário", apresentaram jornadas menores. E nos países centrais em que se formalizou limite legal, observou-se que em 1967 havia na amostragem cinco países com jornada legal de 40h e seis com jornada de 41-46h; em 1984, dez com duração de 40h e dois com 41-46h; em 2005, doze com 40h e dois com 41-46h. A novidade em 2005 foi que não havia nenhum para 48h, enquanto em 1995 houvera três; em 1984, três; e, em 1967, oito.[88]

Ora, o que se observa é uma convergência nos países do capitalismo central para uma estabilização da jornada de trabalho semanal em torno de 40h. Em contraste, no capitalismo dependente o limite legal existente manteve-se em torno das 48h. O que se vê no limite legal confirma-se através de outros indicadores, como a duração da jornada total de trabalho. Esta pode ser captada, de modo comparado, mediante dados globais considerando o contingente de trabalhadores que seguem trabalhando por decisão involuntária, após a idade para se aposentar, em cada uma das duas realidades contraditórias do capitalismo mundial. Enquanto nos países centrais 19,3% dos trabalhadores homens seguem trabalhando após os 65 anos de idade por decisão não voluntária, nos países dependentes esse número sobe para 48,5%. No caso da força de trabalho feminina, nas economias dominantes essa cifra é de 12%, contra 28% nas economias dependentes.[89]

---

[88] "Duração do trabalho em todo o mundo: tendências de jornadas de trabalho, legislação e políticas numa política global comparada" Brasília: OIT, 2009, p. 13-16.

[89] OIT. *World Social Security Report, 2010/2011: providing coverage in times of crisis and beyond*. Genebra: OIT, 2010.

Vemos, pois, que tanto o valor diário, como o valor total da força de trabalho apresenta a tendência a ser sistematicamente violado nas economias dependentes. Isso, portanto, não é o mesmo que dizer que o parâmetro para pensar a jornada normal de trabalho (e o valor normal da força de trabalho) seja a legislação. Isto seria inverter o raciocínio. Na verdade, o valor normal funciona, para a superexploração, assim como a taxa de lucro média funciona para a *transferência de valor*. O capital que opera abaixo do preço de produção, batendo a taxa de lucro média, apropria-se de lucro extraordinário, que é transferido por outros capitais. Analogamente, a força de trabalho que está submetida a um desgaste além do limite normal ou cuja remuneração ocorre abaixo de seu valor normal sofre desgaste de sua corporeidade em uma relação de não-identidade com a reposição de seu valor, mas neste caso a apropriação de valor mediante intercâmbio de não--equivalentes se dá entre capital e trabalho. Esse procedimento, à base de repetição sistemática, acarreta condições de superexploração.[90]

O que a retrospecção histórica nos coloca, em perspectiva comparada, são duas conclusões fundamentais: enquanto no capitalismo central o período em que a força de trabalho foi paga e consumida próxima de seu valor corresponde à maior parte do século XX, sendo registrado na história um movimento que começa já no último quartel do século XIX; no capitalismo dependente a aproximação de maior relevo entre o valor e a remuneração recebida foi nas três décadas compreendidas entre 1930-1950.[91] Além de nunca ter chegado a níveis próximos do que são os parâmetros vigentes no capitalismo central (estamos falando de desenvolvimento desigual), essa desigualdade estrutural apresenta características que a exacerbam duplamente. Nem na disponibilidade de valores de uso, nem no nível de desgaste da força de trabalho o capitalismo dependente aproxima-se do capitalismo central na determinação do valor da força de trabalho. São, portanto, trajetórias duplamente divergentes, porém inscritas sob uma mesma totalidade hierarquicamente diferenciada.

Nesse sentido, para o capitalismo dependente encontramos também quatro períodos históricos no quesito da relação-valor, considerando o comportamento do fundo de consumo e do fundo de vida. O primeiro deles marcou a passagem da subsunção formal à subsunção real, correspondendo aos anos do Estado oligárquico, que vigiu por volta de 1870 até aproximadamente 1930 na América Latina, embora com particularidades em dife-

---

[90] Cumpre advertir, nesse sentido, que não é a prática de horas-extras em si mesma que acarreta a superexploração, mas o prolongamento reiterado da jornada de trabalho, levando ao esgotamento prematuro da força de trabalho. O mesmo vale para a remuneração praticada.
[91] Veremos com maior concreticidade essa tendência no próximo tópico.

rentes casos nacionais. A superexploração foi a regra durante a vigência do Estado oligárquico, sob a égide do padrão agromineiro-exportador. Durante os anos 1930-1950, a superexploração se modificou em grau e apresentou um arrefecimento conjuntural, no período do padrão industrial internalizado (naquelas formações econômico-sociais que o experimentaram) e sob a configuração do Estado populista, com expressões concretas como o getulismo, peronismo e cardenismo. Em alguns casos singulares, algumas medidas podem ter se prefigurado antecedendo os anos 1930, como no México, onde teve lugar um processo revolucionário.[92] Mas em geral, identificamos o período áureo da imposição de limites à exploração e de conquista de melhorias salariais e das condições de trabalho como circunscrito aos anos 1930-1950. Antes e depois desse período, em linhas gerais, o que se tem são tendências de incremento da superexploração – embora subperíodos localizados possam ser encontrados no âmbito da macrotendência, para frente ou para trás. Na sequência dos decênios em que a superexploração reduziu-se *em grau*, o ciclo de ditaduras militares/Estado de contrainsurgência nos anos 1960-1970 agudizou as relações de violação do fundo de vida e do fundo de consumo dos trabalhadores. E sob a égide do capitalismo neoliberal, nos anos 1980 em diante, nova correlação de forças foi também imposta sob a reestruturação produtiva.

Isto exposto, voltemos à comparação confrontando ambas as realidades que compõem a economia mundial. Se é verdade que formas da superexploração são encontradas nas economias centrais de modo conjuntural, é, porém, somente nas economias dependentes onde a superexploração assume tendência estrutural e sistemática desde o início de suas relações de produção capitalistas até os dias atuais. Foi essa diferença que levou Vania Bambirra a concluir:

> estamos, certamente, de acordo com Marini em que o modo de produção capitalista assume, nas sociedades dependentes, leis de movimento que lhes são específicas [...]. O grande aporte de Marini à teoria da dependência foi ter demonstrado como a superexploração do trabalho configura uma lei de movimento própria do capitalismo dependente.
>
> [...] o fenômeno da superexploração do trabalho pode ocorrer nos países capitalistas desenvolvidos, pode inclusive intensificar-se em períodos de crise, porém o específico dos países dependentes é que esse fenômeno ocorre de maneira permanente e sistemática.[93]

---

[92] A Revolução Mexicana foi pioneira na codificação de bandeiras dos trabalhadores, como a jornada de 8h, com o artigo 123 da Constituição de 1917. Ver Arregui, Edur Velasco. "El concepto jurídico de salario mínimo y la Revolución Mexicana. Una perspectiva desde el siglo XXI". *Alegatos*, Cidade do México, n. 75, mayo-agosto 2010, p. 373-398.

[93] Bambirra, Vania. *Teoría de la Dependencia. Una anticrítica, op. cit.*, p. 69-70.

Essa é, portanto, uma importante diferença: o capitalismo pode assumir formas da superexploração tanto nas economias dependentes quanto nas economias centrais. Mas é somente nestas últimas que a superexploração se apresenta como traço sistemático que acompanha toda sua história e não apenas como formas que se observam em uma época de transição inicial ou em uma época de crise estrutural, como hoje. De maneira que identificar o *momento predominante* nas tendências relacionadas ao valor da força de trabalho requer investigar, à luz da evidência concreta, quais são os elementos de regularidade que assumem caráter estrutural e sistemático, à base da repetição histórica.

A seguir, veremos um dos aspectos em que se distingue esse caráter sistemático e estrutural, ao abordarmos a categoria relacional *mecanismo de compensação*, que marca a configuração da superexploração como contraparte às *transferências de valor*.

Transferência de valor e superexploração como mecanismo de compensação

Conforme tratamos no capítulo 1, a divisão internacional do trabalho, sob o desenvolvimento desigual da lei do valor, produz a reprodução ampliada da dependência, reforçando a não-identidade entre a magnitude do valor produzido e do valor apropriado. Devido aos desníveis de produtividade no seio da economia mundial, as economias dependentes configuram perdas estruturais e sistemáticas de riqueza na concorrência intercapitalista que expressam transferências de valor. Diante destas, os capitais que operam com maior dificuldade para perseguir o lucro extraordinário lançam mão de contratendências específicas. Assim, a tendência negativamente determinada das transferências de valor é respondida através do recurso à superexploração como mecanismo de compensação.

À primeira vista, poderia parecer que rebaixar o valor da força de trabalho, impondo um pagamento abaixo de seu valor; ou exigindo maior desgaste físico sem que ele possa ser reposto *normalmente* poderiam ser entendidos como expedientes habituais ao capitalismo em todo lugar. Mas, como vimos no tópico anterior, a realidade concreta mostrou que esses procedimentos, embora possíveis de ocorrer tanto nas economias centrais quanto nas economias dependentes, assumem caráter sistemático e estrutural apenas nestas últimas. Do mesmo modo, a utilização da superexploração como mecanismo de compensação para mitigar menor capacidade competitiva dentro da concorrência intercapitalista, se bem pode ser um estratagema levado a cabo por capitalistas de ambas as esferas do capitalismo mundial, é no contexto das economias dependentes que ela assume mais diretamente o caráter de lei tendencial, com seu uso como método para buscar contra-arrestar outras tendências específicas à sua realidade concreta.

A comprovação da existência do mecanismo da compensação é corroborada em numerosos exemplos da realidade brasileira e latino-americana. Tomemos um caso concreto das relações de produção envolvendo os trabalhadores rurais, no campo brasileiro, em um ramo do agronegócio que é o setor sucroalcooleiro, na atividade do corte de cana-de-açúcar. "Na década de 1980, a média exigida [...] era de 5 a 8 toneladas de cana cortada/dia [por trabalhador]; em 1990, passa para 8 a 9; em 2000 para 10 e em 2004 para 12 a 15 toneladas!"[94] Estas cifras assustadoras ilustram este exemplo notório de regime de salário por peça, em um ramo que passou por um processo de mecanização nos anos 1990 e 2000, sob pressão de órgãos de fiscalização trabalhista. No entanto, como é característico das contradições no mundo do capital, a substituição do corte manual pelo uso da máquina não abrangeu o conjunto do ramo em questão e aqueles usineiros e proprietários rurais que não substituíram braços humanos pela introdução de maquinaria no corte da cana passaram a exigir metas ainda mais aviltantes de seus trabalhadores, para compensar a produtividade menor que se apresentou frente à daqueles capitalistas agrários que lançaram mão da mecanização. Eis um caso evidente da superexploração como mecanismo de compensação. Maressa Dantas e Maria Augusta Tavares encontraram relação entre essa prática e a existência de um volumoso exército industrial de reserva, em que trabalhadores demitidos por conta da mecanização eram recontratados por outros capitais que seguiam recorrendo ao corte manual, mas agora se lhes impunham ritmos ainda mais extenuantes para compensar a menor produtividade na competição intercapitalista.[95]

A superexploração como mecanismo de compensação é uma tendência estrutural do capitalismo dependente que pode ser comprovada também através de agregados macroeconômicos, no âmbito da economia mundial. Gloria Martínez, em seu artigo "Algumas evidências da superexploração nos países subdesenvolvidos: a atualidade do pensamento de Marini",[96] examinou comparativamente as taxas de mais-valia monetária e de produ-

---

[94] Silva, Maria Aparecida de Moraes. "A morte ronda os canaviais paulistas". *Revista da Associação Brasileira de Reforma Agrária* (ABRA), São Paulo, v. 33, n. 2, p. 111-141, 2006. Citada em Maressa Dantas e Maria Augusta Tavares. "Mecanização: desumanização no trabalho do corte da cana-de-açúcar". VII Colóquio Internacional Marx-Engels. GT 6 – Trabalho e Produção no Capitalismo Contemporâneo. Comunicação.

[95] "Mecanização: desumanização do trabalho no corte da cana-de-açúcar", *op. cit.* Ver, também, *Brasil de Fato*. "Mais máquinas, mesma exploração". 13 de junho de 2011.

[96] *Revista da Sociedade Brasileira de Economia Política*, n. 4, junho de 1999, p. 105-121. Trad. Marcelo Dias Carcanholo.

tividade horária industriais entre os países centrais e os países dependentes. A partir de dados coligidos por Alice Amsden, a autora analisou vinte países selecionados, classificando em ordem crescente os dados sobre produtividade e taxa de mais-valia monetária. Após extrair a mediana de cada um dos indicadores, Martínez atribuiu como baixa produtividade aquela verificada nas economias com produtividade do trabalho igual ou inferior ao nível dado pela mediana, designando como alta produtividade aquela acima do mesmo patamar; e atribuiu o mesmo para a taxa de mais-valia monetária, designando como baixa os casos de valor inferior ou igual à mediana e alta para acima dela. O resultado encontrado demonstrou uma correspondência das economias caracterizadas como baixa produtividade, em sua análise, com aqueles países que a partir de outras evidências são considerados economias dependentes.[97] E apontou também que, nas economias no âmbito de uma mesma esfera na divisão internacional do trabalho, a relação entre a produtividade e a taxa de mais-valia é diretamente proporcional; enquanto, na comparação entre economias de esferas hierarquicamente integradas na divisão internacional do trabalho, essa relação é inversamente proporcional:

> No terreno empírico, a ideia de que um país mais produtivo tem uma taxa de mais-valia maior em relação à de outros países menos produtivos, é apoiada apenas parcialmente pelos resultados que aqui foram apresentados.[98] Esses resultados empíricos constituem evidência da atualidade do pensamento de Marini, a partir do que suas ideias de superexploração sugerem. A taxa de mais-valia é maior quanto maior é a produtividade, mas esta relação é observada entre países que pertencem a um mesmo bloco [ou esfera da economia mundial, em nossos termos. M. S. L.]. Cada bloco de países distingue-se por possuir alta ou baixa produtividade. O segundo bloco, como sugeria Marini, constitui países mais explorados que os primeiros.
>
> Examinou-se aqui a taxa de mais-valia monetária e sua relação com a produtividade na indústria de vinte países. Encontrou-se que as diferenças entre as taxas de mais-valia possuem duas regularidades: 1) nos países mais produtivos as taxas de mais-valia são mais baixas do que as dos menos produtivos e 2) dentro de cada grupo de países, quanto maior é a produtividade, maior é também a taxa de mais-valia. O bloco de países com baixa produtividade é integrado por países subdesenvolvidos, enquanto que o bloco de alta produtividade por países desenvolvidos.[99]

---

[97] A autora usa o vocábulo *subdesenvolvidos* em seu texto.
[98] Essa conclusão reforça a advertência feita no item "Taxa superior de mais-valia...", na Nota Prévia, neste mesmo capítulo.
[99] Martínez, Gloria, *op. cit.*

Os dados numéricos da análise recém-exposta encontram-se na tabela a seguir.

Tabela 16 – Taxa de mais-valia monetária e produtividade horária industriais (países de alta produtividade e países de baixa produtividade)[100]

	TM	VA/h (U$$/h)		
Canadá	202	12,48	BTM	AP
Dinamarca	156	9,89	BTM	AP
Finlândia	199	6,44	BTM	AP
Luxemburgo	164	10,4	BTM	AP
Noruega	154	8,66	BTM	AP
Suécia	220	13,44	BTM	AP
Estados Unidos	249	14,45	BTM	AP
Alemanha	259	13,19	BTM	AP
México	402	1,78	ATM	BP
Colômbia	682	2,67	ATM	BP
Guatemala	622	2,76	ATM	BP
Coreia do Sul	465	1,38	ATM	BP
Filipinas	746	1,5	ATM	BP
Madagascar	436	1,33	ATM	BP
Tanzânia	320	1,01	ATM	BP
Zâmbia	385	1,3	ATM	BP
Hong Kong	142	1,52	BTM	BP
Índia	244	0,47	BTM	BP
Panamá	402	4,51	ATM	AP
Turquia	388	3,16	ATM	AP

Fonte: Gloria Martínez González. "Algumas evidências da superexploração nos países subdesenvolvidos: a atualidade do pensamento de Marini". *Revista da Sociedade Brasileira de Economia Política*, n. 4, p. 105-121, junho 1999.

De vinte países analisados, observa-se que oito combinam taxa de mais-valia baixa (BTM) com alta produtividade (AP). Oito combinam taxa de mais-valia alta (ATM) com baixa produtividade (BP). Dois têm baixa taxa de mais-valia com baixa produtividade. E dois têm taxa de mais-valia e produtividade altas. Uma pergunta que se coloca é como entender que economias com alta produtividade horária industrial possuam taxa de mais-valia mais baixa, se a produtividade é um pressuposto para ampliar a mais-valia relativa e esta, conforme argumentamos no capítulo 2, é superior nas

---

[100] Com dados de Alice Amsden. "An international comparison of the rate of surplus value in manufacturing industry". *Cambridge Journal of Economics*, n. 5, 1981, p. 229-249 e Dávila, Hilda *et al.* "Estructura de valor y crisis en la economía mexicana". *Economía: Teoría y práctica*, n. 9, Cidade do México: UAM-X, Nueva Época, Invierno 1986-1987 (conforme tabela original, os dados dos países da amostragem são oriundos de estudo de Amdsen, exceto para o México, cujos dados são oriundos de estudo de Dávila *et al.*).

economias do capitalismo central? Temos aí a conjunção das seguintes determinações: em primeiro lugar, a mais-valia absoluta é mais elevada nos países do capitalismo dependente. Embora a mais-valia relativa apresente níveis superiores no capitalismo central, a combinação de ambas as formas de extração de mais-trabalho gera resultados diferentes na composição da taxa de mais-valia. Em segundo lugar, um modo de incrementar a taxa de mais-valia é também mediante a superexploração – seja mediante o pagamento da força de trabalho abaixo de seu valor, seja mediante prolongamento da jornada além dos limites normais, seja mediante o aumento da intensidade (ritmo) de trabalho além dos limites normais. É por isso que, a despeito de ser a mais-valia relativa tendencialmente inferior nos países de menor produtividade, a taxa de mais-valia registrada nestes pode ser superior.

Retomando as conclusões proporcionadas pelo estudo de Gloria Martínez, podemos afirmar que a correlação entre níveis de produtividade e taxa de mais-valia monetária, a qual é diretamente proporcional no âmbito da mesma esfera de determinação na economia mundial e inversamente proporcional, no âmbito das distintas esferas que hierarquicamente se inter-relacionam sob as relações de dependência; é mais uma prova, a partir de agregados macroeconômicos, da existência da superexploração como mecanismo da compensação em face das transferências de valor que operam no mercado mundial.

Este expediente, levado a cabo inicialmente pela burguesia dependente para mitigar ou contra-arrestar parcialmente os montantes de valor que são apropriados pelos capitais das economias dominantes, uma vez em marcha será implementado não somente pelas primeiras, mas inclusive pelas empresas multinacionais que se instalam e operam a partir das economias dependentes, em busca de taxas de lucro individuais mais elevadas, passando a se beneficiar também das tendências intrínsecas à produção e reprodução do capital sob as relações de dependência. A superexploração assume, assim, complementarmente, função contra-arrestante à lei da queda tendencial da taxa de lucro, cumprindo de forma inequívoca papel contratendencial como forma de rebaixamento do valor da força de trabalho, tal como previsto por Marx.[101]

Formas da superexploração

A fim de verificar a ocorrência da determinação negativa do valor em situações específicas é mister fazer análise concreta de situação concreta, o que exige abordar também as formas em que a superexploração se manifes-

---

[101] Ver *O capital, op. cit.*, Livro III, cap. 14.

ta. Mas para saber se estamos apenas diante de formas ocasionais assumindo caráter evanescente/conjuntural ou de uma manifestação concreta enquanto tendência estrutural, a análise deve adentrar mais a fundo, através de sucessivas aproximações, devendo comparecer as categorias mediadoras *valor normal* e *violação do valor* (determinação negativa do valor), *fundo de consumo* e *fundo de vida* etc.

Conforme vimos anteriormente, a superexploração pode se dar mediante: (i) o pagamento da força de trabalho abaixo de seu valor; (ii) o prolongamento da jornada de trabalho além dos limites normais; e (iii) o aumento da intensidade além dos limites normais. Enquanto a primeira forma atenta mais diretamente contra o fundo de consumo do trabalhador, as duas outras atentam contra o fundo de vida. Existe, ainda, uma quarta forma, que, na verdade, é um desdobramento da primeira, que se expressa quando se exerce um hiato entre o elemento histórico-moral[102] do valor da força de trabalho e a remuneração praticada. Em todas elas, o capital ou se apropria do fundo de consumo do trabalhador, deslocando-o para o fundo de acumulação; ou arrebata anos futuros do trabalhador, apropriando-se de seu fundo de vida, o qual é também violado para alimentar a sanha da acumulação. Na Figura 8, temos representadas as formas da superexploração.

Figura 8 – Formas da superexploração da força de trabalho

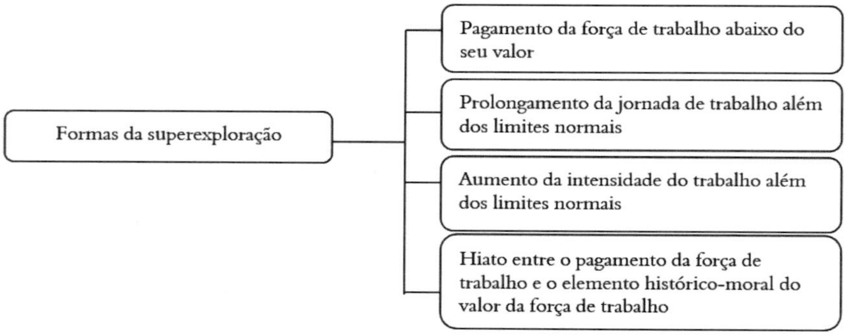

Formas da superexploração
- Pagamento da força de trabalho abaixo do seu valor
- Prolongamento da jornada de trabalho além dos limites normais
- Aumento da intensidade do trabalho além dos limites normais
- Hiato entre o pagamento da força de trabalho e o elemento histórico-moral do valor da força de trabalho

---

[102] "[...] a extensão das assim chamadas necessidades imediatas, assim como o modo de sua satisfação, é ela própria um produto histórico e, por isso, depende em grande medida do grau de cultura de um país, mas também, entre outros fatores, de sob quais condições e, por conseguinte, com quais costumes e exigências de vida constituiu-se a classe dos trabalhadores livres num determinado local. Diferentemente das outras mercadorias, a determinação do valor da força de trabalho contém um elemento histórico e moral. No entanto, a quantidade média dos meios de subsistência necessários ao trabalhador num determinado país e num determinado período é algo dado". Marx, Karl, *O capital*, Livro I, Boitempo, *op. cit.*, p. 246.

A seguir, trataremos das formas da superexploração da força de trabalho, abordando-as teoricamente, bem como a partir de alguns exemplos concretos da realidade latino-americana, que podem servir de pistas de indicadores para a categoria em questão, ajudando a aprofundar pesquisas e análises em torno das relações de superexploração.

Pagamento da força de trabalho abaixo do seu valor

Conforme Marini colocou em "La acumulación capitalista dependiente y la superexplotación del trabajo",[103] nas economias centrais a partir de certa conjuntura houve a ativação histórica da tendência sob a qual a força de trabalho passou a ser paga (e consumida) próxima de seu valor.[104] Agora, como entrever a existência concreta do *valor normal* em conjunturas específicas? Em outras palavras, se essa é uma objetivação real, como acessá-la mediante análise concreta de situação concreta? Esta foi também uma preocupação teórica de Marini. Em seu segundo exílio no México, durante os anos do Cidamo,[105] Marini realizou pesquisa a partir de dados sobre a realidade do país, assim como incentivou e orientou investigações procurando avançar em torno do comportamento do valor da força de trabalho, fazendo a mediação entre níveis de abstração mais altos e níveis intermediários. Além do já mencionado artigo de 1975 de Jaime Osorio, pesquisador que esteve vinculado ao Cidamo, outras análises que caberia referir nessa trilha são as de Victor Manuel Escobar, Abel Jiménez e Guillermo Farfán, "Una aproximación al valor de la fuerza de trabajo en México";[106] a tese de Nilson Araújo de Souza, "Crisis y lucha de clases en Brasil – 1974/1979";[107] o artigo de Ana Esther Ceceña, "Fuerza de trabajo feme-

---

[103] *Op. cit.*

[104] Advertimos que esta conclusão é totalmente diferente de qualquer discurso apologético do "capitalismo de face humana". O que acabamos de expor significa tão somente que a exploração capitalista, em parte da economia mundial, passou a gravitar em níveis próximos de seu valor. Daí a categoria de *valor normal*. Ainda assim, seguiu para todos os efeitos sendo exploração capitalista, com a subsunção à lógica da mercadoria, não infensa a se acirrar a qualquer momento, estando sob a batuta da lei geral da acumulação capitalista.

[105] Centro de Documentación y Análisis del Movimiento Obrero. A respeito da relação entre o Cidamo e a TMD, ver Carla Ferreira e Mathias Luce. Introdução. Em: Ferreira, Carla, Osorio, Jaime e Luce, Mathias Seibel (orgs.). *Padrão de reprodução do capital: contribuições...*, *op. cit.*

[106] Cidade do México, Unam – Facultad de Ciencias Políticas y Sociales, 1980 (Tesis para obtener el grado de Licenciado em Sociología). Orientador: Ruy Mauro Marini. Ver, também, Farfán, Guillermo. *Reproducción de la fuerza de trabajo y superexplotación...*, *op. cit.*

[107] Tese de Doutorado. Cidade do México, Unam – Facultad Nacional de Economía, 1980. Orientador: Ruy Mauro Marini.

nina y explotación capitalista";[108] e a pesquisa de Marini, com a colaboração de Adrián Sotelo Valencia e Arnulfo Arteaga, "Análisis de los mecanismos de protección al salario en la esfera de la producción".[109]

No Brasil, um parâmetro para avaliar a remuneração da força de trabalho em condições próximas do seu valor é o salário mínimo necessário (SMN). Calculado a partir de 1970 pelo Departamento Intersindical de Estatísticas e Estudos Socioeconômicos (Dieese), em séries históricas retroativas a 1940, o SMN toma em consideração não apenas o salário mínimo legal no comparativo com a inflação, mas o salário que deveria expressar a quantia necessária para "cobrir os gastos com moradia, alimentação, educação, saúde, lazer, vestuário, higiene, transporte e previdência social". Ou seja, a quantidade de valores de uso necessária para a força de trabalho se reproduzir em condições *normais*, chegando assim a "uma estimativa de quanto deveria ser o salário mínimo para atender à determinação constitucional".[110]

Para calcular o SMN, o Dieese produz o levantamento do preço médio dos 13 produtos alimentares que constam do decreto-lei n. 399/1938 e nas quantidades especificadas por este. Após, é calculado o gasto mensal agregado de cada um dos produtos. Considerando a unidade familiar típica como composta em média por dois adultos e duas crianças e o consumo de uma criança como o equivalente à metade de um adulto, multiplica-se por três o preço mensal da cesta básica do Dieese e o resultado é novamente multiplicado, agora pelo peso da inflação na porcentagem que a alimentação representa entre os gastos essenciais de uma família no rol dos demais itens avaliados pelo Índice do Custo de Vida (ICV) e que entram também na cesta de consumo do SMN. Com base nesse resultado, produz-se a série histórica a preços correntes do ano em consideração, buscando traçar a evolução do poder de compra do salário mínimo legal em relação à quantidade e aos tipos de valores de uso reconhecidos como necessários para um trabalhador ou trabalhadora sustentar a si e a sua família.

Observando a série do SMN na comparação com o salário mínimo legal, verifica-se uma tendência histórica de queda abrindo uma fissura entre o primeiro e o último. Na Tabela 17, tomando 1940 como ano-base, temos o índice do SMN para o período 1940-2007.

---

[108] Ceceña, Ana Esther. *Cuadernos Cidamo*, Cidade do México, n. 11, p. 1-23.
[109] Cidade do México, Secretaria de Trabajo y Previsión Social, 1983. Disponível em: <http://www.marini-escritos.unam.mx>. Acesso em: maio 2017.
[110] Dieese. Salário mínimo: instrumento de combate à desigualdade. São Paulo: Dieese, 2009.

Tabela 17 – Brasil. Salário mínimo necessário. Série histórica. 1940 = 100

Ano	Número Índice	Ano	Número Índice	Ano	Número Índice	Ano	Número Índice
1940	100,00	1957	125,12	1974	55,58	1991	30,99
1941	91,15	1958	108,85	1975	58,05	1992	26,59
1942	81,83	1959	121,85	1976	57,67	1993	29,96
1943	73,98	1960	102,32	1977	60,10	1994	25,29
1944	84,86	1961	113,77	1978	61,92	1995	25,02
1945	68,38	1962	103,87	1979	62,52	1996	25,42
1946	60,00	1963	91,31	1980	63,02	1997	25,82
1947	45,84	1964	94,35	1981	64,62	1998	27,08
1948	47,82	1965	90,98	1982	67,35	1999	27,19
1949	43,03	1966	77,56	1983	57,23	2000	27,96
1950	40,64	1967	73,37	1984	53,08	2001	30,27
1951	37,53	1968	71,80	1985	54,31	2002	30,88
1952	100,76	1969	69,16	1986	51,37	2003	31,32
1953	82,99	1970	70,32	1987	37,03	2004	32,49
1954	100,87	1971	67,29	1988	38,99	2005	34,99
1955	113,28	1972	66,09	1989	41,52	2006	40,44
1956	115,08	1973	60,56	1990	29,67	2007	42,59

Nota: ano-base = 1940.
Fonte: Calculado em números índice a partir de Cepal/Pnud/OIT. Emprego, desenvolvimento humano e trabalho decente: a experiência brasileira recente. Brasília: Cepal/Pnud/OIT, 2008. Com dados de Dieese. Disponível em: <http://pnud.org.br/publicacoes/emprego/Cap2.pdf>. Acesso em: set. 2012.

Os anos 1957 a 1959 correspondem ao período de pico do SMN, quando este esteve cerca de 20% acima do poder de compra original[111] e representando quatro vezes o poder de compra que assumiria o salário legal praticado em 2002.[112] Em 2011, o salário mínimo corrente apresentava menos da metade do poder de compra na comparação com o ano de sua criação. Essa análise colide com a aparência de que teria ocorrido recorde

---

[111] Este arrefecimento conjuntural da superexploração é explicável como síntese de determinações em que estiveram atuando, conjuntamente: a configuração estatal própria do período populista e nacional-desenvolvimentista, enquanto duraram as condições conjunturais que a sustentaram; a necessidade requerida pela produção em massa sob o padrão industrial internalizado na esfera da realização; o ascenso do movimento operário e das lutas de massas, entre posições tuteladas dentro do "pacto populista" de conciliação de classes e posições de relativa independência de classe, deflagrando movimentos como a greve dos 300 mil, de 1954. Ver Leal, Murilo. *A reinvenção da classe trabalhadora (1953-64)*. Campinas: Editora da Unicamp, 2011. Para este mesmo período, na Argentina, ver Cullén, Rafael. "Génesis, desarollo y crisis del peronismo original". Em: *Clase obrera, lucha armada y peronismos*. Buenos Aires: Ediciones De la Campana, 2009, Tomo I.

[112] A este respeito, ver também Souza, Nilson Araújo de. *A Economia brasileira contemporânea. De Getúlio a Lula*. São Paulo: Atlas, 2008, p. 36.

histórico no aumento do salário mínimo real, como se encontra em algumas análises. Isto ocorre porque, para a teoria hegemônica, salário real significa poder de compra do salário nominal (o resultado da divisão do salário nominal pelo índice geral de preços). Contudo, ainda que reconheçamos que o poder de compra do salário mínimo real no sentido hegemônico (o salário nominal mais reajustes em relação à inflação do período) tenha apresentado melhora relativa nos anos 2003-2008, na comparação com os anos 1990, a discussão não pode restringir-se ao terreno superficial da comparação salário mínimo oficial e inflação. Se formos mais a fundo e entendermos, conforme a TMD, que salário real significa a relação do salário com o valor da força de trabalho, veremos como o propalado *aumento recorde* do salário mínimo esteve longe de recuperar as perdas anteriores, como se vê ao confrontarmos os índices do reajuste do salário mínimo legal com a série histórica do salário mínimo do Dieese (salário mínimo necessário). Ainda é raro encontrarmos análises que desvelem esse fundamento.

No momento em que este livro é concluído, o SMN, em torno de R$ 3.727,00 (junho de 2017), equivale a cerca de quatro vezes o salário mínimo oficial para o ano, de R$ 937,00.[113] Se o salário não alcança, de modo recorrente, a quantia suficiente para o trabalhador repor o desgaste de sua força de trabalho, estaremos diante da superexploração. Isto significa que a força de trabalho está sendo remunerada abaixo do seu valor. Uma objeção que poderia ser feita à afirmação anterior é que o salário mínimo praticado tomaria como referência a remuneração mínima para um adulto da família se sustentar e que hoje tanto o homem quanto a mulher trabalham em troca de salário, ao passo que à época da implementação da legislação do salário mínimo (década de 1940) – que o Dieese utiliza como parâmetro para o SMN – o mais típico era que apenas o homem exercesse trabalho assalariado. Ora, tal afirmação, antes que depor contra o argumento por nós utilizado, o reforça.[114] O fato de hoje, em muitas famílias da classe trabalhadora brasileira, nem o salário do marido e da esposa somados alcançarem o patamar considerado como remuneração normal evidencia o quanto a tendência observada expressa uma violação do valor da força de trabalho.

Segundo dados da Pesquisa Nacional por Amostra de Domicílios (Pnad), de 2011, do total dos trabalhadores brasileiros ocupados, 23,6% recebiam até 1 salário mínimo; 22,4%, de 1 a 2 salários mínimos; e 9,0%,

---

[113] Ver, a respeito: <http://www.dieese.org.br/analisecestabasica/salarioMinimo.html>. Acesso em: jul. 2017.

[114] Ver Marini, Ruy Mauro. *Las razones del neodesarrollismo, op. cit.*

de 2 a 3 salários mínimos. Somando essas três faixas de rendimento do trabalho, constata-se que 55% da população trabalhadora recebia até 3 salários mínimos.[115] Considerando que o salário mínimo fixado para o ano de 2011 foi de R$ 545,00 e que o SMN em dezembro de 2011 equivalia a R$ 2.329,00 a preços de então, mais da metade dos trabalhadores brasileiros recebiam remuneração inferior ao SMN. Esse é um dado mais fidedigno que o simples cálculo do rendimento médio mensal do conjunto das pessoas ocupadas, que tende a encobrir os baixos níveis de remuneração ao incluir na estatística a composição com os salários mais elevados.

A seguir, examinaremos como, mesmo que a força de trabalho fosse paga pelo seu valor, existem mecanismos que permitem ao capital apropriar-se do fundo de vida do trabalhador, tornando ainda mais complexa e necessária a tarefa da crítica radical e das lutas pela emancipação do trabalho do poder despótico do capital.

Prolongamento da jornada de trabalho além dos limites normais

Como escreveu Mészáros, na sociedade do capital somos reduzidos a *carcaça de tempo*, com a subsunção de nosso tempo de existência ao tempo destinado a produzir e valorizar o capital.[116] No mesmo sentido da crítica radical, na TMD entendemos o prolongamento da jornada de trabalho como relação negativamente determinada, a qual constitui uma das formas da superexploração da força de trabalho.

Cumpre advertir que a chamada hora extra de trabalho não constitui em si superexploração, mas somente quando o prolongamento do tempo da jornada de trabalho (seja na jornada diária, seja na jornada total) viola o fundo de vida do trabalhador, de maneira a provocar um desgaste de tal ordem, encurtando sua vida útil para o trabalho. O prolongamento da jornada em condições normais é aquele esporádico, o qual será apenas mais-valia absoluta. Mas quando ultrapassa determinados limites, aí sim temos condições que violam o fundo de vida do trabalhador. Desse modo, a mais-valia absoluta se converte em superexploração. Isto pode ser observado em dados concretos quando estamos diante da prática sistemática de horas extras, o que faz alterar, por exemplo, a jornada semanal de forma permanente, para mais.

---

[115] Ver, a respeito: <ftp://ftp.ibge.gov.br/Trabalho_e_Rendimento/Pesquisa_Nacional_por_Amostra_de_Domicilios_anual/2011/tabelas_pdf/sintese_ind_7_1_1.pdf>. Acesso em: set. 2012.
[116] Mészáros. *O desafio e o fardo do tempo histórico*. São Paulo: Boitempo, 2010. Trad. Ana Cotrim e Vera Cotrim.

Na seção sobre "Essência e conexões internas da superexploração", demonstramos que, embora nunca tenha deixado de se fazer presente no capitalismo central (e menos ainda hoje, em tempos de crise estrutural), o prolongamento da jornada de trabalho apresentou diques de contenção, com tendência histórica a sua estabilização relativa em um patamar expressando condições ou limites *normais*, em contraste com as economias dependentes. Vejamos como esse contraste é observado, ainda, a partir de dados de finais dos anos 1990 e início dos anos 2000. Na Tabela 18, temos dados do estudo *Duração da jornada de trabalho em todo o mundo*, da OIT.[117]

Tabela 18 – Duração da jornada de trabalho semanal na indústria.
Países selecionados

		1995	1996	1997	1998	1999	2000	2001	2002
Argentina	Ambos		46,4	47,1	46,8	46,4	46,1	45,4	44,1
	M		47,4	48,1	47,9	47,6	47,6	47,1	45,9
	F		42,8	43,2	42,6	41,8	40,7	39,7	37,5
El Salvador	Ambos							45	52
	M							46	51
	F							45	54
México	Ambos	45,4	45,5	46,2	45,0	44,4	43,9	45,1	44,4
	M	46,5	46,4	47,4	45,9	46,5	45,1	46,1	45,4
	F	42,5	43,2	43,3	43,0	43,2	41,7	43,2	42,6
Peru	Ambos	43,0	49,2	47,7	48,5	49,1	49,3		
	M	43,0							
	F	44,0							
EUA	Ambos	41,6	41,6	42,0	41,7	41,7	41,6	40,7	40,9
França	Ambos	37,07	36,61	37,54	37,41	37,6	36,32	35,65	35,31
	M	37,9	37,31	38,26	37,93	38,12	36,9	36,27	35,81
	F	34,91	34,78	35,61	35,98	36,2	34,67	33,89	33,88
Reino Unido	Ambos	42,2	41,9	42,0	41,8	41,4	41,4		
	M	43,0	42,7	42,8	42,6	42,0	42,0		
	F	39,4	39,3	39,2	39,2	39,0	38,9		

Fonte: Adaptado de OIT. Duração da Jornada de Trabalho em todo o Mundo. Brasília: OIT, 2009, tabela 3.2, p. 28-32.

Como se vê, a duração da jornada semanal na indústria apurada em horas (considerando homens e mulheres) variou, entre jornada mínima e jornada máxima, de: 44,1 a 47,1 na Argentina; 45 a 53 em El Salvador; 43,9 a 46,2 no México, todas economias dependentes. Em contraste, a duração da jornada, também tomando a jornada indistintamente de homens

---

[117] OIT. "Duração da jornada de trabalho em todo o mundo", *op. cit.*

e mulheres, variou entre o mínimo e o máximo de: 40,9 a 42,0 nos EUA; 35,51 a 37,6 na França; 41,4 a 42,4 no Reino Unido. No caso da força de trabalho feminina, enquanto a duração da jornada variou de: 37,5 a 43,2 na Argentina; 45 a 54 em El Salvador; e 41,7 a 43,3 no México; sua oscilação nos países centrais deu-se entre limites bastante menores, assim como na jornada agregando homens e mulheres. A variação da jornada feminina se deu entre 33,88 e 36,2 no caso da França; e 38,9 e 39,4 no Reino Unido.[118]

Essa tendência estrutural, verificada em dados internacionais, é confirmada também em dados internos das economias dependentes. No Brasil, entre 2003 e 2009, em média 40% dos trabalhadores brasileiros cumpriram jornadas semanais acima de 44h, isto é, superiores à jornada normal de trabalho vigente no país. Nas regiões metropolitanas, 25,5% tiveram jornadas semanais de 49h ou mais.[119]

Se o limiar da jornada normal de trabalho está sendo ultrapassado de modo estrutural, isto é, reiteradamente, é porque estamos diante de condições de superexploração mediante prolongamento da jornada de trabalho, implicando que o capital se aproprie de anos de vida futuros do trabalhador. Na tabela 19, temos os dados dos assalariados que trabalharam acima da jornada legal por setor da economia, na Região Metropolitana de São Paulo.

Tabela 19 – Assalariados que trabalham mais do que a jornada legal (1) por setor da economia
Região Metropolitana de São Paulo (%)

Ano	Indústria	Comércio	Serviços (2)
1990	34,8	49,9	32,2
1991	38,3	53,6	33,5
1992	36,7	53,0	34,3
1993	38,7	55,3	32,6
1994	39,8	54,4	33,2
1995	42,5	55,2	35,8
1996	41,4	55,2	36,8

---

[118] A jornada de trabalho feminina requer tratamento adicional na análise, pois a jornada dupla de trabalho não é computada em estatísticas oficiais, além de o tema abarcar outras implicações. Ver Ceceña Martorella, [Ana] Esther. *Fuerza de trabajo femenina y explotación capitalista*, op. cit. No Brasil, podemos verificar essa imbricação entre a superexploração e o patriarcado no fato de que, apesar de as trabalhadoras mulheres serem fonte de sustento principal (salário principal) em 40,3% dos domicílios, elas recebem salários em média um terço a menos que os trabalhadores homens nos salários praticados no mercado de trabalho, segundo dados da PNAD/IBGE de 2014.

[119] Luce, Mathias Seibel. "A superexploração da força de trabalho no Brasil". *Revista da Sociedade Brasileira de Economia Política*. São Paulo, n. 32, junho 2012, p. 119-141.

1997	42,2	56,0	37,3
1998	37,9	57,5	36,5
1999	40,7	59,1	38,2
2000	44,4	61,1	39,5
2001	43,4	59,2	38,2
2002	44,1	62,2	38,8
2003	43,2	60,6	39,2
2004	42,4	59,1	38,0
2005	38,8	56,6	36,5
2006	36,7	55,0	35,2

Notas: (1) A partir de novembro de 1988, a jornada legal passou de 48 para 44 horas; (2) exclui serviços domésticos.
Fonte: Rosa Maria Marques, Estela Capelas e Miguel Huertas Neto. "Relações de trabalho e flexibilização". Em: R. M. Marques e M. R. Jansen Ferreira. *O Brasil sob a nova ordem*. São Paulo: Saraiva, 2010, p. 223. Com dados de Pesquisa de Emprego e Desemprego (PED).

Em todos os setores, na comparação 1990-2006, se elevou o percentual de trabalhadores que têm de se submeter a jornadas superiores à jornada legal. A leve queda observada após os anos de pico na duração da jornada – os quais registraram 44,4h para a indústria, em 2000; 60,6h para o comércio, em 2003; 39,2h para os serviços, em 2003 – não fez com que fosse recuperado o patamar das jornadas existentes em 1990. E no comércio e nos serviços houve elevação de 12% e 10%, respectivamente, entre 1990 e 2006, sendo que no comércio chegou a estar 20% mais elevada no ano de pico da série histórica considerada (o ano de 2003). A realidade pode ser de jornadas inclusive ainda mais extensas. As estatísticas a respeito da duração da jornada de trabalho registram a jornada do trabalhador em sua ocupação principal. Mas, segundo a Pnad 2008, do IBGE, 4,2 milhões de trabalhadores declararam precisar exercer dois ou mais empregos para sobreviver, número que tende a ser maior, considerando os não declarados.[120]

Que implicações tem o fato de que em ramos como comércio cerca de 60% dos trabalhadores trabalham além do limite da jornada normal semanal? E que no setor de serviços, onde se concentrou a geração de empregos formais no Brasil na década de 2000, 38% cumprem jornadas acima da duração normal? O prolongamento da jornada de trabalho por anos reiterados, mediante o uso sistemático de horas extras, atinge um momento que, mesmo com o pagamento de remuneração adicional pelas horas trabalhadas além da jornada normal, uma maior quantia de valores de uso

---

[120] Dados citados em Prieb, Sergio. "As novas configurações do trabalho diante da crise". *Novos Temas*, São Paulo, v. 2, n. 2, set.-mar. 2010/2011, p. 53-64.

não bastará para repor o desgaste de sua corporeidade viva. O capital estará se apropriando do fundo de vida do trabalhador.[121]

Como expressão superestrutural da superexploração nas duas formas vistas até aqui, podemos mencionar algumas medidas adotadas pelo Estado brasileiro sancionando a violação do valor da força de trabalho: (1) banco de horas;[122] (2) abertura do comércio aos domingos; (3) flexibilização da Consolidação das Leis Trabalhistas, autorizando a venda de um terço das férias, facultando negociar redução de 50% do horário de almoço etc.[123]

Tais medidas estão entre as que vêm se perfilando no sentido de uma flexibilização das condições de trabalho para proveito do capital, como fora o decreto-lei n. 1535, de 1977, que liberou a venda de um terço das férias, e tantas outras levadas a cabo nos anos 1990 e 2000 e, especialmente, na contrarreforma trabalhista aprovada pelo Congresso brasileiro e sancionada pelo governo ilegítimo de Michel Temer, em 2017, representando um verdadeiro desmonte da CLT.[124]

---

[121] Osorio, Jaime. "Superexplotación y clase obrera...", *op. cit.*; "Dependência e superexploração", *op. cit*".

[122] A figura do banco de horas foi criada no governo Fernando Henrique Cardoso, por meio da Lei n. 9.601/1998. Antes disso, a prática fora implementada a partir de 1996 na Volkswagen de São Bernardo do Campo, perseguindo o objetivo de uma maior acumulação capitalista e contando com a anuência da direção sindical: "a jornada, antes fixa, passa a ser exercida à mercê das necessidades da empresa em face das demandas do trabalho. No entanto, ao contrário de gerar vantagens para os trabalhadores, a jornada flexível, além de desorganizar a parca vida familiar e social da classe, conta ainda com outra face: a redução salarial, já que nos períodos de aumento da produção o grosso das horas ou dias que excedem a jornada regular deixa de ser pago com base no previsto na CLT (em dinheiro e com seus devidos adicionais)" (Praun, Luci. "A reestruturação negociada na Volkswagen São Bernardo do Campo". Em: Antunes, Ricardo (org.). *Riqueza e miséria do trabalho no Brasil*. São Paulo: Boitempo, 2006, p. 163). A maior parte das grandes empresas adotou o banco de horas e transformou-o em prática corriqueira. Trata-se de um dos instrumentos favorecendo a superexploração da força de trabalho e que foi incorporado à legislação brasileira, desde o início do processo de flexibilização das leis trabalhistas que tomou curso no país, possibilitando aos patrões ampliar conforme sua conveniência as horas extras e "compensá-las" mediante folgas no momento em que convier ao capital.

[123] Para um estudo detalhado em torno da questão da jornada de trabalho no Brasil, ver Cardoso, Ana Claudia Moreira. *Tempos de trabalho, tempos de não trabalho. Disputas em torno da jornada do trabalhador*. São Paulo: Annablume, 2009.

[124] Os graves retrocessos implicados pela contrarreforma trabalhista, de 2017, surtirão efeitos pesados sobre a duração da jornada, intensidade do trabalho, formas de remuneração e de contratação do trabalhador, entre tantos outros quesitos que o colocarão ainda mais à mercê do capital. Para uma análise crítica do desmonte da CLT, ver Centro de Estudos Sindicais e de Economia do Trabalho (Cesit)/Unicamp. Dossiê Reforma Trabalhista. Campinas, junho de 2017. Disponível em: <http://www.cesit.net.br>. Acesso em: jul. 2017; ver, também, Souto Maior, Jorge e Severo, Valdete Souto (orgs.). *Resistência. Aportes teóricos contra o retrocesso trabalhista*. São Paulo: Expressão Popular, 2017. Para uma definição de contrarreformas, ver Behring, Elaine. *Brasil em contrarreforma*. São Paulo: Cortez, 2008.

Do ponto de vista do capital, reduzir os poros da jornada – seja a jornada diária, seja a jornada anual – de modo a exigir do trabalhador maior dispêndio de sua força viva sem incorrer em custos adicionais para contratação de novos empregados consiste em um método de apropriação de uma massa superior de valor atentando contra o fundo de vida do trabalhador. Quanto a este, contar com menos tempo para repouso e recuperação de sua força vital – seja reduzindo o tempo de almoço, seja reduzindo o tempo de descanso semanal, seja ainda reduzindo o tempo de descanso de férias – não poderá ser compensado com aumento da quantidade de bens consumidos. Com isso, o sobredesgaste de sua corporeidade físico-psíquica tende a levar à piora de suas condições de vida, ao adoecimento e ao esgotamento prematuro de seu tempo de vida útil. Que os trabalhadores aceitem essas medidas em troca de adicionais/abonos salariais apenas revela como a remuneração da força de trabalho por baixo de seu valor leva a que tenham de se submeter à violação de seu fundo de vida no esforço de tentar compensar parcialmente a apropriação de seu fundo de consumo.

Aqui vemos, flagrantemente, se combinarem duas formas de superexploração, a conversão do fundo de consumo do trabalhador em fundo de acumulação do capital e o prolongamento da jornada além da jornada normal, ambos atentando, isto é, violando, respectivamente, o fundo de consumo e o fundo de vida do trabalhador.

Aumento da intensidade do trabalho além dos limites normais

Assim como no prolongamento da jornada além do limite normal, o trabalho a ritmo/intensidade mais elevados leva ao esgotamento prematuro da corporeidade viva do trabalhador, recordando o personagem Carlitos, de Chaplin, que de tanto apertar parafusos em movimentos repetitivos a ritmos extenuantes adoeceu física e psiquicamente. O aumento da intensidade ou o dispêndio de atos de trabalho sob intensidade elevada pode dar-se de diversas maneiras, dependendo de cada trabalho concreto útil. Um metalúrgico na linha de montagem executará trabalho mais intenso conforme aumente a velocidade da esteira que regula o ritmo da produção ou conforme a velocidade dos movimentos desse trabalhador nas estações de trabalho. Um controlador de tráfego aéreo estará trabalhando sob alta intensidade em sentido diretamente proporcional ao tempo em que não deverá tirar os olhos do painel de controle, de preferência sem piscá-los, e dispondo de raros intervalos ou pausas. Um carteiro com elevada intensidade de trabalho carregará em sua bolsa funcional um sobrepeso – e é costume entre os trabalhadores dessa categoria adivinhar os anos de serviço de seus colegas conforme apresentem problemas no joelho ou tenham se submetido a cirurgia para implantação de pino nas articulações ou no ombro.

Conforme argumentou Marini, "a exigência de mais-trabalho ao trabalhador, mediante procedimentos extensivos ou intensivos, ao provocar fadiga e esgotamento, resulta no incremento do que Marx chamou 'as pestes de guerra do exército industrial'", que têm nos acidentes de trabalho um de seus indicadores mais representativos.[125] A maior ocorrência de acidentes de trabalho e doenças laborais é um indicador que aponta a tendência a uma superexploração. Mas como distinguir o que corresponde a um aumento do desgaste devido ao prolongamento da jornada e aquele que é devido ao incremento da intensidade ou ritmo do trabalho? E como desvelar o que acontece no âmbito da intensidade, diferenciando-a da produtividade, questão que costuma ser completamente ignorada dentro da ideologia crescimentista? "Trata-se, de fato, de fenômeno difícil de ser captado a nível de dados globais".[126]

Enquanto o aumento da produtividade implica que o trabalho executado pelo trabalhador transforme maior quantidade de meios de produção no mesmo tempo, no aumento da intensidade há extração de mais-trabalho pelo capital mediante elevação do ritmo ou desgaste físico no mesmo tempo. E sempre que tal intensidade for elevada acima das condições normais, se estará superexplorando o trabalhador.

No Brasil, verificamos diferentes circunstâncias de aumento da intensidade provocando o aumento do desgaste da força de trabalho. Em uma das primeiras pesquisas a utilizar o referencial teórico formulado por Marini, Nilson Araújo de Souza, em estudo da luta de classes no ciclo de expansão acelerada, chamado apologeticamente pelos ideólogos da ditadura empresarial-militar de "Milagre", identificou em uma parte de seu estudo a ocorrência de superexploração mediante aumento da intensidade na indústria automobilística, encontrando nela a chave para explicar como a produção de automóveis dobrara sem que houvesse sido alterada a composição técnica do capital. Um caso de superexploração mediante aumento da intensidade em sua expressão mais nítida.[127]

O aumento da intensidade pode – e costuma – acontecer também combinadamente com o aumento dos níveis de produtividade. Assim como no anterior padrão de reprodução do capital,[128] a indústria automobilística é um dos ramos de maior dinamismo no novo padrão exporta-

---

[125] Marini, Ruy Mauro. *Las razones del neodesarrollismo, op. cit.*
[126] *Ibid.*
[127] Souza, Nilson Araújo de, *Crisis y lucha de clases en Brasil..., op. cit.*
[128] Isto é, o padrão industrial diversificado. Ver Osorio, Jaime, *Padrão de reprodução do capital..., op. cit.*

dor de especialização produtiva, tendo alcançado 19% do PIB industrial em 2009 e levado o Brasil momentaneamente à quarta posição na produção mundial de automóveis. Conforme dados da Associação Nacional dos Fabricantes de Veículos Automotores (Anfavea), entidade patronal do setor automotivo, em 2007 cada trabalhador produzia mais que o dobro de veículos em relação a 1994. Se no discurso do capital esse dado é apresentado simplesmente como ganho de produtividade, sob a perspectiva da TMD precisa passar pelo crivo da crítica metodológica.

Pensemos no caso da fábrica da General Motors (GM) de São José dos Campos. Em 1997, com o capital produtivo de 12 mil trabalhadores, eram produzidos 37 carros a cada hora. Em 2005, empregando 2 mil trabalhadores a menos, a mesma fábrica ampliava sua produção para 74 veículos por hora trabalhada. Como saber o quanto desse aumento da produção por hora trabalhada se deve a maior composição técnica e a maior intensidade? Mesmo sem dispormos dos indicadores para medir a alteração nos meios de produção e na organização técnica desta unidade fabril, o fato de 6 mil operários da GM no Brasil terem passado por afastamento temporário por doenças laborais apenas no ano de 2008 – o que representa 30% da força de trabalho da empresa no país – já é por si só uma comprovação irrefutável de que a superexploração do trabalho mediante aumento da intensidade cobra grande importância nessa indústria.[129]

Prossigamos nossa análise com outro ramo da produção à frente do atual padrão de reprodução do capital: o setor sucroalcooleiro, segmento que obtém sua matéria-prima utilizando o trabalho degradante dos cortadores manuais da cana-de-açúcar que trabalham em condições alarmantes. Segundo estudo com os cortadores manuais em atividade no interior paulista, em apenas dez minutos cada trabalhador corta 400 kg de cana, desfere 131 golpes de facão e flexiona o tronco 138 vezes. Ao final de um dia de trabalho, após numerosas sequências de operações repetitivas e extenuantes, são computados em média por trabalhador: 11,5 toneladas de cana cortada, 3.792 golpes de facão e 3.994 flexões de coluna. Como resultado, chegou-se a apurar expectativas de vida desses trabalhadores que não ultrapassam os 35 anos de idade.[130]

Esse dado brutal é a realidade nua e crua do capital se apropriando do fundo de vida do trabalhador, superexplorando-o mediante tamanho grau

---

[129] Luce, Mathias Seibel. "A superexploração da força de trabalho no Brasil", *op. cit*. A fonte dos dados é o Sindicato dos Metalúrgicos de São José dos Campos.
[130] Laat E. F.. "Trabalho e risco no corte manual de cana-de-açúcar: a maratona perigosa nos canaviais". Comunicação apresentada no Seminário Condições de Trabalho no Plantio e Corte de Cana. Campinas, Procuradoria Regional do Trabalho da 15ª Região, 24 e 25 de abril de 2008.

de intensidade que leva à exaustão completa e à morte.[131] Resistindo novamente à aparência dos fenômenos, é necessário colocar que, antes que solucionar o problema do trabalho em condições sub-humanas, o estímulo à mecanização do corte da cana sem que se altere a lógica das relações de produção exercerá pressão para que os trabalhadores de empresas não mecanizadas sejam obrigados a cumprir cotas ainda maiores de produção, fazendo elevar ainda mais o esgotamento de sua força de trabalho.[132] Esse caso evidencia como a superexploração por aumento da intensidade cumpre um papel para as empresas com menor produtividade que estão perdendo uma parcela de mais-valia via mercado, a qual é apropriada pelas empresas operando com vantagem em relação à taxa de lucro média.

Finalmente, um quarto caso que não será tratado aqui, mas que cabe mencionar é do aumento da intensidade em ramos com jornadas menores ou *part-time*, como *telemarketing*. O trabalhador, mesmo com meia jornada, pode estar sendo superexplorado a ritmos/níveis de intensidade que levam ao seu esgotamento prematuro – e não é por nada que são as empresas desse ramo que concentram uma parcela importante de doenças físicas e psíquicas.

A ocorrência de acidentes de trabalho e de doenças laborais continua a ser o principal indicador para auferir o aumento da intensidade. De acordo com dados do Instituto Nacional do Seguro Social (INSS), do Ministério da Previdência Social, no Brasil quase dobraram os acidentes de trabalho entre 2002 e 2008, passando de 393.071 a 747.663, como se vê na Tabela 20.

Tabela 20 – Número total de acidentes de trabalho no Brasil

Período	Típico com CAT	Trajeto com CAT	Doença de trabalho com CAT	Sem CAT	Total
1997	347.482	37.213	36.648	0	421.343
1998	347.738	36.114	30.489	0	414.341
1999	326.404	37.513	23.903	0	387.820
2000	304.963	39.300	19.605	0	363.868
2001	282.965	38.799	18.487	0	340.251
2002	323.879	46.881	22.311	0	393.071
2003	325.577	49.642	23.858	0	399.077
2004	375.171	60.335	30.194	0	465.700
2005	398.613	67.971	33.096	0	499.680
2006	407.426	74.636	30.170	0	512.232
2007	417.036	79.005	22.374	141.108	659.523

---

[131] Não se trata aqui de extração de mais-valia absoluta enquanto tal.
[132] Ver item anterior: "Transferência de valor e a superexploração...".

| 2008 | 438.536 | 88.156 | 18.576 | 202.395 | 747.663 |
| Total | 4.295.790 | 655.565 | 309.711 | 343.503 | 5.604.589 |

Nota: CAT (Comunicação de Acidente de Trabalho).
Fonte: L. Bordignon. "Estudo de caso: o trabalhador e o acidente de trabalho". Monografia (Especialização). Porto Alegre: Faculdade de Medicina – UFRGS, 2009 (com dados de NetUNO, http://www.inss.gov.br).

Poder-se-ia argumentar que essa elevação de 40% é, em parte, devida à mudança na metodologia – que passou a incluir as aposentadorias por invalidez – e ao aumento da apuração de casos de doenças ocupacionais,[133] através de registros CAT.[134] Entretanto, a mudança metodológica e a maior fiscalização não explicam todo o incremento dos registros. Como procuramos demonstrar, o incremento de ritmos extenuantes e de doenças laborais em ramos específicos da economia – dois dos ramos da produção de maior importância no modelo de desenvolvimento adotado no Brasil em nossos dias (indústria automobilística e setor sucroalcooleiro) e em um dos ramos que mais vem crescendo no setor que concentrou a geração de empregos formais (serviços) – confirma que os números da escalada de acidentes de trabalho e doenças laborais (LER/Dort etc.) expressam a tendência atual do capitalismo brasileiro de elevar o desgaste da corporeidade físico-psíquica do trabalhador.

Hiato entre o elemento histórico-moral do valor da força de trabalho e a remuneração recebida

Por fim, mas não menos importante, cabe considerar uma última modalidade em que a superexploração pode ter lugar, que é o aumento do elemento histórico-moral do valor da força de trabalho sem aumentar a remuneração recebida. No capitalismo dependente, o avanço das forças produtivas mediante nova composição técnica do capital não tende a gerar concessões à classe trabalhadora no mesmo grau em que ocorreu no capitalismo dominante. E menos ainda comparativamente ao que foram os

---

[133] Ver INSS. Anuário Estatístico sobre Acidentes de Trabalho. 2009. Disponível em: <http://www.previdenciasocial.gov.br/conteudoDinamico.php?id=423>.

[134] "A CAT (Comunicação de Acidente de Trabalho) é um instrumento do INSS, que deve ser preenchido e registrado toda vez que ocorrer um acidente de trabalho ou uma suspeita de doença ocupacional. A empresa é a responsável pelo seu preenchimento, mas caso se recuse, a CAT pode ser preenchida pelo próprio trabalhador, pelo sindicato, por um médico ou por uma autoridade de saúde, desde que haja um médico que ateste o problema. Caberá ao INSS validá-la ou não". Bernardo, Maria Helena. *Trabalho duro, discurso flexível: uma análise das contradições do toyotismo a partir da vivência dos trabalhadores*. São Paulo: Expressão Popular, 2009, p. 156.

anos áureos deste último. A despeito disso, as transformações da sociedade foram colocando novas necessidades, que fizeram aumentar a quantidade e qualidade de bens necessários na cesta de consumo dos trabalhadores: "o desenvolvimento material da sociedade e a generalização de novos bens vão transformando estes [valores de uso] em bens necessários em épocas determinadas".[135] Isto corresponde ao que Marx chamou de elemento histórico-moral do valor da força de trabalho.

Produtos que antes eram francamente suntuários, isto é, bens de consumo de luxo, com o tempo passaram à condição de bens de consumo corrente ou bens-salário, ou seja, bens de consumo necessário que fazem parte da cesta de consumo dos trabalhadores.[136] Dois exemplos notórios, o televisor e a máquina de lavar, que eram bens suntuários nas décadas de 1960 e 1970 nas economias dependentes, hoje são valores de uso encontrados inclusive nos lares de famílias que vivem em moradias precárias e com renda familiar abaixo do necessário. Tais valores de uso deixaram a condição de bens de luxo tanto porque o avanço da fronteira tecnológica barateou a sua produção quanto porque passaram a expressar necessidades que a sociabilidade capitalista colocou para os trabalhadores. Se um televisor passa a ser necessário na sociabilidade que vai sendo criada com o capitalismo e se uma lavadora automática passa a ser a maneira de facilitar as atividades domésticas que cumprem um papel para a reprodução da força de trabalho (em um contexto de aumento do seu desgaste e de aumento do tempo de deslocamento até o local de trabalho), esses são valores de uso que passam a compor o elemento histórico-moral do valor da força de trabalho. Todavia, se a única forma de o trabalhador acessar tais bens de consumo que se tornaram bens necessários for endividar-se cronicamente ou submeter-se a uma carga extra de trabalho, estaremos diante de uma alteração do elemento histórico-moral sem ser acompanhada pela remuneração. Ou seja, aumento do valor da força de trabalho sem aumentar o seu pagamento. Ao terem que elevar o desgaste de sua força de trabalho (cumprir mais horas extras, vender parte das férias etc.) e ao terem que se endividar para acessar tais valores de uso, os indivíduos da família trabalhadora estarão ou se submetendo a uma violação de seu fundo de vida para compensar parcialmente a insuficiência de seu fundo de consumo ou comprometendo o seu próprio fundo de consumo futuro, mediante endividamento, na tentativa de compensar a sua violação no presente.

O que o discurso hegemônico não quer revelar é que o aumento comemorado do consumo de eletrodomésticos por parte da chamada "classe

---

[135] Osorio, Jaime, "Dependência e superexploração", *op. cit.*, p. 179.
[136] Ver a discussão a respeito no capítulo 2 deste livro.

C", na classificação social por estratos de renda, que seria supostamente a "nova classe média",[137] se deu em grande medida com base no endividamento das famílias. É o que se observa na tabela a seguir.

Tabela 21 – Consumo de eletrodomésticos e endividamento das famílias por estratos de renda (%)

Participação dos estratos de renda (1) no consumo de eletrodomésticos			
Ano	A e B	C	D e E
2002	55,16	26,61	18,23
2010	37,11	44,67	18,22
Estratos de renda e situação financeira familiar no cadastro de devedores (2)			
Estratos de renda		Adimplente	Inadimplente
Até R$ 600,00 (E)		4%	2%
De R$ 601 a R$ 905 (D)		15%	15%
De R$ 906 a R$ 1.375 (C2)		19%	19%
De R$ 1.337 a R$ 2.200 (C1)		20%	28%
De R$ 2.201 a R$ 3.285 (B2)		26%	22%
De R$ 3.286 a R$ 7.000 (B1)		12%	11%
De R$ 7.001 a R$ 11.100 (A2)		3%	1%
Mais de R$ 11.000 (A1)		2%	1%
% famílias inadimplentes que recebem abaixo do salário mínimo necessário			
64% (3)			

Nota: (1) A: mais de 20 salários mínimos; B: de 10 a 20 salários mínimos; C: de 3 a 10 salários mínimos; D: de 1 a 3 salários mínimos; E: menos de 1 salário mínimo. (2) Classificação da Confederação Nacional dos Dirigentes Lojistas (CNDL), a preços correntes de 2012, valor do salário mínimo no ano = R$ 622,00 (3) sem considerar famílias da porção inferior do estrato B2 na classificação da CNDL, que integram a faixa de renda C da PNAD, o que significa que o percentual é ainda maior.
Fonte: elaboração própria, com dados do Instituto Brasileiro de Geografia e Estatística (IBGE), Pnad 2002 a 2010 e CNDL/UFMG. Pesquisa perfil do consumidor com e sem dívidas no Brasil. Out. 2012. Disponível em: <http://www.cndl.org.br/mostra_capa.php?.id=470>. Acesso em: out. 2012.

Desagregando o consumo total de eletrodomésticos por estratos de renda, nas estatísticas da PNAD de 2002 a 2010, verifica-se que enquanto a participação dos estratos D e E manteve-se estacionada e a faixa de rendimentos A e B apresentou queda relativa de 18,05%, o aumento expressivo na compra de eletrodomésticos se deu no estrato de renda C, que respondia por 26,61 em 2002 e passou a representar 45% das compras de produtos eletroeletrônicos na apuração de 2010.

De fato, foi a faixa de renda C – que insistimos, e não é por nada, em não chamar de uma *classe* à parte – a responsável pelo aumento das vendas

---

[137] Para uma crítica às teses do bordão "*Brasil, país de classe média*", ver Luce, Mathias Seibel, "Brasil: nova classe média ou novas formas de superexploração da classe trabalhadora?". *Trabalho, Educação e Saúde*, Rio de Janeiro, Escola Politécnica de Saúde Joaquim Venâncio-Fiocruz, v. 11, n. 1, 2013, p. 169-190.

de eletrodomésticos. Agora, cabe desvendar a face oculta. Considerando que a maior parte das compras desses produtos é feita a prazo e que, segundo levantamento da Confederação Nacional dos Dirigentes Lojistas (CNDL), 64% das famílias inadimplentes (o somatório da classificação de C1 até E da publicação da CNDL) recebiam a preços correntes de 2012 entre R$ 600,00 e R$ 2.200 – quer dizer, abaixo do salário mínimo necessário – cerca de 2/3 das famílias inadimplentes possuíam remuneração abaixo do valor aproximado da força de trabalho. Se tomarmos em consideração o estrato B2 da pesquisa da CNDL, que compõe também o estrato C da classificação utilizada pelo IBGE e pelo governo, esse percentual será ainda maior.

Do recém-exposto pode-se concluir que, sem que estivesse endividada, uma parcela significativa das famílias consideradas "classe C" não teria conseguido tornar-se consumidora de tais produtos, mesmo que sua produção tenha barateado e mesmo que tenham se tornado bens necessários, como um refrigerador ou uma máquina de lavar. Se esses produtos, sob a própria lógica do capital, tivessem se tornado bens de consumo necessário, atuariam no sentido de reduzir o valor da força de trabalho, permitindo que os trabalhadores os consumissem ao mesmo tempo que o dispêndio de capital para a contratação da força de trabalho se visse reduzido mediante a ampliação da mais-valia relativa e não mediante superexploração. Mas se é somente à custa da redução do fundo de consumo do trabalhador (consumir menos alimento para ter um televisor ou uma lavadora) e de seu fundo de vida (trabalhar redobrado, além da duração normal e da intensidade normal da jornada) que o trabalhador consegue acessar tais bens que se tornaram necessários, isso significa que, do ponto de vista da relação-capital, tais valores de uso não passaram a integrar o valor da força de trabalho. Assim, configura-se, na verdade, uma quarta forma de superexploração, o hiato entre o elemento histórico-moral do valor da força de trabalho e o pagamento desta. Esta quarta modalidade da superexploração pode ser entendida como uma forma desdobrada da primeira que discutimos – o pagamento da força de trabalho abaixo do seu valor. Porém, seu tratamento analítico específico se justifica, pois ela apresenta a particularidade de violação do valor da força de trabalho quando esta se dá em relação ao componente histórico e moral que se viu alterado, mas atuando no sentido contrário ao da mais-valia relativa.[138]

---

[138] "O aumento do número de bens necessários que o desenvolvimento histórico propicia pressiona no sentido da elevação do valor da força de trabalho. Mas, em geral, o aumento da produtividade e o barateamento dos bens indispensáveis atuam em sentido contrário, de modo que o valor da força de trabalho se veja permanentemente pressionado por essas duas forças". Osorio, Jaime. *Dependência e superexploração, op. cit.*, p. 179.

Em suma, a superexploração é uma característica estrutural do capitalismo dependente. Ela é o fundamento inclusive de economias com maior desenvolvimento relativo na região latino-americana, como o Brasil. Denunciar o regime de superexploração em que a burguesia dependente apoia sua dominação não é pressupor ou almejar uma exploração normal. Antes, ao contrário, é colocar que diante da superexploração o que se apresenta é a disjuntiva dependência e revolução.

CAPÍTULO 4 – DEPENDÊNCIA, REVOLUÇÃO E TRANSIÇÃO

Neste capítulo, apresentamos a categoria *dependência*, englobando seus aspectos medulares e procurando refletir o poder explicativo e a riqueza dialética que presidiram toda a melhor análise que deu corpo à TMD.[1] Não temos a pretensão de trazer *a* compreensão definitiva da categoria em exame, nem de esgotar o debate em torno dela. Mas esperamos deixar assentada sua exposição enquanto síntese de múltiplas determinações de modo a unir os fios de sua organicidade tal como a entendemos.

A DEPENDÊNCIA COMO SÍNTESE DE MÚLTIPLAS DETERMINAÇÕES

Como toda categoria no marxismo, a *dependência* é síntese de múltiplas determinações. Estas residem no cruzamento de relações causais inscritas nos níveis de abstração da *economia mundial* e das *formações econômico-sociais*. Sob as relações de dependência, as tendências de movimento do modo de produção capitalista operam de maneira *negativamente determinada*,[2] sem que seus elementos contratendenciais se apresentem no mesmo grau e sob as mesmas formas que atuam nas economias dominantes. Isto engendra contratendências particulares, provocando uma diferenciação das formações econômico-sociais e dando lugar ao surgimento de *leis tendenciais específicas à economia dependente*. Essas leis tendenciais específicas são um dos traços mais distintivos da dependência. Elas não estão desvinculadas da lei do valor e das leis gerais de funcionamento do capitalismo, mas são sua expressão particular que, à base de repetição histórica, cristaliza-se em novos fenômenos estruturais, com caráter de lei,[3] como na *superexploração da força de trabalho*, nas *transferências de valor como intercâmbio desigual* e na *cisão no ciclo*

---

[1] Buscamos a apreensão da categoria dependência valendo-nos da análise de seus fundadores brasileiros – Theotonio dos Santos, Ruy Mauro Marini, Vania Bambirra –, e de autores como Orlando Caputo e Jaime Osorio.

[2] Discutimos o sentido de *dialética negativa* e de *tendências negativamente determinadas* na Introdução deste livro.

[3] "Na proposta teórica de Marx, uma das preocupações centrais é estabelecer as regularidades que expliquem a vida societal e que, no campo da ciência, se expressam sob a noção de leis". À diferença das ciências da natureza, nas ciências que explicam as sociedades

do capital, sob as quais as contradições do capitalismo se tornam mais agudas e a exploração se impõe de maneira brutal sobre a classe trabalhadora e a grande massa do povo.

O presente capítulo está organizado em duas partes. Na primeira parte, começamos por uma *Nota Prévia* afastando algumas interpretações contendo o que a dependência *não* é; prosseguimos expondo a gênese da categoria dependência no âmbito do marxismo e da TMD, incluindo alguns de seus antecedentes teóricos; e nos voltamos para o exame das conexões entre os distintos níveis de abstração de que a categoria é portadora, até chegar à sua essência, com as leis tendenciais próprias ao capitalismo dependente. Na segunda parte, tratamos da disjuntiva dependência, revolução e transição, abordando a problemática sobre o caráter da revolução em nossas formações econômico-sociais. Nessa parte final, sublinhamos alguns dos principais momentos nos escritos e na práxis militante de Ruy Mauro Marini e Vania Bambirra, em consonância com postulados de Lenin, no enfrentamento às estruturas de poder sob o capitalismo dependente. Procuramos, assim, evidenciar o sentido transformador que orienta a TMD.

Nota prévia: o que a dependência não é

Assim como Marx precisou começar afastando aspectos ilusórios das formas aparentes para explicar a essência do valor, é mister explicitarmos aquilo que a dependência *não* é, a fim de fazer a correta apreensão de sua substância. Já demos início a esse procedimento no capítulo 1, quando colocamos que a dependência não se resume e, menos ainda, se define como uma coleção de formas. Cumpre, agora, desnudar mais algumas camadas da realidade aparente, afastando outros aspectos que também se costuma atribuir ao sentido de dependência.

De maneira muito sucinta, podemos dizer que a dependência não é sinônimo de: a) estagnacionismo; b) dependência externa; c) outro modo de produção; d) categoria tautologicamente definida; e) herança colonial; f) insuficiência de capitalismo; g) interdependência; h) fusão com o sistema-mundo; i) reformismo; j) categoria em que a luta de classes é ausente. A seguir, rebatemos brevemente cada uma dessas afirmações. Não é nosso objetivo nos deter em pormenor no debate com os autores que atribuem algum desses sentidos, mas somente pontuar estes argumentos, afastando

---

humanas estas leis são *sociais*, *históricas* e *tendenciais*. Osorio, Jaime. "Sobre epistemología y método en Marx". Em: *Crítica de la economía vulgar, op. cit.*, p. 16 e seguintes.

seus significados, para logo retomar o curso de nossa exposição sobre *o que é dependência*.[4]

Entre os que rechaçam a categoria dependência, não é raro ver autores sugerindo que ela seguiria um viés estagnacionista, sob o qual a economia estaria fadada a apresentar baixo crescimento. Por vezes essa colocação é referida também como tese do bloqueio.[5] Ora, essa não é uma compreensão presente na TMD. O que se coloca, a partir da TMD, é que a acumulação de capital *ocorre* na economia dependente, mas sob determinadas condições, de tal maneira que, para mais desenvolvimento capitalista, mais dependência. Ou seja, a dependência pode mudar de forma e de grau – tema que merece a devida atenção –, porém se mantém como característica geral das formações econômico-sociais subordinadas ao imperialismo (a menos que venha a acontecer sua ruptura mediante a revolução). Eis o sentido de reprodução ampliada da dependência.[6]

Dependência tampouco é sinônimo de dependência externa, entendida simploriamente como subordinação de um Estado nacional frente a outro(s) Estado(s) nacional(is) ou como influência unidirecional de determinadas relações externas sobre a realidade em questão. Conforme advertiu Theotonio dos Santos,

> [...] a dependência é uma característica intrínseca do sistema socioeconômico dos países subdesenvolvidos [...]. Esta face interna não é, pois, uma consequência [unidirecional] de fatores externos, mas sim a sua própria maneira – *o modo dependente* – de participar desse processo de desenvolvimento da economia mundial capitalista.[7]

Na mesma linha, de acordo com Vania Bambirra, é equivocado resumir as relações de dependência às relações internacionais de poder, desconsiderando sua estruturação interna no âmago de nossas economias:

---

[4] Para uma argumentação mais detalhada contra uma série de distorções a respeito das teses da TMD, remetemos o leitor para o livro de Bambirra, Vania. *Teoría de la dependencia: una anticrítica, op. cit.* (de agora em diante, para fins de remissão, referiremos como *Anticrítica*).

[5] Ver, por exemplo, Goldenstein, Lídia. *Repensando a dependência*. Rio de Janeiro: Paz e Terra, 1994; e, também, Katz, Frederico Jayme. *Clamando no deserto: a tese do bloqueio*. Disponível em: http://www.unicap.br/neal/artigos/Texto13ProfFred.pdf>. Acesso em: jul. 2017.

[6] Abordamos anteriormente essa questão no capítulo 1, quando tratamos da relação entre produção e apropriação de valor na economia mundial e das formas da dependência e das transferências de valor; no capítulo 2, quando consideramos a contradição entre a não generalização da mais-valia relativa e a fixação da mais-valia extraordinária no subsetor IIb; e, no capítulo 3, quando discutimos a possibilidade da combinação de diferentes formas da superexploração, através das diferentes conjunturas.

[7] Dos Santos, Theotonio. *Socialismo o fascismo*. Cidade do México: Edicol, 1978, p. 49.

é necessário insistir que o grande aporte da teoria da dependência foi ter demonstrado que este não é meramente um fenômeno de relações internacionais, de intercâmbio comercial desfavorável aos países pouco desenvolvidos; mas, sim, que são as relações internas [na sua imbricação com a economia mundial] que configuram uma estrutura econômico-social cujo caráter e dinâmica estão condicionados pela subjugação, exploração e dominação imperialistas.[8]

Segundo, ainda, Orlando Caputo e Roberto Pizzarro:

> o conceito de dependência, no desenvolvimentismo, constitui a expressão concreta das relações econômicas internacionais entre países industrializados e países periféricos. Para eles, a dependência representa um obstáculo importante para o desenvolvimento econômico dos países da América Latina. De maneira que os problemas que o comércio exterior oferece configuram a dependência externa, a qual se constitui em uma das principais variáveis explicativas do "atraso" de nossos países.
>
> Para nós, diferentemente, o conceito de dependência não fica circunscrito às relações econômicas internacionais, nem tampouco a suas manifestações no comércio exterior. Este conceito define o marco geral dentro do qual se inscreve a análise de situações concretas. Esse marco geral é dado pelo desenvolvimento do sistema capitalista e as relações de dependência geradas por esse desenvolvimento; a situação concreta não é senão a condição de subdesenvolvimento de nossos países, que fazem parte deste sistema. Isto leva a colocar que, nem a situação global, nem tampouco as manifestações concretas, podem ser estudadas cientificamente sem ter esse marco de referência.[9]

Ignorar estas advertências é ver a dependência sob lentes weberianas, que nada tem a ver com a riqueza explicativa que a categoria descoberta pela TMD nos proporciona.

Cumpre assinalar, igualmente, que a categoria em exame não significa, em absoluto, um modo de produção à parte. Não existe o "modo de produção capitalista-dependente".[10] Quando, na TMD, se fala em capitalismo dependente se está falando nas formas e tendências específicas que o modo de produção capitalista enquanto economia mundial assume no complexo de complexos que é a realidade objetiva. Nesse sentido, os

---

[8] Bambirra, Vania. *Anticrítica, op. cit.*, p. 99. Ciro Flamarion Cardoso e Héctor Pérez Brignoli, a partir das teses da corrente endogenista, criticaram a TMD pensando ver nela uma análise unidirecional dos "fatores externos". Ver nosso comentário crítico a respeito, no capítulo 3 deste livro (item "Circulacionismo", Nota Prévia).
[9] *Imperialismo, dependencia y relaciones económicas internacionales, op. cit.*, p. 58.
[10] Agustín Cueva foi um dos autores que tentou enxergar esse viés nas formulações da TMD, o que é uma interpretação equivocada. Ver novamente nota de rodapé número 16, no capítulo 1.

termos *capitalismo sui generis* e *capitalismo dependente* pretendem, tão somente, nominar a realidade específica da economia mundial e das formações econômico-sociais em que imperam tais formas e tendências, sendo vocábulos alternativos ao de *economia dependente*.

A categoria dependência também não consiste em uma definição tautológica. Esta pode ser encontrada em categorias das teorias hegemônicas nas disciplinas acadêmicas,[11] mas não na TMD. Entretanto, já houve quem tentasse taxá-la de partir de uma tautologia. Ora, só chegará a tal conclusão quem retirar fora de contexto a passagem de *Dialética da Dependência* na qual Marini escreveu que é a partir da divisão internacional do trabalho "que se configura a dependência, entendida como uma relação de subordinação entre nações formalmente independentes, em cujo marco as relações são recriadas para assegurar a reprodução ampliada da dependência".[12] Pinçar este trecho e tomá-lo isoladamente é ignorar todas as demais formulações que se encontram em vários momentos do ensaio fundador da TMD. Mesmo considerando a passagem em si, o sentido unívoco desta citação é: 1) não obstante a emancipação política perante as metrópoles coloniais e a independência jurídico-formal que resultou das guerras de independência na América Latina nos primeiros vinte e cinco anos do século XIX, contraíram-se novos e poderosos laços de subordinação; 2) estes novos laços de subordinação (cujo cerne, implícito na citação, é a formação do mercado mundial na esteira da Revolução Industrial, engendrando estruturas socioeconômicas contraditórias e específicas) provocam a reprodução ampliada da dependência. Ponto. Querer extrair desta passagem todo o significado de dependência é ignorar as múltiplas determinações de que a categoria é portadora.

Outro sentido a afastar é o das análises situando a gênese histórica das relações de dependência como remontando ao período colonial – e, inclusive, atribuindo *centralidade causal* à continuidade de uma "herança colonial". Já fizemos algumas considerações a esse respeito no capítulo 1. Mas cabe acrescentar esta colocação de Marini: "*a situação colonial não é a mesma coisa que a situação de dependência*". Com efeito, a análise teórica deve captar com precisão no que consiste a originalidade do fenômeno e, principalmente, "*discernir o momento em que a originalidade implica uma mudança de qualidade*".[13] Desse modo, afastamos aqui um entendimento à questão como o da tipologia apresentada por Fernando Henrique Cardoso e Enzo

---

[11] A concepção de mercado na economia neoclássica e a concepção de sociedade no individualismo metodológico, nas Ciências Sociais, são dois exemplos notórios.
[12] *Dialética...*, op. cit., p. 18.
[13] *Dialética...*, op. cit., p. 19.

Faletto, em *Dependência e desenvolvimento na América Latina. Ensaio de interpretação sociológica*.[14] Embora à época de sua publicação tenha cumprido um papel no debate latino-americano na crítica às teorias do desenvolvimento, a tipologia de Cardoso e Faletto incorreu em quatro erros de análise, conforme apontou Vania Bambirra. Um destes equívocos concerne à origem dos tipos: "economias com controle nacional" e "economias de enclave", oriundas, respectivamente, do que os autores denominam "colônias de povoamento" e "colônias de exploração". Ora, não é a herança colonial em si que define a essência das relações de dependência, mas a configuração das tendências contraditórias da economia mundial sob a lei do valor e a diferenciação das formações econômico-sociais no âmbito de sua totalidade integrada e diferenciada, determinando os limites e possibilidades da ação humana, conforme vimos sustentando neste livro.[15]

Em um sentido próximo ao de herança colonial, está o ponto de vista que atribui a dependência a uma insuficiência de capitalismo. Voltaremos especialmente a esse aspecto mais à frente, porém deixemos pontuado que, para a TMD, não é por falta de capitalismo que existem relações como *a superexploração, as transferências de valor, o divórcio entre a estrutura produtiva e as necessidades das massas* etc. É, sim, devido a uma maneira particular em que o capitalismo se reproduz enquanto totalidade integrada e diferenciada, a qual requer categorias específicas para fazer sua apreensão rigorosa.

Mas isto não é tudo. A dependência também não deve ser confundida, por outro lado, com *interdependência*, como se fossem relações sociais sob o mesmo sentido de determinação causal, isto é, sob tendências e contratendências atuando uniformemente. Assim, é preciso ter presente que

> as relações de interdependência só podem se dar entre nações livres, nas quais a burguesia local controla seu mercado e suas fontes fundamentais

---

[14] *Dependencia y desarrollo en América Latina. Ensayo de interpretación sociológica*. Cidade do México: Siglo XXI, 1969.

[15] Os demais erros da tipologia de Cardoso e Faletto, criticados por Bambirra, são: *2º equívoco*) classificação falha dos países (como na caracterização incongruente do México como economia de enclave, quando naquele país os enclaves existentes não tiveram, na verdade, os efeitos paralisantes que os autores apontam para o tipo); *3º equívoco*) limites na adequação do método ao problema que se procura responder, centrando a análise na forma de participação política e diferenciação interna dos grupos sociais no período de mudança do "desenvolvimento voltado para fora" ao "desenvolvimento voltado para dentro" – concepção que, além de permanecer ainda adscrita à terminologia cepalina, padece de um "sociologismo"; *4º equívoco*) o caráter insuficiente da análise do período posterior a 1945 – período que foi decisivo para a transformação das relações de dependência e sua passagem para formas mais complexas. A esses erros de análise, acrescente-se ainda a predicação dos autores por uma "dependência negociada" com o imperialismo. Ver mais a respeito em Bambirra, Vania. *El capitalismo dependiente latinoamericano, op. cit.*, p. 16 e seguintes.

de tecnologia; supor este tipo de relações entre países capitalistas cujo desenvolvimento é situado em posições extremas de desigualdade e de diversificação de seu sistema produtivo, de seu domínio do mercado interno e da tecnologia é um grave erro teórico.[16]

Com efeito, estamos diante de tendências negativamente determinadas em que opera uma dialética negativa. Já chamamos atenção reiteradas vezes, ao longo deste livro, para a determinação negativa da dialética que atua nas relações em questão e voltaremos novamente ao tema, mais adiante, sobre a legalidade específica que rege o capitalismo dependente.

É importante sublinhar, ainda, que a categoria dependência não se funde com o marco teórico do sistema-mundo, como por vezes tem sido sugerido. A TMD e a análise do sistema-mundo (ou teoria do sistema mundial) são duas vertentes teóricas, ambas no campo crítico, mas que diferem em seus pressupostos e na rede de categorias com que operam seus programas de investigação. Conforme Wallerstein, o sistema-mundo é legatário do conceito de excedente econômico de Paul Baran, da perspectiva da longa duração de Fernand Braudel, do debate marxista sobre a diversidade de modos de produção e, finalmente, do axioma desenvolvimento do subdesenvolvimento de Gunder Frank, os quais foram reelaborados para pensar as relações entre centro, periferia e semiperiferia e o "processo incessante de acumulação de capital" no capitalismo histórico.[17] Com este prisma, são estudadas as hegemonias históricas do capitalismo, a alternância de fases de expansão predominantemente de riqueza produtiva e de riqueza financeira, as relações geopolíticas mundiais etc. Outras referências da teoria do sistema mundial são os ciclos sistêmicos de acumulação, desenvolvidos por Giovanni Arrighi e por Beverly Silver, e também os ciclos de Kondratiev, estudados por diferentes expoentes da teoria do sistema mundial, incluindo Theotonio dos Santos. Este, a partir de certo momento do itinerário de sua obra, voltou-se ao estudo de questões que se inscrevem na abordagem do sistema-mundo, sem abandonar preocupações da TMD, mas sugerindo a fusão de ambos os enfoques, de tal maneira que a TMD, para Theotonio, seria um antecedente da teoria do sistema mundial.[18]

De nossa parte, enfatizemos mais uma vez, pensamos que ambas as teorias se inscrevem no campo crítico, mas não são a mesma coisa. A TMD tem como fontes a teoria do valor de Marx e a teoria marxista do imperialismo e

---

[16] *Anticrítica, op. cit.*, p. 97. Ver, também, Traspadini, Roberta. *A teoria da (inter)dependência de Fernand Henrique Cardoso*. São Paulo: Outras Expressões, 2014.
[17] Wallerstein, Immanuel. *World-systems analysis. An introduction, op. cit.*
[18] Ver a reflexão de Theotonio dos Santos em seu *Memorial* (mimeo.). Ver, também, o intento de aproximação entre as duas teorias em Martins, Carlos Eduardo. *Globalização, dependência e neoliberalismo na América Latina, op. cit.*

trabalha com as categorias marxianas de *O capital*; com a categoria marxista de formação econômico-social; com o conceito de economia mundial desenvolvido por ela mesma (pela TMD), além das categorias descobertas para pensar a realidade regida pelas relações de dependência – caso da *transferência de valor como intercâmbio desigual*, da superexploração, da cisão no ciclo do capital e outras mais, como padrão de reprodução do capital. Além destas diferenças, enquanto a teoria do sistema mundial trabalha uma escala de análise envolvendo o que chama de economia-mundo, formada por centro, periferia e semiperiferia, a TMD preocupa-se com o estudo da vinculação entre o modo de produção capitalista, suas leis de tendência, as relações imperialistas e suas conexões através das diferentes formações econômico-sociais (formações sociais imperialistas, formações sociais dependentes, formações sociais dependentes que ascenderam ao grau de subimperialismo), com destaque para a apreensão da legalidade específica que rege a reprodução do capital nas economias dependentes, tendências e contradições que marcam a luta de classes em regiões como a América Latina.[19]

Consideremos, por fim, duas acusações que se costuma fazer contra a TMD, nos embates entre perspectivas teóricas divergentes no campo marxista: uma é a pecha de reformismo; a outra é da suposta ausência da luta de classes na categoria dependência e no programa de pesquisa da TMD.

Ao contrário destas leituras, falar em dependência não é pressupor nem almejar a possibilidade ou a viabilidade histórica de um capitalismo independente, na realidade latino-americana e nas outras partes do mundo capitalista regidas por estas relações. Também não é divisar que se possam alcançar os mesmos níveis tecnológicos e padrões de consumo das economias dominantes, dentro dos marcos do capitalismo. É, na verdade, voltar-se criticamente ao exame dessas questões. É explicar, com rigor crítico, que as tendências alienantes, destrutivas e disruptivas do modo de produção capitalista agudizam-se sob as relações de dependência, redobrando as relações de exploração e, com elas, a necessidade do rompimen-

---

[19] Ver também a diferença que ambas as abordagens apresentam na sua conceituação do capitalismo, como na importância conferida ou não à Revolução Industrial na formação do mercado mundial. Ver, novamente, nota de rodapé número 8, no capítulo 2 deste livro. Ainda a esse respeito, é importante que se diga que Theotonio dos Santos nunca renunciou ao conceito marxista de revolução industrial. Ao contrário. Em suas obras "*Revolução científico-técnica e capitalismo contemporâneo*" (Petrópolis: Vozes, 1983) e "*Revolução científico-técnica e acumulação do capital*" (Petrópolis: Vozes, 1987), partiu dele e acrescentou-lhe novas determinações, ao pensar a questão da revolução científico-técnica como tendência do capitalismo mundial inaugurada com a incorporação da ciência da computação e da automação industrial ao processo de produção e acumulação. Para consulta a uma compilação da obra de Theotonio, ver *Obras reunidas de Theotonio dos Santos*. Disponível em: <http://ru.iiec.unam.mx/3105>.

to com esta forma histórica de organização da vida para dar lugar a uma forma superior, mediante a construção do socialismo.

Outra afirmação errônea a afastar é a que atribui à categoria dependência uma visão que não levaria em consideração a luta de classes. Sob esse raciocínio, é possível encontrar autores que extraem conclusões apressadas das formulações da TMD, esfumando as necessárias mediações entre os distintos níveis de abstração em que as categorias de nossa teoria transitam.[20] No entanto,

> resulta que, para os marxistas, a ciência social não tem compartimentos fechados com seus respectivos rótulos nas portas dizendo: "Economia", "Sociologia", "História", etc. A análise de classes é, em primeiro lugar, uma análise da estrutura econômica. Para sermos mais inteligíveis e rigorosos [...]: uma análise da estrutura e desenvolvimento das forças produtivas e das relações de produção – por conseguinte, uma análise de seu movimento, vale dizer, da luta de classes e, em seguida, uma análise de suas manifestações superestruturais, isto é, das ideologias, instituições, cultura, etc. Analisar a dependência somente no nível das manifestações tangíveis da luta de classes ou prescindir desta e limitar-se ao nível puramente do sistema produtivo só se justifica como momentos da investigação que necessitam em seguida ser interligados em uma perspectiva mais ampla e totalizadora. Em geral, esta perspectiva totalizadora foi lograda em múltiplos trabalhos sobre a dependência, embora é óbvio que os diversos autores tenham privilegiado em algumas investigações parciais alguns aspectos do fenômeno. Daí provém o risco de análises apressadas se são consideradas as partes e não o conjunto da obra de um autor. De qualquer maneira, as análises sociológicas e políticas estão de sobra presentes nos estudos sobre a dependência e talvez as maiores lacunas encontrem-se justamente – ao contrário do que creem os críticos – na análise econômica.[21]

Definitivamente, a luta de classes não passa ao largo da TMD. Antes, ao contrário: seu programa de investigação é presidido pelo objetivo de fazer a rigorosa apreensão do terreno em que ela (a luta de classes) acontece e das transformações que devem se materializar, por obra da atuação consciente da classe trabalhadora, a fim de transcender o jugo da dominação que se vive nas formações econômico-sociais regidas pelas relações de dependência.[22]

---

[20] Na *Anticrítica* (ibid., p. 89 e seguintes), Vania Bambirra rebateu, por exemplo, afirmações do historiador Enrique Semo nesse sentido.
[21] Ibid., p. 43-44.
[22] Trataremos mais diretamente dessa questão mais adiante, no tópico "Dependência, revolução e transição".

Dependência: categoria original do marxismo latino-americano e da TMD

Tal como as categorias apresentadas no capítulo anterior deste livro, a categoria dependência é uma formulação original da TMD, que nasce no contexto das preocupações práticas e dos debates teóricos concernentes aos problemas concretos que o desenvolvimento desigual e as relações imperialistas colocam para nossas sociedades.

Se há que rastrear a origem do termo dependência no léxico marxista, ela encontra-se em Lenin. Tanto no *Primeiro esboço das teses sobre os problemas nacional e colonial para o II Congresso da Internacional Comunista* (IC), como no *Informe da Comissão sobre os Problemas Nacional e Colonial*, Lenin lançou mão da caracterização da dependência para aproximar a análise da nova diferenciação que marcava o compasso das relações imperialistas entre nações opressoras e nações oprimidas.[23]

Com efeito, depois de 1916 – ano da publicação de *Imperialismo, fase superior do capitalismo*[24] – Lenin reformulou um argumento contido naquele trabalho no qual asseverara que a exportação de capitais para a periferia do planeta iria muito em breve irradiar uma redução dos desníveis de desenvolvimento das forças produtivas, acelerando as contradições entre capital e trabalho e fazendo multiplicar a classe operária industrial como sujeito portador da revolução mundial.

Ensaiando agora uma nova apreensão do fenômeno que se interpunha entre as potências imperialistas e os países chamados coloniais e semicoloniais – na terminologia usual da IC – Lenin revia algumas de suas formulações anteriores e as dotava de nova complexidade. Ao esboçar a noção de dependência para dar conta de expressar outros elementos antes apenas tangenciados, ele avançava sua teorização sobre o imperialismo, percebendo o liame que vinculava o desenvolvimento desigual e os elos fracos da corrente, adentrando mais a fundo em seu âmago.[25]

Mas se coube a Lenin o pioneirismo na teoria marxista no uso do vocábulo dependência enquanto noção heurística, o certo é que esta somente assumiria o *status* de categoria de análise algumas décadas mais tarde. Não só o fenômeno que se vislumbrava ainda não amadurecera todas suas tendências; também sua análise – e a apreensão de seu movimento interno mediante o conhecimento de suas diferentes conexões – precisaria do recurso da retrospecção histórica para se chegar

---

[23] Bambirra, Vania, *Anticrítica*, p. 49 e seguintes.
[24] *Op. cit.*
[25] Vania Bambira, *ibid.*, *loc. cit.*

a captar sua lógica imanente e sua historicidade no terreno de nossas sociedades.[26]

Entre o arguto enunciado de Lenin e o surgimento da TMD meio século depois, a discussão sobre a dependência percorreu um itinerário com distintas rotas e diversos matizes. Um momento digno de nota foi um acontecimento de finais dos anos 1920. Em 1926, Ricardo Paredes, médico e cientista social dirigente do Partido Socialista Equatoriano polemizava no VI Congresso da IC contra a insistência da organização em seguir utilizando em seus documentos oficiais a classificação que definia os países da América Latina como coloniais e semicoloniais. Eram tempos de auge do monolitismo stalinista[27] na III Internacional. Em conduta teórica e política marcada por um profundo antidogmatismo e coerência com os princípios dialéticos, Paredes não se conformava com o abandono do ensinamento de Lenin de que o método marxista, antes de qualquer coisa, fundamenta-se na análise concreta de situação concreta. E vaticinava em seu informe à IC que erros de análise levariam a erros políticos, defendendo, em lugar da caracterização de colônias e semicolônias, o uso do termo países dependentes para certos casos.[28] Mesmo que os escritos de Paredes não tenham passado pelas mãos dos fundadores da TMD e influenciado-os diretamente, fato é que constituem um aporte de marca indelével, partilhando algumas das preocupações que levariam à gênese do conceito de dependência no âmbito do marxismo, pelos autores da TMD, décadas depois.[29]

Como escreveu Marini, "as tentativas de construir outra visão da América Latina não representaram uma simples resposta ao desenvolvimentismo. Eram também e, sobretudo, o resultado de uma luta travada dentro da esquerda". Segundo Marini,

---

[26] Como colocado por Marx na *Introdução de 1857* (em: *Grundrisse, op. cit.*, p. 58), "a anatomia do ser humano é uma chave para a anatomia do macaco".

[27] Ver Lukács, György. "Carta sobre o stalinismo". *Margem Esquerda* – Revista da Boitempo, n. 28, 1º semestre 2017, p. 127-142. Trad. Leandro Konder.

[28] Paredes, Ricardo. "Informe de la delegación latinoamericana sobre el Programa de la Internacional Comunista" (tomado de *Cuadernos de Pasado y Presente,* n. 67, Cidade do México: Siglo XXI, 1978, p. 176-186). Em: *Pensamiento político ecuatoriano. El pensamiento de la izquierda comunista (1928-1961)*. Quito: Ministerio de Coordinación de la Política y Gobiernos Autónomos Descentralizados, 2013.

[29] De maneira similar, o peruano José Carlos Mariátegui, em sua polêmica com o Comintern e o Secretariado Latino-Americano da organização, consiste de um antecedente importante no enraizamento do marxismo na região. Ver, a respeito, Pericás, Luiz Bernardo. "José Carlos Mariátegui e o Comintern". *Lutas Sociais*, São Paulo, n. 25-26, 2011, p. 176-190; ver, também, Seabra, Raphael. "Notas metodológicas sobre a antecipação mariateguiana à teoria da dependência". Em: *Dependência e marxismo, op. cit.*

na realidade e, contrariando interpretações correntes, que a veem como subproduto e alternativa acadêmica à teoria desenvolvimentista da Cepal, a teoria da dependência tem suas raízes nas concepções que a 'nova esquerda' [...] elaborou para fazer frente à ideologia dos partidos comunistas. A Cepal só se converteu também em alvo na medida em que os comunistas, que haviam se dedicado mais à história que à economia e à sociologia, se apoiaram nas teses cepalinas da deterioração dos termos de troca, do dualismo estrutural e da viabilidade do desenvolvimento capitalista autônomo, para sustentar o princípio da revolução democrático-burguesa, anti-imperialista e antifeudal, que eles haviam herdado da Terceira Internacional. Contrapondo-se a isso, a 'nova esquerda' caracterizava a revolução como, simultaneamente, anti-imperialista e socialista, rechaçando o predomínio de relações feudais no campo e negando à burguesia latino-americana capacidade para dirigir a luta antiimperialista.[30]

Para os autores da nova esquerda marxista, em cujo seio surgiu a TMD, o subdesenvolvimento não era um pré-capitalismo ou falta de capitalismo. Era um modo particular de manifestação das relações capitalistas. A nação não era um todo homogêneo, mas formada por antagonismos de classe. O imperialismo não era um fenômeno externo, mas que também fincava raízes em nossas sociedades. As burguesias internas não tinham uma vocação anti-imperialista, mas eram associadas e integradas – subordinadamente – ao poder das relações imperialistas. A luta anti-imperialista não poderia ser dissociada do enfrentamento ao capitalismo, mas somente seria encaminhada de maneira consequente enfrentando o inimigo imediato[31] – a burguesia interna, o sócio menor do imperialismo – para poder encarar a batalha ulterior do antagonista mais poderoso personificado pelos centros imperialistas.

Esse conjunto de enunciados teóricos e políticos refletia tanto as transformações sofridas pelo capitalismo, quanto a dinâmica da luta de classes, que requeriam uma nova categoria de análise capaz de captar corretamente seu movimento. De uma parte, era preciso enterrar a caracterização de países coloniais e semicoloniais que vinha acompanhada do diagnóstico feudal ou semifeudal e da orientação estratégico-tática da revolução por etapas selada pela aliança com a burguesia interna. De outra parte, era também necessário superar os sentidos errôneos que vinham associados ao uso corrente do termo subdesenvolvimento e à crença cega no trajeto

---

[30] "Memória". Em: Stedile, João Pedro e Traspadini, Roberta (orgs.). *Ruy Mauro Marini: vida e obra, op. cit.*, p. 66.
[31] Ver Frank, Andre Gunder. "¿Quien es el enemigo inmediato? Latinoamérica: subdesarrollo capitalista o revolución socialista?" Em: *América Latina: subdesarrollo o revolución*. Cidade do México: Ediciones Era, 1973.

também linear das etapas "suficientes" para superar a condição do mundo subdesenvolvido.[32]

Era preciso avançar da crítica da política econômica à crítica da economia política.[33] Desta feita, o sentido de carência ou insuficiência contido no prefixo *sub* do vocábulo subdesenvolvimento deveria ser extirpado e, uma vez submetido ao escrutínio da crítica metodológica radical, ceder lugar à sua apreensão dialética nos termos do *desenvolvimento do subdesenvolvimento*.[34] Estava nascendo uma nova categoria no crisol das ideias forjadas no calor da luta de classes. Nascia a categoria *dependência*.

Dependência: relação social na imbricação da economia mundial com as formações econômico-sociais

Para Vania Bambirra, "há aspectos de importância verdadeiramente transcendentais que são comuns, pelo menos para a maior parte dos autores [da TMD], como é a precisão do próprio conceito de dependência que, não obstante os diversos matizes na formulação, em essência apontam para a mesma caracterização básica do fenômeno".[35] Quais são essas características essenciais?

Para fazer a correta apreensão da categoria dependência, é preciso levar em consideração seus diferentes nexos nas instâncias da totalidade que são a *economia mundial* e as *formações econômico-sociais* e, comparecendo na análise, além da *determinação negativa da dialética*, a *dialética externo-interno*. Detenhamo-nos por um momento nesta última, com base nas contribuições de Theotonio dos Santos:

> Em primeiro lugar, devemos caracterizar a dependência como uma situação condicionante [...]. Uma situação condicionante [que] determina os limites e possibilidades de ação e comportamento dos homens [...].

---

[32] Em "Dependencia y cambio social" (*op. cit.*, p. 39), Theotonio dos Santos escreveu: "o conceito de dependência surge na América Latina como resultado do processo de discussão sobre o tema do subdesenvolvimento e do desenvolvimento. Na medida em que não se cumprem as expectativas postas nos efeitos da industrialização se põe em dúvida a teoria do desenvolvimento que serve de base ao modelo de desenvolvimento nacional e independente elaborado nos anos 1950. O conceito que serve de caminho para a superação dos erros anteriores é o de dependência".

[33] Osorio, Jaime. "El marxismo latinoamericano y la dependencia", *op. cit.*; Ouriques, Nildo. *Teoría Marxista de la Dependencia. Una historia crítica, op. cit.*

[34] Ver Frank, Andre Gunder. *El desarrollo del subdesarrollo, op. cit.*

[35] *Anticrítica, op. cit.*, p. 37.

Daí podemos colocar nossa segunda conclusão geral introdutória: a dependência condiciona uma certa estrutura interna que a redefine em função das possibilidades estruturais das distintas economias [...].[36]

Essa dialética se pode ver melhor em uma próxima passagem de seu autor:

> A dependência é, pois, o modo específico da produção capitalista em nossos países. É, também, a forma em que se estruturam nossas sociedades. A dependência é a situação que condiciona nosso desenvolvimento e lhe dá uma forma específica no contexto mundial – a do desenvolvimento capitalista dependente.[37]

Vemos, aqui, que o modo dependente de participar do processo de desenvolvimento da economia mundial capitalista traz uma face interna. Não é outro modo *de* produção, é o "modo específico *da* produção capitalista em nossos países". Em outro escrito, ainda, Theotonio sustenta:

> O enorme desenvolvimento do comércio internacional na segunda metade do século XIX veio reforçar a tendência para uma economia dependente dos principais centros industriais [...]. É assim que se criam, no século XIX, estruturas socioeconômicas exportadoras baseadas fundamentalmente em um capitalismo comercial e agrário, que origina elementos de um incipiente capitalismo industrial e que começa a desenvolver uma divisão social do trabalho cada vez mais diversificada e também as bases de relações de produção capitalistas nos setores agrícola, comercial, de serviços e industrial. Esta estrutura socioeconômica configura-se segundo certas demandas do comércio mundial e segundo uma divisão do trabalho em escala internacional que a acumulação capitalista gerava nos centros dominantes [...]. *As leis do desenvolvimento do capitalismo internacional atuam, portanto, sobre estas formações socioeconômicas impulsionando sua transformação, em uma relação dialética com seus elementos internos e gerando leis de movimento próprias que não são as da acumulação capitalista pura, mas modificações destas, determinadas por esta posição subordinada e dependente na economia mundial*.[38]

Assim, temos uma dialética externo e interno, em que o externo se internaliza e, logo, também, se exterioriza, produzindo novas objetivações. Entre elas, está a própria diferenciação interna das formações econômico-sociais e a configuração de uma legalidade específica. Sob a divisão internacional do trabalho, com suas esferas que se inter-relacionam contraditoriamente na economia mundial, produz-se uma primeira diferenciação

---

[36] "Dependencia y cambio social", *op. cit.*
[37] *Socialismo o fascismo, op. cit.*, p. 49.
[38] "A dialética do interno e do externo". Em: *Democracia e socialismo no capitalismo dependente*. Petrópolis: Vozes, 1991, p. 31 e 33. Destaque nosso.

também no âmbito das formações econômico-sociais – as formações sociais do capitalismo central e do capitalismo dependente.[39] Mais tarde, no âmbito interno deste último, também têm lugar diferenciações materializando essa dialética da situação condicionante que determina os limites e possibilidades do seu desenvolvimento. Aqui se percebe uma grande diferença da TMD em relação a outras abordagens, como coloca Marini:

> 1. A dependência é a relação estrutural que liga o desenvolvimento e o subdesenvolvimento capitalistas. Portanto, para mais desenvolvimento capitalista, mais dependência.
> 2. O imperialismo não é um elemento externo como pretendia a Cepal, mas um elemento constitutivo da dependência. Isso levou a que a luta contra o imperialismo fosse também a luta contra a burguesia interna e contra o capitalismo mundial.
> 3. Na medida em que a dependência é uma relação estrutural, constitutiva da sociedade latino-americana, não se pode captá-la apenas como dependência externa, mas há que levar em consideração os diferentes mecanismos econômicos que fazem com que a dependência se mantenha e se aprofunde, inclusive os movimentos de capitais e a dependência tecnológica.[40]

Sejamos enfáticos mais uma vez: se o universal se universaliza particularizando-se, isto se observa na realidade dependente quando determinações externas se internalizam e vêm, por sua vez, a se exteriorizar, produzindo novas objetivações, encarnadas precisamente nas formações econômico-sociais. O funcionamento desigual da economia mundial, engendrando as tendências específicas que acabamos de expor, encarna em formações econômico-sociais que além de contrastarem com as economias centrais, atravessam uma diferenciação no próprio interior das economias dependentes. É nesse complexo de relações que o conceito de formação econômico-social ocupa um lugar de relevo na TMD. Assim como o conceito de economia mundial, ele expressa uma instância da totalidade social em que se inscrevem as relações de dependência.

O sentido de formação econômico-social, categoria cunhada por Marx, contém a mediação entre o modo de produção e as determinações recíprocas entre forças produtivas e relações de produção, com as relações de classe correspondentes, em uma dada formação histórico-concreta. Ele é por vezes referido como formação socioeconômica ou, simplesmente, formação social. Em nosso entendimento, sua melhor exposição se dá me-

---

[39] Ver nossa análise acerca dessa questão no capítulo 1 deste livro.
[40] Marini, Ruy Mauro. *La crisis del pensamiento latinoamericano y el liberalismo*, op. cit., p. 29.

diante o vocábulo *formação econômico-social*.⁴¹ Com a teoria do imperialismo de Lenin, este conceito ganhou novos contornos, passando a abarcar também as configurações do Estado relativas aos distintos tipos de formações econômico-sociais no contexto das relações mundiais de poder, na economia mundial. A formação econômico-social, por conseguinte, passou a ser conhecida como a síntese de determinações que abarcam as forças produtivas, as relações de produção, as relações de classe resultantes e a configuração do poder estatal, como expressão histórico-concreta do desenvolvimento desigual do modo de produção capitalista enquanto economia mundial. Na época de Lenin, formações imperialistas e formações coloniais e semicoloniais eram os termos usuais, embora o próprio Lenin, como vimos, já houvesse passado a considerar ainda enquanto noção o uso do vocábulo dependência para se referir ao desenvolvimento desigual.

Diferenciação das formações econômico-sociais e padrões de reprodução do capital

O estudo das relações de dependência, para ser realizado com rigor, deve transitar entre os diferentes níveis de abstração compreendidos por: economia mundial, economia dependente (e suas leis tendenciais específicas), formação econômico-social, padrão de reprodução do capital e conjuntura.⁴²

Entre os fundadores da TMD, foi Vania Bambirra quem mais se dedicou ao estudo da questão da formação econômico-social. Em *O capitalismo dependente latino-americano*,⁴³ ela identificou em um plano mais geral duas configurações históricas comuns à região. Primeiramente, como formações *dependentes-exportadoras*, que marcaram as economias da América Latina desde as rupturas com as ex-metrópoles e a formação do mercado mundial por volta de meados do século XIX até o início do processo de industrialização (naqueles países em que este teve lugar). Depois, como *formações dependentes-industriais* – naquelas economias que passaram por processo de industrialização, nos marcos da condição de dependência.⁴⁴

Essa caracterização mais geral é oriunda de seu estudo tipológico que aprofundou a investigação sobre a industrialização dependente, fazendo a apreensão de três tipos específicos de formações econômico-sociais na

---

41 Como melhor opção de tradução, do alemão, para *ökonomische Gesellschaftformation*, conforme destacou Emilio Sereni. Ver nota de rodapé número 5, no capítulo 1.
42 Ver Ferreira, Carla e Luce, Mathias Seibel. Introdução. Em: Ferreira, Carla, Osorio, Jaime e Luce, Mathias Seibel (orgs.). *Padrão de reprodução do capital: contribuições...*, *op. cit.* Ver também o capítulo 2, de Jaime Osorio, no mesmo volume.
43 Bambirra, Vania, *op. cit.*
44 *Ibid.*, p. 45 e seguintes.

realidade latino-americana. Como sublinhou mais tarde a autora, "essa pesquisa foi armada a partir da definição de dois grandes tipos de estruturas dependentes: o tipo A, constituído por países cujo processo de industrialização começou a partir das últimas décadas do século XIX, e o tipo B, composto por aqueles onde tal processo ocorrerá a partir da Segunda Guerra Mundial, controlado diretamente pelo capital estrangeiro".[45] Em sua investigação, Bambirra identificou, ainda, um tipo C, com países que não atravessaram um processo de industrialização propriamente dito.

A tipologia realizada por Bambirra "consiste em um *nível intermediário* entre a tentativa de conceituação teórica geral da dependência [...] e o *estudo específico* das estruturas dependentes concretas".[46] Uma descoberta feita nesse nível de análise intermediário foi identificar aqueles países onde a experiência histórica, comparativamente às demais partes da América Latina, conformou certas características nas forças produtivas e nas relações de produção, com um grau de dependência *relativamente* menor.[47] Estas diferenças evidenciaram que a economia dos países tipo A, bem como suas classes dominantes locais lograram reter, em comparação com o tipo B, uma parcela relativamente maior de riqueza frente às transferências de valor, como causa e efeito de seu processo de industrialização, o que levou a desdobrar mais além o processo de produção e reprodução do capital, modificando certos traços da formação econômico-social.

A diferenciação interna das formações econômico-sociais do capitalismo dependente latino-americano, com os países tipo A que já deslanchavam seu processo de industrialização antes de 1930 e desdobraram-no após o abalo da crise de 1929 em países como Brasil, Argentina, México, Chile, Colômbia e Uruguai, contrasta com os países tipo B, que iniciam sua industrialização somente no pós-Segunda Guerra, sob controle mo-

---

[45] Bambirra, Vania. *Memorial*. Disponível em: <www.ufrgs.br/vaniabambirra>. Segundo a autora, "a tipologia foi um instrumento indispensável para explicar diferenças substantivas no desenvolvimento dos países latino-americanos". *Memorial, op. cit.*

[46] Bambirra, Vania, *El capitalismo dependiente latinoamericano, op. cit.*, p. 9. Itálico no original. "O estudo das *condições* que tornam possível o desencadeamento de um processo de industrialização em alguns países e suas mudanças estruturais resultantes é o que nos permitirá, definitivamente, relacionar a situação geral de dependência aos tipos específicos de estruturas dependentes, ou seja, distinguir as características mais significativas de cada um dos dois grandes tipos de sociedades dependentes contemporâneas, logrando assim determinar suas leis básicas de movimento". *Ibid.*, p. 29.

[47] Não esquecer o qualificativo *relativamente*, pois as estruturas dependentes seguem existindo, mesmo sob essa diferenciação das formações econômico-sociais com a industrialização dependente: "as formas da dependência mudam em função de sua readaptação às mudanças que se levam a cabo [...], mas de nenhuma maneira esses tipos de mudanças levam a alterar o *caráter dependente* do sistema interno de dominação". *Ibid.*, p. 37. Grifo nosso.

nopolista do capital estrangeiro.[48] Tal contraste é ainda maior na comparação com os países tipo C, que não experienciaram processo de industrialização enquanto tal – embora possam abrigar indústrias.[49]

A diferenciação das estruturas produtivas se expressa também, nos países tipo A, em uma configuração mais complexa do Estado, na mudança de aspectos das relações entre as classes sociais etc. – até que, por volta dos anos 1950, sobrevieram novos constrangimentos estruturais, com o encerramento da conjuntura internacional especial que favorecera o sentido *relativamente* autônomo do processo de industrialização naqueles países da região em que este fora iniciado ao término do século XIX. Mas não obstante as novas contradições que emergiram na conjuntura do pós-Segunda Guerra, as mudanças sucedidas até então nos países tipo A deixaram sua marca nestas formações econômico-sociais.

Nesse sentido, em contraste com a literatura acadêmica que procurou "explicar a industrialização pela possibilidade em si mesma de fazer atuar os mecanismos de substituições de importações",[50] a TMD explica-o a partir das objetivações reais oriundas da articulação entre a economia mundial e as relações internas das formações econômico-sociais, sob determinadas condições particulares presentes em alguns países latino-americanos. Chegou-se, assim, à apreensão destas determinações, avaliando também os limites do que a dependência comporta e permite:

> É a existência de um mercado interno que se expandiu, de maneira articulada nesses países, devido ao desenvolvimento de relações de produção capitalistas que, progressivamente, chegam a ser as predominantes nos setores-chave da economia primário-exportadora.[51]
>
> [...] Vemos, pois, como nestes países é o mesmo processo gerado pela divisão internacional do trabalho o qual, por sua vez, cria as condições para

---

[48] Países tipo B são Venezuela, Peru, Bolívia e Equador, na América do Sul; Guatemala, El Salvador, Honduras, Nicarágua e Costa Rica, na América Central; República Dominicana e Cuba no Caribe – embora Cuba somente até a Revolução de 1959, que transformou o caráter da formação econômico-social ao dar início a um processo de transição socialista (*Ibid.*, cap. III).

[49] Na tipologia, Haiti, Paraguai e Panamá são classificados no tipo C.

[50] *Ibid.*, p. 78.

[51] *Ibid.*, p. 32. "Seja no setor pecuário na Argentina e Uruguai, ou nos setores mineiros e alguns agrícolas no México, seja no cafeeiro no Brasil, ou no salitre e no cobre no Chile, em todos eles, a separação entre proprietários privados dos meios de produção, por um lado e, por outro, a oferta livre da força de trabalho, caracterizava já a existência de um modo de produção *tipicamente capitalista* que tem sua origem nos inícios da segunda metade do século XIX".

> a expansão dos mercados nacionais e, portanto, engendra os elementos de superação das economias fundamentalmente exportadoras.[52]
>
> [...] Sua dinâmica, embora esteja vinculada de forma subordinada à dinâmica do setor exportador, se move por sua vez de maneira autônoma deste, na medida em que seu desenvolvimento promove um novo processo econômico que é gerado progressivamente na sociedade, o qual é o processo de industrialização.[53]

Ou seja, atividades complementares à economia de exportação passaram, nos países tipo A, por uma diferenciação interna, encetando uma dinâmica nova na produção e circulação, bem como na estruturação das classes sociais. Foi isto que permitiu que se pudessem aproveitar as conjunturas internacionais excepcionais que foram as duas guerras mundiais e a crise de 1929, quando houve um abalo dos preços das mercadorias exportadas pela região, mas também um afrouxamento *relativo* dos laços de dependência no mercado mundial e em cujo período puderam se afirmar projetos nacionais industrializantes com hegemonia burguesa nos países dependentes:[54]

> [...] é necessário sublinhar que a condição para que estas conjunturas internacionais pudessem ser aproveitadas no sentido de impulsionar um processo de industrialização estava dada por dois fatores fundamentais existentes nestas sociedades:
>
> a) um mercado nacional já estruturado;
>
> b) um setor industrial, cujo processo produtivo estava organizado com base em relações capitalistas.

---

[52] *Ibid.*, p. 35. "As consequências destas transformações modernizadoras do sistema produtivo são de duas ordens: a) a tendência do setor produtor exportador enquanto tal acrescentar seu dinamismo, aumentando sua capacidade de absorção de mão de obra em condições salariais relativamente superiores e, consequentemente, incrementando o mercado interno; b) A geração e expansão dos setores complementares ao setor exportador (sejam agrícolas, comerciais, de transporte e comunicações, serviços etc.), em função da economia exportadora. Aqueles setores vão adquirindo progressivamente um dinamismo próprio, na medida em que se desenvolvem para atender uma demanda real existente e que, por sua vez, gera novas demandas. Em outras palavras, os setores complementares à economia exportadora se expandem para satisfazer as necessidades da formação de um mercado interno, mas, ao mesmo tempo, contribuem para expandir mais além este mercado, em função das próprias necessidades geradas nos setores complementares".

[53] *Ibid.*, p. 38.

[54] Não desconsideramos que os efeitos da Primeira e da Segunda Guerra Mundial, bem como da crise de 1929 foram distintos entre si e nem sempre favoráveis à indústria, como na Argentina durante a "década infame" e o Pacto Roca-Runciman. Mas, em geral, foram momentos de afrouxamento *relativo* dos laços de dependência, possibilitando que nas economias que haviam iniciado um processo de industrialização tivessem lugar transformações que as diferenciariam do tipo B.

Estas condições [...], que não se davam ainda nos países do tipo B, foram as que possibilitaram o impulso ao processo de industrialização nos países do tipo A e que explicam o porquê de terem se adiantado em relação ao resto do continente.[55]

É assim que surgiram, em alguns países, burguesias com uma produção voltada para o mercado interno:

> a burguesia industrial latino-americana se desenvolveu e atuou como uma classe dominante nacional, entendida esta como uma classe *cujos interesses fundamentais estavam vinculados a um projeto próprio de desenvolvimento da nação que foi levado a cabo durante toda uma etapa histórica*. Isto foi possível porque o período em que ela surge e se desenvolve correspondeu a uma fase específica do desenvolvimento do capitalismo mundial que teve duas características distintivas: a) ser o período que sucedeu a segunda Revolução industrial (industrialização de máquinas para fazer máquinas), no qual os países desenvolvidos necessitaram matérias-primas e produtos agrícolas em alta escala, adquiríveis nos países atrasados, para levar adiante este processo; b) o período em que estes países foram obrigados a disputar entre si, através das guerras, o controle destas matérias-primas e dos mercados dos países atrasados.
>
> As implicações que tais características trouxeram para os países atrasados do tipo A foram de duas ordens: 1. a dominação imperialista, nesta época, se voltou sobretudo para os setores primários, deixando livre para os empreendedores nacionais a exploração da atividade industrial. 2. os conflitos bélicos, pela redivisão do mundo, passando pela grande crise dos anos 30, geraram condições para a dinamização da atividade industrial nestes países.
>
> Por estes fatores, ali onde existiram condições para a expansão do mercado interno e onde a indústria pôde, paralelamente ao setor exportador, adquirir seus primeiros alentos, a partir da Primeira Guerra Mundial, a burguesia industrial pôde afirmar-se como classe empreendedora capaz de se aproveitar das circunstâncias e de oferecer e impor à sociedade seu projeto de desenvolvimento nacional.[56]

Desta feita, a partir da tipologia de Vania, podemos dizer que nos países em que a industrialização teve início nas últimas décadas do século

---

[55] *Ibid.*, p. 43.
[56] *Ibid.*, p. 64-65. "É em sua capacidade de propor um caminho próprio à nação e de levá-lo a cabo durante um período que podemos encontrar seu caráter que denominamos como nacional. E, só nessa medida, deixando posto que isto não implicava uma supressão da dominação imperialista, senão também uma coexistência com ela. Coexistência que, por outra parte, incorporava o imperialismo ao amálgama do poder, respeitando sua ingerência no setor exportador, mas reservando-se o direito de decidir sobre a política industrial do país, ainda quando esta se enfrentasse com os interesses imperialistas, como no caso das tarifas protecionistas ou no das nacionalizações de fontes de energia, como por exemplo o petróleo" (*ibid*., p. 65).

XIX e não somente no pós-Segunda Guerra houve uma diferenciação interna da economia dependente, em que se tornou possível – conjunturalmente – reduzir em grau as transferências de valor, a superexploração e a cisão no ciclo do capital durante os anos da conjuntura especial que, com algumas distinções particulares, exerceu contraditoriamente seus efeitos sobre a região entre a Primeira e a Segunda Guerras mundiais, bem como durante a crise de 1929.[57]

Se, por um lado, todas as economias dependentes existiram na forma histórica de *formações dependentes-exportadoras*, nem todas se transformaram em *formações industriais-dependentes*, mas somente aquelas que experimentaram processo de industrialização – países tipo A e tipo B. Ao mesmo tempo, apenas no tipo A houve um conjunto de transformações que levou ao surgimento de uma burguesia vinculada ao mercado interno.[58]

Note-se que a tipologia da industrialização dependente faz a apreensão de estruturas socioeconômicas internas que diferem entre si no tempo, sempre atenta ao aspecto das mudanças qualitativas que são operadas ou não.[59] Em suma, a chave da explicação para a diferenciação das estruturas dependentes é o estágio em que se encontrava o processo de industrialização quando advém a conjuntura especial na economia mundial que reduziu, em certo grau, alguns laços de dependência; e o estágio em que se encontrava a industrialização – ou se ela era existente ou inexistente – quando advém a nova fase da economia mundial e das relações imperialistas que foi o processo de integração monopolista do capitalismo mundial

---

[57] Não estamos dizendo com isso que fenômenos como o getulismo, o peronismo, o cardenismo, o battlismo etc. se expliquem como mero reflexo das condições internacionais. Mas as condições anteriores de cada país e a condição internacional excepcional explicam as condições singulares que favoreceram os regimes de conciliação de classes que vigiram em alguns países da região, ao mesmo tempo em que afiançavam a hegemonia da burguesia industrial. Ver, a respeito, a nutrida discussão que o livro de Vania Bambirra realiza sobre esse tema nos capítulos IV e V, bem como na terceira parte. Ver também nossa discussão no capítulo 3, anterior, deste livro (item "O valor normal e a violação do valor...."), sobre o período em que a superexploração foi atenuada na região, em alguns dos países tipo A.

[58] Não confundir essa constatação objetiva, de um fato da realidade histórica que se configurou em determinada conjuntura, com a defesa de uma aliança com dita burguesia nacional no processo das lutas políticas e sociais. A TMD surge precisamente da análise crítica sobre o caráter dependente e associado dessa burguesia, cujas vacilações no enfrentamento ao imperialismo no acirramento da luta de classes nos anos 1950 e 1960 comprovou a inexistência de sua vocação anti-imperialista e a inviabilidade estrutural de um capitalismo autônomo – sem falar na utilização, pela burguesia dependente, do expediente da superexploração como mecanismo de compensação frente às transferências de valor na economia mundial.

[59] "Para nós interessam os aspectos qualitativos do processo; a ordem cronológica [do começo da industrialização entre os países da tipologia] só importa quando revela mudanças substanciais na natureza deste". *Ibid.*, p. 27.

(ou fase da integração dos sistemas de produção), sob o influxo de IED do pós-Segunda Guerra na indústria manufatureira e o domínio da grande corporação multinacional.[60]

A metodologia proporcionada pela tipologia da industrialização dependente é complementada pela abordagem do padrão de reprodução do capital, esta última esboçada por Marini[61] e aprofundada por Jaime Osorio.[62] O *padrão de reprodução do capital* é a categoria da TMD que permite fazer a apreensão da dialética *valor de uso* e *valor* (processo de valorização) em conjunturas históricas específicas. Trata-se de categoria intermediária entre a economia mundial e a formação econômico-social, traduzindo um nível de abstração em que as tendências imanentes das economias dependentes podem ser estudadas a partir de dados mais concretos, examinando as mudanças de forma e de grau em que essas tendências atuam, bem como as pautas que o capital assume em seu processo cíclico. A categoria do *padrão* tem como fonte os ciclos do capital e os esquemas de reprodução, estudados por Marx no Livro II, buscando fazer a relação entre o lógico e o histórico. Ela procura estudar os rastros, pegadas que o capital deixa em seu movimento oriundo da pulsão por sua autovalorização, engendrando padrões históricos com pautas específicas nos valores de uso produzidos e no processo de valorização e apropriação. E dá conta de responder interrogantes mais abrangentes do que somente a acumulação, pois volta-se ao estudo da dialética entre produção e circulação, ou seja, a reprodução do capital, que abrange: produção, circulação, acumulação, distribuição e apropriação. Finalmente, cumpre ressaltar ainda que o recurso a esta categoria permite fazer a apreensão da historicidade do capitalismo na América Latina distinguindo os diferentes padrões de reprodução do capital que se sucederam. De acordo com Jaime Osorio, foram eles: padrão agromineiro-exportador, padrão industrial internalizado, padrão industrial na fase de integração ao capital estrangeiro (integração dos sistemas de produção), novo padrão exportador de especialização produtiva.[63]

As características principais do padrão agromineiro-exportador já foram tratadas no capítulo 2. Consideremos brevemente alguns traços dos outros padrões históricos.

O padrão industrial internalizado foi aquele que vigorou entre aproximadamente 1930 e até meados dos anos 1950 nas economias dependentes latino-americanas do tipo A. Foi nessas economias que se logrou, na con-

---

[60] A este respeito, ver o capítulo VI do livro de Bambirra.
[61] "Sobre el patrón de reproducción del capital en Chile". *Cuadernos de Cidamo*, Cidade do México, n. 7, 1982. Disponível em: <http://www.marini-escritos.unam.mx>.
[62] *Padrão de reprodução do capital: uma proposta teórica, op. cit.*
[63] *Ibid.*.

juntura de afrouxamento *relativo* dos laços de dependência, pôr em marcha novas pautas da produção e, por conseguinte, na reprodução do capitalismo dependente. O substrato dessa nova configuração foi a existência de uma produção industrial local voltada para o mercado interno, com a presença de uma fração burguesa industrial afirmando sua hegemonia e a consequente modificação da atuação estatal. Sob o padrão industrial internalizado, algumas mudanças concretas foram: aumento da participação da indústria de transformação na composição setorial do PIB, aumento da produção de bens-salário (bens de consumo necessário), aumento da participação do investimento interno (privado e estatal) na formação bruta de capital fixo (taxa de investimento), redução conjuntural do volume de transferências de valor no mercado mundial, aumento da participação da massa salarial no valor da transformação industrial.

A título de exemplo, algumas destas tendências se verificam na economia brasileira já no ano de 1931, com a indústria de transformação despontando como motor do crescimento da produção interna, imprimindo maior dinamismo na economia, processo que alcançou novo marco com a criação de empresas estatais como a Petrobras, no início dos anos 1950, ou ainda, que se materializou sob indicadores como o do ano de 1957, quando a indústria de transformação superou a agropecuária também na composição setorial do PIB – embora já sob o signo da vinculação ao capital estrangeiro, que daria trânsito para outro padrão de reprodução.[64] Essas tendências referidas para o padrão industrial internalizado são verificadas também em indicadores para o caso argentino. Enquanto em 1913 a participação do capital estrangeiro era de 50% do ativo fixo total, em 1955 representava somente 5%. Ao mesmo tempo, as remessas de lucro, que haviam correspondido a 58% das exportações em 1910-1914, representavam 2% em 1955. A participação dos salários no produto interno, por sua vez, que fora de 39% em 1946, passou para 46% em 1955.[65]

Foi essa realidade que modificou conjunturalmente as contradições da primeira cisão no ciclo do capital, que examinamos no capítulo 2. Entretanto, as condições que proporcionaram esse *padrão* chegariam a

---

[64] Para os dados sobre crescimento da indústria de transformação nos anos 1930, ver Werner Baer. *A economia brasileira*. São Paulo: Nobel, 1996; para os dados sobre a suplantação da agropecuária pela indústria na composição setorial no PIB, ver André Villela. "Dos 'anos dourados' de JK à crise não resolvida (1956-1963)", tópico "O rei café perde sua majestade". Em: Giambiagi, F. *et al.* (orgs.). *Economia brasileira contemporânea (1945-2004)*. Rio de Janeiro: Elsevier, 2005. Para uma análise de uma série de indicadores, em perspectiva marxista, ver Souza, Nilson Araújo de. *Economia brasileira contemporânea. De Getúlio a Lula*, *op. cit.*

[65] Ferrer, Aldo. *A economia argentina. De suas origens ao início do século XXI*. Rio de Janeiro: Elsevier, 2006, p. 177.

seu esgotamento, a partir de meados dos anos 1950, fazendo emergir uma nova cisão, que foi a que se materializou sob o padrão industrial diversificado na fase de integração ao capital estrangeiro.

> Tal situação [as condições que propiciaram o padrão industrial internalizado, M.S.L.] sofre mudanças radicais nos anos 1950, quando, diante da necessidade de passar a novas fases na industrialização (criação de máquinas e ferramentas, ou seja, do Setor I, meios de produção), os Estados e o capital industrial latino-americanos optam por se associar ao capital estrangeiro, permitindo que equipamentos obsoletos na economia estadunidense, principalmente, resolvessem as necessidades anteriores, para o que abriram as portas do setor secundário ao capital estrangeiro. Isso provoca uma guinada significativa no curso da industrialização latino-americana, com uma acelerada monopolização e mudanças na conformação do mercado interno, uma vez que, se no mundo central a maquinaria importada podia fazer parte da produção de bens necessários, no mundo dependente ela emerge como suporte à produção de bens suntuários [...], propiciando fissuras e polarizações que terminarão por se aprofundar posteriormente.[66]

O padrão industrial na fase de integração ao capital estrangeiro teve como características principais: a penetração do capital estrangeiro, via IED, no controle da indústria manufatureira; a diversificação da produção industrial, mas sob os termos da segunda cisão, analisada no Capítulo 2, e sob controle monopolista do capital estrangeiro em seus ramos mais dinâmicos;[67] redistribuição regressiva da renda e incremento da superexploração em suas diferentes formas; desenvolvimento associado e integrado ao imperialismo; incremento das transferências de valor nas formas das remessas de lucros, *royalties* e dividendos e do serviço da dívida, o qual, entre o fim dos anos 1970 e começo dos anos 1980 assumiria dimensões explosivas, passando a marcar o fim do padrão de reprodução em questão na sequência do acontecimento-chave que foi a crise da dívida.

Entre os anos 1980 e 1990, teve origem por sua vez o novo padrão exportador de especialização produtiva.

> A constituição do novo padrão exportador de especialização produtiva marcou o fim do padrão industrial, que, com diversas etapas (internalizada e autônoma; diversificada), prevaleceu na América Latina entre a déca-

---

[66] Osorio, Jaime. *Padrão de reprodução do capital: uma proposta teórica*, op. cit., p. 83.
[67] Não confundir essa relação com a forma de controle do capital estrangeiro que se verificou no mesmo período nos países tipo B. No tipo A, além das pautas produtivas terem sido relativamente diversificadas, a penetração do capital estrangeiro coexistiu com a presença de empresas e bancos estatais em diversos ramos da atividade econômica. Para o caso dos países tipo B, ver o capítulo VIII em Bambirra, Vania. *El capitalismo dependiente*, op. cit.

da de 1940 e meados da de 1970, nas principais economias da região. Na maioria das economias, o novo padrão exportador implicou uma destruição importante de indústrias ou então seu reposicionamento no projeto geral, processos que foram caracterizados por desindustrialização.

Em todas as economias, o novo padrão pressupôs o fim da industrialização como projeto de maior autonomia, permanecendo em alguns casos uma parcela industrial relevante, particularmente nas economias de maior complexidade, como Brasil e México, porém integradas ou submetidas ao novo projeto exportador, no qual os eixos exportadores constituem, em geral, segmentos de grandes cadeias produtivas globais sob a direção de empresas transnacionais.[68]

Com isso, o atual padrão exportador modificou todas as formações econômico-sociais da região, inclusive os países tipo A,[69] apesar de as economias destes terem sofrido de maneira distinta o impacto da reconversão econômica – e distintamente entre os próprios países do tipo A, como o caso de Brasil e México, onde houve regressão da indústria de transformação, porém não tão acentuadamente como na Argentina. Além dessa reconfiguração, ocorrem mudanças nas pautas, nos mercados de destino e nas relações entre as distintas frações do capital.

> Quando se caracteriza o novo padrão como exportador, destaca-se que os principais mercados da nova reprodução do capital, de seus setores mais dinâmicos, encontram-se no exterior. É a venda de mercadorias nos mercados mundiais um fator fundamental para a viabilidade do atual projeto. Por isso, o crescimento das exportações foi elevado nas últimas décadas na região.[70]
>
> [...] A venda de empresas públicas e a centralização favorecida pela quebra ou enfraquecimento de empresas privadas locais em razão da crise dos anos 1980 permitiu, por sua vez, o fortalecimento de grandes capitais nacionais. Esses capitais privados nacionais e os estrangeiros, com um reduzido, porém, poderoso grupo de empresas estatais, constituem os principais dinamizadores do novo padrão exportador em andamento.[71]
>
> [...] Fala-se em *especialização produtiva* como traço distintivo do novo padrão exportador para destacar que este tende a se apoiar em alguns eixos,

---

[68] "América Latina: o novo padrão exportador de especialização produtiva". Em: Ferreira, Carla, Osorio, Jaime e Luce, Mathias Seibel (orgs.). *Padrão de reprodução...*, *op. cit.*, p. 105-106.

[69] Na fase da integração dos sistemas de produção, enquanto os países tipo A ingressaram no padrão industrial diversificado, os do tipo B deram início a sua industrialização, a qual, além de estar sob controle monopolista do capital estrangeiro, concentrou-se em poucos ramos industriais e, geralmente, relacionados ao processamento de matérias-primas, com produtos semielaborados.

[70] *Ibid.*, p. 106.

[71] *Ibid.*, p. 110.

sejam agrícolas, sejam mineiros, industriais (com produção e também atividades de montagem ou *maquila*) ou de serviços [em que as economias da região contam com diferenciais como é o fato da abundância de terras ou de fontes de energia. M. S. L.].

[...] Em torno desses eixos, como produção de petróleo e derivados, soja, montagem de automóveis com graus diversos de complexidade, extração e processamento de cobre e outros minerais, *maquila* eletrônica, *call center* etc., articula-se a nova reprodução do capital, propiciando um tipo de especialização em atividades como as mencionadas, que tendem a concentrar os avanços tecnológicos que atingem a região.[72]

Sobre essa base – e pensando as determinações recíprocas entre forças produtivas e relações de produção; e entre economia mundial, padrão de reprodução e formação econômico-social, percebe-se que o novo padrão exportador representa uma conjuntura histórica particular, em que a dependência prossegue na centralidade da luta de classes, como questão a ser enfrentada pelas forças de esquerda, apesar de não terem sido produzidas saídas à altura:

A especialização produtiva exportadora encontra-se associada a uma espécie de reedição, sob novas condições, de novos enclaves, à medida que um número reduzido de atividades, geralmente muito limitadas e que concentram o dinamismo da produção, operam sem estabelecer relações orgânicas com o restante da estrutura produtiva local, ao demandar prioritariamente do exterior equipamentos, bens intermediários e, em alguns casos, até matérias-primas, para não falar da tecnologia e do *design*, sendo os salários e impostos o aporte fundamental à dinâmica da economia local.

Esses novos eixos produtivos constituem, em geral, segmentos de grandes cadeias produtivas globais, sob direção do capital transnacional, que já não obedecem a projetos nacionais de desenvolvimento, sendo o capital mundial, ao contrário, o que define que nichos privilegiar e impulsionar nas economias específicas. Nas novas condições, até o imaginário despertado com a industrialização em torno da produção sob direção local e com respostas a necessidades nacionais acabou por ser derrubado.

Se no sistema mundial capitalista a soberania sempre foi objeto de uma distribuição desigual, mais forte nas economias centrais e mais débil nas regiões e economias periféricas, tal situação foi agudizada nas atuais condições de cadeias globais de direção transnacional, com elos e segmentos distribuídos pelo mundo.[73]

Em resumo, a partir do que expusemos até aqui, percebe-se que o conhecimento sobre o capitalismo dependente é um objetivo que pode

---

[72] *Ibid.*, p. 111.
[73] *Ibid.*, p. 113.

ser buscado e alcançado com rigor, levando em consideração as conexões entre a economia mundial, as formações econômico-sociais e o padrão de reprodução do capital, nas diferentes conjunturas, passando também – e especialmente – pelo exame do movimento das leis tendenciais específicas à economia dependente, que se encontram na própria essência da dependência.

Tratemos a seguir dessas leis tendenciais específicas, nunca desvinculadas das leis gerais do modo de produção capitalista, mas que expressam relações em um nível de complexidade particular, inserido na complexidade maior que é a economia mundial.

As leis tendenciais do capitalismo na economia dependente e suas contradições específicas

Em um de seus primeiros trabalhos teóricos sobre a dependência, Marini escreveu:

> no marco da dialética do desenvolvimento capitalista mundial, o capitalismo latino-americano reproduziu as leis gerais que regem o sistema em seu conjunto, mas, em sua especificidade própria, acentuou-as até seu limite [...] a lei geral da acumulação do capital que implica a concentração de riqueza em um polo da sociedade e a pauperização absoluta da grande maioria do povo, se expressa aqui com toda brutalidade e põe na ordem do dia a exigência de formular e praticar uma política revolucionária de luta pelo socialismo.[74]

Encontramos nesta passagem uma formulação de profundo significado, que merece ser desglosada mais detidamente. Antes de mais nada está a afirmação de que no capitalismo latino-americano, que se inscreve na dialética da economia mundial, as leis de tendência do capitalismo não seguem apenas elementos que poderíamos chamar de típicos de seu curso universal. Como colocou Marini, elas assumem "sua especificidade própria, [que] acentuou-as até seu limite". A lei geral,[75] por exemplo, "se expressa aqui com toda brutalidade" – o que é confirmado seja pelos níveis de desigualdade existentes nos países dependentes, seja pela concentração de populações vivendo em favelas nesta parte do mundo, seja pelo controle monopolista de determinadas tecnologias pelas economias imperialistas; seja, ainda, por vários outros indicadores que desnudam as mazelas de

---

[74] *Subdesarrollo y revolución*. Cidade do México: Siglo XXI, 1974. 5ª ed., cap. 1, p. 18 (este capítulo foi originalmente publicado sob o título "Subdesarrollo y revolución en América Latina", na revista *Tricontinental*, La Habana, n. 7, julio-agosto 1968, p. 64-82).

[75] Marx analisa a lei geral da acumulação capitalista no capítulo 23 do Livro I de *O capital* (op. cit.).

nossa realidade social, verificadas até hoje e que procuramos analisar nos capítulos anteriores.

Na realidade concreta do capitalismo dependente, conforme sustentou também Theotonio dos Santos, "este desenvolvimento [isto é, o desenvolvimento dependente] segue leis próprias, condicionadas por esta situação que temos que descobrir para poder atuar conscientemente sobre nossa realidade".[76] Segundo Theotonio, o conhecimento dessas leis próprias somente será alcançado assumindo premissas que rompam com as formas aparentes e os mecanismos ilusórios em que repousam as relações de dependência: "a compreensão do desenvolvimento latino-americano e das leis que o regem exige ultrapassar os limites desta situação condicionante, isto é, exige ultrapassar os limites e os horizontes teóricos da dominação".[77]

Estamos frente a uma dinâmica na qual se exerce com todo vigor o sentido dialético das relações sociais. Em outras palavras, a agudização das leis gerais do capitalismo[78] pôs em movimento leis específicas – não desvinculadas das tendências mais gerais do capitalismo, repetimos mais uma vez –, mas como um desdobramento histórico específico que são leis de tendência próprias a este conjunto de formações econômico-sociais em consideração, as do capitalismo dependente.

Para compreender com rigor essa questão, cabe resgatar um ensinamento de Lukács na *Ontologia do ser social*, quando o filósofo húngaro expõe que a totalidade é formada por um conjunto de totalidades menores, que se inscrevem no âmbito do todo, como um complexo de complexos, cuja configuração e movimento contêm, ao mesmo tempo, elementos de sua legalidade e historicidade. De acordo com Lukács:

> No método geral de Marx estão contidas todas as questões do princípio acerca das leis de movimento internas e externas dos complexos. [...] Por mais importante que seja essa questão, ela é apenas a questão de como expressar cientificamente o objeto [...], não a do próprio objeto. Nesse caso, a questão se concentra em torno da problemática seguinte: como são em-si, ontologicamente, as leis assim descobertas. A ciência burguesa, em particular a alemã depois de Ranke, construiu uma oposição entre lei e história. [...] Em Marx, ao contrário, a lei é o movimento interno, imanente e legal do próprio ser social. [...] A mais geral de todas, a lei do valor, foi descrita por Marx, por exemplo, em sua gênese, no primeiro capítulo

---

[76] *Socialismo o fascismo*, op. cit., loc. cit.
[77] Ibid., loc. cit.
[78] Aqui nos referimos não somente à lei geral da acumulação tal como discutida no capítulo 23 do Livro I, mas também às demais leis de tendência do capitalismo examinadas por Marx no conjunto de *O capital*.

de sua obra principal. [...] Todas as demais leis da economia, sem prejuízo de sua legalidade, que todavia têm caráter tendencial, já que são leis de complexos em movimento, são de natureza histórica, pois sua entrada e sua conservação em vigor dependem de circunstâncias histórico-sociais determinadas, cuja presença ou ausência não é produzida, ou pelo menos não diretamente, pela própria lei. Faz parte da essência ontológica das legalidades dos complexos que sua ação traga à tona a heterogeneidade das relações, das forças, das tendências etc. que edificam os próprios complexos, e que, além do mais, interagem com aquele complexo que tem uma constituição interna análoga e que exercita externamente uma ação análoga. Por isso, a maioria das leis econômicas não pode deixar de ter uma validade concretamente delimitada em sentido histórico-social, uma validade historicamente determinada. Consideradas do ponto de vista ontológico, portanto, legalidade e historicidade não são opostas; ao contrário, são formas de expressão estreitamente entrelaçadas de uma realidade que, por sua essência, é constituída de diversos complexos heterogêneos e heterogeneamente movidos, os quais são unificados por aquela realidade em leis próprias do mesmo gênero.[79]

A questão da totalidade como complexo de complexos e a relação entre a lei do valor, suas formas de manifestação e o surgimento de novas legalidades, no desdobramento histórico do real, foi um tema que ocupara antes a atenção de Marx em sua Carta a Kugelman, de 1868:

> mesmo que no meu livro não houvesse um único capítulo sobre o 'valor', a análise que faço das condições reais conteria a demonstração e a prova das relações reais de valor [...] as massas de produtos correspondentes a diferentes massas de necessidades exigem massas diversas e quantitativamente determinadas do trabalho social. É *self evident* [evidente por si mesmo] que essa *necessidade* de *distribuição* do trabalho social em proporções determinadas não pode ser superada por uma forma determinada de produção social; pode modificar-se apenas o *seu modo de manifestação*. Leis naturais nunca podem ser superadas. O que pode modificar-se em condições históricas diversas é apenas a *forma* em que essas leis se manifestam. E a forma sob a qual essa divisão proporcional do trabalho se manifesta numa situação social em que a correlação do trabalho social se mostra como *intercâmbio privado* dos produtos do trabalho individual é, precisamente, o *valor de troca* desses produtos.
>
> A ciência consiste em explicar *como* se manifesta a lei do valor. Se se quisesse, portanto, 'explicar' de antemão todos os fenômenos que, aparentemente, estão em contradição com essa lei, seria preciso fornecer a ciência antes da ciência. É este, precisamente, o equívoco de Ricardo, quando, em

---

[79] Lukács, György. "Historicidade e universalidade teórica". Em: *Para uma ontologia do ser social I*. São Paulo: Boitempo, 2012, p. 359-360. Trad. Carlos Nelson Coutinho, Mário Duayer e Nélio Schneider.

seu primeiro capítulo sobre o valor, pressupõe *como dadas* todas as categorias possíveis, que ainda precisam ser desenvolvidas para demonstrar a sua adequação à lei do valor.

[...]O economista vulgar não tem a mínima noção de que as reais relações de troca diária *não podem ser imediatamente idênticas* às grandezas do valor. O engraçado na sociedade consiste exatamente em que não é feita, *a priori*, nenhuma regulamentação social consciente da produção. O racional e naturalmente necessário só se impõe às cegas, como média. E então o economista vulgar crê fazer uma grande descoberta quando, frente à revelação das conexões internas, alardeia que na aparência as coisas se apresentam de outro modo. De fato, alardeia que ele permanece aferrado às aparências e as toma como instância última. Para que, então, uma ciência?[80]

Desta carta destacamos duas questões fundamentais. Primeiro, quando Marx refere-se à lei do valor como lei natural, colocando que leis naturais nunca podem ser superadas, ele está sublinhando o que Lukács, posteriormente a ele, também ajudou a esclarecer: existe uma única lei natural no sentido de legalidade univocamente relacionada à essência das sociedades humanas. Esta emana da dialética do trabalho, cuja totalidade contraditória, tornando-se portadora de relações de alienação sob a égide da mercadoria, põe em marcha a lei do valor. As demais leis de tendência são, mais ainda, historicamente determinadas, quer dizer, o nível de universalidade da lei do valor vai além daquele característico das demais leis. Ato contínuo, diz Marx que, no caso de leis "naturais" (da essência do ser social), "o que pode modificar-se em condições históricas diversas é apenas a forma em que essas leis se manifestam". Quer dizer, para a lei do valor o que se modifica é seu modo de manifestação. Isto posto, cabe colocar definitivamente que em nada contradita a teoria do valor de Marx dizer que o desdobramento histórico da lei do valor engendra leis específicas a certas realidades – a menos que entendêssemos essa questão como anulação da lei do valor. Com efeito, sob certas relações históricas, o modo de manifestação da lei do valor é modificado, produzindo novas leis, como entendemos a partir da TMD. Estas novas leis de tendência não se encontram desvinculadas da lei do valor e suas tendências gerais.

A segunda questão é a advertência de Marx para as confusões entre valor e preço e a surpresa daqueles que veem nas discrepâncias entre valor e preço um suposto indício de que a teoria do valor carregaria incoerências ou exigiria, para sua validade, deduzir *a priori* todas as categorias ou possibilidades concretas de manifestação do real. Como diz Marx, "as reais relações de troca diária não podem ser imediatamente idênticas às grandezas

---

[80] "Sobre a lei do valor. Carta a Kugelman". 11 de julho de 1868. Em: Marx, Karl e Engels, Friedrich. *História*. São Paulo: Ática, 1983. Trad. e organização de Florestan Fernandes.

de valor [...]. O racional e o naturalmente necessário só se impõe às cegas, como média".

Ora, cumpre sublinhar que a teoria do valor é a unidade contraditória entre *valor, preço de produção* e *preço de mercado*. A questão que trazemos, portanto, a partir da TMD, é que as tendências e contratendências da lei do valor, como seus mecanismos niveladores e todas as relações que operam como média, se impondo "às cegas", operam também de maneira diversa no âmbito do complexo de complexos que é a economia mundial. Isto põe em marcha a trama diversa de tendências e contratendências sob a *dialética negativa* que enunciamos na Introdução.

É o recém-exposto que nos permite dizer que o desenvolvimento desigual da lei do valor engendra leis tendenciais específicas às economias dependentes. Nesse sentido, podemos tomar emprestada uma representação da matemática, a teoria dos conjuntos, e pensar um subconjunto "b", *leis gerais do capitalismo*; e outro subconjunto "c" *leis próprias ao capitalismo dependente* – este último contido no interior do primeiro e ambos contidos num conjunto maior "a", *lei do valor*. As leis próprias ao capitalismo dependente guardam relação com as leis gerais e estão inscritas numa mesma totalidade maior. Entretanto, elas possuem sua *diferentia specifica* como resultado de determinações histórico-sociais particulares.

A respeito desse aspecto, é mister trazer novamente a colocação de Vania Bambirra, quando ela destaca que a TMD descobriu "leis de movimento que lhes são específicas [ao capitalismo dependente]":

> estamos, certamente, de acordo com Marini em que o modo de produção capitalista assume, nas sociedades dependentes, leis de movimento que lhes são específicas [...]. O grande aporte de Marini à teoria da dependência foi ter demonstrado como a superexploração do trabalho configura uma lei de movimento própria do capitalismo dependente [...].

E prossegue Bambirra: "o fenômeno da superexploração do trabalho pode ocorrer nos países capitalistas desenvolvidos, pode inclusive intensificar-se em períodos de crise, porém o específico dos países dependentes é que esse fenômeno ocorre de maneira permanente e sistemática".[81]

Ou seja, o desenvolvimento histórico das relações de produção capitalistas e o movimento de suas leis de tendência deram vida a fenômenos histórico-sociais que, à base de repetição histórica, converteram-se em regularidades, as quais carregam um sentido com caráter particular, engendrando leis tendenciais específicas.[82]

---

[81] *Anticrítica, op. cit.*, p. 69-70. Passagens também citadas no capítulo 3 deste livro.
[82] Aqui vemos operar, também, a dialética quantidade-qualidade, que uma vez em movimento pode dar lugar a fenômenos de caráter particular. A questão em tela é que exis-

Falar, portanto, de leis tendenciais específicas à economia dependente não é enveredar para o dualismo estrutural ou romper com o método de Marx. Antes, ao contrário, é fazer a apreensão do todo, compreendendo totalidades particulares que compõem a totalidade maior que é a economia mundial capitalista. Ou, em palavras de Lukács, é desvelar a heterogeneidade de relações no âmbito do complexo de complexos. O capitalismo dependente, com suas leis específicas, é, pois, um complexo social que integra o complexo maior, onde atuam as leis gerais de seu movimento. Esse é o significado de esferas distintas que se inter-relacionam que vimos no capítulo 1.

A respeito da descoberta pela TMD de como a agudização das leis gerais engendra leis de tendência específicas ao capitalismo dependente, Marini fez a seguinte afirmação:

> [...] um dos méritos dos estudos sobre a dependência [...] foi o de demonstrar que o imperialismo não é um fenômeno externo ao capitalismo latino-americano, mas, sim, um elemento constitutivo deste. A consequência teórica mais importante que se depreende daí – e que todavia não foi tratada sistematicamente – é que a dominação imperialista não se reduz a suas expressões mais visíveis [...] mas se manifesta na própria forma que o modo de produção capitalista assume na América Latina e no caráter que aqui adquirem as leis que regem seu desenvolvimento.

Nesta passagem, o que se argumenta é que as leis gerais assumem caráter específico nas economias dependentes. Neste mesmo sentido, prossegue Marini na citação, enunciando os traços e tendências que regem o capitalismo na América Latina:

> a maneira como se agudizam, no capitalismo dependente, as contradições inerentes ao ciclo do capital; a exasperação do caráter explorador do sistema, que o leva a configurar um regime de superexploração do trabalho; os obstáculos criados para a passagem da mais-valia extraordinária à mais-valia relativa e seus efeitos perturbadores na formação da taxa média de lucro; o conseguinte extremamento dos processos de concentração e centralização do capital – isto é o que constitui a essência da dependência.[83]

---

tem fenômenos cuja manifestação, em certas realidades, carrega o elemento da regularidade – ocorrem de maneira permanente e sistemática. Esta característica converte as tendências inscritas em seu bojo em tendências estruturais que se universalizam particularizando-se, encetando, dessa maneira, fenômenos particulares sobre a base da repetição histórica.

[83] Marini, Ruy Mauro. Prólogo. Em: Bambirra, Vania. *La Revolución Cubana: una reinterpretación*. Cidade do México: Editorial Nuestro Tiempo, 1974 (disponível em: <http://www.ufrgs.br/vaniabambirra>).

Não foi por casualidade que o autor concluiu o parágrafo sustentando que "isso é o que constitui a essência da dependência". Considerada ao nível de abstração das leis de movimento do capitalismo, a dependência, segundo Marini, consiste das tendências arroladas na definição que acabamos de ver.

Já no Prefácio à 5ª edição de *Subdesarrollo y revolución*, publicado em 1974, pouco tempo depois do texto da citação anterior, Marini dizia:

> [...] as leis próprias da economia dependente [são] essencialmente: a superexploração do trabalho, o divórcio entre as fases do ciclo do capital, a monopolização extrema a favor da indústria suntuária, a integração do capital nacional ao capital estrangeiro ou, o que é o mesmo, a integração dos sistemas de produção [...].[84]

Nesta última citação temos já uma referência explícita à configuração de leis próprias ao capitalismo dependente. Com algumas modificações nos termos, porém inequivocamente referindo-se às mesmas tendências, Marini expôs as leis de movimento particulares ao capitalismo dependente. Tal compreensão acerca da existência de leis tendenciais específicas ao capitalismo dependente (ou capitalismo *sui generis*, como por vezes referido) acompanhou o pensamento de Marini até o fim de sua vida, conforme se vê nesta colocação em seu Memorial:

> o que eu procurava era o estabelecimento de uma teoria intermediária, que, informada pela construção teórica de Marx, conduzisse à compreensão do caráter subdesenvolvido e dependente da economia latino-americana *e sua legalidade específica*.[85]

Percebe-se, com isso, a centralidade da discussão acerca das leis específicas à economia dependente nos fundadores da TMD. Voltamos a insistir: esta compreensão do problema não contradita o método de Marx, mas constitui uma descoberta que é coerente com o que Lukács define como complexo de complexos, que pode ser entendido também como totalidade integrada e diferenciada.

A seguir, procuramos sistematizar estas leis tendenciais específicas, a partir do que se pode ler no próprio texto de Marini e com alguns acréscimos que lhe agregamos no intento de alcançar a precisão teórica que se espera na discussão.

Em nossa compreensão, a dependência apresenta como leis tendenciais particulares: *a transferência de valor como intercâmbio desigual, a superex-*

---

[84] Prefacio a la quinta edición. Em: *Subdesarrollo y revolución*, op. cit., p. XIX.
[85] Marini, Ruy Mauro. *Memória*, op. cit., p. 85.

ploração da força de trabalho e *a cisão no ciclo do capital* (*ou o divórcio entre a estrutura produtiva e as necessidades das massas*).

Na primeira, vemos operarem transferências de valor específicas, que *não* são acompanhadas no mesmo grau por contratendências como a lei do nivelamento da taxa de lucro. Isto leva à cristalização, como regularidade, da não-identidade entre a magnitude do valor produzido e do valor apropriado, no âmbito da competição intercapitalista na economia mundial. Tal relação é consequência da existência de distintos níveis de produtividade na divisão internacional do trabalho e do movimento contraditório nas relações de apropriação entre os distintos capitais e formações econômico--sociais.

Na segunda, a superexploração, vemos operar a violação do fundo de consumo e do fundo de vida da força de trabalho, acentuando o intercâmbio de não-equivalentes tanto no pagamento (reposição do desgaste), quanto também no consumo (o próprio desgaste) do valor de uso da força de trabalho, exacerbando a apropriação pelo capital da corporeidade viva do trabalhador. A superexploração, embora possa ocorrer de modo conjuntural nas economias dominantes, assume tendência estrutural e sistemática apenas nas economias dependentes, onde inclusive é utilizada pela burguesia dependente como mecanismo de compensação em face das *transferências de valor como intercâmbio desigual* que vigoram sob as relações de dependência. Este expediente contra-arrestante cumpre, por sua vez, a função de elemento contratendencial específico que opera nas economias dependentes.

A terceira, a cisão no ciclo do capital, consiste da exasperação da contradição entre produção e consumo e produção e circulação que caracteriza o capitalismo em geral, configurando, no caso das economias dependentes, a não generalização da mais-valia relativa para o conjunto dos ramos e setores da produção e a fixação da mais-valia extraordinária no subsetor produtor de bens suntuários. Ambas as tendências exercem efeito negativamente determinado sobre a formação de taxa de lucro. Esta lei tendencial específica implica a materialização de uma industrialização que não é orgânica em seu caráter – a industrialização dependente –, que é acompanhada pela integração subordinada dos sistemas de produção, reforçando o divórcio entre a estrutura produtiva e as necessidades das amplas massas.

Com isso, as leis tendenciais específicas ao capitalismo dependente, enquanto manifestações negativamente determinadas da lei do valor e de suas tendências mais gerais, exacerbam as relações de exploração. Estas relações agudizadas, à base da repetição histórica, engendram fenômenos novos, exercendo determinações recíprocas entre si e provocando *não* a estagnação econômica nas economias dependentes, mas a acumulação de capital sob circunstâncias tais em que ocorre a reprodução ampliada da dependência. Ou, em outros termos, *para mais desenvolvimento capitalista, mais dependência*. De tal sorte que a dependência pode mudar de forma e de grau através do tempo, mas somente mediante a ruptura revolucionária que leve à superação do capitalismo se poderá transcender, com isto, as relações de dependência.

Na Figura 9, estão representadas as leis tendenciais específicas do capitalismo dependente, conforme exposto.

Figura 9 – Leis tendenciais específicas no capitalismo dependente

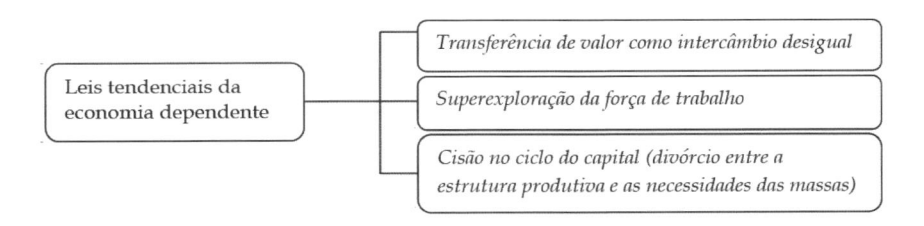

```
Leis tendenciais da      ┬── Transferência de valor como intercâmbio desigual
economia dependente      ├── Superexploração da força de trabalho
                         └── Cisão no ciclo do capital (divórcio entre a
                             estrutura produtiva e as necessidades das massas)
```

Com efeito, essa legalidade específica que se encontra nas entranhas do capitalismo dependente reforça tendencialmente e de modo estrutural: (1) uma *exploração redobrada* nas relações de produção internas, no contexto das relações econômicas no âmbito do mercado mundial; (2) *soberanias frágeis* nas formações estatais de nossos países – cuja contraparte interna é, ao mesmo tempo também, a de *democracias restringidas*;[86] e (3) traz, por conseguinte, elementos particulares sobre as necessidades de transformações do ponto de vista da teoria da transição, das contradições que precisam ser resolvidas para dar lugar à superação do capitalismo na região.

Assim, vemos com vigor colocar-se a seguinte contradição imanente que deve ser enfrentada de maneira consequente, a partir do que é posto pelas relações de dependência:

> a dependência, para nós, nunca se limitou a uma relação de subordinação política entre nações capitalistas. Ela sempre foi entendida como uma forma peculiar de [manifestação] de capitalismo, que surge com base na expansão mundial de um sistema que configura diversas formas de exploração. O capitalismo dependente sempre se apresentou para nós como uma forma de capitalismo no qual, dadas as relações de classe que ali se

---

[86] Ver a análise sobre a questão do Estado, do poder político, da democracia e da luta de classes, realizada a partir da TMD, no livro de Osorio, Jaime. *O Estado no centro da mundialização. A sociedade civil e o tema do poder*, op. cit.

estabelecem, baseadas na superexploração do trabalho, as contradições se tornam mais agudas e lhe configuram, pois, como o "elo fraco" do sistema. É por isso que para mais desenvolvimento capitalista dependente, mais contradições sociais e, por conseguinte, maiores possibilidades de revolução proletária.

Trata-se de possibilidades virtuais, somente atualizadas mediante o avanço da teoria e da prática revolucionária.[87]

Esta citação coloca em evidência a preocupação política que vertebra o programa de pesquisa da TMD, como parte do corpo teórico do marxismo enquanto ciência crítica. Prossigamos neste tema.

Dependência, revolução e transição

A TMD, como parte das melhores tradições do marxismo, é uma teoria militante, voltada não somente à interpretação do mundo, mas à sua transformação.[88] Em seu horizonte, está a necessária organização da classe trabalhadora por um poder alternativo, pela suplantação da sociedade que produz as desumanidades do mundo do capital, que se exacerbam na economia dependente, sobre cuja realidade se deve atuar politicamente para poder transformá-la. Nesta seção final, nos voltamos à questão da práxis política e do estudo da luta de classes, a partir de dois dentre os fundadores da TMD.

Notas sobre o pensamento leninista de Ruy Mauro Marini e Vania Bambirra

O princípio leninista de que o método marxista se distingue por sua capacidade de fazer análise concreta de situação concreta encontra na TMD um dos seus veios mais férteis, assim como o ensinamento de que o marxismo é um guia para a ação. A seguir, tratamos da concepção leninista de Vania Bambirra e Ruy Mauro Marini. Nossa pretensão não é mais do que apresentar algumas notas introdutórias a respeito da questão, em diá-

---

[87] Marini, Ruy Mauro. *Informe Internacional* [MIR]. Agosto 1991. Disponível em: <http://www.marini-escritos.unam.mx/317_informe_internacional_marini.html>. Acesso em: jul. 2017. Trecho também citado em Prado, Fernando Corrêa e Gouvêa, Marina Machado. "Dependência". Em: Expressão Popular/Escola Nacional Florestan Fernandes. Ruy Mauro Marini e a dialética da dependência. São Paulo: Expressão Popular, 2014 (brochura encartada ao documentário homônimo. Coord. Geral: Cecília Luedeman e Miguel Yoshida. Consultores: Carla Ferreira, Fernando Corrêa Prado, Mathias Seibel Luce e Roberta Traspadini).

[88] Conforme o sentido colocado por Marx, na 11ª Tese sobre Feuerbach: "os filósofos apenas *interpretaram* o mundo de diferentes maneiras; porém, o que importa é *transformá-lo*". Em: Marx, Karl e Engels, Friedrich. *A ideologia alemã*. São Paulo: Expressão Popular, 2009, p. 126. Trad. Álvaro Pina.

logo com os enfrentamentos que ambos os teóricos fizeram pela superação das estruturas de poder do capitalismo dependente.[89]

Ao final de *La estrategia y la táctica en Lenin*,[90] Vania Bambirra expôs os resultados de sua investigação de anos sobre o pensamento e a ação revolucionária de Lenin, chegando a uma síntese do leninismo, a qual é condensada por ela em cinco aspectos decisivos:

> 1) fazer análise concreta de situação concreta (o marxismo não é um dogma, mas um guia para a ação);
> 2) saber combinar a mais estrita fidelidade aos princípios estratégicos com o máximo de flexibilidade tática;
> 3) saber identificar a relação entre revolução democrática e revolução socialista e como uma é superada pela outra, abrindo caminho para uma fase superior da luta de classes;
> 4) dimensionar a importância do partido revolucionário, incluindo seu papel atuando pela elevação do nível de consciência das massas;
> 5) preconizar a utilização e combinação de múltiplas formas de luta.[91]

Vejamos como esses aspectos do leninismo compareçam influenciando o trabalho teórico e a práxis política tanto de Vania, quanto de Marini.

A busca pela análise concreta de situação concreta é um postulado que esteve na própria origem da TMD. Enquanto os expoentes do marxismo vulgar concebiam que todas as categorias de análise já estariam descobertas, de tal maneira que bastaria sua "aplicação" instrumental, conforme os esquemas dos manuais autorizados e o catecismo de citações que lhes correspondia, os fundadores da TMD viam a necessidade de explicar relações sociais e formas históricas específicas, que vão surgindo no âmbito da totalidade maior que é o capitalismo mundial. Essa relação rigorosa com o método, mas não dogmática, consiste no verdadeiro sentido do marxismo como ciência crítica. Foi isto que os fez chegar à apreensão de categorias

---

[89] Embora concentremos a atenção aqui em Ruy Mauro Marini e Vania Bambirra, não desconsideramos a importância de Theotonio dos Santos como organizador, por exemplo nos anos iniciais da POLOP; e, também, como teórico marxista preocupado com questões do político e da luta de classes, como em seu trabalho "La estrategia y la táctica socialistas en Marx y Engels". Em: Bambirra, Vania e Dos Santos, Theotonio. La estrategia y la táctica socialistas de Marx y Engels a Lenin. Cidade do México: Ediciones Era, 1981. 2 vols.

[90] Cidade do México: Ediciones Era, 1981. Em: Bambirra, Vania e Dos Santos, Theotonio dos. *La estrategia y la táctica socialistas de Marx y Engels a Lenin*, op. cit. Tomo 2. Disponível em: <http://www.ufrgs.br/vaniabambirra> [o tomo 2, dedicado ao estudo de Lenin, foi escrito por Vania, enquanto o tomo 1, abordando a questão em Marx e Engels é de autoria de Theotonio dos Santos].

[91] "Síntesis: el leninismo, su estrategia y su táctica". Em: *La estrategia y la táctica en Lenin*, op. cit., p. 198-201. A citação indireta expõe de maneira ligeiramente modificada a conclusão do livro citado.

originais, como superexploração ou dependência, que tratamos anteriormente.

Outro princípio do pensamento de Lenin que encontramos na práxis dos autores em questão é o de combinar a mais estrita fidelidade aos princípios estratégicos com o máximo de flexibilidade tática. Desde sua militância na fundação e anos iniciais da Polop até o final de suas vidas, tanto Marini como Vania tiveram na centralidade de sua intervenção o sentido estratégico pela superação da sociedade burguesa. Suas trajetórias, portanto, não foram marcadas como o caso de muitos intelectuais que abandonaram o marxismo e aderiram ao pragmatismo acadêmico, no contexto da ofensiva neoliberal que foram os anos 1980 e 1990.

Em pleno ano de 1993, quando se tentava igualar o fim da União Soviética ao fracasso das bandeiras do socialismo e do pensamento marxista enquanto tais, Vania publicou no Brasil *A teoria marxista da transição e a prática socialista*.[92] O livro apresentou um vigoroso estudo da teoria da transição em Marx, Engels e, especialmente Lenin, passando pelos debates clássicos do marxismo em torno da questão e por um estudo das dificuldades objetivas na construção do socialismo, para além de análises voluntaristas, mas também sem deixar de fazer um balanço crítico de suas experiências históricas. O texto trouxe, ainda, uma crítica às interpretações do eurocomunismo, tendência surgida nos idos da década de 1970 que rompia com o método marxista, enveredando para concepções social-democratas.

Quanto a Ruy Mauro Marini, os objetivos estratégicos da construção do socialismo também o acompanharam em seu itinerário político. Na mesma conjuntura de refluxo do pensamento marxista, Marini publicava um Informe pela Comissão Internacional do MIR em que analisava elementos do poder mundial e da luta ideológica na nova fase do imperialismo adentrada nos anos setenta, incluindo as implicações da "derrota do movimento operário e da esquerda na Europa, na segunda metade dos anos 1970, assim como a intensificação da crítica ao 'socialismo real', em um estilo que trouxe a confusão ideológica".[93] Por confusão ideológica Marini referia-se ao giro oportunista dos que passaram a fazer tábua rasa da experiência soviética, em vez de enfrentar com rigor o complexo debate que seu balanço crítico exige.

Essa fidelidade aos princípios estratégicos, em ambos os teóricos da TMD, foi acompanhada também por sua capacidade de aliá-los com a necessária flexibilidade tática, sem contradizer o sentido estratégico. Vania

---

[92] Brasília: Editora da UnB, 1993 (disponível em: <http://www.ufrgs.br/vaniabambirra>).
[93] Comissão Internacional do MIR. *Informe Internacional, op. cit.*

Bambirra, por exemplo, ao retorno do exílio tomou a decisão de se vincular ao PDT. Apostando no nacionalismo radical de Leonel Brizola e Darcy Ribeiro, ajudou – assim como Theotonio dos Santos – a fundar o partido, organização da qual viria a fazer parte até o ano 2000, quando se desvinculou, em meio a divergências com os rumos da agremiação. Dentro do PDT, Vania disputou a orientação do partido, tendo escrito diferentes documentos preconizando que fossem adotadas posições pela construção do socialismo, no sentido anticapitalista.[94] A flexibilidade tática em consonância com os princípios estratégicos é igualmente encontrada em Marini, por ocasião de seus posicionamentos a respeito da Constituinte brasileira de 1988. Se, por um lado, ele criticava o caráter da redemocratização conservadora que conduzia todo o processo, ao mesmo tempo sustentava que a Constituinte podia trazer, com a nova carta magna em discussão, alguns institutos de participação da população, bem como alguns preceitos sociais com potencial de criar condições para o desenvolvimento da luta de classes em condições mais favoráveis às que se vinha tendo. Assim, Marini se posicionava apontando espaços em que o movimento dos trabalhadores deveria intervir para afirmar sua política contra o poder do capital.[95]

---

[94] Esses documentos inéditos encontram-se no Arquivo de Vania Bambirra e são fontes que ensejam investigações profícuas sobre esse período da obra de Vania. Ver, também, a intervenção da autora no IV Encontro do Foro de São Paulo, de 1993, disponível em vídeo em: <www.ufrgs.br/vaniabambirra>.

[95] "A Constituição de 1988 – como, antes dela, a campanha pelas eleições diretas – foi o fruto natural desse processo [a redemocratização conservadora]. Numa ampla medida, ela restabelece o caráter autônomo da ordem jurídico-institucional brasileira, apesar das impurezas e limitações que a vida lhe impôs. De fato, em sua origem, ela não nasce de uma assembleia constituinte soberana, eleita especificamente para esse fim, mas da outorga ao Congresso Nacional de poder constituinte amplo por um governo de legalidade duvidosa – o que explica, por exemplo, que alguns constituintes não tenham sido eleitos enquanto tais, sendo apenas senadores com mandato vigente que a constituinte congressual cooptou. O próprio processo eleitoral de que resultou a Constituinte cerceou a possibilidade de uma autêntica representação popular, ao não contemplar a eleição de candidatos avulsos, propostos pelas organizações sociais e de classe e pela cidadania em geral, em benefício do sistema partidário artificialmente imposto pela ditadura; a aceitação de emendas de iniciativa popular, determinada posteriormente pela Constituinte, foi uma tentativa de compensar esse vício de origem. [...] Não era lícito esperar outra coisa de uma Carta gerada no bojo de um processo em que é inquestionável a hegemonia burguesa. [...] Por limitados que sejam os avanços obtidos neste último aspecto, é inegável que eles abrem espaços suscetíveis de ser preenchidos e estendidos através de uma mobilização popular lúcida e perseverante. [...] De todo modo, essa mobilização é imprescindível, não só para assegurar as conquistas alcançadas, mas também porque muitas das questões relevantes colocadas pelo atual período tiveram sua solução adiada e só deverão ser decididas nas batalhas a ser travadas em torno às leis complementares e ordinárias que completarão a presente ordem jurídica". *A Constituição de 1988*. Disponível em: <http://www.marini-escritos.unam.mx/067_constitucion_brasil_1988.html>. Acesso em: jul. 2017.

Saber identificar a relação entre revolução democrática e revolução socialista e como a primeira é encaminhada de modo a abrir caminho a uma fase superior da luta de classes é outro dos princípios leninistas em consideração. O livro de Vania *La Revolución cubana: una reinterpretación*,[96] bem como o prólogo de Marini ao mesmo[97] e seu artigo "Reforma y revolución: una crítica a Lelio Basso"[98] constituem alguns exemplos de trabalhos em que ambos pautaram essa problemática. A militância política deles na época da Polop, apoiando a luta pela reforma agrária e a organização das Ligas Camponesas, bem como a militância de Vania nos anos 1980 e 1990, ajudando a organizar a luta das mulheres no Brasil ou participando dos trabalhos pela regulamentação da Lei de Diretrizes e Bases da Educação (LDB) no Congresso Nacional expressam posições buscando a dialética entre reforma e revolução, divisando elementos que podem cumprir um papel-chave na fase democrática da revolução, com tarefas democratizantes que, sob circunstâncias revolucionárias, trarão em si algumas das sementes para o encaminhamento do tema do poder, tendo como horizonte a revolução socialista.

O quarto princípio em exame corresponde à tarefa de dimensionar a importância do partido revolucionário, incluindo seu papel atuando pela elevação do nível de consciência das massas. A importância conferida a um partido revolucionário, órgão da classe trabalhadora pela efetiva construção de uma alternativa de poder para enfrentar o poder do capital, esteve presente no itinerário de Marini e Vania. A experiência da Polop, especialmente em seus anos iniciais, consistiu em organização voltada a essa preocupação. De acordo com Vania, "não éramos o partido revolucionário, mas queríamos ajudar a criar condições para o seu surgimento".[99] Mais além da Polop, Marini teve essa preocupação como centralidade no seu período do exílio do Chile, ao vincular-se ao Movimento Izquierda Revolucionaria (MIR), organização de orientação leninista dirigida, entre

---

[96] *Op. cit.* Voltaremos a tratar deste trabalho logo adiante.
[97] *Op. cit.*
[98] Publicado originalmente em: Vários. Acerca de la transición al socialismo. Buenos Aires: Ediciones Periferia, 1974. Disponível em: <http://www.marini-escritos.unam.mx/051_reforma_revolucion.html>. Acesso em: jul. 2017. Neste artigo, Marini critica a concepção do teórico italiano, que concebia conceitualmente "uma transição à transição socialista". Em contraste, Marini argumenta que a questão da transição socialista se afirma objetivamente somente depois de encaminhada a questão do poder.
[99] Em: Ruy Mauro Marini e a dialética da dependência (documentário). Produção e realização: Escola Nacional Florestan Fernandes/Expressão Popular/Aicó Culturas, 2014.

outros, por Miguel Enríquez.[100] Marini viria a participar da comissão de formação política e, logo depois, da comissão política do Comitê Central e da Comissão Internacional do MIR.[101] Vania, por sua vez, quando integrante do PDT, escreveu uma análise do programa dos partidos políticos brasileiros, no contexto da abertura política dos anos 1980, em que alertava para o erro que seria os partidos da esquerda se organizarem como um agregado de lutas específicas, sem o necessário sentido estratégico com o qual as primeiras devem corresponder e que consiste da função precípua de um partido que organize a classe.[102]

Finalmente, mencionemos o princípio que preconiza a utilização e combinação de múltiplas formas de luta. Esta orientação esteve presente em distintos momentos no itinerário de nossos teóricos da TMD. Foi praticado em seus anos da Polop, conjugando ações de propaganda, formação política, organização de categorias de trabalhadores, apoio à greve de massas etc. E esteve presente em Vania – e também em Marini – na crítica que ambos dirigiram ao chamado foquismo, simplificação empreendida por Regis Debray na interpretação que este conferiu sobre as condições da tomada do poder na Revolução Cubana.

O livreto de Debray, *Revolución en la revolución,*[103] circulou a partir de meados dos anos 1960 por vários países da região, influenciando diferentes organizações da esquerda latino-americana que se lançaram à construção do "foco" guerrilheiro, identificando aí a "senha" para desatar o triunfo revolucionário em seus países. Conforme escreveu o intelectual cubano Germán Sánchez, autor de *Che sin enigmas. Mitos, falacias y verdades,*[104] a ideia do "foco" fora utilizada pelo Che como uma metáfora médica em seus escritos. E muito do que se fala sobre o "foquismo" refere-se mais às vulgarizações simplistas (como as de Debray) que foram feitas de seu pensamento, do que às próprias con-

---

[100] Sobre a história do MIR, ver Palieraki, Eugenia. *¡La revolución ya viene! El MIR chileno en los años sesenta.* Santiago: LOM Ediciones, 2014; ver também Amorós, Mario. *Miguel Enríquez. Un nombre en las estrellas. Biografía de un revolucionario.* Santiago de Chile: Ediciones B, 2015, 3ª ed.

[101] No portal dos escritos de Marini albergado na Unam pode-se acessar a documentação com textos de sua autoria e/ou colaboração como dirigente do MIR. Ver <http://www.marini-escritos.unam.mx/>.

[102] Ver, da autora, "Os programas dos partidos políticos no Brasil". 1981. Disponível em: <http://www.ufrgs.br/vaniabambirra>.

[103] Publicado em várias edições [Edição brasileira: *Revolução na revolução.* São Paulo: Centro Editorial Latino-Americano, s/d].

[104] Bogotá: Ocean Sur, 2007. Ver, especialmente, capítulo 7. "La revolución social". O trabalho de Germán Sánchez consiste de uma síntese cristalina abarcando os temas principais que ocuparam o pensamento e a militância revolucionária do Che.

cepções dele. Seja como for, em 1966, antes do assassinato de Che na Bolívia, Vania publicou na *Selecciones de Monthly Review en Castellano*, sob o pseudônimo de Cléa Silva, o artigo "Los errores de la teoría del foco",[105] texto dedicado a desmontar as premissas contidas no folheto de Debray. Escrito por uma apoiadora de Cuba e de sua revolução, o texto foi pioneiro na polêmica com o pretenso mimetismo produzido por alguns quadros das organizações políticas da região, que não levaram em consideração o estudo rigoroso das condições da luta revolucionária em Cuba, bem com as circunstâncias da luta de classes em seus próprios países, perspectiva que obliterou a compreensão da questão da utilização e combinação de várias formas de luta.

O caráter da revolução

A questão do caráter da revolução é tema de acaloradas discussões no âmbito do marxismo brasileiro e latino-americano. Ela encontra-se imbricada com o também acalorado debate em torno das diferentes caracterizações para a *formação econômico-social* – ou *formação social*, como costumeiramente referido.

No Brasil, Caio Prado Jr. e Florestan Fernandes são alguns dos principais autores que marcaram notadamente essa problemática, estando entre os nomes mais visitados nos estudos que se debruçam sobre o tema.[106] No restante da América Latina, José Carlos Mariátegui e Ricardo Paredes travaram esse debate nos anos 1920, naquele momento que inaugurou o pensamento marxista com raízes latino-americanas, especialmente com a contraposição do Amauta às concepções dogmáticas de Vitorio Codovilla e do secretariado do Comintern para a região.[107] Já nos anos 1960, Che Guevara e Fidel Castro trouxeram igualmente um aporte original, com seu pensamento e práxis política sustentando que a revolução era possível e afirmando a necessidade de seu caráter continental.[108] Na mesma toada, a TMD, nos anos 1960 e 1970, deu calço a uma das mais férteis vertentes do marxismo latino-americano, com categorias originais que iluminaram

---

[105] Disponível em: <http://www.ufrgs.br/vaniabambirra>.
[106] Ver, por exemplo, Prado Jr., Caio.; Fernandes, Florestan. *Clássicos sobre a revolução brasileira* (organização e apresentação de Plínio de Arruda Sampaio Jr. e Plínio de Arruda Sampaio). São Paulo: Expressão Popular, 2002. 2ª ed.
[107] Ver nota de rodapé número 29, neste capítulo. Ver, também, Kohan, Nestor. *Marx en su (tercer) mundo*. La Habana: Centro Juan Marinello, 2003.
[108] Ver Fidel Castro. Política. São Paulo: Ática, 1986 (organização e apresentação de Florestan Fernandes); e Ernesto Che Guevara. *Escritos y discursos*. La Habana: *Editorial de Ciencias Sociales*, 1977. 9 tomos.

não somente a realidade histórica da região, mas suas contradições e tendências, lançando luzes para o aprofundamento do estudo das disjuntivas em torno do caráter da revolução.[109]

Cumpre assinalar que Marini e Vania, tanto no Brasil, como em seus exílios no Chile e no México, debateram com as teses de intelectuais e organizações da esquerda brasileira e latino-americana procurando pautar o debate sobre questões estratégico-táticas. A seguir, examinamos as contribuições de Marini e de Vania nesse debate, através dos livros *Subdesenvolvimento e revolução* e *La revolución cubana: una reinterpretación*.

Subdesenvolvimento e revolução[110]

Subdesenvolvimento e revolução, publicado pela primeira vez em 1969 pela editora Siglo XXI, com edição revista e ampliada em 1974, constitui uma das obras mais agudas do marxismo brasileiro e latino-americano. O livro articula a profundidade da dialética marxiana produção-distribuição-consumo com a análise leninista da questão do poder e da luta de classes, contribuindo para desvelar o movimento do capital e das forças em confronto na esfera da política, chegando às determinações mais íntimas das contradições e conflitos no transcurso da conjuntura brasileira dos anos 1950-1970, captando seus diferentes momentos. Este trabalho de Marini procura responder três blocos de questões. Primeiro, quais as causas do subdesenvolvimento e da dependência e que determinações exercem na estrutura social de países como o Brasil. Segundo, como se moveu a luta de classes na conjuntura compreendida entre 1950 e 1964 e qual o significado histórico do golpe militar, tanto para a política do reformismo, quanto para a condição do Brasil enquanto formação econômico-social. Terceiro, qual o caráter da revolução brasileira, quem são as classes revolucionárias e seus aliados e que forma deverá assumir o processo revolucionário nas condições concretas do país.

O capítulo 1, "Subdesenvolvimento e revolução na América Latina", inicia-se com a afirmação de que "a história do subdesenvolvimento latino-americano é a história do desenvolvimento do capitalismo mundial".[111]

---

[109] Ver Marini, Ruy Mauro e Millán, Márgara (orgs.). *La teoría social latinoamericana*. Tomo III. La centralidad del marxismo. Cidade do México: Ediciones El Caballito, 1995.

[110] Este tópico reproduz com algumas alterações nossa resenha ao livro de Marini, publicada em *Margem Esquerda* – Ensaios Marxistas, São Paulo: Boitempo Editorial, n. 20, 2013, p. 147-151. As citações remetem à edição brasileira: *Subdesenvolvimento e revolução*. Florianópolis: Iela/Insular, 2012. Trad. Fernando Corrêa Prado e Marina Machado Gouvêa.

[111] *Subdesenvolvimento e revolução*, op. cit., p. 47.

Marini apreende a essência do subdesenvolvimento e da dependência como contraparte necessária do desenvolvimento das economias capitalistas centrais.[112] Em contraste com estas últimas, que se encontram determinadas pela relação entre a taxa interna de mais-valia e a taxa de acumulação (investimento), o que determina as economias dependentes é a relação entre a mais-valia e a parcela da riqueza que não é transferida para as economias centrais. Aqui são esboçadas duas ideias básicas de *Dialética da Dependência*: a noção de *economia exportadora* e as tendências estruturais, no sentido de leis tendenciais, que regem o capitalismo dependente – como a *transferência de valor* e a superexploração da força de trabalho. É à luz disso que Marini explica o período dos regimes populistas como Vargas e Perón e o intento da construção de um desenvolvimento capitalista autônomo na América Latina. Foi a conjuntura específica compreendida pela crise de 1929 e a Segunda Guerra Mundial que permitiu que as *transferências de valor* se vissem reduzidas em grau, em alguns países da região, criando condições para o desdobramento do processo de industrialização e o controle sobre montantes de valor que possibilitavam, ao mesmo tempo, atender aos interesses da burguesia industrial em ascensão e fazer concessões à classe trabalhadora.[113]

Contudo, na década de 1950, em face da integração imperialista dos sistemas de produção, a nova conjuntura da economia mundial alteraria as condições anteriores, que haviam sido uma excepcionalidade histórica, e reafirmaria o desenvolvimento capitalista integrado, revelando a inviabilidade do projeto nacional-desenvolvimentista. Essa formulação apresentou grande vigor e originalidade, ao dar conta de explicar a vinculação da América Latina ao imperialismo, no âmbito da totalidade diferenciada que é a economia mundial, quando o pensamento marxista então hegemônico tomava o imperialismo como um "deus ex Machina": "para lutar contra o imperialismo é indispensável entender que não se trata de um fator externo à sociedade nacional latino-americana, mas, ao contrário, forma o terreno no qual esta sociedade finca suas raízes e constitui um elemento que a permeia em todos seus aspectos".[114] Nesse sentido, as noções de burguesia integrada e desenvolvimento capitalista associado foram duas formulações lançadas para dar conta de explicá-lo.

---

[112] Os vocábulos subdesenvolvimento e dependência eram por vezes utilizados em sentido alternativo, embora foi o termo dependência que, paulatinamente, assumiu o *status* de categoria de análise, como síntese das múltiplas determinações que vieram a ser apreendidas pela TMD.

[113] Ver novamente a discussão que fazemos no capítulo 4, seção "Diferenciação das formações...", a partir da tipologia da industrialização dependente, de Vania Bambirra.

[114] *Ibid.*, p. 27-28.

O capítulo 2, "A dialética do desenvolvimento capitalista no Brasil", tem como pano de fundo a crítica às teses do caráter semifeudal da economia brasileira e da existência de uma burguesia nacional com vocação anti-imperialista, que eram utilizadas para justificar a defesa de uma revolução democrático-burguesa. Marini demonstra que os excedentes que deram origem e sustentação à indústria vinham do sistema semicolonial de exportação, ou melhor, das exportações oriundas do capitalismo dependente em sua fase como *economia exportadora*, que já era uma formação social capitalista. Nesse sentido, a contradição principal não era entre latifúndio e indústria, sendo ambos parte ativa da coalizão de classes dominante. Após os eventos de 1932-1935, o compromisso burguês de 1937 selara aquela aliança, sob a hegemonia do capital industrial em ascensão. Entre 1937 e 1950, fora possível acomodar os interesses das diferentes frações burguesas e fazer concessões à classe trabalhadora ao mesmo tempo. Esse quadro, contudo, se alterou no novo período inaugurado na década de 1950, ativando novas contradições. Tinha lugar uma fissura na coalizão dominante, que marcaria os anos 1950-1964 e que Marini chamou de *cisão vertical*. Ela é a chave para entender as crises políticas dos governos Vargas (1954), Quadros (1961) e Goulart (1964), juntamente com a fissura na dominação das massas, a *cisão horizontal*, com a irrupção de greves e novas organizações radicalizadas como as Ligas Camponesas e a CGT. Isto conduziu a um impasse, colocando uma disjuntiva. Seu desfecho final foi a resolução dos conflitos interburgueses e o fracasso do projeto reformista de colaboração de classes, com o golpe de 1964.

Aqui se apresenta outra interpretação original de *Subdesenvolvimento e revolução* e que se conserva atual. O golpe não foi nem uma tempestade em um céu azul, isto é, que irrompeu intempestivamente, nem fruto isolado da conspiração dos EUA, embora não se possa eximir o imperialismo estadunidense de seu papel também. Mas, em última análise, foi a agudização das contradições de classe, revelando a impossibilidade estrutural do desenvolvimento capitalista autônomo nos marcos do sistema. O golpe e o novo regime tampouco levaram à "regressão pastoril", como supunha Celso Furtado, nem foi a consumação da revolução burguesa, como sugeriu Fernando Henrique Cardoso. Teve o caráter de contrarrevolução preventiva, instaurando nova fase na história do Brasil, proporcionando os meios para consolidar a condição de formação econômico-social subimperialista. O Estado, com a elite tecnocrático-militar à frente de seu aparato, passa a atuar pelos interesses da burguesia, resolvendo suas contradições internas e administrando a fusão dos interesses do grande capital nacional e estrangeiro, nos marcos das novas tendências objetivas do movimento internacional de capitais, elevando a composição orgânica na escala internacional dos aparatos produtivos nacionais. Aqui se encontra um argumento que Marini retomaria mais tarde, a respeito do papel do Estado para dotar de racionalidade superior os distintos interesses parciais que as frações do capital possuem para assegurar, ao final, a preservação dos interesses capitalistas como um todo. O novo regime deslocava, assim, as contradições do capitalismo dependente brasileiro, mobilizando um *tripé* para a realização do capital em escala ampliada: a promoção de demanda através do Estado, o estímulo ao mercado externo e a redistribuição regressiva da renda (incrementando a superexploração da força de trabalho), favorecendo a esfera alta do consumo ou consumo suntuário. O Estado brasileiro alcançava 60% de participação na origem do investimento bruto fixo. O Brasil erigia um complexo militar-industrial tornando-se um dos principais exportadores de armamentos do Terceiro Mundo. E a indústria automobilística encontrava mercado para sua produção de bens suntuários, levando a economia brasileira a uma posição entre os dez maiores fabricantes mundiais de automóveis. Marini demonstrava que a ditadura não estava desconectada da dinâmica da acumulação, mas garantia pela força a concentração e centralização do capital exigida para o desenvolvimento das forças produtivas – à custa da superexploração e da reprodução ampliada da dependência, nos termos do desenvolvimento associado e integrado ao imperialismo. Diante disso, ele apontava a debilidade das críticas ao propalado "Milagre" quando estas se limitavam a "insistir na má distribuição de renda (como se o capitalismo, e particularmente o capitalismo dependente, pudesse proporcionar uma boa distribuição de renda...), em vez de considerar a superexploração do trabalho".[115] A ditadura aberta de classe, encabeçada pelo aparato tecnocrático-militar em nome da burguesia, consolidava novo grau ao capitalismo brasileiro, com a chegada do Brasil ao subimperialismo, "a forma que assume o capitalismo dependente ao chegar à etapa dos monopólios e do capital financeiro". Um novo elo da corrente imperialista, na sua forma dependente e subordinada, e que tornava o Brasil nem mera linha de transmissão do imperialismo, nem um país independente, mas uma formação social que exportava a superexploração e a dominação levada a cabo no âmbito do país, embora mitigando nesse processo contradições internas. Quanto à burguesia, sua adesão explícita ao golpe desfazia o mito de uma pretensa vocação anti-imperialista.

O capítulo 3, "O Movimento Revolucionário Brasileiro", analisa a conjuntura das lutas após 1964, abordando temas estratégicos e as táticas adotadas pela esquerda na resistência ao novo regime. Marini sustenta o caráter socialista que deve assumir a revolução brasileira, rejeitando a posição que a

---

[115] *Ibid.*, p. 29.

concebia como democrático-burguesa e "antifeudal". Ele identificava o proletariado urbano e rural como as classes revolucionárias, tendo setores da pequena burguesia como seus aliados. Por outro lado, analisava as vacilações e limites da pequena burguesia como força política. Quanto à forma que assumirá o processo revolucionário nas condições concretas do país, questionava a ideia de revolução de libertação nacional, que implicava aliança com a burguesia. O Brasil não era um país enfrentando tropas de ocupação imperialistas que justificasse uma frente com setores burgueses. Além disso, a superexploração da força de trabalho, condição estrutural, faz com que não somente o grande capital a pratique, mas que esta seja uma tendência sistemática das relações de produção na economia dependente, como meio de compensar a menor composição técnica do capital com que se opera. Por outro lado, as condições tampouco apontavam que a luta revolucionária se encaminhasse para a perspectiva de guerra popular prolongada, sobre a base de um exército popular. Com isso, Marini criticava tanto a linha que, então, orientava o PCB, quanto a linha das diferentes organizações que dentro da luta armada acabaram reproduzindo o que ele chamou de "militarismo de esquerda". Sem negar a legitimidade das armas como recurso contra o Terror de Estado e como forma de luta quando esta se coloque sob determinadas circunstâncias, Marini criticava as teses do foquismo, influenciadas por Regis Debray, que substituíam o trabalho político e a ação de massas na resistência à ditadura concebendo a guerrilha a partir de uma concepção em que primavam os elementos técnicos no enfrentamento, esperando que as ações de propaganda produzissem o efeito-demonstração que faria as massas se levantarem. Sem deixar de reconhecer o sacrifício de valorosos militantes que arriscaram ou entregaram suas vidas na resistência, Marini argumentava contra os pressupostos que levaram a uma posição que considerou liquidacionista. O papel da luta armada, naquele contexto, segundo Marini, deveria ser o de dar retaguarda ao movimento operário. De acordo com ele, a esquerda não estava preparada para enfrentar 1964. E não esteve preparada para 1968. A retomada do movimento de massas, em 1968, se deu no momento em que a dispersão de forças sob a inspiração do foquismo dificultou que o ascenso produzido pelas greves de Osasco e Contagem colocassem em marcha uma contraofensiva do movimento dos trabalhadores. Desta feita, as greves de 1968 foram respondidas pela brutalidade do novo golpe, com o AI-5 e o acirramento do Terror de Estado. Nesse momento da análise, *Subdesarrollo y revolución* reafirma aspectos do pensamento de Lenin, como a utilização e combinação de múltiplas formas de luta, o papel do partido revolucionário e a relação entre vanguarda e massas etc.

Por fim, o capítulo 4, "Rumo à revolução continental", traz a influência da contribuição de Guevara para pensar o caráter da revolução latino-

-americana e esclarece, assim como o *Prefácio* incorporado a partir da 5ª edição, alguns fundamentos da categoria subimperialismo. Sua conclusão é inequívoca: "o caráter internacional que a burguesia subimperialista pretende imprimir à sua exploração identifica a luta de classe do proletariado brasileiro à guerra anti-imperialista travada no continente".[116]

Por estas e outras contribuições, *Subdesenvolvimento e revolução* constitui obra obrigatória para todo marxista brasileiro. Com ela, Marini deixou uma marca indelével, enriquecendo o marxismo no continente, com categorias de análise como *superexploração, cisão no ciclo do capital, cooperação antagônica* e *subimperialismo*. Ainda que não estivessem suficientemente explicitadas, são formulações forjadas no calor dos acontecimentos, que Marini aprofundaria em escritos ulteriores, e cujo alcance explicativo o leitor terá condições de comprovar, inclusive sua vigência para nossos dias, como é o caso da crítica radical ao caráter subimperialista do capitalismo brasileiro (com a *vorágine* da burguesia dependente, que baixa a cabeça para os de cima e pisa redobrado nos de baixo), bem como a especificidade de manifestação das leis tendenciais sob o capitalismo dependente.

La Revolución Cubana: una reinterpretación

Consideremos agora o trabalho de Vania Bambirra, *La Revolución Cubana: una reinterpretación*. Este livro foi publicado pela primeira vez em 1973, fruto de investigação realizada pela autora entre 1971 e 1973, quando era pesquisadora do Centro de Estudios Socioeconómicos da Universidad de Chile (Ceso). Motivada pela questão das disjuntivas que se colocavam para a esquerda, no Chile dos anos da Unidad Popular, exigindo respostas teóricas e práticas, Vania voltou-se ao estudo da experiência cubana e das condições que proporcionaram o triunfo de uma revolução socialista neste país latino-americano, a fim de extrair seus ensinamentos, mas também situar suas singularidades, para então vislumbrar elementos comuns e particulares do ponto de vista da teoria da transição.

De acordo com Vania, "os resultados de nossa investigação sobre a Revolução Cubana [...] orientam-se em função de dois objetivos principais: o primeiro é fazer uma reinterpretação da guerra revolucionária [...] e o segundo objetivo deste trabalho é analisar o caráter da Revolução Cubana com base em seu programa e em interpretações relevantes por parte daqueles que participaram diretamente nela".[117]

Ambos os objetivos delimitam as duas partes que subdividem o livro. A primeira parte, intitulada "La Guerra Revolucionaria", é compos-

---
[116] *Ibid.*, p. 161.
[117] *Ibid.*, p. 18-19.

ta de sete capítulos: I) La estrategia insurreccional y su raíz de clase; II) Nuevos intentos de insurrección urbana; III) Hacia una revaluación del Movimiento 26 de Julio; IV) La huelga general; V) El movimiento obrero cubano; VI) El cambio de estrategia; VII) Porqué triunfa la estrategia guerrillera. A segunda parte, "De la Revolución Democrática a la Revolución Socialista", é composta de quatro capítulos: I) La Revolución Democrática; II) En torno al carácter de la revolución; III) Hacia la revolución socialista; IV) Dificultades económicas de la transición al socialismo.

Ainda pouco conhecido, pelo fato de ter circulado em condições adversas, este trabalho consiste de obra de análise histórica, escrita relativamente a poucos anos do triunfo da Revolução de 1959, trazendo contribuições cuja vigência se mantém até hoje. Cumpre destacar cinco grandes aportes deste livro. Primeiro, deslocou o eixo da explicação histórica a respeito das condições da tomada do poder contra a ditadura de Batista do heroísmo guerrilheiro para o trabalho revolucionário de massas, demonstrando que a revolução não se resumiu à luta guerrilheira a partir da Sierra Maestra, mas que esta foi somente uma fase – importante – do movimento, mas um de seus vários momentos. Segundo, identificou no Movimento 26 de Julho (M-26) uma forma de atuação que lhe conferia o caráter de organização partidária (ou protopartidária), que cumpria função decisiva na organização do sujeito revolucionário. Terceiro, pôs em evidência a combinação de múltiplas formas de luta nas fileiras do movimento revolucionário, experimentando diferentes estratégias e a combinação de várias táticas de enfrentamento ao regime burguês do capitalismo dependente cubano, representado pela tirania de Batista. Quarto, analisou a dialética entre revolução democrática e revolução socialista no decurso das transformações que foram se materializando, à medida que as contradições da luta de classes iam empurrando a dinâmica revolucionária para a necessidade de transitar a formas superiores de luta. Quinto, pontuou que a tomada do poder não é a consumação em si da revolução, mas apenas seu passo prévio, ao resolver o tema do poder, encaminhando o movimento histórico para o aprofundamento das tarefas transicionais que, no capitalismo dependente, encaram limites objetivos que trazem dificuldades econômicas e outras mais, envolvendo o tema da agressão imperialista, da dependência tecnológica etc.

A respeito dos aportes que sublinhamos, escreveu a autora:

> uma das teses que colocamos [...] é que a guerrilha rural foi a forma principal de luta na guerra revolucionária cubana somente durante um período de pouco mais de dois meses, ou seja, durante a ofensiva do exército da tirania e a contraofensiva rebelde; quando as colunas invasoras 'Ciro Redondo', comandada por Che Guevara, e 'Antonio Maceo', comandada

por Camilo Cienfuegos, começam a se deslocar em direção ao *Llano*, o que define a guerra é a combinação de várias formas de luta, em que a guerrilha rural enquanto tal deixa de ser a forma primordial de luta.[118]

No prólogo ao livro, realizado por Ruy Mauro Marini, este sustenta o seguinte sobre as contribuições originais de Vania:

> será difícil, daqui pra frente, seguir sustentando, a respeito do processo cubano, teses que menoscabam a importância da participação das massas e da organização partidária, como as que se expressaram nas formulações foquistas. A autora completa assim um trabalho em que apareceu como pioneira, desde que, sob o pseudônimo de Cléa Silva, submeteu pela primeira vez, na América Latina, os pontos de vista defendidos por Regis Debray a uma crítica sistemática.[119]

A respeito dessa mesma questão, Julio Manduley afirmou:

> [n]o trabalho de Vania sobre uma reinterpretação da Revolução Cubana pela primeira vez se sistematiza [...] uma interpretação além de doze colhudos dando tiros [...]. Então, um momento: isto não foi assim... Havia um movimento de massas e uma organização partidária ou protopartidária que tornou possível o triunfo da revolução. Não era somente a *Sierra*, também era o *Llano*. E se alguém confere, muitos anos mais tarde, os trabalhos de [...] Fidel Castro, se alguém lê *La Victoria Estratégica*, *La Contraofensiva Estratégica*, que são os dois grandes livros que o Comandante publicou nos últimos anos, ve[rá] que efetivamente essa reinterpretação precoce que Vania fez [...] é, de outra maneira, o que Fidel está colocando neste balanço que faz a esta altura de sua vida [...].[120]

Além da precisão sobre o momento em que a guerrilha rural desempenhou um papel destacado e da análise do M-26 como organização partidária ou protopartidária, cumprindo a vez de partido revolucionário, outro dos aportes originais do livro de Vania foi identificar a experiência adquirida na utilização de várias formas de luta. Por exemplo, é ressaltada a importância que se conferia a um expediente como a greve insurrecional de massas. Em abril de 1958, tentou-se lançar mão dela para derrubar a ditadura de Batista. Mas o processo revolucionário ainda não amadurecera de modo a chegar a termo através de uma greve geral insurrecional. O fracasso daquele intento levou ao desenvolvimento de uma nova concepção estratégica por parte do M-26. Assim, após o balanço crítico sobre abril de 1958, a direção do movimento fazia uma mudança de estratégia, sem descartar aquele recurso. Agora, a estratégia se deslocava para a luta de guerrilhas como cenário prin-

---

[118] *Ibid.*, p. 100-101.
[119] *Ibid.*, p. 9-10.
[120] Manduley, Julio. *Entrevista ao autor.* Cidade do Panamá, fevereiro de 2016.

cipal, com a Sierra Maestra passando a concentrar a direção de todo o movimento. Porém, logo mais a seguir, produzia-se uma conjunção de elementos combinando várias formas de luta, com a incorporação massiva da classe trabalhadora, no segundo semestre de 1958, fundamentalmente através do trabalho político e organizativo que realizam as colunas invasoras que vão incursionando pelas cidades troncais do país. Essa análise, documentada e com uma argumentação qualificada, fazem do livro de Vania um exemplar de alto nível da análise concreta de situação concreta.

A quarta contribuição referida reside no terreno da dialética entre revolução democrática e revolução socialista, que consiste em outro tema crucial do livro. Com efeito, na maior parte da historiografia se costuma situar a mudança na dinâmica do processo revolucionário cubano para assumir orientações socialistas somente no ano de 1962, quando Fidel declara-se "marxista-leninista"; ou, ainda, quando da resposta do povo cubano que repeliu a tentativa de invasão de Playa Girón em 1961, com o líder da Revolução proclamando: "o que os imperialistas não podem perdoar é que nós estejamos aqui e que façamos disto uma revolução so-cia-lis-ta!". Certamente, ambos os eventos constituem marcos importantes. Entretanto, à luz de evidência histórica mais nutrida, é possível afirmar que foi no ano de 1960 que a aceleração da conjuntura e o aprofundamento da luta de classes conduziram ao trânsito para formas superiores de luta, isto é, à passagem da revolução democrática para a revolução socialista. Mais além de uma mera discussão de detalhes cronológicos, esta consiste de questão teórica fundamental, na análise das condições estruturais e estratégico-táticas no decurso da luta revolucionária. Assim escreveu Bambirra:

> o sistema de dominação oligárquico-imperialista configurou o capitalismo dependente em Cuba, durante toda a primeira metade do século XX, limitando a possibilidade de desenvolvimento das forças produtivas, e impedindo que se verificasse um processo de industrialização. Isto explica que em Cuba não se tivesse chegado a formar uma burguesia industrial nacional enquanto tal, que fosse a expressão dos interesses de um capitalismo industrial. E é isto também o que explica porque setores da pequena burguesia são os que tratam sempre, historicamente, de assumir perspectivas e oferecer projetos de desenvolvimento nacional e industrial ao capitalismo dependente cubano. Daí a inviabilidade dos projetos desenvolvimentistas pequeno-burgueses quando preconizavam a 'independência nacional' e o desenvolvimento industrial no marco do modo de produção capitalista. Esta inviabilidade histórica é a que gera contradições no âmbito interno da concepção programática do movimento revolucionário, que opõe esta contradição com a realização prática da revolução.[121]

---

[121] *Ibid.*, p. 108.

Ou seja, em Cuba, onde não surgira uma burguesia industrial que acumulasse capital produzindo para o mercado interno, nem um movimento de massas com características próximas ao populismo, como expressão de uma época particular em que se podia fazer concessões aos trabalhadores e ao mesmo tempo afiançar a hegemonia dos capitalistas industriais, como nos países tipo A, o programa de reformas nacionais e democráticas empunhado pela pequena burguesia enfrentava uma inviabilidade estrutural ainda maior. Isto não impediu que cumprisse um papel de relevo na politização da sociedade cubana e se encalçasse com a organização do proletariado rural e de determinadas categorias do proletariado urbano (como os *tabacaleros*), arrastando juntamente setores médios, em um programa que expressava, inicialmente, o anti-imperialismo martiano e bandeiras de luta contra a tirania. Mas que, a partir da própria dialética entre o programa e os desafios das contradições objetivas, foi avançando decididamente para produzir nova síntese, esta última já sob a fusão entre nacionalismo revolucionário e internacionalismo proletário. Conforme colocado por Bambirra:

> a Revolução Cubana demonstrou que a promoção do desenvolvimento econômico e social orientado no sentido de satisfazer as aspirações e necessidades do povo não pode dar-se no marco do capitalismo dependente e tem, necessariamente, que romper a estrutura deste sistema e avançar ao socialismo. É por isso que a prática revolucionária cubana teve que superar muito rapidamente as teses econômicas do Movimento 26 de Julho, redigidas antes da vitória da Revolução.[122]

Quer dizer, as reformas preconizadas pelo M-26 desde o Programa do Moncada, passando por suas medidas econômicas redigidas com a participação do economista cepalino Regino Botti, colocaram contradições que o regime de dominação do capitalismo dependente cubano não podia incorporar. Entretanto, à diferença de outros lugares onde o programa de reformas, sem avançar de maneira consequente para novo patamar, ou naufragou no caminho ou foi respondido pela contrarrevolução, em Cuba havia um movimento de massas e uma direção revolucionária que levaram o conteúdo programático até suas últimas consequências, realizando sua própria superação – conduzindo a dinâmica da luta de classes para formas superiores de luta. Nesse sentido, as reformas estruturais dos anos 1960 (nacionalizações de grandes empresas e bancos, reforma urbana etc.) foram o termômetro dessa viragem.[123] Não nos alongaremos mais nesta

---

[122] *Ibid.*, p. 109.
[123] Ver também a respeito os documentos na compilação organizada por Bell Lara, José; López, Delia Luisa e Caram, Tania. *Documentos de la Revolución Cubana. 1960*. La Habana:

análise histórica, que está disponível no livro em tela para todo leitor que queira aprofundá-la.

O socialismo como segunda independência

Neste momento, cabe trazer um conjunto de interrogantes a partir do exposto neste último tópico do capítulo: existe alguma virtualidade revolucionária na burguesia latino-americana? As tarefas democráticas podem ser entendidas como tarefas democrático-burguesas ou são, na verdade, tarefas democráticas realizadas por sujeitos revolucionários que são, na verdade, seu antagonista histórico? Existem especificidades do ponto de vista da teoria da transição para transcender o capitalismo dependente? O trânsito entre revolução democrática e revolução socialista (isto é, entre tarefas democráticas e tarefas transicionais propriamente ditas) se dá de maneira automática ou existem mediações entre os dois momentos? Se as há, que relação estas mediações possuem com o tema do poder?

Não temos a pretensão de responder a todas estas questões aqui. Algumas delas foram tratadas brevemente neste capítulo, outras constituem tema para todos que queiram se debruçar no estudo da teoria da transição, na realidade latino-americana, com base nas contribuições da TMD. A título de subsídio, referimos uma relação de trabalhos, na obra de Vania Bambirra e Ruy Mauro Marini, que abordam essas interrogantes.[124]

Editorial Ciencias Sociales, 2007. Quanto à reforma agrária, esta já havia se iniciado no decurso da própria luta em território nacional contra o regime de Batista, desde 1956, adquirindo novo ímpeto com as medidas tomadas a partir de janeiro de 1959, quando triunfa a revolução.

[124] Os textos a seguir de Marini e Vania encontram-se disponíveis no portal de suas obras, salvo aqueles que seguem sendo publicados em edições impressas. São eles, de Ruy Mauro Marini: *Uma política operária para o Brasil* (1962); *Subdesenvolvimento e revolução* (1969 [1974]); *La reforma agraria en América Latina* (1972); *Prólogo a La Revolución Cubana: una reinterpretación* (1974); *Reforma y revolución. Crítica a Lelio Basso* (1974); *El reformismo y la contrarrevolución. Estudios sobre Chile* (1976); *La revolución que Lenin deseó* (1977); *Un aniversario: enseñanza de la insurrección nicaragüense* (1978); *La revolución latinoamericana y el socialismo como proceso histórico* (1981); *Alianzas y compromisos en la democracia socialista* (1987); *Informe Internacional* (1991); *Dos notas sobre el socialismo* (1993); *Elementos para un balance histórico de treinta años de izquierda revolucionaria en América Latina* (s/d). De Vania Bambirra: *Los errores de la teoría del foco* (1966); *Partido Comunista Chileno: ¿reforma o revolución?* (1969); *La mujer chilena en la transición socialista* (1971); *Diez años de insurrección en América Latina* (1972); *Liberación de la mujer: una tarea de hoy* (1972); *La revolución cubana: una reinterpretación* (1973); *Revolución democrática y revolución socialista. Revolución Mexicana y Revolución Cubana* (1974); *Contradicciones del capitalismo dependiente* (1974); *La táctica de Lenin en la Revolución Rusa* (1977); *Socialismo y Tercer Mundo* (1985); *La estrategia y la táctica en Lenin* (1981); *La teoría del socialismo en los clásicos (1988)*; *A teoria marxista da transição e a prática socialista* (1993).

Estas obras, que apresentam uma riqueza imensa e algumas delas cujo estudo recém se abre como possibilidade, uma vez disponíveis ao público, ensejam toda uma agenda de pesquisa. O que expomos a seguir é uma pequena mostra de enunciados teóricos e políticos que podem ser extraídos, trazendo-os para a presente conjuntura histórica, enfocando a disjuntiva dependência e revolução:

1) A questão do poder na América Latina é marcada pelas relações imperialistas e a acumulação capitalista dependente. É nas estruturas econômico-sociais, em sua imbricação com a economia mundial, onde se deve buscar as características específicas de nossas sociedades;

2) a burguesia latino-americana, por seu caráter dependente, associado e integrado ao imperialismo, baixa a cabeça para os de cima e pisa redobrado nos de baixo. Seu poder repousa em uma exploração redobrada, marcada pela transferência de valor e a superexploração da força de trabalho como mecanismo de compensação, produzindo também um divórcio entre a estrutura produtiva e as necessidades das massas. Na disjuntiva dependência e revolução, a burguesia dependente não põe em risco seu privilégio de classe e as estruturas de dominação;

3) o caráter de uma revolução se define pelas classes que a fazem, pelas tarefas que realiza, pelos adversários que enfrenta e por quem detém a hegemonia em seu processo. O caráter da revolução latino-americana – no que se inclui a revolução brasileira como possibilidade histórica – deverá ser anti-imperialista e socialista, realizada pela classe trabalhadora urbana e rural, tendo setores da pequena burguesia como seus aliados, e dando voz e poder a toda a diversidade de nossos povos, como as lutas de libertação das mulheres contra o patriarcado, dos negros contra o racismo e dos povos indígenas contra o genocídio cultural;

4) as tarefas democráticas da revolução não se confundem com tarefas democrático-burguesas. As tarefas democráticas realizadas tanto na Revolução Russa, como na Revolução Mexicana e na Revolução Cubana não foram obra da burguesia, mas da organização das massas e sua irrupção consciente na luta de classes. Em cada realidade social, seja o Brasil, seja outros países da região, é preciso ter presente, também, como revolução democrática e revolução socialista se encadearão como possibilidade histórica em suas condições concretas;

5) no capitalismo dependente, seja no passado sob o padrão industrial de reprodução do capital; seja, mais ainda, no presente sob o atual padrão exportador de especialização produtiva, a produção de riqueza sob condições que atendam às necessidades da maioria do povo é um objetivo que, para ser alcançado, requer transformar em todo espectro as relações de produção e o divórcio entre o que se produz e para quem se produz, transformando

os fundamentos do edifício em que repousa a dominação nos marcos da dependência e dando passo a construção de uma nova forma de organização da vida social que seja humanamente compensadora;

6) o papel reservado à economia dependente na divisão internacional do trabalho e as transferências de valor em suas distintas formas saqueiam o fundo público, como na lógica do capital fictício sob o sistema da dívida, apropriando-se de recursos oriundos dos rendimentos do trabalho e negando à população acesso a necessidades básicas que lhes pertencem por direito; como, também, levam à espoliação dos recursos naturais, com a destruição ambiental e exaustão da fertilidade natural da terra e o aumento da violência no campo. Enfrentar as transferências de valor lançando mão de táticas como uma auditoria da dívida pública e a defesa de uma reforma agrária popular, que inverta a matriz de financiamento no campo, em favor da agricultura que produz alimentos e de relações que modifiquem a lógica destrutiva que ameaça gravemente as condições ecológicas, os povos indígenas e a saúde geral da população são algumas das tarefas imediatas fundamentais para enfrentar o capital na atualidade, devendo ser endossadas desde já pela esquerda consequente;

7) a superexploração, que viola sistematicamente o valor da força de trabalho, e se exerce de maneira estrutural nas relações de produção em nossas economias, aviltando as condições de vida e trabalho e, mais ainda, das trabalhadoras mulheres e do povo negro é uma relação contra a qual se deve impor diques de contenção, sempre tendo presente que sua superação somente será alcançada com a superação da sociedade da mercadoria;

8) a autodeterminação dos povos e a soberania nacional são objetivos da luta anti-imperialista e internacionalista que se vinculam também com o enfrentamento às transferências de valor. Não haverá política soberana de ciência e tecnologia, um dos fundamentos para nossas formações sociais poderem se libertar do imperialismo, sem mudar o modelo produtivo, horizonte que requer enfrentar o arrebatamento da riqueza socialmente produzida e sua captura para o enriquecimento privado da burguesia interna e do capital internacional. A luta por uma sociedade emancipada do capital não acontece etereamente e é preciso pensar as várias táticas que contribuirão para sua consecução;

9) o sujeito da revolução não é a frente única pelo desenvolvimento do capitalismo nacional, mas a frente de classe – composta pela classe trabalhadora urbana e rural, em suas diferentes expressões, e setores da pequena burguesia, sob a hegemonia dos trabalhadores.

10) a questão nacional e o internacionalismo encontram uma síntese criadora de tal maneira que o socialismo será nossa segunda independência, deixando para trás as mazelas sociais e a dominação da dependên-

cia, divisando não somente a emancipação política, mas a emancipação humana, como parte de uma época mundial de transformações de larga envergadura. A realização destas transformações requer valorar em cada conjuntura as orientações estratégico-táticas que favoreçam a construção de uma alternativa de poder que encaminhe a dinâmica da sociedade para a superação da dependência e suas relações de exploração redobrada, meta que se imbrica profundamente com o enfrentamento do próprio capitalismo e suas formas de poder.

Estes são alguns elementos cujo aprofundamento e desdobramento concreto extrapolam os limites deste livro, sendo, antes, tarefa que caberá às organizações de esquerda na luta política em nossas sociedades. Em suma, a TMD oferece um programa de investigação para a compreensão rigorosa do capitalismo dependente e a necessária revolução social, a qual constitui possibilidade histórica e assumirá suas particularidades em cada realidade, sem modelos, nem cópias, embora como parte de problemática comum, cuja apreensão pela ciência social crítica é possível e urgente de ser feita, tendo como horizonte a construção de outro porvir. Por um Brasil e uma América Latina livres do capitalismo e de toda relação de alienação. Esta é a principal contribuição da TMD, que reafirma sua atualidade diante dos desafios do século XXI.

REFERÊNCIAS BIBLIOGRÁFICAS

ABBAGNANO, Nicola. *Dicionário de Filosofia*. São Paulo: Martins Fontes, 2012.

ABENDROTH, Wolfgang. *A História Social do movimento trabalhista europeu*. Rio de Janeiro: Paz e Terra, 1977. Trad. Ina de Mendonça.

ALMEIDA FILHO, Niemeyer (org.). *Desenvolvimento e dependência*. Brasília: IPEA, 2013.

ALVES, Giovanni. *O novo (e precário) mundo do trabalho*. São Paulo: Boitempo, 2005, 1ª reimpr.

ALVES, José Eustáquio Diniz. "As características dos domicílios brasileiros entre 1960 e 2000". IBGE, Textos para Discussão. Escola Nacional de Ciências Estatísticas, n. 10, Rio de Janeiro: 2004.

AMARAL, Marisa Silva. Teorias do imperialismo e da dependência: a atualização necessária ante a financeirização do capital. São Paulo: FEA-USP, 2012. Tese de Doutorado.

AMARAL, Marisa Silva e CARCANHOLO, Marcelo Dias. "Superexploração da força de trabalho e transferência de valor: fundamentos da reprodução do capitalismo dependente". *In:* Carla Ferreira, Jaime Osorio, Mathias Luce (orgs.). *Padrão de reprodução do capital*: contribuições da Teoria Marxista da Dependência. São Paulo: Boitempo, 2012.

AMORÓS, Mario. Miguel Enríquez. *Un nombre en las estrellas*. Biografía de un revolucionario. Santiago de Chile: Ediciones B, 2015, 3ª ed.

ANFAVEA (Associação Nacional dos Fabricantes de Veículos Automotores). *Anuário Estatístico da Indústria Automobilística no Brasil*. Várias edições.

ANSALDI, Waldo. "El imperialismo en América Latina". *In: Historia general de América Latina*. Madri: Ediciones UNESCO/Editorial Trotta, 2008, Vol. VII.

ANSALDI, Waldo, GIORDANO, Verónica. "El orden en sociedades de dominación oligárquica", *In: América Latina. La construcción del orden*. Tomo I. De la colonia a la disolución de la dominación oligárquica. Buenos Aires: Ariel, 2012.

ANTF (Agência Nacional dos Transportes Ferroviários). *Participação na matriz de transportes*. 2010. Disponível em:<www.antf.org.br/antf/pdfs/folder-bilingue-antf.pdf>. Acesso em outubro de 2016.

ARAÚJO, Priscila Santos de. A metamorfose do mito do desenvolvimento. Uberlândia: Programa de Pós-Graduação em Economia da UFU, 2013. Tese de Doutorado. Orientação: Niemeyer Almeida Filho.

ARREGUI, Edur Velasco. "El concepto jurídico de salario mínimo y la Revolución Mexicana. Una perspectiva desde el siglo XXI". *Alegatos*, Cidade do México: n. 75, mayo-agosto 2010, pp. 373-98.

ASTARITA, Rolando. *Monopolio, imperialismo e intercambio desigual*. Madri: Maia Ediciones, 2009.

BACCI, Massimo. "500 anos de demografia brasileira: uma resenha". *Revista Brasileira de Estudos de População*, v.19, n.1, jan./jun. 2002, pp. 141-159.

BAER, Werner. *A economia brasileira*. São Paulo: Nobel, 1996.

BAMBIRRA, Vania. *El capitalismo dependiente latinoamericano*. Cidade do México: Siglo XXI, 1974 [15ª reimpres. 2011] (edição brasileira: *O capitalismo dependente latino-americano*. Florianópolis: IELA/Insular, 2012. Trad. Fernando Prado e Marina Gouvêa).

_____. *Capitalismo dependente latinoamericano*. Santiago de Chile: Ceso, 1973.

_____. *A teoria marxista da transição e a prática socialista*. Brasília: Editora da UnB, 1993. Disponível em: <http://www.ufrgs.br/vaniabambirra>.

_____. *Memorial*. Disponível em: <www.ufrgs.br/vaniabambirra>.

_____. "La estrategia y la táctica en Lenin". Cidade do México: Ediciones Era, 1981. *In:* Vania Bambirra e Theotonio dos Santos. *La estrategia y la táctica socialistas de Marx y Engels a Lenin*. Tomo 2. Disponível em: <http://www.ufrgs.br/vaniabambirra>.

_____. "Síntesis: el leninismo, su estrategia y su táctica". *In:* Vania Bambirra. *La estrategia y la táctica en Lenin* [Tomo 2 de Vania Bambirra e Theotonio dos Santos. *La estrategia y la táctica socialistas de Marx y Engels a Lenin*. Cidade do México: Ediciones Era, 1981]. Disponível em: <http://www.ufrgs.br/vaniabambirra>.

_____. *Os programas dos partidos políticos no Brasil*. 1981. Disponível em: <http://www.ufrgs.br/vaniabambirra>.

_____. *Teoría de la dependencia*: una anticrítica. Cidade do México: Ediciones Era, 1978.

_____. "La integración monopólica mundial y sus consecuencias sobre América Latina". *In: El capitalismo dependiente latinoamericano*. Cidade do México: Siglo XXI, 1974.

_____. *Los errores de la teoría del foco*. Disponível em: <http://www.ufrgs.br/vaniabambirra>.

BARAN, Paul. *A economia política do desenvolvimento*. São Paulo: Nova Cultural, 1986.

BARBOSA, Alexandre de Freitas. *A formação do mercado de trabalho no Brasil*. São Paulo: Alameda, 2008.

BEAUD, Michel. *História do capitalismo*. De 1500 aos nossos dias. São Paulo: Brasiliense, 1999. Trad. Maria Ermantina Pereira.

BEHRING, Elaine. *Brasil em contrarreforma*. São Paulo: Cortez, 2008.

BEHRING, Elaine, SALVADOR, Evilasio, BOSCHETTI, Ivanete, GRANEMANN, Sara (orgs.). *Financeirização, fundo público e política social*. São Paulo: Cortez, 2010.

BELL LARA, José, LÓPEZ, Delia Luisa, CARAM, Tania. *Documentos de la Revolución Cubana. 1960*. La Habana: Editorial Ciencias Sociales, 2007.

BERNARDO, Maria Helena. *Trabalho duro, discurso flexível*: uma análise das contradições do toyotismo a partir da vivência dos trabalhadores. São Paulo: Expressão Popular, 2009.

BÉRTOLA, Luis e OCAMPO, José Antonio. *Desenvolvimento, vicissitudes e desigualdade*. Uma história econômica da América Latina desde a independência. Madri: Secretaria General Iberoamerica, 2012.

BICHIR, Maíra, GOUVÊA, Marina Machado, ROCHA, Mirella (orgs.). "A atualidade do pensamento de Ruy Mauro Marini (Dossiê)". *Cadernos Cemarx*, Unicamp, n. 9, 2016.

BONILLA, Heraclio. *Un siglo a la deriva*. Ensayos sobre el Perú, Bolivia y la Guerra. Lima: Instituto de Estudios Peruanos, 1980.

BORGES, Rodrigo Santana. "Intercambio desigual, transferencia de valor y renta de la tierra: contribuciones en torno a polémicas inconclusas desde la perspectiva de la teoría marxista de la dependencia". IX Jornadas de Economía Crítica. Córdoba, Argentina, 2016. Comunicação.

BRASIL. FUNAG-Itamaraty. *Estatísticas para o estudo das relações internacionais*. Brasília: Funag, 2016.

BRASIL DE FATO. *Mais máquinas, mesma exploração*. 13 de junho de 2011.

BRAUDEL, Fernand. "Alimentos e bebidas". *In: Civilização material, economia e capitalismo, séculos XV-XVIII*. vol 1. São Paulo: Martins Fontes, 2005. Trad. Telma Costa.

BRITO FIGUEROA, Federico. *Historia económica y social de Venezuela*. Caracas: UCV, 1987. Tomo II.

BULMER-THOMAS, Victor. *La historia económica de América Latina desde la Independencia*. Cidade do México: Fondo de Cultura Económica, 2010.

CAMPI, Daniel. "La evolución del salario real del peón azucarero en Tucumán (Argentina) en un contexto de coacción y salario 'arcaico' (1881-1893)". *América Latina en la Historia Económica*, Cidade do México: n. 22, julio-diciembre 2004, pp. 105-128.

CAPUTO, Orlando. "La importancia de Marx para el estudio de la economía mundial actual". *In:* Claudia Drago, Tomás Moulián e Paula Vidal (orgs.). *Marx en el siglo XXI*. Santiago de Chile: LOM Ediciones, 2011.

CAPUTO, Orlando e PIZARRO, Roberto. "Imperialismo, dependencia y relaciones económicas internacionales". *Cuadernos de Estudios Socioeconómicos*, CESO, Santiago de Chile: 1971, n. 12-13.

CARCANHOLO, Marcelo Dias. *Dependencia, superexplotación del trabajo y crisis*. Una interpretación desde Marx. Madri: Maia Ediciones, 2017.

_____."(Im)precisões sobre a categoria superexploração da força de trabalho". *In:* Niemeyer Almeida Filho (org.). *Desenvolvimento e dependência*. Brasília: IPEA, 2013.

_____."Dialética do desenvolvimento periférico: dependência, superexploração da força de trabalho e alternativas de desenvolvimento". *Revista de Economia Contemporânea*, Rio de Janeiro: v. 12, n. 2, maio-agosto 2008, pp. 247-272.

_____. "Equilíbrio e crise: uma hipótese e um fato inconciliáveis". *Revista da Sociedade Brasileira de Economia Política*, Rio de Janeiro: n. 12, junho 2003, pp. 67-86

CARCANHOLO, Reinaldo. La transferencia de valor y el desarrollo del capitalismo en Costa Rica. Tese de Doutorado. Cidade do México: Universidad Nacional Autónoma de México, Facultad de Economía, 1981. Orientador: Ruy Mauro Marini.

CÁRDENAS, Enrique, OCAMPO, José Antonio, THORP, Rosemary (orgs.). *La era de las exportaciones latinoamericanas.* De fines de siglo XIX a principios del XX. Cidade do México: Fondo de Cultura Económica, 2003.

CARDOSO, Ana Claudia Moreira. *Tempos de trabalho, tempos de não trabalho.* Disputas em torno da jornada do trabalhador. São Paulo: Annablume, 2009.

CARDOSO, Ciro Flamarion e BRIGNOLI, Héctor Pérez. *História Econômica da América Latina.* Rio de Janeiro: Graal, 1984.

CARDOSO, Fernando Henrique e SERRA, José. "As Desventuras da dialética da dependência". *Estudos CEBRAP*, n. 22, outubro-dezembro 1977, pp. 5-39.

CARDOSO, Fernando Henrique e FALETTO, Enzo. *Dependencia y desarrollo en América Latina.* Ensayo de interpretación sociológica. Cidade do México: Siglo XXI, 1969.

CARMAGNANI, Marcelo. "La edad de oro de las exportaciones", *In: Estado y sociedad en América Latina.* 1850-1930. Barcelona: Editorial Crítica, 1984.

CARTA CAPITAL. "Cidade ou hospício?" 9 de maio de 2012, p. 68.

CASTAÑEDA, Jorge e HETT, Enrique. *El economismo dependentista.* Cidade do México: Siglo XXI, 1988. 5ª ed.

CASTEL, Robert. *A metamorfose da questão social.* Crônica do salário. Petrópolis: Vozes, 1998. Trad. Iraci Poleti.

CASTELO, Rodrigo (org.). *Encruzilhadas da América Latina no século XXI.* Rio de Janeiro: Pão e Rosas, 2010.

CASTRO, Fidel. *Política* (organização e apresentação de Florestan Fernandes). São Paulo: Ática, 1986.

CECEÑA, Ana Esther. "Fuerza de trabajo femenina y explotación capitalista". *Cuadernos CIDAMO*, Cidade do México: n. 11, pp. 1-23.

CEPAL. "América Latina y el Caribe. Series Estadísticas Económicas. 1950-2008". Disponível em:<http://http://www.cepal.org/deype/cuaderno37/esp/index.htm>. Acesso em janeiro de 2017.

_____. "Postwar price relations in trade between underdevelopment and industrialized countries". Documento E/CN.1/Sub.3/W.5. *In:* Ricardo Bielchowsky (org.). *Cinquenta anos de pensamento na CEPAL.* Rio de Janeiro: Record, 2000. Vol. 1.

_____."Función de las empresas internacionales en la industria automotriz latinoamericana". *Documento Informativo n. 2*, Grupo de Trabajo sobre Economías de Escala en la Industria Automotriz Latinoamericana. Santiago de Chile: septiembre 1970. Disponível em: <http://repositorio.cepal.org>. Acesso em setembro de 2016.

CESIT. Centro de Estudos Sindicais e de Economia do Trabalho/UNICAMP. *Dossiê Reforma Trabalhista*. Campinas, junho de 2017. Disponível em: <http://www.cesit.net.br>. Acesso em julho de 2017.

CHESNAIS, François. *A mundialização do capital*. São Paulo: Xamã, 1996.

CHIARAMONTE, José Carlos. "Formación social, formación económica de la sociedad y modo de producción en el texto del Prólogo de 1859", In: *Formas de sociedad y economía en Hispanoamérica*. Cidade do México: Grijalbo, 1984.

CHICAGO SUNDAY TRIBUNE. "South America Hostile to U.S." 17 de setembro de 1905. Disponível em <http://archives.chicagotribune.com>. Acesso em outubro de 2016.

CLUNY, Claude Michel. Atacama. *Ensayo sobre la guerra del Pacífico, 1879-1883*. Cidade do México: Fondo de Cultura Económica, 2008.

CNDL/UFMG. Pesquisa perfil do consumidor com e sem dívida no Brasil. Disponível em: <http://www.cndl.org.br/mostra_capa.php?.id=470>. Acesso em outubro de 2012.

COGGIOLA, Osvaldo. "A crise de 1929 e a Segunda Grande Depressão". In: *As grandes depressões. 1873-1896 e 1929-1939*. São Paulo: Alameda, 2009.

CONSULTORIA LEGISLATIVA DA CÂMARA DOS DEPUTADOS. "Automóveis, preços e tributos: Brasil e outros países". Brasília: Câmara dos Deputados, 2010. Estudo de autoria de Eduardo Fernandez Silva.

CORRÊA, Hugo, CARCANHOLO, Marcelo. "Uma teoria da superexploração da força de trabalho em Marx? Um Marx que nem mesmo ele tinha percebido". *Revista da Sociedade Brasileira de Economia Política*, n. 44, jun.-set. 2016, pp. 9-30.

COSTA, Emilia Viotti da. "Política de terras no Brasil e nos Estados Unidos". In: *Da Monarquia à República: momentos decisivos*. São Paulo: UNESP, 2010. 9ª ed.

CUEVA, Agustín. "Entre la ira y la esperanza y otros ensayos de crítica latinoamericana. Fundamentos conceptuales". *Antología* (Organização e apresentação de Alejandro Moreano). Bogotá: CLACSO, 2008.

_____. *O desenvolvimento do capitalismo na América Latina*. São Paulo: Global, 1983. Trad. Carlos Machado.

_____. "Problemas y perspectivas de la teoría de la dependencia". In: *Teoría social y procesos políticos en América Latina*. Cidade do México: Edicol, 1979.

CULLÉN, Rafael. "Génesis, desarollo y crisis del peronismo original". In: *Clase obrera, lucha armada y peronismos*. Buenos Aires: Ediciones De la Campana, 2009, Tomo I.

DAL PRA, Mario. *La dialéctica en Marx*. Barcelona: Ediciones Martínez Roca, 1971.

DANTAS, Maressa e TAVARES, Maria Augusta. "Mecanização: desumanização no trabalho do corte da cana-de-açúcar". VII Colóquio Internacional Marx-Engels. GT 6 – Trabalho e Produção no Capitalismo Contemporâneo. Comunicação.

DEBRAY, Regis. *Revolução na revolução*. São Paulo: Centro Editorial Latino-Americano, s/d.

DIEESE (Departamento Intersindical de Estatística e Estudos Socioeconômicos). "Nota Técnica n. 137", junho de 2014. Remessa de lucros e dividendos: setores e a dinâmica da economia brasileira. Disponível em: <http://www.dieese.org.br/notatecnica/2014/notaTec137RemessaLucros.pdf>. Acesso em setembro de 2016.

_____. *Salário mínimo*: instrumento de combate à desigualdade. São Paulo: DIEESE, 2009.

DORE, Elizabeth. "Teoria da Dependência". *In:* Tom Bottomore (org.). *Dicionário do pensamento marxista*. Rio de Janeiro: Zahar, 2001. Trad. Waltensir Dutra.

DOS SANTOS, Theotonio. *Obras reunidas*. Disponível em: <http://ru.iiec.unam.mx/3105>. Acesso em julho de 2017.

_____. "A dialética do interno e do externo". *In: Democracia e socialismo no capitalismo dependente*. Petrópolis: Vozes, 1991.

_____. Memorial. Niterói: Universidade Federal Fluminense, 1994. Mimeo.

_____. *Revolução científico-técnica e acumulação do capital*. Petrópolis: Vozes, 1987.

_____. *Revolução científico-técnica e capitalismo contemporâneo*. Petrópolis: Vozes, 1983.

_____. "La estrategia y la táctica socialistas en Marx y Engels". *In:* Vania Bambirra e Theotonio dos Santos. *La estrategia y la táctica socialistas de Marx y Engels a Lenin*. Cidade do México: Ediciones Era, 1981, Tomo 1.

_____. "La estructura de la dependencia". *In: Imperialismo y dependencia*. Cidade do México: Ediciones Era, 1978.

_____. *Socialismo o fascismo*. Cidade do México: Edicol, 1978.

_____. *Imperialismo y dependencia*. Cidade do México: Ediciones Era, 1978.

_____. "Dependencia y cambio Social". *Cuadernos de Estudios Socioecononómicos*, CESO, Santiago de Chile: n. 11, noviembre 1970.

_____. "El nuevo carácter de la dependencia". Santiago de Chile: Cuadernos de Ceso, 1967.

DUARTE, Pedro Henrique Evangelista. "Economia política do trabalho no capitalismo dependente: apontamentos sobre a marginalidade social e a superexploração da força de trabalho". *Revista da Sociedade Brasileira de Economia Política*, n. 45, outubro-dezembro 2016, pp. 94-117.

ECHEVERRÍA, Bolívar. *El discurso crítico de Marx*. Cidade do México: Ediciones Era, 1986.

ENGELS, Friedrich. "Prefácio da primeira edição". *In: O capital*. Livro II. São Paulo: Boitempo, 2014. Trad. Rubens Enderle.

_____. *A situação da classe trabalhadora na Inglaterra*. São Paulo: Boitempo, 2008. Trad. B. A. Schumannn; supervisão, apresentação e notas José Paulo Netto.

ESCOBAR, Victor Manuel, JIMÉNEZ, Abel, FARFÁN, Guillermo. Una aproximación al valor de la fuerza de trabajo en México. Cidade do México: UNAM – Facultad de Ciencias Políticas y Sociales, 1980 (Tesis para obtener el grado de Licenciado em Sociología). Orientador: Ruy Mauro Marini.

ENFF (ESCOLA NACIONAL FLORESTAN FERNANDES)/Editora Expressão Popular. Ruy Mauro Marini e a dialética da dependência (documentário). São Paulo, 2014.

ESTAY, Jaime. *Pasado y presente de la deuda externa de América Latina*. Cidade do México: IIEC-UNAM, 1996.

FARFÁN, Guillermo. "Reproducción de la fuerza de trabajo y superexplotación (contribución al debate latinoamericano)". *Cuadernos CIDAMO*, Cidade do México: n. 5, pp. 1-27.

FATTORELLI, Maria Lucia. *Caderno de Estudo A Dívida Pública em debate*. Brasília: Auditoria Cidadã da Dívida, 2012.

FERNANDES, Florestan. *A Revolução Burguesa no Brasil*. São Paulo: DIFEL, 1974.

FERREIRA, Aurélio Buarque de Holanda. *Novo Dicionário Aurélio da Língua Portuguesa*. Rio de Janeiro: Editora Nova Fronteira, 1986. 2ª edição revista e ampliada.

FERREIRA, Carla Cecilia Campos. A classe trabalhadora no processo bolivariano da Venezuela. Contradições e conflitos do capitalismo dependente petroleiro-rentista (1958-2010). Porto Alegre: PPGH-UFRGS, 2012. Tese de Doutorado.

FERREIRA, Carla e LUCE, Mathias. "Introdução". *In:* Carla Ferreira, Jaime Osorio e Mathias Luce (orgs.). *Padrão de reprodução do capital: contribuições da Teoria Marxista da Dependência*. São Paulo: Boitempo Editorial, 2012.

FERREIRA, Carla, OSORIO, Jaime, LUCE, Mathias (orgs.). *Padrão de reprodução do capital: contribuições da Teoria Marxista da Dependência*. São Paulo: Boitempo, 2012.

FERRER, Aldo. *A economia argentina*. De suas origens ao início do século XXI. Rio de Janeiro: Elsevier, 2006.

FIGUEROA, Victor. *Reinterpretando el subdesarrollo*. Cidade do México: Siglo XXI, 1986.

FLORESCANO, Enrique (org.). *Orígenes y desarrollo de la burguesía en América Latina. 1700-1955*. Cidade do México: Nueva Imagen, 1985.

FONTES, Virgínia. Ruy Mauro Marini. "Tributo e polêmica", *In: O Brasil e o capital-imperialismo*. Rio de Janeiro: Editora UFRJ, 2010.

FOSTER, John Bellamy e CLARK, Brett. "Imperialismo ecológico. La maldición del capitalismo". *Socialist Register 2004*. El nuevo desafío imperial. Disponível em: < http://www.socialistregister.com>.

FRANKLIN, Rodrigo Straessli Pinto. Teoria da dependência. Categorias para uma análise do mercado mundial. Porto Alegre: Programa de Pós-Graduação em Economia – UFRGS/Tese de Doutorado, 2015.

_____. Um ensaio sobre a dependência a partir das relações econômicas do Brasil contemporâneo. Porto Alegre: Programa de Pós-Graduação em Economia- UFRGS/Dissertação de Mestrado, 2012.

FUENTES, Carlos. *La Muerte de Artemio Cruz*. Cidade do México: Fondo de Cultura Económica, 1983. 8ª reimpressão.

FURTADO, Celso. *Formação econômica do Brasil*. São Paulo: Companhia das Letras, 2007. 7ª reimpr.

GANDARILLA SALGADO, José. "Las transferencias de excedente en el tiempo largo de la historia y en la época actual". *In:* VÁRIOS. *Crítica y teoría en el pensamiento social latinoamericano*. Buenos Aires: CLACSO, 2008. Disponível em:

<http://biblioteca.clacso.edu.ar/ar/libros/becas/critica/C02GSalgado.pdf>. Acesso em setembro de 2016.

GASPARINI, Paolo (fotografias) e DESNOES, Edmundo (textos). *Para verte mejor América Latina*. Cidade do México: Siglo XXI, 2011. 3ª reimpr.

GOLDENSTEIN, Lídia. *Repensando a dependência*. Rio de Janeiro: Paz e Terra, 1994.

GONÇALVES, Reinaldo e POMAR, Valter. *O Brasil endividado*. São Paulo: Editora Fundação Perseu Abramo, 2001. 2ª reimpr.

GONZÁLEZ CASANOVA, Pablo (org.). *Historia del movimiento obrero en América Latina*. Cidade do México: Siglo XXI, 4 vols.

GOWAN, Peter. *A roleta global*. Rio de Janeiro: Record, 2003.

GUEVARA, Ernesto Che. *Escritos y discursos*. La Habana: Editorial de Ciencias Sociales, 1977. 9 tomos.

GUNDER FRANK, Andre. "¿Quien es el enemigo inmediato? Latinoamérica: subdesarrollo capitalista o revolución socialista?" *In: America Latina: subdesarrollo o revolución*. Cidade do México: Ediciones Era, 1973.

_____. *Capitalismo y subdesarrollo en América Latina*. Cidade do México: Siglo XXI, 1970.

_____. *El desarrollo del subdesarrollo*. Pensamiento Crítico, La Habana: n. 7, agosto de 1967.

HOBSBAWM, Eric. *Da Revolução Industrial inglesa ao imperialismo*. Rio de Janeiro: Forense, 2013.

_____. "Padrão de vida, 1859-1914". *In: Da Revolução Industrial inglesa ao imperialismo*. Rio de Janeiro: Forense, 2013, 6ª ed. Trad. Donaldson Garschagen.

_____. *A era dos impérios*. 1875-1914. Rio de Janeiro: Paz e Terra, 1998. 5ª ed. Trad. Sieni Maria Campos e Yolanda de Toledo.

_____. "O padrão de vida inglês de 1790 a 1850". *In: Os trabalhadores. Estudos sobre a história do operariado*. São Paulo: Paz e Terra, 2000. Trad. Maria Leão de Medeiros.

_____. "O debate do padrão de vida: um pós-escrito". *In: Os trabalhadores. Estudos sobre a história do operariado*. São Paulo: Paz e Terra, 2000. Trad. Maria Leão de Medeiros.

HUBERMAN, Michael e MINNS, Chris."The times they are not changin': Days and hours of work in Old and New Worlds, 1870-2000". *Explorations in Economic History*, n. 44, 2007, pp. 538-67.

HUTMAN, John. "British meat imports in the free trade era". *Agricultural History*, vol. 52, n. 2. Apr. 1978, pp. 247-262.

IBGE. Instituto Brasileiro de Geografia e Estatística. *Pesquisa Nacional por Amostra de Domicílios* (PNAD). Vários anos. Disponível em: <http://www.ibge.gov.br>.

IÑIGO CARRERA, José. "La unidad mundial de la acumulación de capital en su forma nacional históricamente dominante en América Latina. Crítica a las teorías del desarrollo, de la dependencia y del imperialismo". Disponível em: <https://marxismocritico.com/2013/02/13/la-unidad-mundial-de-la-acumulacion-de-capital>. Acesso em junho de 2017.

INSS. Instituto Nacional do Seguro Social. *Anuário Estatístico sobre Acidentes de Trabalho*. 2009. Disponível em: <http://www.previdenciasocial.gov.br/conteudoDinamico.php?id=423>.

INTERNATIONAL ORGANISATION FOR PUBLIC TRANSPORT AUTHORITIES AND OPERATORS POLICY. *World Metro Figures*. October 2015. Disponível em: <http://www.uitp.org/world-metro-and-Automated-metro-latest-figures>. Acesso em setembro de 2016.

IVES, Kim. "Haiti: Independence debt, reparations for slavery and colonialism, and international 'Aid'". *Global Research*, 10 de maio de 2013. Disponível em: <http://www.globalresearch.ca>. Acesso em fevereiro de 2015.

KATZ, Claudio. "Argumentos antidependentistas". Disponível em:http://katz.lahaine.org>. Acesso em junho de 2017.

KATZ, Frederico Jayme. "Clamando no deserto: a tese do bloqueio". Disponível em: <http://www.unicap.br/neal/artigos/Texto13ProfFred.pdf>. Acesso em julho de 2017.

KOHAN, Nestor. *Marx en su (tercer) mundo*. La Habana: Centro Juan Marinello, 2003.

KORNBLIHTT, Juan. "Del socialismo al estatismo capitalista. Debate sobre la teoría de la dependencia con Ruy Mauro Marini". *Razón&Revolución*. Disponível em: <http://www.razonyrevolucion.org>. Acesso em junho de 2017.

LAAT, E.F. "Trabalho e risco no corte manual de cana-de-açúcar: a maratona perigosa nos canaviais". Comunicação apresentada no Seminário Condições de Trabalho no Plantio e Corte de Cana. Campinas: Procuradoria Regional do Trabalho da 15ª Região, 24 e 25 de abril de 2008.

LAMER, Mirko. *Potential fertilizer production. In:* The World fertilizer economy. California, Stanford University Press, 1987.

LA RAZÓN. Suplemento El Financiero. Canal de Panamá encara duro dilemma el año de su centenario. 19 de enero de 2014. Disponível em: <http://la-razon.com>. Acesso em março de 2017.

LASTRA, Facundo. "Análisis crítico del concepto de 'superexplotación' del trabajo en la Teoría de la Dependencia". X Jornadas de Sociología. Buenos Aires: Facultad de Ciencias Sociales/UBA, 2013.

LEAL, Murilo. *A reinvenção da classe trabalhadora* (1953-64). Campinas: Editora da UNICAMP, 2011.

LENIN, Vladimir. *Imperialismo, estágio superior do capitalismo*. São Paulo: Expressão Popular, 2012.

_____ . "¿Quienes son los "amigos del pueblo" y como luchan contra los socialdemócratas". *In:* V. I. Lenin. *Obras Completas*. Tomo I. Moscou: Editorial Progreso, 1981.

LEIPNITZ, Guinter Tlaja. "Contratos, preços e possibilidades: arrendamentos e mercantilização da terra na fronteira sul do Brasil, segunda metade do século XIX". *Revista Topoi*, Rio de Janeiro: v. 13, n.4, jan.-jun. 2012.

LINDSAY, Craig. *Labour Market Trends*. Special Feature. A century of labour market change: 1900 to 2000. United Kingdom, March 2003.

LING, Peter. *America and the automobile technoloy, reform and social change*. 1893-1923. Manchester University Press, 1990.

LOPES, Janaina Perrayon. Casamentos de escravos nas freguesias de Candelária, São Francisco Xavier e Jacarepaguá: uma contribuição aos estudos de sociabilidade matrionial no Rio de Janeiro (c.1800-c.1850). Rio de Janeiro: Programa de Pós-Graduação em História/UFRJ-IFCS, 2006. Dissertação de Mestrado.

LUCAS, José. *Não à teoria do subdesenvolvimento*. São Paulo: Kairós, 1983.

LUCE, Mathias Seibel. "Subdesenvolvimento, dependência e a revolução brasileira [resenha de Subdesenvolvimento e revolução. Florianópolis: Insular/IELA, 2012]". Margem Esquerda – Ensaios Marxistas, São Paulo: Boitempo, n. 20, 2013, pp. 147-151.

_____. "Brasil: nova classe média ou novas formas de superexploração da classe trabalhadora?"*Trabalho, Educação e Saúde*, Rio de Janeiro: Escola Politécnica de Saúde Joaquim Venâncio-Fiocruz, v. 11, n. 1, 2013, pp. 169-190.

_____. "A superexploração da força de trabalho no Brasil". *Revista da Sociedade Brasileira de Economia Política*, São Paulo: n. 32, junho de 2012, pp. 119-141.

_____. O processo de industrialização na América Latina. Dissertação apresentada em concurso para o provimento do cargo de Professor de História da América. Porto Alegre: Universidade Federal do Rio Grande do Sul/ Departamento de História, 2011, mimeo.

_____. A teoria do subimperialismo em Ruy Mauro Marini: contradições do capitalismo dependente e a questão do padrão de reprodução do capital. Porto Alegre: PPGH-UFRGS, 2011. Tese de Doutorado.

_____. O esquema de realização do subimperialismo. *In:* A teoria do subimperialismo em Ruy Mauro Marini: contradições do capitalismo dependente e a questão do padrão de reprodução do capital. Porto Alegre: PPGH-UFRGS, 2011. Tese de Doutorado.

LUKÁCS, György. "Historicidade e universalidade teórica". *In: Para uma ontologia do ser social I*. São Paulo: Boitempo, 2012. Trad. Carlos Nelson Coutinho, Mário Duayer e Nélio Schneider.

_____. "Carta sobre o stalinismo". *Margem Esquerda* – Revista da Boitempo, n. 28, 1º semestre 2017, pp. 127-142. Trad. Leandro Konder.

_____. *Ontologia do ser social*. Os princípios ontológicos fundamentais de Marx. São Paulo: Editora Ciências Humanas, 1979. Trad. Carlos Nelson Coutinho.

_____. *Introdução a uma estética marxista*. Rio de Janeiro: Civilização Brasileira, 1968. Trad. Carlos Nelson Coutinho.

LUPORINI, Cesare. "Marx según Marx". *Cuadernos de Pasado y Presente*, Buenos Aires: n. 39, mayo 1973, p. 97-161.

MACHADO, João. "Ruy Mauro Marini: dependência e intercâmbio desigual". *Crítica Marxista*, n. 33, 2011, pp. 83-104.

MANDEL, Ernest. *Tratado de Economía Marxista*. Cidade do México: Ediciones Era, 1980, Vol II. 5ª ed.

_____. "La acumulación originaria y la industrialización del Tercer Mundo". *In: Ensayos sobre el neocapitalismo*. Cidade do México: Ediciones Era, 1971.

MANDULEY, Julio. "Panamá". *Notas sobre la estructura y la coyuntura*. Cidade do Panamá: Centro de Estudios Estratégicos, 2009.

MANTEGA, Guido. *A economia política brasileira*. Petrópolis: Vozes, 1985.

MARICHAL, Carlos. *Historia de la deuda externa de América Latina*. Madri: Alianza Editorial, 1988.

_____. "¿Existen ciclos de la deuda externa en América Latina? Perspectiva de los siglos XIX y XX."*Comércio Exterior*, vol. 55, n.8, agosto 2005, pp. 676-82.

MARICHAL, Carlos (org.). *Las inversiones extranjeras en América Latina, 1850-1930*. Nuevos debates y problemas en historia económica comparada. Cidade do México: Fondo de Cultura Económica/Colegio de México, 1995.

MARINGONI, Gilberto. "O industrial". *In: Barão de Mauá*. Disponível em: <http://www.brmaua.com.br>. Acesso em setembro de 2016.

MARINI, Ruy Mauro. *Subdesarrollo y revolución*. Cidade do México: Siglo XXI, 1974. 5ª ed. ampliada [edição brasileira: *Subdesenvolvimento e revolução*. Florianópolis: IELA-UFSC/Insular, 2012. Trad. Fernando Prado e Marina Gouvêa].

_____. *Dialéctica de la dependencia*. Cidade do México: Ediciones Era, 1977, 3ª ed. [edição brasileira: Dialética da Dependência. Trad. Marcelo Dias Carcanholo. *In:* João Pedro Stedile e Roberta Traspadini (orgs.). *Ruy Mauro Marini*: vida e obra. São Paulo: Expressão Popular, 2005].

_____. "En torno a la Dialéctica de la Dependencia". *In: Dialéctica de la dependencia*. Cidade do México: Ediciones Era, 1977, 3ª ed. (edição brasileira: Sobre Dialética da Dependência. Trad. Carlos Eduardo Martins. *In:* João Pedro Stedile e Roberta Traspadini (orgs.). *Ruy Mauro Marini*: vida e obra. São Paulo: Expressão Popular, 2005).

_____. "Dialéctica de la dependencia. La economía exportadora". Sociedad y Desarrollo, Ceso, Santiago de Chile: n. 1, enero-marzo 1972.

_____. O ciclo do capital na economia dependente. *In:* Carla Ferreira, Jaime Osorio e Mathias Luce (orgs.). *Padrão de reprodução do capital: contribuições da Teoria Marxista da Dependência*. São Paulo: Boitempo Editorial, 2012.

_____. Memória. *In:* João Pedro Stedile e Roberta Traspadini (orgs.). *Ruy Mauro Marini*: vida e obra. São Paulo: Expressão Popular, 2005

_____. *Dialética da dependência* (antologia de Ruy Mauro Marini. Organização de Emir Sader). Petrópolis: Vozes, 2000.

_____. "La crisis del pensamiento latinoamericano y el liberalismo". *In:* Fernando Carmona (org.). *América Latina*: hacia una nueva teorización. Cidade do México: IIEC-UNAM, 1993.

_____. *Informe Internacional [MIR]*. Agosto 1991. Disponível em: <http://www.marini-escritos.unam.mx/317_informe_internacional_marini.html>. Acesso em julho de 2017.

_____. *A Constituição de 1988*. Disponível em: <http://www.marini-escritos.unam.mx/067_constitucion_brasil_1988.html>. Acesso em julho de 2017.

_____. "Sobre el patrón de reproducción del capital en Chile". *Cuadernos de Cidamo*, Cidade do México: n. 7, 1982. Disponível em:<http://www.marini--escritos.unam.mx>.

_____. "Irracionalidad de la dependencia". *Punto Final Internacional*, año IX, n. 197, Cidade do México: septiembre-octubre 1981. Disponível em: <http://marini-escritos.unam.mx>. Acesso em abril de 2017.

_____. "La acumulación capitalista dependiente y la superexplotación del trabajo". *Cuadernos de CELA*, Panamá, n. 2, 1981. Disponível em: <http://www.marini-escritos.unam.mx>. Acesso em julho de 2016.

_____. "Plusvalía extraordinaria y acumulación de capital". *Cuadernos Políticos*, Cidade do México: Ediciones Era, n. 20, 1979, p. 18-39.

_____. *Las razones del neodesarrollismo: o porqué me ufano de mí burguesía*. 1978. Disponível em: <http://www.marini-escritos.unam.mx>.

_____. "La acumulación capitalista mundial y el subimperialismo". *Cuadernos Políticos*, Cidade do México: Ediciones Era, n.12, abril-junio 1977, pp. 20-39.

_____. "Prólogo". *In*: Vania Bambirra. *La Revolución Cubana*: una reinterpretación. Cidade do México: Editorial Nuestro Tiempo, 1974 (Disponível em: <http://www.ufrgs.br/vaniabambirra>).

_____. "Reforma y revolución: una crítica a Lelio Basso". *In*: VÁRIOS. *Acerca de la transición al socialismo*. Buenos Aires: Ediciones Periferia, 1974. Disponível em: <http://www.marini-escritos.unam.mx/051_reforma_revolucion.html>. Acesso em julho de 2017.

MARINI, Ruy Mauro Marini e MILLÁN, Márgara (orgs.). *La teoría social latinoamericana*. Tomo III. La centralidad del marxismo. Cidade do México: Ediciones El Caballito, 1995.

MARINI, Ruy Mauro, SOTELO VALENCIA, Adrián, ARTEAGA, Arnulfo. *Análisis de los mecanismos de protección al salario en la esfera de la producción*. Cidade do México: Secretaria de Trabajo y Previsión Social, 1983. Disponível em: <http://www.marini-escritos.unam.mx>. Acesso em maio de 2017.

MARINI, Ruy Mauro e SPAGNOLO, Alberto. *Curso de Economía Política V*. Cidade do México: Facultad de Economía-UNAM, 1979. Disponível em: <http://www.marini-escritos.unam.mx/cursos>.

MARQUES, Rosa Maria, CAPELAS, Estela, HUERTAS NETO, Miguel. "Relações de trabalho e flexibilização". *In*: R.M. Marques e M.R. Jansen Ferreira (orgs.). *O Brasil sob a nova ordem*. São Paulo: Saraiva, 2010.

MARQUESE, Rafael e SALLES, Ricardo (orgs.). *Escravidão e capitalismo histórico no século XIX*. Cuba, Brasil e Estados Unidos. Rio de Janeiro: Civilização Brasileira, 2016.

MARTÍNEZ, Gloria. "Algumas evidências da superexploração nos países subdesenvolvidos: a atualidade do pensamento de Marini". *Revista da Sociedade Brasileira de Economia Política*, n. 4, junho de 1999, pp. 105-121. Trad. Marcelo Dias Carcanholo.

MARTINS, Carlos Eduardo (org.). *América Latina*: dependencia y globalización (antología de Ruy Mauro Marini). Buenos Aires/Bogotá: CLACSO/Siglo del Hombre Editores, 2008.

MARTINS, Carlos Eduardo. *Globalização, dependência e neoliberalismo na América Latina*. São Paulo: Boitempo Editorial, 2011.

_____. "Superexploração do trabalho e acumulação de capital: reflexões teórico-metodológicas para uma economia política da dependência". *Revista da Sociedade Brasileira de Economia Política*, São Paulo: n. 5, 1999, pp. 121-138.

MARTINS, Carlos Eduardo e SOTELO VALENCIA, Adrián (orgs.). *América Latina e os desafios da globalização*. Ensaios dedicados a Ruy Mauro Marini. São Paulo: Boitempo Editorial, 2009.

MARTINS, José de Souza. *O cativeiro da terra*. São Paulo: Contexto, 2010. 9ª ed. revista e ampliada.

MARTINS, Marcelino e JOHNSTON, E. *150 anos de café* (séries estatísticas. Com textos de Edmar Bacha e Robert Greenhill). São Paulo: Salamandra, 1992.

MARX, Karl. *O capital*. Livro III. São Paulo: Boitempo, 2017. Trad. Rubens Enderle

_____. *Crítica da filosofia do direito de Hegel*. São Paulo: Boitempo, 2015. Trad. Rubens Enderle e Leonardo de Deus.

_____. *O capital*. Livro II. São Paulo: Boitempo, 2014. Trad. Rubens Enderle.

_____. *O capital*. Livro I. São Paulo: Boitempo, 2013. Trad. Rubens Enderle.

_____. *Grundrisse*. São Paulo: Boitempo, 2011. Trad. Mario Duayer e Nélio Schneider.

_____. "Introdução". *In: Grundrisse*. São Paulo: Boitempo, 2011. Trad. Mario Duayer e Nélio Schneider.

_____. "11ª Tese sobre Feuerbach". *In:* Karl Marx e Friedrich Engels. *A ideologia alemã*. São Paulo: Expressão Popular, 2009, p. 126. Trad. Álvaro Pina.

_____. *A ideologia alemã*. São Paulo: Expressão Popular, 2007. Trad. Álvaro Pina.

_____. *Subsunción formal y subsunción real del proceso de trabajo al proceso de valorización* (seleção e trad. Bolívar Echeverría). Cidade do México: Itaca, 2005.

_____. *Manuscritos econômico-filosóficos*. São Paulo: Martin-Claret, 2001, 4ª reimpr. Trad. Alex Marins.

_____. *El capital*. Crítica de la economía política, I. Cidade do México: Fondo de Cultura Económica, 1999.

_____. "A jornada de trabalho". *In: O capital*, Livro I. São Paulo: Nova Cultural, 1996, Capítulo VIII. Trad. Regis Barbosa e Flávio Kothe.

_____. "Sobre a lei do valor. Carta a Kugelman". 11 de julho de 1868. *In:* Karl Marx e Friederich Engels. *História* (trad. e organização de Florestan Fernandes). São Paulo: Ática, 1983.

McKINSEY&COMPANY. "The road to 2020 and beyond. What´s driving the global automotive industry?" Setembro de 2013. Disponível em: <http://www.mckinsey.com/industries/automotive-and-assembly/our-insights/the-road-to-2020-and-beyond-whats-driving-the-global-automotive-industry>. Acesso em setembro de 2016.

MELLO, João Manuel Cardoso de. *O capitalismo tardio*. São Paulo: Brasiliense, 1982, 2ª ed.

MERCIER, Louis-Sebastién. *Le Tableau de Paris*. Paris, 1781.

MÉSZÁROS, István. *O desafio e o fardo do tempo histórico*. São Paulo: Boitempo, 2010. Trad. Ana Cotrim e Vera Cotrim.

_____. "A metáfora e o símile". In: *Filosofia, ideologia e ciência social*. São Paulo: Boitempo, 2008. Trad. Ester Vaisman.

_____. *O século XXI*: socialismo ou barbárie. São Paulo: Boitempo, 2003. Trad. Paulo César Castanheira.

_____. "A taxa de utilização decrescente no capitalismo". In: *Para além do capital*. São Paulo: Boitempo, 2002. Trad. Paulo César Castanheira e Sérgio Lessa.

MILLET, Damien, MUNEVAR, Éric, TOUSSAINT, Eric. CADTM. *Las cifras de la deuda 2012*. Disponível em: <http://www.cadtm.org/IMG/pdf/lascifrasdeladeuda_2012.pdf>. Acesso em outubro de 2016.

NAHUN, Benjamin (org.). *Informes diplomáticos de los representantes del Reino Unido en el Uruguay*. Montevidéu: Udelar, 2012.

NASCIMENTO, Carlos Alves do, DILLENBURG, Fernando Frota, SOBRAL, Fábio Maia. "Exploração e superexploração da força de trabalho em Marx e Marini". In: Niemeyer Almeida Filho (org.). *Desenvolvimento e dependência*. Brasília: IPEA, 2013.

NETTO, José Paulo. "Marx, ontem e hoje" (conferência). Colóquio Marx e o Marxismo. Niterói, NIEP-Marx/Universidade Federal Fluminense, 30 de setembro de 2013.

_____. *Introdução ao estudo do método de Marx*. São Paulo: Expressão Popular, 2011.

NETTO, José Paulo e BRAZ, Marcelo. *Economia Política*: uma introdução crítica. São Paulo: Cortez, 2007.

NEVES, Lafaiete (org.). *Desenvolvimento e dependência*: atualidade do pensamento de Ruy Mauro Marini. Curitiba: Editora CRV, 2012.

_____. Concorrência asiática. *Gazeta do Povo*, Curitiba, 26 de setembro de 2011.

OBSERVATORIO DE MOVILIDAD URBANA PARA AMÉRICA LATINA. Disponível em: <http://www.mobilize.org.br/estudos/107/observatorio-de--mobilidade-urbana-para-a-america-latina.html>. Acesso em setembro de 2016.

OCAMPO, José Antonio Ocampo e PARRA, María Angélica. "Los términos de intercambio de los productos básicos en el siglo XX". *Revista de la CEPAL*, n. 79, pp. 7-35.

OIT. Organização Internacional do Trabalho. *Duração do trabalho em todo o mundo*: tendências de jornadas de trabalho, legislação e políticas numa política global comparada. Brasília: OIT, 2009.

_____. *World Social Security Report, 2010/2011*: providing coverage in times of crisis and beyond. Genebra: OIT, 2010.

ONU. Organização das Nações Unidas. Conferência sobre Assentamentos Humanos – Habitat-ONU. The challenge of slums. *Global Report on Human Settlements 2003*. Disponível em: <http://unhabitat.org/books/the-challenge-of-slums--global-report-on-human-settlements-2003/>. Acesso em agosto de 2016.

OSORIO, Jaime. "La ley del valor, intercambio desigual, renta de la tierra y dependencia". *Cuadernos de Economía Crítica*, La Plata: año 3, n. 6, 2017, pp. 45-70.

_____. "Sistema mundial e formas de capitalismo. A teoria marxista da dependência revisitada". *Revista Direito e Práxis*, Rio de Janeiro: vol. 7, n. 13, 2016, pp. 494-539.

_____. "América Latina frente al espejo del desarrollo de Corea del Sur y China". *Revista Problemas del Desarrollo*, Cidade do México: n. 182 (46), julio-septiembre 2015, pp. 143-163.

_____."El sistema-mundo de Wallerstein y su transformación. Una lectura crítica". *Revista Argumentos*, Cidade do México: v. 28, n. 77, enero-abril 2015, pp. 131-153.

_____. *O Estado no centro da mundialização*. A sociedade civil e o tema do poder. São Paulo: Outras Expressões, 2014. Trad. Fernando Prado.

_____. "Fundamentos da superexploração". *In:* Niemeyer Almeida Filho (org.). *Desenvolvimento e dependência*. Brasília: IPEA, 2013.

_____. "Lógica, negação e níveis de abstração". *In:* Niemeyer Almeida Filho (org.). *Desenvolvimento e dependência*. Brasília: IPEA, 2013.

_____. "Padrão de reprodução do capital: uma proposta teórica". *In:* Carla Fereira, Jaime Osorio, Mathias Luce (orgs.). *Padrão de reprodução do capital*: contribuições da Teoria Marxista da Dependência. São Paulo: Boitempo, 2012.

_____. "América Latina: o novo padrão exportador de especialização produtiva". *In:* Carla Ferreira, Jaime Osorio e Mathias Luce (orgs.). *Padrão de reprodução do capital*: contribuições da Teoria Marxista da Dependência. São Paulo: Boitempo Editorial, 2012.

_____. "Dependência e superexploração". *In:* Carlos Eduardo Martins e Adrián Sotelo Valencia (orgs.). *A América Latina e os desafios da globalização*. Ensaios dedicados a Ruy Mauro Marini. São Paulo: Boitempo Editorial, 2009.

_____. *Explotación redoblada y actualidad de la revolución*. Cidade do México: Itaca/UAM, 2008.

_____. *Crítica de la economía vulgar*. Reproducción del capital y dependencia. Cidade do México: Miguel Ángel Porrúa, 2004.

_____. "Sobre epistemología y método en Marx". *In: Crítica de la economía vulgar*. Reproducción del capital y dependencia. Cidade do México: Miguel Ángel Porrúa, 2004.

_____. "El Marxismo Latinoamericano y la dependencia". *Cuadernos Políticos*, Cidade do México: Ediciones Era, n. 38, enero-marzo 1984, pp. 40-59.

_____. "Superexplotación y clase obrera: el caso mexicano". *Cuadernos Políticos*, Cidade do México: Ediciones Era, n. 6, octubre-diciembre 1975, pp. 5-23.

OURIQUES, Nildo. Teoría marxista de la dependencia. Una historia crítica. Cidade do México: Facultad de Economía/UNAM, 1995. Tese de Doutorado.

PALIERAKI, Eugenia. ¡La revolución ya viene! El MIR chileno en los años sesenta. Santiago de Chile: LOM Ediciones, 2014.

PALMA, Gabriel. "Dependencia y desarrollo: una visión crítica". *In:* Dudley Seers (org.). *La teoría de la dependencia*. Una evaluación crítica. Cidade do México: Fondo de Cultura Económica, 1987.

PAREDES, Ricardo. "Informe de la delegación latinoamericana sobre el Programa de la Internacional Comunista" (tomado de *Cuadernos de Pasado y Presente*, n. 67, Cidade do México: Siglo XXI, 1978, pp. 176-186). In: *Pensamiento político ecuatoriano*. El pensamiento de la izquierda comunista (1928-1961). Quito: Ministerio de Coordinación de la Política y Gobiernos Autónomos Descentralizados, 2013.

PENDERGRAST, Marc. *Uncommon grounds*: the history of coffee and how it transformed our world. New York: Basic Books, 2010.

PERICÁS, Luiz Bernardo. "José Carlos Mariátegui e o Comintern". *Lutas Sociais*, São Paulo: n. 25-26, 2011, pp. 176-190.

PERO, Valéria e STEFANELLI, Victor. "A questão da mobilidade urbana nas metrópoles brasileiras". *Revista de Economia Contemporânea*, v. 19, n. 3, pp. 366-402, 2015.

PINTO, Geraldo Augusto. *A organização do trabalho no século XX. Taylorismo, fordismo e toyotismo*. São Paulo: Expressão Popular, 2013.

POLLOCK, D.S.G. *Nitrates, water and salt: maintaining the fertility of africulture*. Disponível em: <http://www.le.ac.uk.users/dgsp1/RECENT/NITRATES.pdf>. Acesso em janeiro de 2015.

PRADELLA, Lucia. *Globalisation and the critique of political economy*: new insights from Marx's writings. Abingdon/New York: Routledge, 2015.

PRADO Jr., Caio; FERNANDES, Florestan. *Clássicos sobre a revolução brasileira* (organização e apresentação de Plínio de Arruda Sampaio Jr. e Plínio de Arruda Sampaio). São Paulo: Expressão Popular, 2002. 2ª ed.

PRADO, Fernando Corrêa. *A ideologia do desenvolvimento e a controvérsia da dependência no Brasil contemporâneo*. Rio de Janeiro: PEPI-UFRJ, 2015.

_____."História de um não-debate: a trajetória da teoria marxista da dependência no Brasil". *Comunicação & Política*, Rio de Janeiro: v. 29, n. 2, 2011, pp. 68-94.

PRADO, Fernando Corrêa e GOUVÊA, Marina Machado. "Dependência". In: Expressão Popular/Escola Nacional Florestan Fernandes. *Ruy Mauro Marini e a dialética da dependência*. São Paulo: Expressão Popular 2014 (brochura encartada ao documentário homônimo. Coord. Geral: Cecília Luedeman e Miguel Yoshida. Consultores: Carla Ferreira, Fernando Corrêa Prado, Mathias Seibel Luce e Roberta Traspadini.

PRAUN, Luci. "A reestruturação negociada na Volkswagen São Bernardo do Campo". In: Ricardo Antunes (org.). *Riqueza e miséria do trabalho no Brasil*. São Paulo: Boitempo, 2006.

PRIEB, Sergio Prieb. "As novas configurações do trabalho diante da crise". *Novos Temas*, São Paulo: v. 2, n. 2, set.-mar. 2010/2011, pp. 53-64.

REAL ACADEMIA ESPAÑOLA. *Dicionario de la Lengua Española*. Madri: Editorial Espasa Calpe, 1992. 21 ed.

REINO UNIDO. "Memorando confidencial de Mr. W.H. Denstone al Enviado Extraordinario e Ministro Plenipotenciario de SuMajestad, A.R.J. Kennedy,

Esq. 11 de janeiro de 1912". *In:* Benjamin Nahun. *Informes Diplomáticos de los Representantes del Reino Unido en el Uruguay.* Montevidéu, UDELAR, 2012.

RIAZANOV, David. *La vida y el pensamiento revolucionario de Marx y Engels.* Buenos Aires: IPS, 2012, p. 185. Trad. Rossana Cortez e Ana Julia Hurtado.

ROMERO, Allejandro Gomes. A carne platina no capitalismo central. Relações de dependência e participação no mercado e dieta britânicos (1870-1914). Porto Alegre: Departamento de História/UFRGS, 2015. Trabalho de Conclusão de Curso. Orientador: Mathias Seibel Luce.

SÁNCHEZ, Germán. *Che sin enigmas.* Mitos, falacias y verdades. Bogotá: Ocean Sur, 2007.

SANTI, Paolo. "El debate sobre el imperialismo en los clásicos del marxismo". *Cuadernos de Pasado y Presente*, Córdoba: n. 10, 1973 (1969), pp. 11-63.

SCHOELLER, Wolfgang. "Subdesenvolvimento e troca desigual no mercado mundial". *Estudos CEBRAP*, n. 22, outubro-dezembro 1977, pp. 5-39.

SEABRA, Raphael (org.). *Dependência e marxismo.* Florianópolis: Insular, 2017.

SERENI, Emilio. "La categoría de formación económico-social". *Cuadernos de Pasado y Presente*, Buenos Aires: n. 39, mayo 1973, p. 55-95.

SICOTTE, R., VIZARRA, C., WANDSCHNEIDER, K. The chilean nitrate industry: external shocks and policy responses. 1880-1935. Disponível em: <www.uvm.edu~econ/documents/finalutrechtpaper.pdf>. Acesso em janeiro de 2015.

SILVA, Gustavo Pereira da. "O predomínio das casas estrangeiras sobre a exportação cafeeira em Santos no século XIX". *América Latina en la Historia Económica*, Cidade do México: núm. 3, septiembre-diciembre 2015, pp. 213-246.

SILVA, Lígia Osório. *Terras devolutas e latifúndio.* Campinas: Editora da UNICAMP, 2008.

SILVA, Ludovico. *O estilo literário de Marx.* São Paulo: Expressão Popular, 2012. Trad. José Paulo Netto.

SILVA, Maria Aparecida de Moraes. "A morte ronda os canaviais paulistas". *Revista da Associação Brasileira de Reforma Agrária – ABRA*, São Paulo: v. 33, n.2, p.111-141, 2006.

SINGER, Paul. "A reprodução da força de trabalho e desenvolvimento". *In:* Pedro Calil Padis (org.). *América Latina.* Cinquenta anos de industrialização. São Paulo: Hucitec, 1979.

SOTELO VALENCIA, Adrián. *Los rumbos del trabajo.* Superexplotación y precariedad social en el siglo XXI. Cidade do México: Miguel Ángel Porrúa, 2012.

_____. *Desindustrialización y crisis del neoliberalismo.* Maquiladoras y telecomunicaciones. Cidade do México: Plaza y Valdés, 2004

SOTO CÁRDENAS, Alejandro. *Influencia británica en el salitre.* Origen, naturaleza y decadencia. Santiago de Chile: Editorial Usach, 2005.

SOUTH AFRICA. *National Household Travel Suvery – NHTS.*Vários.

SOUTO MAIOR, Jorge e SEVERO, Valdete Souto (orgs.). *Resistência.* Aportes teóricos contra o retrocesso trabalhista. São Paulo: Expressão Popular, 2017.

SOUZA, Nilson Araújo de. Crisis y lucha de clases en Brasil – 1974/1979. Tese de Doutorado. Cidade do México: UNAM – Facultad Nacional de Economía, 1980. Orientador: Ruy Mauro Marini.

_____. *A Economia brasileira contemporânea*. De Getúlio a Lula. São Paulo: Atlas, 2008

STEDILE, João Pedro e TRASPADINI, Roberta (orgs.). *Ruy Mauro Marini*: vida e obra. São Paulo: Expressão Popular, 2005.

STEIN, Stanley e STEIN, Bárbara. *A herança colonial*. Rio de Janeiro: Paz e Terra, 1976.

TEIXEIRA, Francisco e FREDERICO, Celso. Marx, *Weber e o marxismo weberiano*. São Paulo: Cortez, 2012.

THORP, Rosemary. "As economias latino-americanas. 1930-c.1950". *In:* Leslie Bethell (org.). *História da América Latina*. São Paulo/Brasília: Edusp/FUNAG, 2004, Vol. VI.

TOPIK, Steven. The world coffee market in the eighteenth and nineteenth centuries, from colonial to national regimes. Department of History. University of California. Working Paper No 04/04, Maio 2004. Disponível em: <http://www.lse.ac.uk/economicHistory/Research/GEHN/GEHNPDF/Working Paper04ST.pdf>. Acesso em fevereiro de 2015.

TOUSSAINT, Eric. *Las crisis de la deuda externa de América Latina en los siglos XIX y XX*. Disponível em: <http://www.cadtm.org/Las-crisis-de-la-deuda-externa-de>. Acesso em janeiro de 2017.

_____. *A bolsa ou a vida*. São Paulo: Editora Fundação Perseu Abramo, 2002.

TRASPADINI, Roberta. *A teoria da (inter)dependência de Fernando Henrique Cardoso*. São Paulo: Outras Expressões, 2014.

TRÓTSKY, León. "Peculiaridades do desenvolvimento da Rússia". *In: História da Revolução Russa*. Rio de Janeiro: Paz e Terra, 1977, v. 1. 2ª ed. Trad. E. Huggins.

UNESCO. World Heritage Centre. *Humberstone and Santa Laura (Chile)*.No 1178 (Petição de 16 de janeiro de 2004). Disponível em: <http://whc.unesco.org/document/151955>. Acesso em maio de 2014.

VALENZUELA FEIJÓO, José. *Superexplotación y dependencia*: una crítica a las tesis de Marini. Memorial-Arquivo Vania Bambirra, s/d. Mimeo [texto publicado em Investigación Económica, IIEC-UNAM, n. 221, jul.-sept. 1997].

VAN ZANDEN, J.L. "The first green revolution: the growth of production and productivity in European agriculture, 1870-1914". *Economic History Review*, XLIV, 2 (1991), pp. 215-239.

VÁRIOS. *In:* Imperialismo y comercio internacional. *Cuadernos de Pasado y Presente*, Córdoba: n. 24, 1977.

VASCONCELOS, Eduardo. "Mobilidade urbana". *Le Monde Diplomatique Brasil*, ano 10, n. 110, p. 9. Dossiê A Disputa pela Cidade.

VILLASMIL PRIETO, Humberto. "Pasado y presente del derecho laboral latinoamericano y las vicisitudes de la relación de trabajo". *Revista Latinoamericana de Derecho Social*, Cidade do México: n. 21, julio-diciembre 2015, pp. 203-228.

VILLELA, André. "Dos "anos dourados" de JK à crise não resolvida (1956-1963), tópico O rei café perde sua majestade". *In:* F. Giambiagi et al. (orgs.). *Economia brasileira contemporânea (1945-2004)*. Rio de Janeiro: Elsevier, 2005.

VITALE, Luis. *Historia de la deuda externa latinoamericana y entretelones del endeudamiento argentino*. Buenos Aires: Sudamericana/Planeta, 1986.

WALLERSTEIN, Immanuel. *World-systems analysis. An introduction.* Durham/Londres: Duke University Press, 2004.

_____. "A Revolução Industrial: cuibono?", *In: Impensar a Ciência Social*. Aparecida: Ideias e Letras, 2006. Trad. Adail Sobral e Maria Estela Gonçalves.

WITTER, José Sebastião. "Minas e o tráfico de escravos no século XIX, outra vez". *In:* Tamás Szmrecsányi e José Roberto do Amaral Lapa (orgs.). *História econômica da independência e do Império*. São Paulo: Hucitec/EdUSP, 2002.